Stefan Keller, Ute Bender (Hrsg.)

**Aufgabenkulturen**

**Klett | Kallmeyer**

Bibliografische Information der Deutschen Nationalbibliothek
Die Deutsche Nationalbibliothek verzeichnet diese Publikation in der Deutschen Nationalbibliografie;
detaillierte bibliografische Daten sind im Internet über http://dnb.d-nb.de abrufbar.

**Impressum**

Stefan Keller, Ute Bender (Hrsg.)
Aufgabenkulturen
Fachliche Lernprozesse herausfordern, begleiten, reflektieren

1. Auflage 2012

Das Werk und seine Teile sind urheberrechtlich geschützt. Jede Nutzung in anderen als den gesetzlich
zugelassenen Fällen bedarf der vorherigen schriftlichen Einwilligung des Verlages. Hinweis zu § 52 a UrhG:
Weder das Werk noch seine Teile dürfen ohne eine solche Einwilligung eingescannt und in ein Netzwerk
eingestellt werden. Dies gilt auch für Intranets von Schulen und sonstigen Bildungseinrichtungen.
Fotomechanische oder andere Wiedergabeverfahren nur mit Genehmigung des Verlages.

© 2012. Kallmeyer in Verbindung mit Klett
Friedrich Verlag GmbH
D-30926 Seelze
Alle Rechte vorbehalten.
www.friedrich-verlag.de

Redaktion: Michael Banse, Leipzig
Realisation: Lars Pätsch
Druck: Kessler Druck + Medien GmbH & Co. KG, Bobingen
Printed in Germany

ISBN: 978-3-7800-4904-9

Nicht in allen Fällen war es uns möglich, den Rechteinhaber ausfindig zu machen. Berechtigte
Ansprüche werden selbstverständlich im Rahmen der üblichen Vereinbarungen abgegolten.

Stefan Keller, Ute Bender (Hrsg.)

# Aufgabenkulturen

Fachliche Lernprozesse herausfordern,
begleiten, reflektieren

Klett | Kallmeyer

*Stefan Keller und Ute Bender*
**Einleitung** ............................................................................................................ **8**


## Teil A: Brennpunkte in der Diskussion um Aufgabenkultur

*Helmut Linneweber-Lammerskitten*
Bildungsstandards und Aufgaben ........................................................................ **22**

*Stefan Keller*
Mit Lernaufgaben „überfachliche Kompetenzen" erwerben ................................. **34**

*Clemens Diesbergen*
Wann ist eine Lernaufgabe konstruktivistisch?
Zum Umgang mit den Bezeichnungen „konstruktivistisch" und „Konstruktivismus" im
lehr-lerntheoretischen Kontext ............................................................................ **46**

*Andreas Hoffmann-Ocon, Peter Metz und Dominique Oesch*
Aufgabenkulturen in historischer Perspektive: Didaktische Diskurse in den Zeitschriften
„Schulpraxis" und „Neue Schulpraxis" 1945 bis 2000 .......................................... **62**

*Jürgen Oelkers*
Aufgabenkultur und selbstreguliertes Lernen ...................................................... **81**


## Teil B: Aufgabenkulturen im Fachunterricht der Sekundarstufe I – Schülerinnen und Schüler lernen an fachlichen Aufgaben

*Christian Heuer*
Zur Aufgabenkultur im Geschichtsunterricht ....................................................... **100**

*Claudia Schmellentin*
Kompetenzorientierung im Deutschunterricht: Auswirkungen auf Aufgaben
im Bereich Grammatik ......................................................................................... **113**

*Giuseppe Manno*
Aufgabenorientierung im Französischunterricht **128**

*Ursula Schaer*
„Task-based Language Learning" im Englischunterricht **142**

*Gabriele Noppeney, Gabriel Imthurn und Markus Cslovjecsek*
Lernaufgaben im Musikunterricht **157**

*Christine Rieder*
Aufgabenkulturen im Fach Technische Gestaltung – Design und Technik **168**

*Stephan Bruelhart*
Aufgabenkulturen im Fachunterricht Bildnerische Gestaltung/Kunst **180**

*Ute Bender*
„Rezepte" überwinden:
Aufgabenkulturen in der Ernährungs- und Konsumbildung im Fach Hauswirtschaft **191**

*Roland Messmer*
Bewegte Aufgaben: Aufgabenkulturen im Fach Sport **202**

*Helmut Linneweber-Lammerskitten*
Aufgabenkulturen in der Fachdidaktik Mathematik **214**

*Anni Heitzmann*
Lernaufgaben im naturwissenschaftlich-technischen Unterricht **226**

**Teil C: Aufgabenkulturen in der Ausbildung von Lehrkräften –
Künftige Lehrerinnen und Lehrer lernen, Aufgabenkulturen zu nutzen**

*Felix Winter und Carla Canonica*
„Ich hätte nie gedacht, dass es so schwierig ist, eine wirklich offene Aufgabe zu stellen"
– ein allgemeindidaktisches Seminar zum Thema Aufgaben ......... **244**

*Marlise Küng, Antonia Scholkmann und Daniel Ingrisani*
Problem-based Learning: Normative Ansprüche und empirische Ergebnisse ......... **266**

*Urban Fraefel*
Welche Aufgaben unterstützen den Aufbau professionellen Handelns? ......... **281**

*Stefan Keller und Ute Bender*
Fazit: Lernen durch Aufgaben ......... **300**

**Die Autorinnen und Autoren** ......... **310**

## Dank

Ohne Unterstützung von verschiedenen Seiten wäre diese Veröffentlichung nicht zustande gekommen. Wir bedanken uns herzlich bei den Personen und Institutionen, die uns tatkräftig geholfen haben:
Zuerst bei Deborah Ferber, die als wissenschaftliche Assistentin ebenso kompetent wie gewissenhaft sämtliche Beiträge redigierte. Dann bei Cinzia Zeltner, die die Schlussphase der Arbeit als Assistentin begleitete.
Wir danken allen Kolleginnen und Kollegen für ihre Bereitschaft, einen Beitrag zu den Aufgabenkulturen ihres Fachgebiets zu entwickeln, für die Offenheit gegenüber unseren Rückmeldungen, für Kreativität und Engagement.
Herzlicher Dank geht auch an Frau Dr. Holzmann vom Verlag Klett Kallmeyer sowie dem Lektorat für die sorgfältige Endredaktion.
Nicht zuletzt danken wir dem Institut Sekundarstufe I und II der Pädagogischen Hochschule der Fachhochschule der Nordwestschweiz und seinem Leiter Prof. Dr. Viktor Abt für den Finanzierungszuschuss.

Basel, im September 2011
*Stefan Keller, Ute Bender*

Stefan Keller und Ute Bender

# Einleitung

Aufgaben sind Ausgangspunkte des Lehrens und Lernens und damit in gewissem Sinne auch die elementaren Bausteine vieler Unterrichtsstunden. Ganz allgemein kann man sie als Anforderungen verstehen, mit denen Schülerinnen und Schüler im Unterricht seitens der Lehrkraft konfrontiert werden (vgl. Blömeke u. a. 2006, S. 331). Noch stärker als Theorien und Modelle des Lernens beschreiben sie, was Lehrer und Schüler im Unterricht tun, mit welchen Fragestellungen oder Materialien sie sich auseinandersetzen und welche Struktur die Lösungen dazu aufweisen sollen. In Lehrmitteln vorhandene oder von den Lehrkräften selber formulierte Aufgaben bestimmen das potenzielle Niveau der kognitiven Aktivierung der Lernenden sowie deren Verknüpfungstätigkeiten mit dem Vorwissen und neuen Wissensgebieten. Durch ihr Aufgabenangebot konstituieren die Lehrkräfte also die inneren Reorganisationsprozesse der Schülerinnen und Schüler beim Lernen.

Der Fokus dieses Buches liegt auf den *Lern*aufgaben, welche das eigenständige Lernen der Schülerinnen und Schüler herausfordern und ihre Auseinandersetzung mit zentralen Inhalten des Fachs anleiten. Es handelt sich meist um schriftlich abgefasste, inhaltsbezogene Problemstellungen und Arbeitsanleitungen, welche die Jugendlichen zur Auseinandersetzung mit einem speziellen Unterrichtsinhalt anregen oder ihnen erlauben sollen, etwas „Neues zu lernen, Wissenslücken zu schließen oder unklar Gebliebenes besser zu verstehen" (Tulodziecki u. a. 2004, S. 80). Gute Lernaufgaben haben gleichzeitig lern*diagnostischen* wie lern*fördernden* Charakter: Sie sollen explizit machen, wie der Kenntnisstand der Jugendlichen zu einem Thema aussieht, über welches Vorwissen sie verfügen und welche Unterstützung sie beim weiteren Lernen benötigen. Und sie sollen die jungen Menschen in Kontakt mit fachlichen Herausforderungen oder Phänomenen bringen, bei denen sie (unter Anleitung und mit Hilfe von Lehrkräften) neue Kompetenzen erwerben und anwenden können. Lernaufgaben sind also als Anstöße zu fachlichen Lernprozessen zu verstehen und enthalten sowohl einen fachspezifischen Aspekt („Lerngegenstand") wie auch lernbezogene Hinweise („Prozessstruktur") (vgl. Thonhauser 2008, S. 16).

Der Fokus auf Lernaufgaben bedeutet keineswegs, dass andere Aufgabentypen (wie Test- bzw. Prüfungsaufgaben) weniger bedeutsam wären. Er rührt daher, dass die Entwicklung einer neuen Lernkultur auf der Sekundarstufe im Zentrum dieser Publikation stehen soll, welche spezifisch auf die Struktur dieser Schulform und die Anforderungen ihrer Klientel Bezug nimmt. Weinert hat den Begriff der Lernkultur einmal definiert als die „Gesamtheit der für eine bestimmte Zeit typischen Lernformen und Lernstile sowie die ihnen zugrundeliegenden anthropologischen, psychologischen, gesellschaftlichen und pädagogischen Orientierungen" (Weinert 1997, S. 12). Eine Analyse der Lernaufgaben, so zeigt sich in den Beiträgen dieses Buches, sagt viel aus über die spezifische Lernkultur in einem bestimmten Fach oder einer Schulart und ebenso über die orientierenden Hintergründe. Gleichzeitig bieten sich die Lernaufgaben als „systembewegender Hebel" an, um Veränderungen in der schulischen Lernkultur anzuregen und auch umzusetzen (vgl. Girmes 2004, S. 69). Die Schwerpunktsetzung auf fachliche Lernaufgaben verstehen wir darüber hinaus, im Sinne von Müller und Helmke, als „Rückbesinnung auf den Unterricht als dem ‚Kerngeschäft' der Schule" (2006, S. 42). Die folgende Definition von Oelkers und Reusser (2008) macht diesen Bezug deutlich:

> „Gute fachliche Lernaufgaben materialisieren jene Wissens- und Könnenskomponenten, lösen jene Denk- und Arbeitsprozesse aus und aktivieren jene analytischen und synthetischen Figuren des Problemlösens, Argumentierens, Betrachtens und Deutens, um die es in einem bestimmten Fach im Kern geht und die dessen intellektuelle Kultur ausmachen."
>
> (Oelkers/Reusser 2008, S. 408)

Noch immer ist wissenschaftlich nicht ausreichend untersucht, wodurch sich geeignete Lernaufgaben vor dem Hintergrund dieser verschiedenen Zielsetzungen auszeichnen (vgl. Pauli/Reusser 2000, S. 430). Mit dieser Frage befassten und befassen sich neben Erziehungswissenschaft und Psychologie auch eine Reihe von Fachdidaktiken, beispielsweise die Fremdsprachen, die Mathematik oder die Naturwissenschaften (vgl. entsprechende Beiträge in diesem Buch). Lernaufgaben haben dort (neben und in Lernmitteln) eine lange Tradition und spielen als didaktische Werkzeuge und Mittel einer vielseitigen Unterrichtsführung eine zentrale Rolle. Zur exemplarischen Verdeutlichung dieser vielfältigen, vernetzten Einflüsse auf die Entwicklung und Analyse von Lernaufgaben wird im Folgenden auf das Kategoriensystem zur Aufgabenanalyse von Blömeke et al. (2006) zurückgegriffen – selbstverständlich ließe sich auch ein anderes der mittlerweile zahlreichen Systeme heranziehen (vgl. Maier et al. 2010). Der Katalog von Blömeke et al. wurde im Rahmen eines Forschungsprojekts aus der allgemeinen Didaktik und Unterrichtsforschung generiert und bezieht sich zugleich auf den fachdidaktischen Kontext der Mathematik (vgl. Blömeke et al. 2006). „Gute" Lernaufgaben müssen demnach neun Anforderungen (oder Merkmalen) genügen. Diese sind hier verkürzt und teilweise paraphrasiert wiedergegeben, wobei zu den einzelnen Punkten separate Belege für die Postulate angeführt werden:

1. Eine Aufgabe muss dazu geeignet sein, einen gesellschaftlich relevanten Inhalt in exemplarischer Weise zu erschließen.
2. Eine Aufgabe muss ein Bedürfnis der Schülerinnen und Schüler ansprechen.
3. Die kognitive Aufgabenqualität muss so beschaffen sein, dass die Anforderungen knapp über den bereits vorhandenen generellen intellektuellen Fähigkeiten liegen.

4. Ebenso muss die Aufgabe dazu geeignet sein, den bereichsspezifischen Wissens- und Erfahrungsstand weiterzuentwickeln, indem sie mit einem Neuigkeitswert einhergeht, sodass die fachlichen Kenntnisse, Fähigkeiten und Fertigkeiten erweitert werden.
5. Gleichzeitig muss die Chance bestehen, die Aufgabe zu bewältigen. Wichtig ist in diesem Zusammenhang auch, dass die Aufgabe verständlich ist, d. h., dass die Schülerinnen und Schüler sie inhaltlich und sprachlich erfassen können.
6. Die Chance auf Bewältigung impliziert, dass auch in heterogenen Lerngruppen für alle Schülerinnen und Schüler eine Bearbeitung möglich sein muss. Die Aufgabe muss also ein Potenzial zur Differenzierung haben, damit individuelle Bearbeitung auf unterschiedlichem kognitiven Niveau, in unterschiedlicher Tiefe oder in unterschiedlichem Umfang erfolgen kann.
7. Die Aufgabe muss sicherstellen, dass die erworbenen Kenntnisse, Fertigkeiten und Fähigkeiten wieder abgerufen und flexibel eingesetzt werden können. Ein Transfer auf neue Situationen wird gefördert, wenn komplexe Aufgaben authentische Situationen repräsentieren.
8. Die Aufgabenstellung muss unterschiedliche Herangehensweisen nicht nur zulassen, sondern bedingen. Sie muss also offen sein und verschiedene Lösungswege ermöglichen.
9. Die Aufgabe muss einen Austausch oder eine Interaktion anstoßen, damit es zur Aktivierung von Vorwissen kommt und Ideen expliziert und Ergebnisse überprüft werden können.

In diesem Katalog der Anforderungen bzw. von Merkmalen zu den das Lernen fördernden Aufgabenstellungen sind, wie schon angedeutet, vielfältige Bezüge zu Didaktik und Unterrichtsforschung zu erkennen: Sowohl deutsche Traditionen der allgemeinen Didaktik und Schulpädagogik als auch verschiedene Richtungen der angloamerikanischen *Instructional-Design*-Forschung (ID) und weitere Forschungsgebiete der Pädagogischen Psychologie, wie etwa die Motivations- oder Transferforschung, sind in den Katalog eingeflossen.

Dieser integrative Zugang bei der Entwicklung eines Kriterienkatalogs zur Aufgabenanalyse spiegelt zum einen die Vielfalt der Disziplinen wider, die sich mit dem Thema direkt oder indirekt befassen; zum anderen zeigt sich darin, dass zwischen verschiedenen Disziplinen, wie z.B. allgemeiner Didaktik und Lehr-Lernforschung, aber auch innerhalb der Lehr-Lernforschung bzw. ID-Forschung Annäherungen stattgefunden haben (vgl. Arnold et al. 2009; Blömeke et al. 2007; Bohl 2004).

Letzteres betrifft vor allem ältere, behavioristische Konzepte in der ID-Forschung und jüngere Ansätze, die entweder stärker kognitionspsychologisch oder eher konstruktivistisch orientiert sind (vgl. Lipowsky 2009; Reinmann/Mandl 2006). Kognitionspsychologische Modelle der Unterrichtsforschung präferieren gegenstandszentrierte und tendenziell geschlossene Lernumgebungen und messen den Instruktionen der Lehrenden stärkere Bedeutung zu, während sich konstruktivistische Konzepte offeneren Lernumgebungen zuwenden und auf die Eigenaktivitäten der Lernenden und auf den Kontextbezug von Lernprozessen konzentrieren (vgl. Reinmann/Mandl 2006, S. 620ff.). Obwohl der Fokus kognitionspsychologischer Forschungen nach wie vor eher auf der Vermittlung von „objektiven Wissensbeständen" liegt, wird den individuellen Voraussetzungen der Lernenden und deren mentalen Aktivitäten mittlerweile mehr Bedeutung zugemessen (vgl. ebd., S. 621; Hasselhorn/Gold 2006, S. 241ff.; Klauer/Leutner 2007; Weinert 1996, S. 12ff. und S. 29ff.). Vor allem im Sinne der praktischen Relevanz unterrichtswissenschaftlicher Forschung werden Gegenüberstellungen „instruktionistischer" und „konstruktivistischer" Konzepte auf diese Weise reduziert. Zugleich sind pauschalisierende und abwertende Kritiken an instruktionsbetonten Modellen des ID, wie sie noch vor einigen Jahren vor allem von reformpädagogischer Seite vorgebracht wurden, auch bei den Vertreterinnen und Vertretern anderer Forschungsrichtungen überwunden zugunsten differenzierter Betrachtung, welche die wissenschaftlich gestützten Erkenntnisse hervorheben, die solche Modelle und die damit zusammenhängenden Vorgehensweisen für Lernprozesse bieten können (vgl. Weinert 1996, S. 12 ff. und S. 29 ff.).

Vor dem Hintergrund solcher Annäherungen verweisen auch Blömeke u. a. (2006) einleitend darauf, dass ihr Merkmalskatalog sowohl auf „kognitionstheoretische" als auch „konstruktivistische" Auffassungen rekurriere (ebd., S. 334).

Kognitionstheoretische Einflüsse finden sich wieder in solchen Merkmalen von „lernförderlichen Aufgabenstellungen", die auf die individuelle *Passung* zwischen Sache und Lernerpersönlichkeit abheben. Dabei wird u. a. gefragt, wie fachliche Anforderungsstrukturen beschaffen sein müssen, damit Lernende produktiv mit ihnen umgehen können. Dies kann mit einer Aufgabenformulierung erreicht werden, in der die genauen Anforderungen an die Lernenden enthalten sind und dabei abgeschätzt wird, welche Leistungen zu deren Bewältigung benötigt werden. Zur Kategorisierung solcher Anforderungsstrukturen liegen verschiedene Heuristiken und Taxonomien von Kompetenzbereichen vor (vgl. Maier et al. 2010). In der Taxonomie von Anderson et al. (2006), welche die frühere Taxonomie von Bloom (1956) aktualisiert, wird beispielsweise unterschieden zwischen faktischem, konzeptuellem, prozeduralem und metakognitivem Wissen, über welches Lernende zur Bewältigung einer Aufgabe verfügen müssen oder welches durch diese aufgerufen und geschult wird. Die genaue Analyse dieser Anforderungsstrukturen soll auch Heterogenität und Differenzierung beim Lernen ermöglichen, etwa indem eine Aufgabe in verschiedene Teile mit unterschiedlichem Schwierigkeitsgrad für besonders starke oder schwache Lernende aufgeteilt wird.

Darüber hinaus haben gerade aktuelle kognitionspsychologische Ansätze sowie auch einige ältere ID-Modelle auf die Bedeutung domänenspezifischen Vorwissens bei Lernprozessen aufmerksam gemacht, welches in den Merkmalen 4 und 5 des Katalogs von Blömeke et al. (2006) angesprochen wird: Lernende erwerben neue Kenntnisse, indem sie aufgrund ihres Vorwissens mit ihrer physischen und symbolischen Umwelt interagieren und ihre geistigen Prozesse reorganisieren (vgl. Weinert 1996, S. 8f.). Lernen stellt demnach eine konstruktive Leistung des Individuums dar, wobei Lernfortschritte nur dann gemacht werden, wenn Anforderungen die Lernenden nicht überfordern und bestehendes Wissen sinnvoll mit Neuem verknüpft werden kann (vgl. Müller 1997 und 2001; Wendt 1996). Die Bedeutung des spezifischen Vorwissens nimmt mit steigender Komplexität der Aufgaben für deren erfolgreiche Bearbeitung zu (vgl. Gagné 1965; Helmke 2009, S. 21). Gerade fortgeschritten Lernende entwickeln zunächst oft individuelle Zugänge zum schulischen Lernstoff, die nicht in jedem Fall mit den Intentionen oder Vorstellungen der Lehrkräfte übereinstimmen. Anstatt diese vorschnell als Fehlleistungen zu kategorisieren, geht es bei der Durchführung von aufgabenbasiertem Lernen oft darum, dass Lehrkräfte individuelle Lösungsansätze der Jugendlichen als variable Wege erkennen und als eigenständige Leistungen interpretieren lernen (vgl. Hascher/Hofmann 2008, S. 48).

Zu den individuellen Determinanten von Lernprozessen zählen auch motivationsbezogene Aspekte (s. o. Merkmal 2), wobei der Begriff der Motivation an dieser Stelle auf die Theorie menschlicher Grundbedürfnisse Bezug nimmt. Deci und Ryan (vgl. 2000, S. 68 f.) sprechen in ihrer einflussreichen Arbeit von den Bedürfnissen nach Kompetenzerleben (*need for competence*), nach Autonomie (*need for autonomy*) und nach sozialer Eingebundenheit (*need for social relatedness*), welche das menschliche Zusammenleben allgemein prägen und damit auch wichtige Moderatorvariablen für die Qualität schulischer Lernprozesse darstellen. Das Bedürfnis nach Kompetenzerleben besagt im Wesentlichen, dass die Erfahrung des Erfolgs motivierend wirkt und Aufgaben deshalb so gestaltet sein sollten, dass alle Lernenden eine Chance zu ihrer Lösung haben sollten (s. o. Merkmal 6). Das Erleben von persönlicher Autonomie kann lernförderlich wirken, wenn die Jugendlichen Freiraum für eigene Entscheidungen sowie für Mitwirkung und Gestaltung ihrer Umwelt haben und auch selber Zugänge und Handlungsweisen bei einem Problem bestimmen können (s. o. Merkmal 8). Kritische Stimmen verweisen allerdings darauf, dass eine Öffnung des Unterrichts nicht zwangsläufig zu höherer Motivation der Lernenden führe, sondern auch Überforderungen hervorrufe (vgl. Lipowsky 2009, S. 80). Soziale Eingebundenheit kann, wenn sie als Zusammenarbeit mit Lernpartnern verstanden wird, dem fachlichen Kompetenzaufbau dienen, etwa dann, wenn Lernende bei einer Aufgabe zusammenarbeiten, in der sie durch Interaktion interessante Lösungsansätze entwickeln oder vom Wissen der anderen profitieren können (s. o. Merkmal 9).

In diesen Hinweisen auf die Bedeutung individueller Zugänge der Lernenden einerseits und den Stellenwert interaktiven Lernens andererseits wird offensichtlich, wie sich kognitionspsychologische Perspektiven auf Lernumgebungen und Aufgabenkulturen gemäßigt konstruktivistischen und sozial konstruktivistischen Sichtweisen annähern. Letztere kommen dann dezidierter zum Ausdruck, wenn ein „Primat des Problemlösens" in offenen interaktiven Lernumgebungen formuliert wird und von Aufgabenstellungen die Rede ist, die „authentische Situationen" repräsentieren. Die Forderung nach Lernkulturen mit „authentischen Situationen" stammt aus der *Situated-Cognition*-Bewegung, die den Kontextbezug von Lernprozessen hervorhebt: „This perspective meant, that there is no activity that is not situated" (Lave/Wenger 1991, S. 33; Greeno et al. 1998). Zentral ist hierbei die Annahme, dass rein rezeptiv erworbenes Wissen zwar im Langzeitgedächtnis gespeichert, aber als „träges" Wissen in unterschiedlichen Anwendungssituationen oft nicht flexibel abgerufen werden kann (Renkl 2006; Helmke 2009, S. 69). Ein geschlossenes System von Wissen im Kopf zu haben sorgt nicht dafür, dass Lernende dieses in unterschiedlichen Situationen auch selbstständig und sicher anwenden können. So zeigten die Erhebungen TIMSS und PISA, dass z.B. deutsche Schülerinnen und Schüler mit dem Lösen von Routineaufgaben ziemlich gut zurechtkommen, jedoch erhebliche Schwierigkeiten haben mit Aufgaben, bei denen es um Anwendung, sinnvolle Übertragung und Transformation des Gelernten geht (vgl. Oelkers/Reusser 2008, S. 410).

Auch wenn die Positionen des *situated learning* mit Blick auf die Lernenden ausdrücklich mit dem Anspruch angetreten sind, transferierbares anwendbares Wissen aufzubauen, das Problemlösungen in vielfältigen Situationen ermöglicht, bleibt doch der Einwand, Kenntnisse oder Fähigkeiten situierten Lernens könnten nicht problemlos auf andere Situationen übertragen werden (vgl. Huber 2000). Situierte Lernumgebungen legen folglich Wert darauf, dass Schülerinnen und Schüler auch Strategien des Problemlösens, metakognitives Wissen und andere kognitive *tools* erwerben (vgl. Mähler/Stern 2006; Greeno et al.1992). Fachwissen sollte zudem in Situationen erworben werden, die späteren Anwendungssituationen möglichst ähnlich sind (vgl. Mähler/Stern 2006, S. 788ff.).

Mit dem Stichwort des „problemorientierten Lernens" werden neben den skizzierten konstruktivistischen Einflüssen auch Überschneidungen zu schulpädagogischen bildungstheoretischen Positionen erkennbar, die wiederum auf der reformpädagogischen Bewegung Anfang des 20. Jahrhunderts fußen. Insbesondere der „handlungsorientierte Unterricht" ist hier angesprochen, der ebenfalls suggeriert, Schülerinnen und Schüler mit „echten Problemen" zu konfrontieren und Aufgabenstellungen anzubieten, in denen das Motiv der Vermittlung und des Einübens von Wissen zugunsten der Beschäftigung mit Fragestellungen, welche die Lebenswelt der jungen Menschen direkt betreffen, zurücktritt (vgl. Gudjons 2001, S. 68; Jank/Meyer 2002).

Weitere bildungstheoretische Einflüsse zeigen sich bereits beim ersten Merkmal des Katalogs von Blömeke et al. (2006): Mit der gesellschaftlichen Relevanz von Aufgabenstellungen verweist dieses auf Klafkis (1991) kritisch-konstruktive Didaktik und die deutsche klassische Bildungstheorie – wobei mit „gesellschaftlich relevanten Zielen" (s.o. Merkmal 1) Aufgaben gemeint sind, welche Bedeutung für die Alltagswelt der Schülerinnen und Schüler haben und ihre unmittelbare Gegenwart sowie vermutliche Zukunft betreffen. Dabei kann man an „Schaffen von Orientierung" oder „Selbstvervollkommnung" als Ziele höherer Bildung im Sinne Wilhelm v. Humboldts denken (zitiert in Meyer 1991, S. 198 ff.). Aufgabenbasierte Lernumgebungen sollen exemplarische Bedeutung haben, die Jugendlichen mit „Schlüsselproblemen" der Welt in Kontakt bringen und bei ihnen ein Gefühl der „Mitverantwortlichkeit" und eine „Bereitschaft zur Mitbewältigung" erzeugen (Klafki 1991, S. 56). Beim fachlichen Lernen sollen sie demnach auch Orientierung für die Welt außerhalb der Schule gewinnen und gleichzeitig das „Lernen lernen", d.h. fähig werden, die eigenen Lernhandlungen zu *planen*, zu *überwachen* und *auszuwerten*.

Mit Aufgabenkulturen, die als „problemorientiert" oder „offen" charakterisiert werden, verbinden sich letztlich auch veränderte Lern*ziele*, welche man mit „intelligentem Wissen", „nachhaltigem Lernen" oder „vertieftem Verstehen" umschreiben könnte (Helmke 2009, S. 43; Reusser/Weyeneth 1994). Im Ganzen verbirgt sich hinter solchen Lernkonzepten ein altes und gleichzeitig hochaktuelles Anliegen der Pädagogik, nämlich das Denken der Schülerinnen und Schüler herauszufordern und sie nicht einseitig im Bereich der Reproduktion und Anwendung von vorgegebenem Wissen zu prüfen.

Die skizzierten Ansprüche an „gute" Lernaufgaben spannen einen großen Fächer an Herausforderungen für die Sekundarstufe auf. Durch theoretische Konzeptualisierungen sowie durch fachspezifische Beispiele möchte dieses Buch Wege aufzeigen, mit denen wenigstens ein Teil davon Realität werden kann. Zentral dabei ist die Frage, auf welche Weise Aufgaben ein fachdidaktisches *Setting* erzeugen. Aufgaben werden als „Beziehungsstifter" gesehen zwischen Lehrenden und Lernenden, zwischen Lernbedingungen und Lernprozessen, zwischen den Lernenden untereinander oder zwischen Lernenden und der Welt (vgl. Girmes 2003, S. 10). Die verschiedenen Unterrichtsfächer bzw. Fach- oder Lernbereiche beabsichtigen, Schülerinnen und Schülern spezifische Sichtweisen auf die Welt oder „Modi der Weltbegegnung" nahezubringen und sie in fachbezogene Codes einzuführen (vgl. Baumert 2002, S. 11; Oelkers 2009). „Unterrichtsfächer sind aus gutem Grund das Gerüst, das traditionell die Struktur der Lehr- und Lernaktivitäten in den Schulen bestimmt" (Klieme et al. 2003, S. 25). Bei der Generierung solcher Weltbegegnungen kommt fachlichen Aufgabenkulturen ein wesentlicher Stellenwert zu: Aufgaben des naturwissenschaftlichen Unterrichts erzeugen höchstwahrscheinlich andere Sichtweisen auf die Welt als solche in den geisteswissenschaftlichen Fächern. Weltsichten, welche Aufgabenkulturen erzeugen, ändern sich darüber hinaus im Verlauf der historischen Entwicklung von Fachkulturen (Ladenthin/Krämer 2011). Die vorliegende Publikation versucht, fachliche Aufgabenkulturen abzubilden, die den derzeitigen Fächerkanon möglichst breit wiedergeben und jeweils spezifische Weltsichten repräsentieren.

Von den Schülerinnen und Schülern der Sekundarstufe I wird erwartet, grundlegende fachliche wie überfachliche Kompetenzen zu beherrschen. Sie befinden sich am Ende ihrer Pflichtschulzeit und sollen für ihren künftigen beruflichen und privaten Alltag gerüstet sein. Bildungsstandards, die in der Schweiz, Deutschland und Österreich schon formuliert sind und z. T. für einige Schularten derzeit noch entwickelt werden, beziehen sich unter anderem auf die Jahrgänge der Sekundarstufe I und auch PISA hat sich bekanntlich an die Zielgruppe der Fünfzehnjährigen gerichtet (vgl. Criblez et al. 2009, S. 100 f.; Prenzel et al. 2004, S. 13 f.). In den deutschen Bundesländern wurden Lehrpläne geprüft, ob sie den Bildungsstandards entsprechen. Indem diese Kompetenzen beschrieben werden, stellen sie oft auch direkte Bezüge zu bestimmten Aufgabentypen her, z. B. dass die Jugendlichen in einer Fremdsprache „kurze persönliche Alltagstexte […] schreiben und den eigenen Erfahrungshorizont […] erklären" sollen (MSW 2007, S. 24). In den deutsch- und mehrsprachigen Kantonen der Schweiz soll ab 2014 der „Lehrplan 21" ähnliche Anforderungen erfüllen. Auf der Sekundarstufe I stehen Aufgabenkulturen also vor dem Anspruch, zentrale fachliche Standards zu unterstützen, die vor dem Ende der Pflichtschulzeit erreicht sein sollen. Hierzu beinhalten sie zum einen höhere fachspezifische Spezialisierungen als in der Primarschule, zum anderen setzt ihre erfolgreiche Bewältigung vermehrt überfachliche Kompetenzen voraus. Von Jugendlichen wird nicht nur erwartet, gewisse Lern- und Arbeitstechniken zu beherrschen, sondern auch Strategien der Selbstmotivation und Selbstkontrolle zu realisieren sowie metakognitive Überlegungen anzustellen und zu verbalisieren – Kompetenzen, die von Primarschülerinnen und -schülern nur sehr begrenzt zu erbringen sind (vgl. Boekearts 1999; Artelt et al. 2001).

Anhand der Kriterien von Blömeke et al. (2006) wurde zu Beginn schon angesprochen, dass Lehrkräfte gefordert sind, eine optimale Passung zwischen Aufgaben-*Stellungen* und Aufgaben-*Nutzern* zu erreichen und Vorwissen, Vorerfahrungen, Motivationen, Emotionen etc. der Schülerinnen und Schüler weitestgehend zu berücksichtigen. Hier sind diagnostische Kompetenzen im umfassenden Sinn notwendig. Die Lernenden der Sekundarstufe befinden sich im Jugendalter bzw. der frühen Adoleszenz und haben aus psychologischer und pädagogischer Sicht vielfältige Entwicklungsaufgaben im Spannungsfeld gesellschaftlicher Erwartungen sowie individueller Ziele und Wünsche und physischer Veränderungen zu bewältigen (vgl. Oerter/Dreher 2008; Hericks/Spörlein 2001; Dreher/Dreher 1985; Havighurst 1974). Zu den Entwicklungsaufgaben gehören die Berufsfindung und die Entwicklung einer Zukunftsperspektive, Identitätsfindung, Reflexion der eigenen Wertvorstellungen sowie die Auseinandersetzung mit der eigenen körperlichen Erscheinung. Der Bezug auf diese Entwicklungsaufgaben des Jugendalters und der frühen Adoleszenz eröffnet Lehrkräften die Möglichkeit, Aufgabenstellungen zu generieren, die motivierend wirken.

Dabei werden Fragen virulent, die mit Peer-Interaktionen, Genderkonstruktionen, Partnerfindung und sexuellen Kontakten sowie der Ablösung vom Elternhaus zusammenhängen. Aufgabenkulturen auf der Sekundarstufe können sich in unterschiedlicher Weise auf diese Voraussetzungen und Bedürfnislagen ihrer Klientel beziehen: So stehen Heranwachsende dieser Altersstufe insbesondere vor der Entscheidung, ob sie eine weiterführende Schule besuchen oder einen Beruf ergreifen wollen. Schulische Lernerfahrungen sowie Bewertungen bilden maßgebliche Grundlagen für solche Entscheidungen. Während Testaufgaben überprüfen und sicherstellen sollen, dass ein fachliches Grundniveau in gewissen Kernbereichen des Curriculums erreicht wird, können Lernaufgaben darüber hinaus die Ausbildung von individuellen Präferenzen oder persönlichen Stärken fördern. Damit werden auch Entscheidungen zur Berufswahl von Seiten verschiedener Fächer unmittelbar oder mittelbar angebahnt: Projekte zur Erkundung von Berufen sind hier ebenso zu nennen wie die indirekte Vorbereitung auf spätere Anforderungen in einzelnen Berufen in Form von Fremdsprachenkenntnissen oder Kompetenzen in naturwissenschaftlichen oder technischen Bereichen.

Fachliche Lernangebote, welche als anspruchsvolle Lernaufgaben formuliert sind, unterstützen Heranwachsende also auch bei Entwicklungsaufgaben, deren individuelle Bewältigungsstrategien sich gerade nicht als operationalisierte Leistungen unmittelbar messen und miteinander vergleichen lassen. Hierzu sind einerseits geeignete Lernaufgaben und andererseits erweiterte Formen der Leistungsbeurteilung notwendig, die solche Kompetenzen angemessen dokumentieren und anerkennen.

Obwohl im Kontext der aktuellen Bildungsstandards häufig von Prüfungsaufgaben bzw. Tests die Rede ist, sollen diese Standards keineswegs nicht nur auf Prüfungen angewendet werden, sondern auch Unterrichtsprozesse steuern bzw. eng mit Unterrichtsprozessen verflochten sein. Aufgabenstellungen, die Lernprozesse initiieren sollen, können aus Standards deduziert werden; dies obliegt dem professionellen didaktischen Handlungsspielraum der Lehrkräfte und setzt vertieftes fachliches wie pädagogisch-didaktisches Wissen voraus. Ein wichtiger Verantwortungsbereich in der Lehrerinnen- und Lehrerbildung zeichnet sich hier ab und zentrale Fragen eröffnen sich:

- Wie können sinnvolle Aufgabenstellungen generiert werden und wie sind angehende Lehrkräfte hierin zu fördern?
- Wie lässt sich die Erreichung von fachlichen Standards verbinden mit einer Konzeption von Unterricht, welche auf die Interessen der Lernenden und ihre individuellen Stärken und Bedürfnisse einzugehen vermag?
- Welche hochschuldidaktischen Anforderungen ergeben sich daraus und welche Perspektiven für die Berufspraktischen Studien in der Ausbildung von Lehrkräften?

Zu diesen Fragen geben die Beiträge im Teil 3 dieses Bandes Auskunft. Denn nur dann, wenn die Lehrkräfte fähig werden, ihre didaktische Verantwortung wahrzunehmen und selber anspruchsvolle Lernaufgaben für ihren Unterricht zu entwickeln, kann ein zentraler Anspruch der deutschen Expertenkommission um Klieme et al. (2003) tatsächlich eingelöst werden: Dass die Output-Orientierung gerade nicht zur „Gleichmacherei" von Unterricht führe, sondern Lehrkräften mehr Raum für professionelles Handeln eröffne (ebd., S. 27, S. 49 und S. 50).

Wie aus dem Vorstehenden ersichtlich wird, ist das vorliegende Buch in mehrere Teile gegliedert:
- In Teil 1 werden zunächst „Brennpunkte" der Aufgabenkultur dargestellt, wobei Bildungsstandards, Konstruktivismus und selbstständiges Lernens sowie historische Zugänge besondere Beachtung finden.
- Teil 2 eröffnet unterschiedliche fachliche Perspektiven auf den Komplex der Aufgabenkulturen.
- Teil 3 des Buches enthält Beiträge zur Ausbildung von Lehrkräften bzw. zur Frage, wie diese lernen können, fachliche Aufgabenkulturen zu nutzen, um erfolgreichen Unterricht Wirklichkeit werden zu lassen.

Im letzten Kapitel wird Bilanz gezogen und werden die Ergebnisse dieses Buches unter drei Gesichtspunkten evaluiert: Erstens, welche homogenen und heterogenen Entwicklungen sich heute in den Aufgabenkulturen in Bezug auf vielfältige Referenzwissenschaften zeigen (Fachdidaktik, Fachwissenschaft, Unterrichtsforschung, Erziehungswissenschaft usw.). Zweitens, wie Forschung zu Aufgabenkulturen auf der Basis präskriptiver, theoretischer und empirisch-deskriptiver Zugänge verortet werden kann. Und drittens, wie sich Aufgabenkulturen auf die Rollen von Lehrkräften und Lernenden im Unterricht auswirken und welche Konsequenzen für die Aus- und Weiterbildung abgeleitet werden können.

**Verwendete Literatur**
Anderson, Lorin W./Krathwohl, David R./Airasian, Peter W./Cruikshank, Kathleen A./Mayer, Richard E./Pintrich, Paul R./Raths, James/Wittrock, Merlin C. (Hg.) 2006: A Taxonomy for Learning, Teaching, and Assessing. A Revision of Bloom's Taxonomy of Educational Objectives. New York u. a.
Arnold, Karl-Heinz/Blömeke, Sigrid/Messner, Rudolf/Schlömerkemper, Jörg (Hg.) 2009: Allgemeine Didaktik und Lehr-Lernforschung. Kontroversen und Entwicklungsperspektiven einer Wissenschaft vom Unterricht. Bad Heilbrunn.
Artelt, Cordula/Demmrich, Anke/Baumert, Jürgen 2001: Selbstreguliertes Lernen. In: Deutsches PISA-Konsortium, PISA 2000. Basiskompetenzen von Schülerinnen und Schülern im internationalen Vergleich. Opladen. S. 271–298.
Baumert, Jürgen 2002: Deutschland im internationalen Bildungsvergleich. Vortrag von Prof. Dr. Jürgen Baumert anlässlich des dritten Werkstattgespräches der Initiative McKinsey bildet, im Museum für ostasiatische Kunst, Köln. http://www.mpib-berlin.mpg.de/de/aktuelles/bildungsvergleich.pdf, recherchiert am 07.02.2011.
Blömeke, Sigrid/Risse, Jana/Müller, Christiane/Eichler, Dana/Schulz, Wolfgang 2006: Analyse der Qualität von Aufgaben aus didaktischer und fachlicher Sicht. In: Unterrichtswissenschaft 34. H. 4. S. 330–357.

Blömeke, Sigrid / Herzig, Bodo / Tulodziecki, Gerhard 2007: Zum Stellenwert empirischer Forschung für die Allgemeine Didaktik. In: Unterrichtswissenschaft 35. S. 355–381.
Bloom, Benjamin 1956: Taxonomy of Educational Objectives. New York.
Boekaerts, Monique 1999: Self-regulated learning: where we are today. In: International Journal of Educational Research 31. S. 445–457.
Bohl, Thorsten 2004: Empirische Unterrichtsforschung und allgemeine Didaktik. Ein prekäres Spannungsverhältnis und Konsequenzen im Kontext der PISA-Studie. In: Die Deutsche Schule 96. S. 414–425.
Criblez, Lucien / Oelkers, Jürgen / Reusser, Kurt / Berner, Esther / Halbheer, Ueli / Huber, Christina 2009: Bildungsstandards. Seelze-Velber.
Deci, Edward L. / Ryan, Richard M. 2000: Self-determination theory and the facilitation of intrinsic motivation, social development, and well-being. In: American Psychologist 55. S. 68–78.
Dreher, Eva / Dreher, Michael 1985: „Entwicklungsaufgabe" – theoretisches Konzept und Forschungsprogramm. In: Rolf Oerter (Hg.): Lebensbewältigung im Jugendalter. Weinheim. S. 30–61.
Gagné, Robert M. 1965: The Conditions of Learning. New York.
Girmes, Renate 2003: Die Welt als Aufgabe?! In: Helga Ball / Gerold Becker / Regina Bruder / Renate Girmes / Lutz Stäudel / Felix Winter (Hg.): Aufgaben. Lernen fördern – Selbständigkeit entwickeln. Seelze.
Girmes, Renate 2004: (Sich) Aufgaben stellen. Professionalisierung von Bildung und Unterricht. Seelze.
Greeno, James G. / The Middle School Mathematics Through Applications Project Group 1998: The Situativity of Knowing, Learning and Research. In: American Psychologist 53. H. 1. S. 5–26.
Greeno, James G. / Moore, Joyce L. / Smith, David R. 1992: Transfer of Situated Learning. In: Douglas K. Detterman / Robert J. Sternberg (Hg.): Transfer on Trial: Intelligence, Cognition, and Instruction. Norwood, NJ. S. 99–167.
Gudjons, Herbert 2001: Handlungsorientiert Lehren und Lernen. Bad Heilbrunn.
Hascher, Tina / Hofmann, Franz 2008: Aufgaben – noch unentdeckte Potenziale im Unterricht. In: Josef Thonhauser (Hg.): Aufgaben als Katalysatoren von Lernprozessen. Münster. S. 47–64.
Hasselhorn, Marcus / Gold, Andreas 2006: Pädagogische Psychologie. Erfolgreiches Lehren und Lernen. Stuttgart. S. 241–262.
Havighurst, Robert J. 1974: Developmental Tasks and Education. 3. Aufl. der 1. Aufl. von 1948. New York.
Helmke, Andreas 2006: Was wissen wir über guten Unterricht? In: Pädagogik. H. 2. S. 42–45.
Helmke, Andreas 2009: Unterrichtsqualität – erfassen, beurteilen, verbessern. 2. aktualisierte Aufl. Seelze.
Hericks, Uwe / Spörlein, Eva 2001: Entwicklungsaufgaben in Fachunterricht und Lehrerbildung – Eine Auseinandersetzung mit einem Zentralbegriff der Bildungsgangdidaktik. In: Uwe Hericks / Josef Keuffer / Hans Christof Kräft / Ingrid Kunze (Hg.): Bildungsgangdidaktik – Perspektiven für Fachunterricht und Lehrerbildung. Opladen. S. 32–50.
Huber, Günter L. 2000: Was wird aus dem situativen Wissen, wenn die Situation sich ändert? In: Zeitschrift für Pädagogische Psychologie 14. S. 8–9.
Jank, Werner / Meyer, Hilbert 2002: Didaktische Modelle. Berlin.
Klafki, Wolfgang 1991: Neue Studien zur Bildungstheorie und Didaktik. 4. Aufl. Weinheim.
Klauer, Karl J. / Leutner, Detlev 2007: Lehren und Lernen: Einführung in die Instruktionspsychologie. Weinheim u. a.
Klieme, Eckhard / Avenarius, Hermann / Blum, Werner / Döbrich, Peter / Gruber, Hans / Prenzel, Manfred / Reiss, Kristina / Riquarts, Kurt / Rost, Jürgen / Tenorth, Heinz-Elmar / Vollmer, Helmut J. 2003: Zur Entwicklung nationaler Bildungsstandards. Hg. v. Bundesministerium für Bildung und Forschung. Bonn. S. 17.

Klieme, Eckhard/Eichler, Wolfgang/Helmke, Andreas 2006: Unterricht und Kompetenzerwerb im Englischen. Zentrale Befunde der Studie Deutsch Englisch Schülerleistungen International (DESI). Frankfurt a. M.
Ladenthin, Volker/Krämer, Hildegard 2011: Die Vielfalt der Fächer und die Einheit der Bildung. In: Stephane Hellekamps/Winfried Plöger/Wilhelm Wittenbruch (Hg.) 2011: Schule. Handbuch der Erziehungswissenschaft 3. Studienausgabe. Paderborn u. a. S. 311–317.
Lave, Jean/Wenger, Etienne 1991: Situated Learning: Legitimate Peripheral Participation. Cambridge.
Lipowsky, Frank 2006: Auf den Lehrer kommt es an. Empirische Evidenzen für Zusammenhänge zwischen Lehrerkompetenzen, Lehrerhandeln und dem Lernen der Schüler. In: Christina Allemann-Ghionda/Ewald Terhart (Hg.): Kompetenzen und Kompetenzentwicklung von Lehrerinnen und Lehrern: Ausbildung und Beruf. ZfPäd 51. Beiheft. Weinheim. S. 47–70.
Lipowsky, Frank 2009: Unterricht. In: Elke Wild/Jens Möller (Hg.): Pädagogische Psychologie. Heidelberg. S. 73–101.
Maier, Uwe/Kleinknecht, Marc/Metz, Kerstin/Schymala, Martin/Bohl, Thorsten 2010: Entwicklung und Erprobung eines Kategoriensystems für die fächerübergreifende Aufgabenanalyse. Schulpädagogische Untersuchungen Nürnberg, Forschungsbericht Nr. 38. Erlangen-Nürnberg.
Meyer, Adolf 1991: Wilhelm von Humboldt (1767–1835). In: Hans Scheuert (Hg.): Klassiker der Pädagogik. Band 1. München. S. 198–216.
Mähler, Claudia/Stern, Elsbeth 2006: Transfer. In: Detlef H. Rost (Hg.): Handwörterbuch pädagogische Psychologie. 3. überarb. u. erw. Aufl. Weinheim. S. 782–793.
Müller, Klaus 1997: Konstruktivistische Lerntheorie und Fremdsprachendidaktik. In: Jahrbuch Deutsch als Fremdsprache 23. S. 77–112.
Müller, Klaus 2001: Der Pragmatische Konstruktivismus. Ein Modell zur Überwindung des Antagonismus von Instruktion und Konstruktion. In: Johanna Meixner/Klaus Müller (Hg.): Konstruktivistische Schulpraxis. Neuwied. S. 3–48.
Oelkers, Jürgen/Reusser, Kurt 2008: Qualität entwickeln – Standards sichern – mit Differenz umgehen. Bildungsforschung Band 27. Hg. v. Bundesministerium für Bildung und Forschung. Berlin. S. 408.
Oelkers, Jürgen/Reusser, Kurt 2009: Fächerkanon und Fachunterricht. In: Sigrid Blömeke/Thorsten Bohl/Ludwig Haag/Gregor Lang-Wojtasik/Werner Sacher (Hg.): Handbuch Schule. Bad Heilbrunn. S. 305–313.
Oerter, Rolf/Dreher, Eva 2008: Jugendalter. In: Rolf Oerter/Leo Montada (Hg.): Entwicklungspsychologie. 6., vollst. überarb. Aufl. Weinheim u. a. S. 271–332.
Pauli, Christine/Reusser, Kurt 2000: Zur Rolle der Lehrperson beim kooperativen Lernen. In: Schweizerische Zeitschrift für Bildungswissenschaften 22. H. 3. S. 421–442.
Prenzel, Manfred/Drechsel, Barbara/Carstensen, Claus H./Ramm, Gesa 2004: PISA 2003 – eine Einführung. Hg. v. PISA-Konsortium Deutschland, PISA 2003. Der Bildungsstand der Jugendlichen in Deutschland – Ergebnisse des zweiten internationalen Vergleichs. Münster. S. 13–46.
Reinmann, Gabi/Mandl, Heinz 2006: Unterrichten und Lernumgebungen gestalten. In: Andreas Krapp/Bernd Weidenmann (Hg.): Pädagogische Psychologie 5., vollst. überarb. Aufl. Weinheim. S. 613–687.
Renkl, Alexander 2006: Träges Wissen. In: Detlev H. Rost (Hg.): Handwörterbuch pädagogische Psychologie. 3. überarb. U. erw. Aufl. Berlin. S. 778–781.
Reusser, Kurt/Reusser-Weyeneth, Marianne 1994: Verstehen als psychologischer Prozess und als didaktische Aufgabe: Einführung und Überblick. In: Dies. (Hg.): Verstehen als psychologischer Prozess und als didaktische Aufgabe. Bern. S. 9–38.
Thonhauser, Josef (Hg.) 2008a: Aufgaben als Katalysatoren von Lernprozessen. Münster.
Thonhauser, Josef (Hg.) 2008b: Warum (neues) Interesse am Thema „Aufgaben"? In: Ders.: Aufgaben als Katalysatoren von Lernprozessen. Münster. S. 13–27.

Tulodziecki, Gerhard/Herzig, Bardo/Blömeke, Sigrid 2004: Gestaltung im Unterricht. Eine Einführung in die Didaktik. Bad Heilbrunn.
Weinert, Franz E. 1996: Lerntheorien und Instruktionsmodelle. In: Franz E. Weinert (Hg.): Psychologie des Lernens und der Instruktion. Enzyklopädie der Psychologie. Themenbereich D: Praxisgebiete; Serie I: Pädagogische Psychologie; Band 2. Göttingen. S. 1–48.
Weinert, Franz E. 1997: Lernkultur im Wandel. In: Erwin Beck/Titus Guldimann/Michael Zutavern (Hg.): Lernkultur im Wandel. Tagungsband der Schweizerischen Gesellschaft für Lehrerinnen- und Lehrerbildung und der Schweizerischen Gesellschaft für Bildungsforschung. St. Gallen. S. 11–29.
Wendt, Michael 1996: Konstruktivistische Fremdsprachendidaktik. Lerner- und handlungsorientierter Unterricht aus neuer Sicht. Tübingen.

Teil A

# Brennpunkte in der Diskussion um Aufgabenkulturen

Helmut Linneweber-Lammerskitten

# Bildungsstandards und Aufgaben

## Einleitung

In den deutschsprachigen Ländern wurden in den letzten Jahren für einige Schulfächer Kompetenzmodelle entwickelt und Bildungsstandards vorgeschlagen, die sich nun in einer Phase der Implementation befinden. Theoretische Grundlage ist eine von einem Expertengremium unter der Leitung von E. Klieme verfasste Expertise „Zur Entwicklung nationaler Bildungsstandards" (Klieme et al. 2003), deren Empfehlungen in den einzelnen Ländern jedoch unterschiedlich streng umgesetzt werden – die folgenden Ausführungen orientieren sich vor allem an der Konzeption der Kompetenzmodelle und Bildungsstandards der Schweiz, die sich vergleichsweise eng an die Expertise hält. Wichtige Grundlagen sind ferner Arbeiten von Weinert (2001a und 2001b) und der DeSeCo Kommission (vgl. DeSeCo 2002) zum Kompetenzbegriff, die PISA-Studien (vgl. OECD 2003) und unterschiedliche Vorläuferstudien und -projekte in den einzelnen Fächern, so z. B. die *Principles and Standards* für die Mathematik (vgl. NCTM 2000) oder das European Framework (vgl. COE 2001) für die Fremdsprachen.

An die Einführung von Bildungsstandards und Kompetenzmodellen knüpfen sich Hoffnungen und Befürchtungen: Hoffnungen einerseits, die sich vor allem in der Forderung nach einem „kompetenzorientierten Unterricht" artikulieren, von dem man sich bessere Unterrichtsqualität und bessere Lernergebnisse für alle Lernenden verspricht, Befürchtungen andererseits, die in der Einführung von Bildungsstandards eine Gefahr für die Bildung (im Hinblick auf eine „Standardisierung der Bildung") sehen, da sie zu einer Verflachung des Unterrichtsniveaus und zu schlechteren Lernergebnissen bei den leistungsstärkeren Lernenden und einer Überforderung der leistungsschwächeren führen würde.

Kompetenzmodelle und Bildungsstandards sind in mehrfacher Weise mit Aufgaben verbunden, und so lassen sich Hoffnungen und Befürchtungen zum Teil auch an speziellen Aufgabentypen und an deren Einsatz festmachen. Befürchtet wird u. a., dass ein *teaching to the test* stattfinden könnte, d. h., dass Testaufgaben im Unterricht ohne nennenswerten Lernzuwachs einzig zu dem Zweck eingesetzt werden könnten, dass die Lernenden im Vergleich mit anderen Klassen bzw. Schulen ein möglichst gutes Resultat erzielen. Erhofft wird auf der anderen Seite, dass von den Testaufgaben, die zur Illustration von Kompetenzbeschreibungen und Bildungsstandards benutzt werden, Impulse zur Entwicklung neuer Lernaufgaben und ihren Einsatz im Unterricht ausgehen werden.

Im Folgenden möchte ich auf drei Aspekte eingehen, die mir im Zusammenhang von Bildungsstandards und Aufgabenkultur wichtig erscheinen und vielleicht zu einem Ausgleich zwischen zu hoch gesteckten Erwartungen und zu pessimistisch fundierten Befürchtungen beitragen können. Der erste Aspekt betrifft den Zweck, der mit der Einrichtung von Bildungsstandards und ihrer Prüfung verfolgt wird und einige formale Spezifika, die sich daraus für die Testaufgaben und ihren möglichen Einsatz zu anderen Zwecken ergeben. Bildungsstandards sind vor allem Standards für das Bildungssystem; diesbezügliche Tests (und die in ihnen verwendeten Testaufgaben) sollen die Effektivität des Bildungssystems messen und sind nicht ohne Weiteres zu anderen Zwecken (z. B. zur Individualdiagnostik oder als Grundlage zu Promotionsentscheiden) tauglich. Der zweite Aspekt bezieht sich auf die Legitimation von Bildungsstandards und die mit ihnen in Verbindung stehenden Test- und Lernaufgaben. Bildungsstandards werden nicht empirisch legitimiert, sondern durch ihren Bezug zu allgemeinen Bildungszielen und zum Bildungsauftrag der Schulen, dies ist bei der Konstruktion von kompetenzorientierten Lernaufgaben zu berücksichtigen. Der dritte Aspekt beleuchtet den speziellen Kompetenzbegriff, der den Bildungsstandards im deutschsprachigen Raum zugrunde liegt und versucht, daraus Konsequenzen für den Umgang mit Lernaufgaben zu ziehen. Der zugrunde liegende Kompetenzbegriff umfasst neben kognitiven auch affektive und soziale Komponenten, was auch die Berücksichtigung von Sprach- und Kommunikationskompetenz bei der Konstruktion und beim Einsatz von Lernaufgaben in allen Fächern voraussetzt.

Obwohl das OECD/PISA-Projekt und die Einführung nationaler Bildungsstandards auf gänzlich verschiedenen Ebenen angesiedelt sind und sich in vielen Punkten unterscheiden, so haben sie doch auch viele Gemeinsamkeiten, insbesondere was die oben genannten Aspekte betrifft. Deshalb werde ich mich im Folgenden auch jeweils auf die PISA-Konzeption, die formale und inhaltliche Zwecksetzung der Tests und auf typische Testaufgaben beziehen.

## Testaufgaben zur Effektivität des Bildungssystems

Die PISA-Tests haben im deutschsprachigen Raum über alle Bevölkerungsschichten hinweg eine sehr breite Aufmerksamkeit gefunden. Dabei stand vor allem die Frage des Rankings im internationalen oder nationalen Kontext im Vordergrund; Interpretationen der Testergebnisse wurden von verschiedenen politischen Richtungen benutzt, um den je eigenen – und in der Gesamtheit nicht immer widerspruchsfreien – bildungspolitischen Forderungen mehr Gewicht zu geben. Aber auch die in den Tests eingesetzten Aufgaben – allen voran die PISA-Aufgaben zur Mathematik – erregten Aufsehen und manchmal auch Kopfschütteln, da der Aufgabentyp fremd und mit der eigenen Schulerfahrung nicht in Einklang zu bringen war. Viel weniger breit war und ist hingegen die Rezeption der PISA-Konzeption: Welche Ziele mit den Tests verfolgt werden, welche Bildungs- bzw. Kompetenzbegriffe den Untersuchungen und damit auch der Aufgabenkonstruktion zugrunde liegen. Ziel und Zweck der PISA-Studien lassen sich vielleicht am besten am folgenden Zitat zur Mathematik verdeutlichen:

„The aim of the OECD/PISA study is to develop indicators that show how effectively countries have prepared their 15-year-olds to become active, reflective and intelligent citizens from the perspective of their uses of mathematics." (OECD 2003, S. 55)

Aus der Zielformulierung lässt sich entnehmen, dass der eigentliche Untersuchungsgegenstand der PISA-Studien nicht die Leistung der Jugendlichen, sondern die Leistung des Bildungssystems ist: Erfasst werden soll, wie gut die Gesellschaft ihre Jugendlichen durch das Bildungssystem auf das Leben in der Welt von morgen vorbereitet. Zu diesem Zweck werden zwar die Leistungen der Jugendlichen in den an der Untersuchung beteiligten Ländern bezüglich ihrer Lesekompetenz, der mathematischen Kompetenz und der naturwissenschaftlichen Kompetenz gemessen, sie sind aber nur Mittel zum Zweck, Aussagen über die Effektivität der Bildungssysteme zu gewinnen. Entsprechend ist die Art der Aufgaben, die in den Tests eingesetzt werden, nicht danach zu beurteilen, wie genau und umfassend sie die Leistungen der einzelnen Schülerinnen und Schüler erfassen, sondern wie gut und nicht zuletzt wie effizient sie dazu taugen, Informationen über die Bildungssysteme zu gewinnen. Dasselbe gilt für die eingesetzten Methoden der Untersuchung und die Konzepte und Theorien, auf denen sie beruhen. Aus diesem Grund ist es nicht ausreichend, nur zwischen Lern- und Prüfungsaufgaben zu unterscheiden, sofern mit den letzteren nur diejenigen Aufgaben gemeint sind, bei denen es primär und ausschließlich um die Leistungserfassung der Schülerinnen und Schüler geht. Es ist vielmehr neben beiden eine dritte Gruppe von Aufgaben zu unterscheiden, die anderen Zwecken dienen und sich durch eigene Methoden der Aufgabenkonstruktion, Auswahl und Zusammenstellung, Auswertung und Interpretation, Gütekriterien, Hintergrundtheorien etc. auszeichnen. Auf Details muss hier verzichtet werden, der/die interessierte Leser/Leserin findet in den Assessment Frameworks der PISA-Studien (vgl. OECD 2003, 2006, 2009) eine leicht verständliche, kompakte und interessante Lektüre.

Während die PISA-Tests den beteiligten Ländern nur ein „deskriptives" Instrument zur Messung der Effektivität des nationalen Bildungssystems im Vergleich mit anderen Ländern zur Verfügung stellen, haben nationale Bildungsstandards einen normativen Charakter. Sie beschreiben und messen nicht nur, was erreicht worden ist, sondern legen fest, was erreicht werden soll. Am deutlichsten ist dies bei Bildungsstandards sichtbar, die – wie in der Schweiz – als Mindeststandards konzipiert sind: Sie formulieren die Erwartung an das Bildungssystem, dass (fast) alle Schülerinnen und Schüler am Ende der Schulzeit (respektive zu bestimmten Einschnitten) über festgelegte Grundkompetenzen verfügen.

Die Zweckbestimmung der PISA-Studien und der Bildungsstandards hat Auswirkungen auf die Tests und die eingesetzten Testaufgaben:

1. Da die Durchführung und Auswertung der Tests sehr kostspielig ist, werden kostengünstige Aufgabenformate (z. B. Multiple-choice) bevorzugt, die für

den beabsichtigten Zweck geeignet sind, nicht aber ohne Weiteres zu Lernzwecken übernommen werden können.
2. Die Testitems messen die Leistungen auf individueller Ebene ungenau – diese Ungenauigkeiten gleichen sich bei der großen Zahl der Testteilnehmenden jedoch aus. Für den Unterricht würde sich hingegen ein PISA-Testheft zur Standortbestimmung in formativer oder summativer Hinsicht nicht eignen.
3. Im Sinne der probabilistischen Testtheorie („Raschtheorie"), die den PISA-Untersuchungen und der Validierung der Kompetenzmodelle der Bildungsstandards zugrunde liegt, werden die Testitems ihrer Schwierigkeit nach und die Probanden ihrer Leistungsfähigkeit nach auf ein und derselben Skala abgebildet. Das bedeutet aber nicht, dass ein Proband, der auf dieser Skala den Wert 600 erreicht, mit nahezu hundertprozentiger Sicherheit jede Aufgabe lösen kann, die an dieser Stelle der Skala liegt. Die probabilistische Testtheorie geht von einem viel geringeren Prozentsatz aus. Bei den PISA-Studien liegt er bei 62%, d. h. ein Schüler oder eine Schülerin, die aufgrund ihrer Leistung im Test auf der Skala den Wert 600 erreicht hat, wird Aufgaben mit dem Schwierigkeitgrad von 600 mit einer Wahrscheinlichkeit von 62% lösen, Aufgaben, mit einem höheren Schwierigkeitsgrad mit einer geringeren und Aufgaben mit einem niedrigeren Schwierigkeitsgrad mit einer höheren Wahrscheinlichkeit als 62%.
4. Bildungsstandards sind sehr komplexe, mehrdimensionale Gebilde. Wenn man trotzdem versuchen wollte, ihre Struktur in einem Satz zu formulieren, so könnte er etwa wie folgt lauten: Bildungsstandards legen fest, zu welchen Aktivitäten wer zu welcher Zeit in welchem Fach bezogen auf welchen inhaltlichen Bereich in welchem Grad allein oder zusammen mit anderen fähig und bereit sein sollte. Zu ergänzen wäre noch ein normativer Teil, der Ziel und Zweck bestimmt. Mit den Tests möchte man möglichst genaue Informationen getrennt nach den genannten Dimensionen erhalten. Das lässt sich testtheoretisch in verschiedener Weise realisieren. Eine einfache Lösung ist es, wenn immer möglich Testitems zu entwickeln, die punktgenau auf eine bestimmte Aktivität, einen bestimmten thematischen Rahmen, ein bestimmtes Anspruchsniveau zielen. Bei einer guten Lernaufgabe ist es gerade umgekehrt: Sie sollte die Fantasie anregen, verschiedene Bereiche miteinander zu verbinden, über nahe liegende Aktivitäten hinauszugehen und selbst etwas auszuprobieren. In einer Analogie ausgedrückt hat das Erstere eher den Charakter eines professionellen Krafttrainings in einem Fitnessstudio, bei dem gezielt einzelne Muskeln aufgebaut werden, das Zweite eher den Charakter eines schönen Fußballspiels.
5. Testitems sind auf einen kleinen Bereich abtestbarer Kompetenzen beschränkt, die als Indikatoren zur Beurteilung des Bildungssystems ausreichen – sie decken aber nicht den ganzen Bereich des Bildungsauftrags ab. Der Kompetenzbegriff kann und soll den Begriff der Bildung nicht ersetzen –

eine ausschließliche Orientierung des Unterrichts an dem durch die Testitems aufgespannten Kompetenzspektrum würde zu kurz greifen und zu einer geistigen Verarmung des Unterrichts führen.

Zusammenfassend ist festzuhalten, dass aufgrund der unterschiedlichen Zweckbestimmung gute Testitems nicht per se auch gute Lernaufgaben sind; sie können aber in vielen Fällen durch fachdidaktische Expertise in solche überführt werden. Gute Testitems sind auch nicht automatisch gute Prüfungsaufgaben für Schülerleistungen. Hier besteht die Gefahr, dass empirisch validierte Testitems von übereifrigen Eltern in gutem Glauben zu Diagnosezwecken eingesetzt werden, zu denen sie nicht geeignet sind.

## Legitimation von Bildungsstandards, Testitems und Lernaufgaben

Bildungsstandards sind Instrumente zur Qualitätsmessung, sie müssen aber auch selbst Qualitätsstandards erfüllen. Die Expertise zur Entwicklung nationaler Bildungsstandards (Klieme et al. 2003, S. 20 ff.) nennt und erläutert insgesamt zehn Kriterien, die gute Bildungsstandards erfüllen müssen und gibt des Weiteren drei Empfehlungen, welche Typen von Bildungsstandards entwickelt werden sollten (ebd., S. 32 f.). Ich greife hier nur zwei übergreifende Qualitätsgesichtspunkte heraus. Bildungsstandards, beziehungsweise die ihnen zugrunde liegenden Kompetenzmodelle, müssen zum einen validiert, zum anderen legitimiert werden. Die Validierung erfolgt durch den wissenschaftlichen Diskurs, durch Gutachten von Experten, vor allem aber durch empirische Tests, bei denen geprüft wird, ob das Modell stimmig ist, ob es sich in Testverfahren umsetzen lässt, ob es zu hohe Ansprüche stellt u.v.a.m.; hier geht es um Fragen der Machbarkeit. Die Legitimierung dagegen dient dem Nachweis, dass die Ansprüche normativ berechtigt sind. Sie hat eine inhaltliche und eine formalrechtliche Komponente. In inhaltlicher Hinsicht werden die Bildungsstandards legitimiert, indem sie in einen Begründungszusammenhang zu allgemeinen Lernzielen und zum Bildungsauftrag der Schule gestellt werden. Zwar lassen sich Bildungsstandards nicht logisch-deduktiv aus den letztgenannten ableiten, aber sie lassen sich – wie allgemein bei Zweck-Mittel-Verhältnissen – begründen, indem man zeigt, dass sie geeignete, möglicherweise sogar notwendige Mittel zu dem beabsichtigten Zweck darstellen. In formalrechtlicher Hinsicht werden die Bildungsstandards gemäß der geltenden Rechtsordnung in Kraft gesetzt.[1] Im Letzteren liegt ein wichtiger Unterschied zu den PISA-Studien, die ja nur einen deskriptiven Charakter haben, deshalb fehlt die formaljuristische Komponente, hingegen ist die inhaltliche Seite der Legitimation präsent und findet ihren Ausdruck in der expliziten Beschrei-

---

1 Nicht selten wird die Legitimierung der Bildungsstandards irrtümlich mit der Validierung verwechselt, bzw. auf ihre formaljuristische Komponente reduziert.

bung fachbezogener Kompetenzen (*literacies*). Da dies auch für die Test- und daraus entwickelten Lernaufgaben relevant ist, möchte ich die Beschreibungen der drei zentralen *literacies* in der Form, wie sie im zuletzt erschienenen Framework publiziert sind, wiedergeben:

> „Reading literacy: An individual's capacity to: understand, use, reflect on and engage with written texts, in order to achieve one's goals, to develop one's knowledge and potential, and to participate in society." (OECD 2003, S. 14)

> „Mathematical literacy: An individual's capacity to identify and understand the role that mathematics plays in the world, to make well-founded judgements and to use and engage with mathematics in ways that meet the needs of that individual's life as a constructive, concerned and reflective citizen." (OECD 2003, S. 14)

> „Scientific literacy: An individual's scientific knowledge and use of that knowledge to identify questions, to acquire new knowledge, to explain scientific phenomena, and to draw evidence-based conclusions about science-related issues, understanding of the characteristic features of science as a form of human knowledge and enquiry, awareness of how science and technology shape our material, intellectual, and cultural environments, and willingness to engage in science-related issues, and with the ideas of science, as a reflective citizen." (OECD 2003, S. 14)

In allen drei Fällen werden die Kompetenzen nicht nur beschrieben, sondern auf einen übergeordneten Zweck bezogen, der mit Stichwörtern wie *to achieve one's goals, to develop one's knowledge and potential, to participate in society* oder *constructive, concerned and reflective citizen* umschrieben wird. Indem man die Einteilung in verschiedene *domains* (*personal, public, occupational, educational*) aus dem European Framework (vgl. COE 2001, S.14 f.) als Leitfaden nimmt, kann man dies systematischer folgendermaßen ausdrücken: Die genannten Kompetenzen erhalten ihre Legitimation dadurch, dass sie (und soweit sie) Voraussetzungen und Chancen zu einem erfolgreichen Leben in verschiedenen Hinsichten schaffen:

- zur Entwicklung einer eigenen Identität und mündigen Persönlichkeit (*personal domain*),
- zur Partizipation am gesellschaftlichen-politischen Leben (*public domain*),
- zur aktiven Teilnahme am Erwerbsleben (*occupational domain*) und
- zum zukünftigen Lernen (*educational domain*).

Akzeptiert man dies als Bildungsauftrag der Schule, so ist die Formulierung von Bildungsstandards jeweils als Versuch zu verstehen, diesen Bildungsauftrag bezogen auf die gesellschaftlichen Bedingungen zu konkretisieren. Die Entwicklung der Bildungsstandards, ihre Ausgestaltung und ihre Implementation, aber auch die Entwicklung und Ausgestaltung von Lernaufgaben und die methodischen Überlegungen zu ihrem Einsatz im Unterricht müssen sich an diesem übergeordneten Auftrag orientieren. Das bedeutet nicht, dass bei jeder einzelnen Aufgabe erkennbar sein muss, dass sie unmittelbar zur Realisation der obersten Ziele beiträgt, aber sie und vor allem ihr Einsatz im Unterricht sollte den Zielen nicht widersprechen.

Die *Literacy*-Konzeption hat die Entwicklung der Bildungsstandards und Kompetenzmodelle in den deutschsprachigen Ländern beeinflusst und zu einer vermehrten Konstruktion, Analyse und empirischen Forschung korrespondierender „authentischer" Lernaufgaben geführt. Als Beispiel kann die folgende – mittlerweile berühmt gewordene – Aufgabe „Tanken" von D. Leiß (2006) dienen. Sie ist zwar für den Mathematikunterricht konzipiert worden, ließe sich aber mit etwas anderen Akzenten versehen als Lernaufgabe sowohl im naturwissenschaftlichen Unterricht als auch im Deutschunterricht einsetzen:

„**Herr Stein wohnt in Trier, 20 km von der Grenze zu Luxemburg entfernt.** Er fährt mit seinem VW Golf zum Tanken nach Luxemburg, wo sich direkt hinter der Grenze eine Tankstelle befindet. Dort kostet der Liter Benzin nur 1,05 €, im Gegensatz zu 1,30 € in Trier. Lohnt sich die Fahrt für Herrn Stein? Begründe deine Antwort."   (Leiß et al. 2006, S. 42)

Der Problemkontext ist authentisch – tatsächlich benutzen Anwohner grenznaher Ortschaften die Möglichkeit, im Nachbarland preisgünstiger einzukaufen und gegebenenfalls billiger zu tanken. Für einen vielseitig interessierten und kritisch-reflektierenden Mitbürger stellen sich dazu Fragen wie: „Ist das vernünftig? Lohnt sich das? Gibt es für mich ähnliche Möglichkeiten?" und andere mehr. Von herkömmlichen Mathematikaufgaben unterscheidet sich die Aufgabe in mehreren Punkten:
▸ Zur Berechnung der Kosten fehlen Angaben (z. B. zum Fassungsvermögen des Tanks, zum Benzinverbrauch, zur Lage der Tankstellen in Luxemburg und in Trier).
▸ Es geht nicht darum, einen Gewinn oder Verlust auszurechnen, sondern zwei Handlungsalternativen miteinander zu vergleichen und zu bewerten.
▸ Das Kriterium zur Bewertung der gewählten Alternative („Lohnt es sich für") ist interpretationsbedürftig.
▸ Die geforderte Begründung besteht nicht (bloß) in einer Rechtfertigung einer Rechnung, sondern darin, zu erklären, auf welchen Annahmen die Entscheidung beruht und unter welchen einschränkenden Bedingungen sie steht.
▸ Die Aufgabe wirft eine Reihe weiterer Fragen und Probleme auf.
▸ Die Aufgabe zeigt (gegebenenfalls bei weiterem Nachdenken) die Möglichkeiten, aber auch die Grenzen mathematischer Problemlösung.

Gerade diese Punkte sind aber für Problemlösesituationen in der Realität mehr oder minder typisch und müssen bei einem Kompetenzaufbau, der den oben genannten übergeordneten Bildungszielen entsprechen soll, berücksichtigt werden:

- Mit dem Auftauchen eines Problems in der realen Welt werden auch nicht schon alle Informationen, die zur Lösung notwendig oder hilfreich sind „mitgeliefert", sondern müssen beschafft werden, gegebenenfalls müssen Annahmen getroffen und Vereinfachungen vorgenommen werden.
- Es geht in Problemlösesituationen in der Regel um Entscheidungen zwischen Handlungsalternativen, dazu ist es wichtig, das Für und Wider der Alternativen zu kennen.
- Die Kriterien, auf deren Grundlage die Entscheidungen zu treffen sind, sind häufig selbst klärungs- und interpretationsbedürftig.
- Entscheidungen sollten für andere, zumindest für einen selbst bis zu einem bestimmten Grad nachvollziehbar sein.
- Zur Problemlösestrategie in der realen Welt gehört das Nachdenken über gelöste Probleme – zum einen rückschauend, zum anderen vorwärtsschauend, ob sich die gefundene Lösung verbessern lässt, ob sie sich verallgemeinern oder auf andere Bereiche übertragen lässt, ob die gemachten Annahmen zutreffend waren, usw.
- Probleme in der realen Welt sind oft vielschichtig, müssen von verschiedenen Seiten und aus verschiedenen Perspektiven betrachtet werden. Die Verantwortung für Handlungsentscheidungen lässt sich nicht an eine wissenschaftliche Disziplin abgeben, sondern bleibt beim Handelnden.

In Lernaufgaben dieses Typs, die sich durch Realitätsnähe, Offenheit der Fragestellung, Aufforderung zur Entscheidung und Begründung, fehlende Informationen einerseits und irrelevante Informationen andererseits u. a. m. auszeichnen, steckt somit ein großes Potenzial, bezogen auf übergeordnete Bildungsziele. Diese Lernaufgaben stellen jedoch auch hohe Anforderungen an die Lernenden und ebenso an die Lehrenden. Darauf möchte ich im nächsten Abschnitt eingehen.

## Der Kompetenzbegriff von Weinert und der DeSeCo-Kommission

Der Expertise zur Entwicklung nationaler Bildungsstandards liegt ein spezieller Kompetenzbegriff zugrunde, der auf den Psychologen Franz Weinert (2001) zurückgeht und sich mit der Kompetenzkonzeption der DeSeCo-Kommission (vgl. DeSeCo 2002) deckt, die im Auftrag der OECD Grundlagenpapiere zum Thema Kompetenz ausgearbeitet hat und deren Mitglied Weinert war:

„Nach Weinert (2001, S. 27 f.) versteht man Kompetenzen als ‚die bei Individuen verfügbaren oder durch sie erlernbaren kognitiven Fähigkeiten und Fertigkeiten, um bestimmte Probleme zu lösen, sowie die damit verbundenen motivationalen, volitionalen[2] und sozialen Bereitschaften und Fähigkeiten, um die Problemlösungen in variablen Situationen erfolgreich und verantwortungsvoll nutzen zu können'."   (Klieme 2003, S. 21)

Eine Besonderheit dieses Kompetenzbegriffs besteht darin, dass er neben kognitiven auch nichtkognitive Komponenten umfasst: Kompetent ist jemand in diesem Sinne erst dann, wenn er neben dem Wissen und Können auch motiviert ist, den Willen hat und bereit und fähig ist, allein und in Gemeinschaft mit anderen Problemlösungen zu finden. Diese Komponenten des Kompetenzbegriffs sind durch Testaufgaben schwierig zu erfassen, können und sollten aber beim Einsatz von Lernaufgaben im Unterricht eine Rolle spielen.

Betrachten wir dazu noch einmal die Aufgabe Tanken aus dem letzten Abschnitt. Sie erweckt aufgrund ihrer Realitätsnähe nicht nur Interesse an einer Lösung und im Verlauf des Lösungsversuchs Anreize zum Nachdenken, sondern kann auch zu einem positiven Bild der Mathematik und damit zur Motivation, sie auch außerhalb der Schule einzusetzen, beitragen. Dazu ist es aber entscheidend, dass der Einsatz der Aufgabe im Unterricht erfolgreich ist und nicht zur Überforderung bei leistungsschwächeren oder zur Frustration bei leistungsstärkeren Lernenden führt.

Überlegen wir dazu, welche Schritte zum Verständnis und zur Lösung der Aufgabe wichtig sind.

Zunächst ist aus den zu beschreibenden Angaben eine angemessene Vorstellung der Realsituation zu entwickeln, wie sie sich Herrn Stein darbietet, und ihn veranlasst, mehr als 40 km weit zu fahren, um zu tanken. Zweitens ist der Auftrag zu verstehen, der sich auf die Realsituation bezieht: Zu entscheiden, ob sich die Fahrt von Herrn Stein lohnt und die Antwort zu begründen. Dazu gehört auch schon eine Vorstellung von der Art der Antwort: „Nach Maßgabe der Annahmen, die ich getroffen habe, lohnt sich die Fahrt für Herrn Stein / lohnt sich nicht, denn ..."

Schon bei dem ersten Schritt können Lernende aufgrund von Sprachschwierigkeiten oder mangelndem landeskundlichen Wissen scheitern, als Gegenmaßnahme bietet es sich an, die Lernenden gegebenenfalls unterstützt durch einen Straßenkartenausschnitt, weiteres Bild- und Textmaterial das Szenario in Partner- oder Gruppenarbeit erarbeiten zu lassen und das Verständnis der Situation und des Auftrags sicherzustellen. Dabei bleibt offen, was genau mit „es lohnt sich" gemeint sein soll – ein erstes Verständnis wird sein, „dass es billiger ist, in Luxemburg zu tanken".

---

[2] Der Ausdruck „Volition" wird in einer Fußnote als „willentliche Steuerung von Handlungen und Handlungsabsichten" erklärt (Klieme 2003, S. 21)

In einer zweiten Phase müssen Details identifiziert werden, die mathematisch relevant sein könnten (die beiden Benzinpreise, die Entfernung zur Grenze), fehlende Angaben müssen identifiziert werden, Informationen beschafft oder Annahmen gemacht werden. Irrelevante oder für den weiteren Lösungsprozess nicht mehr benötigte Angaben können weggelassen werden, so z. B. um welchen Autotyp es sich handelt, denn dieser spielt nur für den Benzinverbrauch und das Fassungsvermögen des Tanks eine Rolle, usw. Auch hier können die Lernenden mit Gewinn in Gemeinschaft nach einem Lösungsansatz suchen, sind aber gegebenenfalls auf Impulse und strukturelle Hilfen angewiesen, die die fehlenden Angaben betreffen. Sie sollten aber möglichst selbst zu solchen Erkenntnissen gelangen wie „Das hängt aber auch davon ab, wie viel Liter der Tank fasst." usw. und diese Informationen selbst beschaffen oder vernünftige Annahmen treffen.

In einem dritten Schritt ist das *real-world problem* in ein *mathematical problem* zu überführen, bei dem schließlich nur noch zwei Kostenalternativen in Form von Gleichungen vorkommen. Bei dieser Transformation wird nicht nur von mathematisch Irrelevantem abstrahiert, sondern auch der Problemhorizont eingeschränkt: So bleiben Zeitaufwand und zusätzliche Kostenfaktoren, aber auch ökologische, nationalökonomische und ethische Aspekte unberücksichtigt; sie müssen bei der Rücktransformation der mathematischen Lösung in eine realweltliche Lösung bedacht werden. Vielleicht kommen einige Schülerinnen und Schüler an dieser Stelle selbst darauf, dass noch weitere Gesichtspunkte eine Rolle spielen, für die Berechnung aber zurückgestellt werden müssen. Die Aufstellung von zwei Gleichungen ist ein weiterer Einschnitt, der gesichert werden sollte, bevor die Lernenden sich jeweils daran machen, die Rechnungen durchzuführen.

Die durchzuführenden Rechnungen sind bei einem vereinfachten Modell problemlos, da in den Gleichungen nur die vier Grundrechenarten benutzt werden – sie führen zum Ergebnis, dass etwa 8 Euro beim Tanken in Luxemburg gespart werden können. Interessant, aber für den Unterrichtsverlauf nicht ungefährlich, ist die Frage, ob sich die Fahrt für Herrn Stein lohnt. Hier ist die Ersparnis in Relation zum Zeitaufwand zu setzen, bei der Modellbildung vernachlässigte Kosten (Reifenverschleiss, Ölverbrauch, Wertminderung usw.) müssen überdacht, unter Umständen muss ein feineres Modell erstellt werden. Umweltbewusste Schülerinnen und Schüler werden Bedenken wegen der Umweltbelastung, Verbrauch knapper Ressourcen, höheres Verkehrsaufkommen, Belästigung der Anwohner usw. anmelden.

Auf der einen Seite sind solche Überlegungen gerade in Hinsicht auf die übergeordneten Lernziele sehr wichtig, auf der anderen Seite dürfen die Lernenden nicht mit dem Eindruck nach Hause gehen, dass man zwar gerechnet hat, aber die gefundene Lösung „dann doch nicht die richtige Lösung war". Auch eine Aufspaltung in eine Lösung für den Mathematikunterricht und eine für die reale Welt wäre fatal.

Wichtig wäre, dass die Lernenden in einem längeren Prozess zur Erkenntnis gelangen, dass ein Problem der realen Welt in der Regel von verschiedenen Seiten und aus verschiedenen Perspektiven betrachtet werden sollte. Die Kostenersparnis ist ein Aspekt, der festzuhalten ist und vielleicht durch Verfeinerung des Modells präzisiert werden kann. Die Frage zum Verhältnis von Zeit und Geld kann man vielleicht durch „Was wäre wenn"-Fragen näher untersuchen: Was wäre, wenn Herr Stein 40 km weit weg wohnte und die Ersparnis nur 1 Euro ausmachte?

Das Fazit lautet, dass nicht nur das Pozential einer solchen Lernaufgabe entscheidend ist, sondern auch ihre Einbettung in den Unterricht, die mit Blick auf übergeordnete Lernziele und einen umfassenden Kompetenzbegriff erfolgen sollte. Nicht uninteressant ist es, über Varianten solcher Aufgaben nachzudenken, insbesondere, was ihren fachdidaktischen Hintergrund und ihren möglichen ideologischen Import angeht. Die folgende Variante wurde als Sinus Monatsaufgabe zusammen mit einem Kartenausschnitt eingesetzt und war in Einzelarbeit zu lösen.

„**Herr Stein wohnt in Trier, nicht weit von der Grenze zu Luxemburg entfernt.** Er fährt mit seinem VW Golf zum Tanken nach Luxemburg, wo sich hinter der Grenze eine Tankstelle befindet. Dort kostet der Liter Benzin aufgrund geringerer Mineralölsteuer nur 0,85 €. Sparen ist immer gut – schließlich weiß man nie, wofür man das Geld später noch mal braucht. Aber spart Herr Stein eigentlich tatsächlich Geld und wenn, wie viel spart er?"

(Sinus Monatsaufgabe Februar 2006)

Hier ist auf der einen Seite eine stärkere Förderung der Selbstständigkeit der Lernenden insofern intendiert, als im Vergleich zur Originalaufgabe weitere Angaben (Entfernung und Benzinpreis in Trier) fehlen. Auf der anderen Seite wird der Problemhorizont des Realproblems durch die verengte Fragestellung „Spart Herr Stein ... Geld?" und die ideologische Wertvorgabe „Sparen ist immer gut" stark reduziert. Im Sinne der übergeordneten Ziele der Mündigkeit und Partizipation am gesellschaftlichen Leben und des weiter gefassten Kompetenzbegriffs wäre eine offenere Variante der Aufgabenstellung und eine diskursive Bearbeitung des Problems mit Gruppenarbeitsphasen vorzuziehen.

**Verwendete Literatur**

COE 2001: Common European framework of reference for languages: Learning, teaching, assessment. In: http://www.coe.int/t/dg4/linguistic/Source/Framework_EN.pdf, recherchiert am 24.06.2011.

DeSeCo 2002. Definition and Selection of Competences (DeSeCo): Theoretical and Conceptual Foundations. Strategy Paper, DEELSA/ED/CERI/CD(2002) 9. In: http://www.deseco.admin.ch/bfs/deseco/en/index/02.parsys.34116, recherchiert am 01.05.2011.

Klieme, Eckhard/Avenarius, Hermann/Blum, Werner/Döbrich, Peter/Gruber, Hans/Prenzel, Manfred/Reiss, Kristina/Riquarts, Kurt/Rost, Jürgen/Tenorth, Heinz-Elmar/Vollmer, Helmut J. 2003: Zur Entwicklung nationaler Bildungsstandards. Eine Expertise. Online unter: http://www.bmbf.de/pub/zur_entwicklung_nationaler_bildungsstandards.pdf, recherchiert am 31.05.2011.

Leiß, Dominik/Blum, Werner 2006: Beschreibung zentraler mathematischer Kompetenzen. In: Werner Blum/Christina Drüke-Noe/Ralph Hartung/Olaf Köller (Hg.): Bildungsstandards Mathematik: konkret. Sekundarstufe I: Aufgabenbeispiele, Unterrichtsanregungen, Fortbildungsideen. Berlin.

Linneweber-Lammerskitten, Helmut/Wälti, Beat 2005: Is the definition of mathematics as used in the PISA Assessment Framework applicable to the HarmoS Project? In: ZDM 37. S. 402–407.

Linneweber-Lammerskitten, Helmut/Wälti, Beat 2006: Was macht das Schwierige schwierig? Überlegungen zu einem Kompetenzmodell im Fach Mathematik. In: Pia Hirt/Peter Gautschi/Lucien Criblez (Hg.): Lehrpläne und Bildungsstandards. Was Schülerinnen und Schüler lernen sollen. Festschrift zum 65. Geburtstag von Prof. Dr. Rudolf Künzli. Bern. S. 197–227.

NCTM 2000: Principles and Standards for School Mathematics. CD-ROM Edition.

OECD 2003: PISA 2003 Assessment Framework: Mathematics, Reading, Science and Problem Solving Knowledge and Skills – Publications 2003. In: http://www.pisa.oecd.org/dataoecd/46/14/33694881.pdf, recherchiert am 24.06.2011.

OECD 2006: Assessing Scientific, Reading and Mathematical Literacy: A Framework for PISA 2006. In: http://www.oecd.org/dataoecd/63/35/37464175.pdf, recherchiert am 24.07.2011.

OECD 2009: PISA 2009 Assessment Framework: Key Competences in Reading, Mathematics and Science. In: http://www.oecd.org/dataoecd/11/40/44455820.pdf, recherchiert am 24.07.2011.

OECD 2010: PISA 2012 Mathematics Framework. Draft subject to possible revision after the field trial. http://www.pisa.oecd.org/dataoecd/8/38/46961598.pdf, recherchiert am 24.07.2011.

Polya, George 1995: Schule des Denkens. Vom Lösen mathematischer Probleme. 4. Aufl. Tübingen u. a.

Sinus Monatsaufgabe 2006: Günstiger Tanken. Sinus Monatsaufgabe 2006. In:http://irena-sendler-schule.hamburg.de/index.php/article/detail/1213, recherchiert am 24.07.2011.

Weinert, Franz Emanuel 2001a: Vergleichende Leistungsmessung in Schulen – eine umstrittene Selbstverständlichkeit. In: Franz Emanuel Weinert (Hg.): Leistungsmessungen in Schulen. Weinheim u. a.

Weinert, Franz Emanuel 2001b: Concepts of competence: A Conceptual Clarification. In: Dominique S. Rychen/Laura H. Salganik (Hg.): Defining and Selecting Key Competencies. Göttingen. S. 45–66.

Stefan Keller

# Mit Lernaufgaben „überfachliche Kompetenzen" erwerben

## 1. Einleitung

Eine wichtige Aufgabe der Schularten der Sekundarstufen I und II als Bildungsinstitution ist es, Jugendliche auf einen erfolgreichen Einstieg ins Berufsleben vorzubereiten. Aus Gründen der *employability* fordern Vertreter der Wirtschaft schon länger, dass dort neben fachlichen auch allgemeinere Fähigkeiten gefördert werden sollen, z.B. Ausdruckskompetenz, Informatikkenntnisse oder die Fähigkeit zur „systematischen Analyse und Aufbereitung von neuen Informationen" (Lauterburg 2003, S. 2). Auch im Sinne der Anschlussfähigkeit an die höhere Bildung stellt die systematische und langfristig angelegte Integration von verschiedenen Kompetenzbereichen ein bedeutsames Entwicklungsziel dar (Maag Merki 2006). Laut der Universität Zürich ermöglicht erst „die sinnvolle Kombination von fachlicher und überfachlicher Expertise die Bewältigung von komplexen Anforderungen in wechselnden Zusammenhängen".[1] So werden von Studienanfängern verstärkt Methodenkompetenzen (Analysefähigkeiten, Nutzung von Informationssystemen, Lern- und Arbeitstechniken), Sozialkompetenzen (Kooperations-, Kommunikations- und Konfliktfähigkeit) sowie Fähigkeiten beim „Selbstmanagement" (z.B. Reflexion der eigenen Identität, ethisches Bewusstsein) verlangt.

Diese erweiterten Ziele haben zur Forderung nach mehr autonomem, schülerzentriertem Lernen und damit auch nach einer Erneuerung der schulischen Lehr- und Lernkultur auch auf der Sekundarstufe geführt (Rychen/Salganik 2003, S. 58; Reusser/Reusser-Weyeneth 1994, S. 23). Die jungen Menschen sollen dabei die Möglichkeit erhalten, die Qualität ihres Wissens und Könnens selber zu analysieren, selbstständig zu verbessern und ihre Fortschritte dabei zu überwachen und zu evaluieren. Die wichtigsten „überfachlichen Kompetenzen", die dabei erworben werden sollen, lassen sich wie folgt zusammenfassen:

---

[1] www.ueberfachliche-kompetenzen.uzh.ch, recherchiert am 30.06.2009.

| Sach- und Methodenkompetenz | Soziale Kompetenz | Personale Kompetenz |
|---|---|---|
| - Informationen beschaffen, erfassen, beurteilen<br>- Arbeits- und Sachstrukturen erkennen, entwickeln und gestalten<br>- Wissen einprägen, vernetzen und strukturieren<br>- Arbeits- und Zeitpläne erstellen und nutzen<br>- Problemlösungsstrategien erkennen und anwenden | - Konstruktiv und regelgebunden im Team arbeiten<br>- Konstruktiv und regelgebunden kommunizieren und argumentieren<br>- Vorträge in verschiedenen Kontexten halten, auf die Zuhörer eingehen<br>- Konflikte ansprechen und überzeugend beheben; Kritik üben und annehmen | - Sich fürs eigene Lernen motivieren; Neugierde und Eigeninitiative entwickeln<br>- Eigene Stärken und Schwächen kennen<br>- Frustrationstoleranz entwickeln und Misserfolge verarbeiten<br>- Eigene Leistungsziele setzen und deren Erreichung selber steuern und evaluieren |

Tab.1: Dimensionen von überfachlichen Kompetenzen nach Czerwanski et al. (2002, S. 33 f.)

Solche Kompetenzziele finden sich heute in praktisch allen Lehrplänen für die Sekundarstufen I und II, entweder als allgemeine Lernziele (wie im Schweizer Lehrplan 21) oder verteilt auf die einzelnen Fächer (wie in den Bildungsplänen und Rahmenlehrplänen der meisten deutschen Bundesländer).[2] Die Sekundarschulen stehen damit vor der Herausforderung, geeignete Formen zur didaktischen Umsetzung solcher Lernziele zu entwickeln, welche so konkret und anwendbar sind, dass Lehrkräfte und Lernende im Schulzimmer produktiv damit umgehen können. Im Folgenden wird dargestellt, inwiefern Lernaufgaben diese Scharnierfunktion zwischen Kompetenzzielen auf der einen und Unterrichtspraxis auf der anderen Seite übernehmen können.

## 2. Fachliche Handlungskompetenz

Unter fachlichen Handlungskompetenzen versteht Franz Weinert die von Individuen

> „erlernbaren kognitiven Fähigkeiten und Fertigkeiten, bestimmte Probleme zu lösen sowie die damit verbundenen motivationalen, volitionalen und sozialen Bereitschaften und Fähigkeiten, die Problemlösungen in variablen Situationen erfolgreich und verantwortungsvoll nutzen zu können."
> (Weinert 2001, S. 27 ff.)

Ziel dabei ist, ein System von Handlungs- und Wertorientierungen aufzubauen,

---

2  Die Rahmenlehrpläne der deutschen Bundesländer finden sich unter www.bildungsserver.de; Hinweise zum Lehrplan 21 (noch in Entwicklung) auf www.lehrplan.ch.

so dass „aus kognitiven Fähigkeiten gesellschaftlich wertvolle und individuell reflexive Handlungskompetenzen werden" (Weinert 1998, S. 115). Dieses Konzept, auf dem übrigens auch die Bildungsstandards aller deutschsprachigen Länder aufbauen, geht von einem holistischen Kompetenzbegriff aus: Ob eine Person in einer fachlich anspruchsvollen Situation erfolgreich handelt, hängt davon ab, ob sie verschiedene fachliche und überfachliche Kompetenzen effizient zu orchestrieren vermag.

Ein konkretes Beispiel stellt das „Projekt Bewertungskompetenz" dar (Gausmann et al. 2010). Dabei wurde untersucht, über welche Kompetenzen Schülerinnen und Schüler auf dem Gebiet „nachhaltige Entwicklung" verfügen müssen, um komplexe Entscheidungssituationen zu bewältigen. Dazu sind folgende Teilfähigkeiten notwendig: „konzeptuelles Wissen über nachhaltige Entwicklung", „ethisches Basiswissen über Werte und Normen", „prozedurale Kompetenzen wie Informationen suchen und verarbeiten" sowie die Fähigkeit, „Handlungsoptionen bewerten und Entscheidungen treffen". Die drei letztgenannten Faktoren zählen eher zu den „überfachlichen" Kompetenzbereichen. Erst das Zusammenspiel all dieser Teilkompetenzen erlaubt es einem Jugendlichen zu beurteilen, wie z. B. der Bananenanbau in Costa Rica in Richtung nachhaltiger Entwicklung verändert werden könnte (ebd. 2010, S. 207).

In verschiedenen Fächern wird heute versucht, das Zusammenspiel von fachlichen und überfachlichen Kompetenzen mit Hilfe von Lernaufgaben didaktisch zu inszenieren (vgl. Modell aus der Mathematik von Blömeke et. al., S. 335). Um eine optimale Integration von fachlichen und überfachlichen Kompetenzen zu garantieren, sollten kompetenzorientierte Lernaufgaben allgemein gesprochen:

▸ zentrale fachliche Themen betreffen, die den Jugendlichen ermöglichen, sich diesen Themen „auf eigenen Wegen" zu nähern;
▸ Vorwissen und individuelle Konzepte der Jugendlichen zu einem Problem an die Oberfläche treten lassen und sie ermutigen, ihr ganzes Repertoire an persönlich verfügbaren Ressourcen in den Lernprozess einzubringen;
▸ eine Anpassung der Aufgabenumsetzung an individuelle Bedingungen wie Emotion oder Kreativität ermöglichen;
▸ so offen gestellt sein, dass die Aufgaben auf unterschiedlichen Niveaus gelöst werden können und unterschiedliche methodische Zugänge möglich machen;
▸ die Nutzung von Selbst- und Peer-Evaluation in der Lernarbeit unterstützen;
▸ an vielfältigen und kreativen Lernergebnissen und Produkten orientiert sein.

Natürlich müssen Aufgaben in geeignete Lernumgebungen eingebettet sein, damit sie diese vielfältigen Funktionen tatsächlich übernehmen können.

Im Folgenden werden drei zentrale Charakteristika solcher aufgabenbasierter Lernumgebungen beschrieben und zusammen mit konkreten Umsetzungsmöglichkeiten für die Schulpraxis dargestellt.

## 3. Das „Personale" als Ausgangspunkt des Lernens

Die Entwicklung fachlicher Handlungskompetenzen kann nur gelingen, wenn sie an das individuell verfügbare Vorwissen anknüpft sowie individuelle Einstellungen und Erfahrungen bei einem bestimmten Thema berücksichtigt. Die empirische Lehr-Lernforschung hat deutlich gemacht, dass mit steigender Komplexität von Aufgaben und Problemstellungen auch die Bedeutung des spezifischen Vorwissens für deren erfolgreiche Bearbeitung zunimmt (Helmke 2003, S. 23). Und wenn Lernende tatsächlich „Neugierde und Eigeninitiative" bei einem fachlichen Thema entwickeln sollen (vgl. Tab. 1, oben), dann müssen die Lernaufgaben so gestaltet sein, dass die Jugendlichen ihr individuelles Vorwissen von Anfang an ins Spiel bringen und auch eigenen Zugängen „nachspüren" können. Gleichzeitig darf man ihnen nicht alles vorkauen, wenn der Unterricht tatsächlich „Frustrationstoleranz" im lernpsychologisch positiven Sinne fördern soll (Hartnäckigkeit, Resilienz etc.). Dazu gehört auch, einen Holzweg zu beschreiten oder die Erfahrung zu machen, dass sich ein Verfahren als untauglich herausgestellt hat und die Vorgehensweise deshalb revidiert werden muss.

Die Inszenierung solcher „schülerzentrierter" Lernformen mittels offener Aufgabenstellungen ist eine große Herausforderung, da sie gängigen Vorstellungen von Schule und Unterricht vieler Lehrkräfte widerspricht. Wie sollen Jugendliche „auf eigenen Füßen stehen", wenn sie über ein Thema noch wenig wissen? Ein Ausweg aus diesem Dilemma, der sich in der Praxis bewährt hat, ist die „singuläre Standortbestimmung" (Ruf/Gallin 2005). Dabei werden die Lernenden aufgefordert, ihr Vorgehen bei einer Aufgabe aufzuzeichnen oder persönliche Lösungsansätze in einem Lernjournal explizit zu machen (ebd., S. 19 ff.). Beim Thema „Gleichungen" in der Mathematik kann der Auftrag etwa lauten: „Achte beim Lesen der Gleichung auf deine Gedanken und Gefühle. Schreibe alles auf, was dir durch den Kopf geht" (ebd., S. 28). Beim Thema „Gute Reden schreiben" in den Fremdsprachen kann der Auftrag lauten: „Verfasse eine gute Rede und schreibe alle Mittel auf, die du brauchen kannst, um diese interessant und überzeugend zu gestalten" (Keller/Ruf 2005, S. 460). Anhand der Produkte, die daraufhin entstehen, lassen sich fachliche (Prä-)Konzepte einschätzen, über welche die Schülerinnen und Schüler bereits verfügen, sowie auch lernförderliche oder -hinderliche Motive in der Auseinandersetzung mit einer Sache erkennen.

Hierbei zeigt sich oft, dass auch die „singulären" Gedanken der Lernenden spannende Ideen für den Aufbau fachlich tragfähiger Konzepte sind (Keller 2008, S. 188 ff.). Gleichzeitig kann so auch das Selbstvertrauen der Lernenden gestärkt werden: Sie merken, dass ihre Konzepte und Ideen im Unterricht wirklich wichtig sind und einen ausdrücklichen Beitrag zum Lernen leisten. Dies kann auch die Entwicklung hoher Selbstwirksamkeitsüberzeugungen befördern: Je mehr sich die Jugendlichen als selbstwirksam erfahren, desto höhere Ziele setzen sie sich und desto mehr fühlen sie sich diesen verpflichtet (Bandura 1982).

Diese Art der Aufgabenstellung impliziert einen Unterricht, der permanent die internen Voraussetzungen zum Vorschein bringt und in welchem die Lehrkräfte den Jugendlichen helfend und lenkend zur Seite stehen (Stebler et al. 1994, S. 275). Die Lehrkräfte müssen lernen, sich für die Konzepte und Ideen der Lernenden zu interessieren und ihnen dabei behilflich sein, diese in „reguläres" Wissen zu übersetzen. Dazu gehört, ihre Ansprüche den individuellen Aufnahmemöglichkeiten der Lernenden anzupassen und auch langsameres Lernverhalten zu tolerieren. Der Schwerpunkt kann dabei nicht mehr auf der strikten Einhaltung eines kleinmaschigen Stoffverteilungsplanes oder auf der routinemäßigen Aneinanderreihung von Aufgaben liegen, da sonst die individuellen Konzepte und Ideen der Lernenden nur als Störungen des Unterrichtsverlaufs auftauchen.

Den Grad der Beteiligung der Schülerinnen und Schüler am Lernen zu erhöhen, heißt also zwangsläufig, den Grad an „Sicherheit" bei der Unterrichtsplanung zu verringern. Gute Planung heißt in diesem Umfeld, prospektiv Einflussmöglichkeiten und Wirkungen vorzudenken, auch wenn diese nicht immer genau vorhersehbar sind. Die Lehrkräfte sollen also einerseits Aufgaben und Materialien bereitstellen, andererseits durch gezielte Inputs und Rückmeldungen steuernd und regulierend ins Lernen der Jugendlichen eingreifen. Die Herausforderung dabei ist, Lernprozesse effizient und zielgerichtet auszurichten, ohne allzu stark die eigenständigen Lern- und Entscheidungsprozesse der Jugendlichen zu beeinträchtigen, welche die Voraussetzung für die Entwicklung von personalen, sozialen und methodischen Kompetenzen sind. Eine Möglichkeit dazu sind „ganze Lernakte", welche im nächsten Abschnitt dargestellt werden.

## 4. „Ganze Lernakte"

Zur Bearbeitung eines komplexen Problems sind im Lernprozess mindestens vier Schritte notwendig:
1. *understanding the problem;*
2. *devising a plan;*
3. *carrying out the plan* und
4. *looking back* (Polya 1945, zit. in Fleischer et al. 2010, S. 240).

Tätigkeiten der Planung sind hierbei ebenso wichtig wie die Durchführung und die Evaluation der eigenen Lernhandlungen. Es geht also nicht bloß um routiniertes Problemlösen oder Einüben von Wissen, sondern um „ganze Lernakte", welche auch neue und teilweise ungewohnte Lerntätigkeiten für die Jugendlichen beinhalten:

Auswahl eines Themenbereichs oder Kompetenzgebiets
Formulieren einer Frage oder von Lernzielen (evtl. anhand von Kompetenzmodellen)
Formulieren von Handlungsstrategien bei einer Lernaufgabe
Sammeln von Erfahrungen und Suche nach Informationen
Auswerten der Erfahrungen (Reflexion, Einschätzen der Bedingungen und der Verallgemeinerbarkeit)
**Finden einer Lösung, Formulieren eines Ergebnisses, Herstellen eines Produkts, Einüben einer Fertigkeit oder Fähigkeit**
Aufbereiten für eine Präsentation
Präsentation
Einholen von Rückmeldungen
Reflexion der Lernprozesse und Lernerfolge (evtl. anhand von Kompetenzmodellen)
Bewertung der eigenen Arbeit, auch Bezug auf Kompetenzniveaus
Lernplanung (weitere Lernschritte)

Abb. 1: Struktur „ganzer Lernakte"; Darstellung nach Winter et al. (2008, S. 29)

Indem die Jugendlichen ihre Arbeitshandlungen stärker planen, Lösungswege prüfen oder deren Umsetzung vorantreiben, können Sach- und Methodenkompetenzen gefördert werden, wie etwa Arbeits- und Sachstrukturen eines Themas zu erkennen, zu entwickeln oder Arbeits- und Zeitpläne zu erstellen und zu nutzen (vgl. Tab. 1 oben). In traditionellen, stark auf Wissensvermittlung angelegten Unterrichtskonzepten bleiben diese Tätigkeiten ganz in der Verantwortung der Lehrkraft. Dabei wird jedoch nicht nur der Erwerb von überfachlichen Kompetenzen behindert, sondern oft auch die Fähigkeiten der Jugendlichen, ihr Fachwissen außerhalb des Kontexts im Klassenzimmer produktiv einzusetzen:

> „If teachers insist on retaining tight control, dominating the agenda and discussion, determining in advance what should happen and what should be discovered, then even their more successful students will remain ‚scaffolded' like some supported structure, unable to function independently or outside the precise context and content of what was ‚done' in the classroom." (Edwards/Mercer 1987, S. 167)

Die didaktische Herausforderung besteht also darin, den Jugendlichen die nötigen Freiheiten beim Lernen zu lassen und trotzdem sicher zu stellen, dass kohärentes Wissen und normative Handlungsstrategien erworben werden. Aus den heterogenen Wissensbeständen in einer Klasse soll sich ein gemeinsames Verständnis dafür entwickeln, welche Normen in einem Fachbereich gelten und welche Fähigkeiten nötig sind, um zentrale Problemstellungen selbstständig und sicher zu lösen.

Eine wichtige Tätigkeit dazu ist der regelgeleitete und systematische Austausch unter den Lernenden selber. Dies kann bei der Zusammenarbeit an einem fachlichen Problem geschehen, wobei die Lernenden gehalten sind, individuelle Lösungsansätze auszutauschen, sich Rückmeldungen dazu zu geben oder eine gemeinsame Lösung zu finden. In den dabei entstehenden Prozessen der Lösungsfindung oder des „Aushandelns" von Wissen (*negotiation of meaning*) kann sich ein gemeinsames Verständnis für einen Sachverhalt herausbilden: „Negotiating meaning [...] can lead to the students having a functionally similar body of knowledge after learning" (Derry/Lesgold 2001, S. 802). Dieser Aufbau von geteiltem Wissen im Dialog ist besonders dann wichtig, wenn es um anspruchsvolle Lernaktivitäten wie Begriffsbildung und Problemlösen, nicht einfach um Auswendiglernen oder Einüben geht (Webb/Palinscar 1996, S. 845 f.). Das fachliche Lernen steht dabei im Zentrum, gleichzeitig werden überfachliche Kompetenzziele relevant, wie etwa konstruktiv und regelgebunden im Team arbeiten, Konflikte ansprechen und beheben, Kritik üben und annehmen etc. Damit die Lernenden den Wert solcher Fähigkeiten erkennen, sollten diese im Unterricht auch explizit thematisiert werden, etwa durch Leitfragen wie:

- „Was muss eine Leserin/ein Leser wissen, um meine Arbeit zu verstehen?";
- „Wie kann man eine Rückmeldung kritisch aber wohlwollend formulieren?"

Auf praktischer Ebene bieten die Kommentar- und Überarbeitungsfunktionen moderner Textverarbeitungsprogramme eine einfache aber effiziente Möglichkeit für Jugendliche, ihre Arbeiten auszutauschen, sich gezielt Rückmeldungen zu einzelnen Aspekten ihrer Arbeit zu geben und ihre Lernprodukte durch Einbezug verschiedener Perspektiven weiterzuentwickeln.

Natürlich sind auch Inputs und Rückmeldungen von Experten ein zentraler Teil dieses Lerndialogs. Lehrkräfte stehen vor der Aufgabe, den Jugendlichen aufzuzeigen, welche Kompetenzen sie erreicht haben und wo noch weitere Entwicklungen notwendig sind. Durch „formative" Rückmeldungen *während* der Aufgabenbearbeitung können sie die Sichtweise eines Fachexperten einbringen und den Jugendlichen lerndienliche Hinweise zu einem Zeitpunkt geben, wo sie diese brauchen und auch konkret umsetzen können. Dabei steht weniger die vergleichende Einstufung oder Bewertung als das konkrete Benennen der individuellen Leistung im Vordergrund, was mit konkreten Fördermaßnahmen verbunden wird. Solche Rückmeldungen sind besonders dann wirksam, wenn sie

- „die Jugendlichen persönlich ansprechen und sie zur Weiterarbeit ermutigen;
- das Verständnis der Lehrperson der Schülerarbeiten ausdrücken;
- Verstehensschwierigkeiten darstellen;
- Werturteile begründen und
- für die Jugendlichen verständlich sind." (Böttcher/Becker-Mrotzek 2003, S. 97)

Bei solchen Rückmeldungen geht es um die praktische Umsetzung eines zentralen Qualitätsmerkmals von Unterricht, nämlich um einen hohen *Fachanspruch* bei gleichzeitig intensiver und persönlicher *Zuwendung* (Maag Merki 2006, S. 116). Lernende können jene Unterstützung erhalten, welche sie brauchen, um auch bei komplexen Problemen auf eigenen Wegen ans Ziel zu kommen. Dabei können wiederum überfachliche Zielkriterien ins Spiel kommen, gegen Ende einer Lernphase beispielsweise „Wissen einprägen, vernetzen und strukturieren" oder bei einer Präsentation „Vorträge in verschiedenen Kontexten halten, auf die Zuhörer eingehen" (vgl. Tab. 1, oben).

Eine veränderte Lernkultur, welche auf die Integration von fachlichen und überfachlichen Kompetenzzielen ausgerichtet ist, ist also auf anspruchsvolles Lernen in allen Bereichen der schulischen Unterrichtsgestaltung angewiesen. Die Jugendlichen sollen sich dabei eigene Ziele setzen, zur Zielerreichung angemessene Verfahren auswählen und diese im Verlauf der Arbeit auch überprüfen und gegebenenfalls verändern. Die Schule muss deshalb auch erweiterte Verfahren der Leistungsbeurteilung entwickeln, welche zu dieser Lernkultur passen und mit denen sich neben fachlichen auch personale, soziale und motivationale Kompetenzziele erfassen, beurteilen und anerkennen lassen.

## 5. Erweiterte Leistungsbeurteilung

Lernende wie Lehrkräfte orientieren ihr Lern- und Leistungsverhalten weitgehend an der Art, wie in der Schule mit der Leistungsbeurteilung praktisch umgegangen wird (Häcker 2006, S. 15). Wenn überfachliche Kompetenzen in den Lehrplänen zwar genannt, aber in der Leistungsbewertung nicht erfasst werden, so läuft die Schule Gefahr, die eigene produktive Lern- und Aufgabenkultur „von hinten" wieder zu demontieren. Moderne Methoden der Leistungsbewertung sollen ein breites Spektrum von fachlichen und überfachlichen Handlungskompetenzen abbilden und zugleich konkrete und verständliche Hinweise liefern, die direkt für das weitere Lernen genutzt werden können. Sie sollen also Informationen *für* die Schülerinnen und Schüler liefern, nicht bloß *über* sie (Winter 2004, S. 95).

Zur konkreten Umsetzung solcher Ziele hat sich in vielen Fächern das Portfolio bewährt (Brunner et al. 2006; Schwarz et al. 2008). Dabei werden Originalarbeiten der Schülerinnen und Schüler gestaltet, gesammelt, geordnet, ausgewählt, präsentiert und bewertet. Diese Art der Rechenschaftslegung arbeitet direkt dokumentierend und unterstreicht damit den eigenständigen, aktiven Charakter des Lernens; zudem hebt sie dessen Situiertheit in konkreten Erfahrungs- und Problemkontexten hervor (Häcker 2006, S. 17). Dabei verändert sich auch der Blick auf Leistung im Vergleich zu einer Klassenarbeit oder Klausur, wobei vor allem deklaratives Faktenwissen und die routinierte Anwendung fachlicher Algorithmen abverlangt wird. Da Portfolios längerfristig angelegte Lernprozesse erfassen können, kommen auch zusätzliche Aspekte von Leistung in den Blick, wie beispielsweise:

- Wie viel Anstrengung und Lernzeit hat jemand zur Lösung einer Aufgabe verwendet? Sind individuelle Fortschritte erkennbar?
- Welche fachlichen Verfahren wurden angewandt? Wie sinnvoll oder originell sind diese mit Bezug auf das vorhandene Problem?
- Wie wurde mit Schwierigkeiten umgegangen? Wurden Möglichkeiten zur Interaktion im Lernprozess genutzt und dokumentiert (Rückmeldungen der Lehrperson, Austausch mit Lernpartnern etc.)?
- Welche Qualitäten haben die dokumentierten Lernprodukte? Wurden zentrale fachliche Normen erfüllt?
- Wurden die Arbeitsprozesse sinnvoll gesteuert und deren Resultate reflektiert?

In einem Portfolio geht es darum zu verstehen, wie jemand an einem Thema oder Problem gearbeitet hat, welche kognitiven, personalen, motivationalen und sozialen Fähigkeiten aktiviert und entwickelt wurden und welche Aussagen über das individuelle Kompetenzprofil eines Jugendlichen zu einem bestimmten Zeitpunkt gemacht werden können. Um eine möglichst breite Datenbasis für eine solche Einschätzung zu gewinnen, wird der Kreis der Leistungsnachweise im Vergleich zu traditionellen Klassenarbeiten erweitert und umfasst auch:

- komplexe und vielschichtige Lernprodukte, die über einen längeren Zeitraum entstanden sind;
- Arbeiten, die mehrfach überarbeitet wurden und das bestmögliche Niveau aufzeigen, welches ein Lernender zu diesem Zeitpunkt zu leisten bereit war;
- unübliche Arten der Leistung, insbesondere solche der Reflexion über die Arbeit und das Lernhandeln, zum Beispiel in Form von Begleitbriefen oder Selbsteinschätzungen.

Ein entscheidender Wesenszug von Portfolios ist auch, dass die Reflexion der eigenen Leistung bezogen auf die konkrete und persönliche Lernarbeit erfolgt, anstatt abgehoben davon. Anlass dazu kann sein, dass sich die Lernenden überlegen, welche Dokumente sie für ihr Portfolio auswählen wollen, was diese über das eigene Lernverhalten aussagen und worin ihre Leistung dabei bestand. Solche Überlegungen lassen sich beispielsweise in einem Deckblatt darstellen, welches die Jugendlichen für die einzelnen Portfolioeinlagen anfertigen (Winter 2004, S. 202 ff.). Diese persönliche Reflexion über die Qualität und Anwendungsmöglichkeiten des eigenen Wissens ist keineswegs als didaktische Nebensächlichkeit zu verstehen, sondern als hochwertige geistige Fähigkeit, die auf den Sekundarstufen I und II zentral ist:

> „Da die Lernenden eine gewisse Freiheit in der Auswahl der Leistungsnachweise haben, ist die Portfoliomethode in besonderer Weise geeignet, Hinweise auf ihre Fähigkeit zu erhalten [...] [und] erworbene Kompetenzen auch in außerschulischen Situationen anzuwenden. Die Portfoliomethode ist also bestens geeignet, [um] Informationen zu den „höheren" kognitiven Leistungen [...] zu erhalten."
> (Duit et al. 2002, S. 179)

Die Beurteilung von Portfolios kann mittels Beurteilungsrastern geschehen, in denen zentrale Dimensionen der erwarteten Handlungskompetenz konkret beschrieben werden. Dabei kann die komplexe Anforderungsstruktur eines Fachgebiets oder einer Aufgabe in einzelne zu beachtende Beurteilungsbereiche zerlegt werden, wobei auf der einen Achse beschrieben wird, *was* jemand kann, und auf einer zweiten Achse, *wie gut* jemand dies kann (Keller 2011). Wenn solche Raster den Lernenden bereits während der Bearbeitungsphase zugänglich gemacht werden, helfen sie den Schülerinnen und Schülern zu verstehen, was im Unterricht von ihnen erwartet wird, an welchen Kriterien sie beurteilt werden sollen oder in welchen Bereichen Entwicklungen erwartet werden. Dabei lassen sich auch für überfachliche Kompetenzbereiche transparente und verständliche Erwartungen und Beschreibungen formulieren. Im sozialen Bereich kann eine Kompetenzbeschreibung z. B. lauten: „Es gelingt mir/uns, den Lern- und Arbeitsprozess gemeinsam zu planen, zweckmäßig zu organisieren und umzusetzen." (Kyburz et al. 2009, S. 43) Solche konkreten Beschreibungen von überfachlichen Kompetenzen sind die Voraussetzung dafür, dass in diesen Bereichen tatsächlich kompetenzorientierte Verhaltensweisen und nicht Persönlichkeitseigenschaften beurteilt werden (Bohl 2006, S. 96).

Gelingt diese „breite" Rechenschaftslegung in einem Portfolio, ist dies z. B. für zukünftige Arbeitgeber interessant, da sie ein detailliertes Bild der Leistungsfähigkeit sowie auch von zentralen Persönlichkeitsmerkmalen der jungen Menschen gewinnen. Die Jugendlichen können Sicherheit im Anwenden des Gewussten demonstrieren und Perspektiven für die weitere persönliche Entwicklung gewinnen, indem sie sich bewusst machen, was sie in verschiedenen Bereichen zu leisten im Stande sind und wo noch weitere Entwicklungen nötig sind. Damit wären zentrale Aspekte von *employability* oder „Studierfähigkeit" erreicht, welche für die Sekundarstufen zentrale Bildungsziele darstellen.

**Verwendete Literatur**
Bandura, Albert 1982: Self-efficacy mechanism in human agency. In: American Psychologist 37. H. 2. S. 122–147.
Bohl, Thorsten 2006: Prüfen und Bewerten im offenen Unterricht. Weinheim.
Böttcher, Ingrid/Becker-Mrotzek, Michael 2003: Texte bearbeiten, bewerten und benoten. Berlin.
Brunner, Ilse/Häcker, Thomas/Winter, Felix (Hg.) 2006: Das Handbuch Portfolioarbeit. Seelze.
Czerwanski, Annette/Solzbacher, Claudia/Vollstädt, Witlof 2002: Die Förderung von Lernkompetenz in der Schule. Band 1: Recherche und Empfehlungen. Gütersloh.

Derry, Sharon/Lesgold, Alan 2001: Toward a Situated Social Practice Model for Instructional Design. In: David C. Berliner/Robert Calfee (Hg.): Handbook of Educational Psychology. New York. S. 787–806.

Duit, Reinders/Häussler, Peter/Prenzel, Manfred 2002: Schulleistungen im Bereich der naturwissenschaftlichen Bildung. In: Franz E. Weinert (Hg.): Leistungsmessung in Schulen. Weinheim. S. 169–186.

Edwards, Derek/Mercer, Neil 1987: Common Knowledge. The Development of Unterstanding in the Classroom. London.

Fleischer, Jens/Wirth, Joachim/Rumann, Stefan/Leutner, Detlev 2010: Strukturen fächerübergreifender und fachlicher Problemlösekompetenz – Analyse von Aufgabenprofilen. Zeitschrift für Pädagogik (Beiheft) 56. S. 239–248.

Gausmann, Ellen/Eggert, Sabina/Hasselhorn, Markus/Watermann, Rainer/Bögeholz, Susanne 2010: Projekt Bewertungskompetenz. Wie verarbeiten Schüler/-innen Sachinformationen in Problem und Entscheidungssituationen nachhaltiger Entwicklung – Ein Beitrag zur Bewertungskompetenz. In: Zeitschrift für Pädagogik 56. Beiheft (Kompetenzmodellierung). S. 204–215.

Häcker, Thomas 2006: Portfolio. Ein Medium des Wandels in der Lernkultur. In: Ilse Brunner/Thomas Häcker/Felix Winter (Hg.): Das Handbuch Portfolioarbeit. Seelze. S. 15–19.

Helmke, Andreas 2003: Unterrichtsqualität – erfassen, bewerten, verbessern. Seelze.

Keller, Stefan 2008: Shakespeares Sonette. In: Johanna Schwarz/Karin Volkwein/Felix Winter (Hg.): Portfolio im Unterricht. 13 Unterrichtseinheiten mit Portfolio. Seelze. S. 187–201.

Keller, Stefan 2011: Beurteilungsraster und Kompetenzmodelle. In: Werner Sacher et al. (Hg.): Diagnose und Beurteilung von Schülerleistungen – Grundlagen und Reformansätze. Baltmannsweiler, S. 143–160.

Keller, Stefan/Ruf, Urs 2005: Was leisten Kompetenzmodelle? Pädagogische Konzepte für Dialogischen Unterricht am Gymnasium. In: Die Deutsche Schule 97. H. 4. S. 445–469.

Kyburz, Regula/Canella, Claudia/Gerloff-Gasser, Christine et al. 2009: Überfachliche Kompetenzen durch selbst organisiertes Lernen erwerben. In: Projekt „Selbst organisiertes Lernen (SOL) an gymnasialen Mittelschulen – neue Lehr- und Lernformen". Zürich. S. 40–48. http://www.zora.uzh.ch, recherchiert am 12.04.2011.

Lauterburg, Andreas 2003: Was erwartet der Wirtschaft von der Mittelschule? Referat anlässlich der Tagung des Luzerner Mittelschullehrervereins am 7. November 2003.

Maag Merki, Katharina (Hg.) 2006: Lernort Gymnasium. Individuelle Entwicklungsverläufe und Schulerfahrungen. Bern.

Reusser, Kurt/Reusser-Weyeneth, Marianne 1994: Verstehen als psychologischer Prozess und als didaktische Aufgabe: Einführung und Überblick. In: Dies. (Hg.): Verstehen. Psychologischer Prozess und didaktische Aufgabe. Bern. S. 9–35.

Ruf, Urs/Gallin, Peter 2005: Dialogisches Lernen in Sprache und Mathematik. Band 1. Austausch unter Ungleichen. Seelze.

Rychen, Dominique Simone/Salganik, Laura Hersh (Hg.) 2003: Key Competencies for a successful life and a well-functioning society. Göttingen.

Schwarz, Johanna/Volkwein, Karin/Winter, Felix (Hg.) 2008: Portfolio im Unterricht. 13 Unterrichtseinheiten mit Portfolio. Seelze.

Stebler, Rita/Reusser, Kurt/Pauli, Christine 1994: Interaktive Lehr-Lern-Umgebungen: Didaktische Arrangements im Dienste des gründlichen Verstehens. In: Kurt Reusser/Marianne Reusser-Weyeneth (Hg.): Verstehen. Psychologischer Prozess und didaktische Aufgabe. Bern. S. 227–259.

Webb, Noreen M./Palinscar, Annemarie Sullivan 1996: Group processes in the classroom. In: David C. Berliner/Robert Calfee (Hg.): Handbook of Educational Psychology. New York. S. 841–873.

Weinert, Franz E. 1998: Guter Unterricht ist ein Unterricht, in dem mehr gelernt wird als gelehrt wird. In: Josef Freund/Heinz Gruber/Walter Weidinger (Hg.): Guter Unterricht, Was ist das? Aspekte von Unterrichtsqualität. Wien. S. 7–18.

Weinert, Franz E. 2001: Vergleichende Leistungsmessung in Schulen – eine umstrittene Selbstverständlichkeit. In: Ders. (Hg.): Leistungsmessung in Schulen. Weinheim u. a. S. 17–31.

Winter, Felix 2004: Leistungsbewertung – eine neue Lernkultur braucht einen anderen Umgang mit Schülerleistungen. Hohengehren.

Winter, Felix / Schwarz, Johanna / Volkwein, Karin 2008: Unterricht mit Portfolio. In: Dies. (Hg.): Portfolio im Unterricht. Seelze. S. 21–56.

Clemens Diesbergen

# Wann ist eine Lernaufgabe konstruktivistisch?
## Zum Umgang mit den Bezeichnungen „konstruktivistisch" und „Konstruktivismus" im lehr-lerntheoretischen Kontext

## 1. Einleitung

Die Bezeichnung „Konstruktivismus" hat in den 80er-Jahren des 20. Jahrhunderts zunehmend in verschiedenen didaktischen Diskursen Einzug gehalten. Sie wurde in den Neunzigerjahren zu einer Art Zauberwort sowohl in der Pädagogik als auch in verschiedenen anderen wissenschaftlichen Disziplinen (vgl. Diesbergen 1998) und ist mittlerweile „zum Leitbegriff eines Paradigmas des Lernens und der Erkenntnis geworden, der sich weit über die Pädagogik hinaus in den Humanwissenschaften ausgebreitet hat" (Reusser 2006, S. 151).

Auch im sich aktuell entfaltenden Diskurs zur Aufgabenkultur wird verschiedentlich auf konstruktivistische Ansätze Bezug genommen. So werden Flechsig zufolge gegenwärtig „Lernaufgaben vor allem im Zusammenhang mit ‚Didaktischem Konstruktivismus' diskutiert" (2008, S. 251). Er verweist hierbei auf die Unterscheidung von traditioneller und konstruktivistischer Unterrichtsphilosophie, wie sie Gerstenmaier und Mandl (1995) formuliert haben. Bernhart et al. (2008), welche den Zusammenhang von Aufgabengestaltung und Lernumgebung thematisieren, beziehen sich ebenfalls ausdrücklich auf einen konstruktivistischen Lernbegriff und postulieren:

> „Lernen, das die Ausbildung von Handlungskompetenzen als Ziel formuliert, braucht einen Lernbegriff, der einen individuellen, aktiven, kumulativen, konstruktiven und zielgerichteten Prozess bei den Lernenden anstoßen kann." (Bernhart 2008, S. 12)

Kleinknecht weist, Bezug nehmend auf Klieme (2002), auf die kognitive Aktivierung als Merkmal einer effektiven Lernaufgabe hin, wobei auch hier eine „konstruktivistische Vorstellung des Wissenserwerbs" (2010, S. 13) zugrunde liege. Müller und Helmke machen in ihrem Aufsatz „Qualität von Aufgaben als Merkmale der Unterrichtsqualität, verdeutlicht am Fach Physik" auf die Bedeutung der aktiven Wissenskonstruktion und damit auf ein konstruktivistisches Verständnis des Wissenserwerbs aufmerksam (vgl. 2008, S. 34), und schließlich finden sich bei Blömeke et al. in ihrem Aufsatz zur Aufgabenqualität konstruktivistische Aspekte, indem einerseits die Bedeutung der Problemlöseorientierung und andererseits diejenige der sozialen Interaktion explizit als konstruktivistische Elemente in den Anforderungskatalog für Aufgabenqualität einbezogen werden (vgl. 2006, S. 336 f.). Angesichts der zahlreichen Verweise im Aufgabenkultur-Diskurs zu konstruktivistischen Konzepten lässt sich die Frage anschließen, wann bzw. inwiefern denn eine Lernaufgabe als „konstruktivistisch" gelten kann. Welche Merkmale sind es, welche eine Lernaufgabe als „konstruktivistische" Aufgabe auszeichnen?

Bei etwas näherer Auseinandersetzung mit dem Konstruktivismus im Kontext von Lerntheorie und Didaktik werden sogleich die Schwierigkeiten deutlich, welche sich bei einem Versuch einer schlüssigen Antwort stellen. Diese liegen in einem äußerst heterogenen und teilweise inkonsistenten Umgang mit der Bezeichnung „konstruktivistisch" bzw. „Konstruktivismus" (vgl. Diesbergen 2010). Die Problemlage ist längst bekannt: „Literature on constructivism is very complex and confusing since people may use the same terminology but actually talk about different things", schrieb beispielsweise bereits Widodo (2004, S. 23), und Beck und Krapp mahnen im Anschluss an die Unterscheidung von radikalem und gemäßigtem Konstruktivismus an: „Man muss demnach jeweils sehr genau hinschauen, wenn in der pädagogisch-didaktischen Diskussion auf den Konstruktivismusbegriff rekurriert wird" (2006, S. 71).

Ziel dieses Beitrags ist es, angesichts der angesprochenen Komplexität und Konfusion zu einem besseren Überblick zu verhelfen, Ordnungshilfen zum Umgang mit den von Widodo genannten *different things* zu geben und das von Beck und Krapp angemahnte, nicht ganz einfache *genaue Hinschauen* zu unterstützen. Dazu soll in einem ersten Schritt ein kleiner Einblick in die große Welt der Vielfalt von Ansätzen des Konstruktivismus gegeben werden. Daraufhin wird der Sprachgebrauch im Zusammenhang mit dem Konstruktivismus im lehr-lerntheoretischen Diskurs anhand einiger Beispiele problematisiert und es werden einige grundlegende Ordnungskategorien aus der pädagogisch-psychologischen und didaktischen Literatur referiert. Schließlich wird eine grundlegende Unterscheidung von Aussageebenen im Konstruktivismus-Diskurs vorgeschlagen, auf deren Basis die Ausgangsfrage beantwortet werden soll, inwiefern eine Lernaufgabe als „konstruktivistisch" bezeichnet werden kann.

## 2. Die vielfältige Welt der konstruktivistischen Ansätze

In einem Aufsatz mit dem Titel „Spielarten des Konstruktivismus" hatte Karin Knorr-Cetina bereits 1989 darauf aufmerksam gemacht, dass die Bezeichnung „Konstruktivismus" für verschiedene Theorierichtungen verwendet wird, welche nur bedingt Gemeinsamkeiten aufweisen (Knorr-Cetina 1989). Wenige Jahre später ließen sich bereits fünfzehn Formen von „Konstruktivismen" unterscheiden, welche alle im Kontext von Wissenserwerb und Didaktik eine gewisse Rolle spielten (vgl. Diesbergen 1998). Einen aktuellen Überblick über die Vielfalt konstruktivistischen Denkens vermittelt der von Bernhard Pörksen herausgegebene Sammelband „Schlüsselwerke des Konstruktivismus" (Pörksen 2011). Hier wird ausgeführt, dass verschiedene Richtungen des Konstruktivismus u. a. aufgrund der unterschiedlichen disziplinären Herkunft zu verstehen sind. So lassen sich in der *Philosophie* Ansätze konstruktivistischen Denkens bei Vorläufern wie Giambattista Vico oder Immanuel Kant finden, auch später bei John Dewey; in der *Psychologie* werden George Kelly und sein Werk *The Psychology of Personal Constructs* von 1955 aufgeführt, insbesondere aber wird Jean Piaget erwähnt, welcher von Konstruktivisten immer wieder als ein „Urvater" aufgeführt wird (vgl. Diesbergen 1998, S. 36 ff.); weiter liefert die *Kybernetik* u. a. mit ihrem Vertreter Heinz von Foerster eine wichtige Quelle des Konstruktivismus und auch die *Biologie* hat, insbesondere ausgearbeitet durch Humberto Maturana, einen Zweig des Konstruktivismus geprägt. Schließlich wird auf die *Neurobiologie* Bezug genommen sowie auf konstruktivistische Ansätze in der *Wissenssoziologie* (vgl. Pörksen 2011, S. 15 ff.). Als eigentliche Schlüsselwerke werden die folgenden Texte dargestellt und kommentiert (vgl. ebd. 2011, S. 143 ff.):

- „Die gesellschaftliche Konstruktion der Wirklichkeit" von Peter L. Berger und Thomas Luckmann (1969),
- „Logische Propädeutik" von Wilhelm Kamlah und Paul Lorenzen (1967),
- „Laws of Form" von George Spencer-Brown (1969),
- „Biologie der Kognition" von Humberto R. Maturana (1970),
- „Wie wirklich ist die Wirklichkeit" von Paul Watzlawick (1976),
- „Die Fabrikation von Erkenntnis" von Karin Knorr-Cetina (1981),
- „Der Baum der Erkenntnis" von Humberto R. Maturana und Franciso J. Varela (1987),
- „Understanding Computers and Cognition" von Terry Winograd und Fernando Flores (1986),
- „Erkenntnis als Konstruktion" von Niklas Luhmann (1988),
- „Der mittlere Weg der Erkenntnis" von Francisco J. Varela, Evan Thompson und Eleanor Rosch (1995),
- „Wissen und Gewissen" von Heinz von Foerster (1993),
- „Das Gehirn und seine Wirklichkeit" von Gerhard Roth (1996),
- „Kognitive Autonomie und soziale Orientierung" von Siegfried J. Schmidt (1994),
- „Radikaler Konstruktivismus" von Ernst von Glasersfeld (1995),
- „Die Ordnung der Blicke" von Kersten Reich (1998),
- „Konstruierte Wirklichkeiten" von Kenneth Gergen (2002),
- „Das Jenseits der Philosophie" von Josef Mitterer (1992).

Die durch die Vielfalt gegebene Komplexität des Konstruktivismus-Diskurses, so man denn von *einem* Diskurs sprechen will, wird auch von Neubert (2011) in seinem Beitrag im obigen Sammelband angesprochen. Er stellt zudem fest:

> „Bis heute überwiegt ein Nebeneinander von Ansätzen von zum Teil recht unterschiedlicher Reichweite, die zudem in ihrem Verhältnis zueinander noch kaum zu einer hinreichend geklärten Bestimmung und Abgrenzung gelangt sind. Viele Interpreten erklären dies aus der konst-

ruktivistischen Sicht selbst, in der Vielfalt und Unterschiedlichkeit bereits als Selbstanspruch eingeschrieben sind. Die daraus resultierende Unübersichtlichkeit macht jedoch eine Orientierung über die Gemeinsamkeiten und Unterschiede der Konstruktivisten schwierig."

(Neubert 2011, S. 408)

Es kann hier nicht der Ort sein, allgemein gründlicher in die verschiedenen Konstruktivismus-Ansätze einzuführen, vielmehr geht es darum, einen Eindruck von der großen Vielfalt konstruktivistischen Denkens zu vermitteln, die auch im didaktischen Kontext zu berücksichtigen ist.

## 3. Konstruktivismus in der Pädagogischen Psychologie und in der Didaktik

### 3.1 Problematischer Umgang mit Bezeichnungen

Die oben kurz umrissene Vielfalt an Konstruktivismus-Varianten ist zweifellos einer der Gründe dafür, dass auch im lerntheoretischen und didaktischen Konstruktivismus-Diskurs immer wieder Unklarheiten auftreten, was denn mit „konstruktivistisch" oder „Konstruktivismus" gemeint sei. Dazu trägt jedoch auch ein oft unklarer Umgang mit den Begrifflichkeiten bei. Verwirrend ist unter anderem, dass in den vergangenen zwanzig Jahren bei gewissen Theorieansätzen schlichtweg Umbenennungen vorgenommen worden sind. Ganz offensichtlich ist dies zum Beispiel im einführenden Psychologie-Lehrbuch von Gerd Mietzel, *Wege in die Psychologie*. Das Buch enthält ein Kapitel mit dem Titel „Unterschiedliche Sichtweisen menschlichen Verhaltens", in welchem kurz in verschiedene psychologische Ansätze eingeführt wird. In der achten, aktualisierten Auflage von 1996 lautete der Titel des Teilkapitels 1.3.3 „Die kognitive Sichtweise" (a.a.O., S. 33). In der zehnten Auflage heißt der Titel unter derselben Nummerierung „Die konstruktivistische Sichtweise" (Mietzel 2000, S. 34), wobei der Text in beiden Auflagen bei Wilhelm Wundt anknüpft und über die Gestaltpsychologen zu Jean Piaget kommt. Während Piaget also in der früheren Auflage noch als „Kognitivist" aufgeführt worden ist und die Wörter „Konstruktivismus" und „konstruktivistisch" im Teilkapitel nirgends vorkommen, heißt es in der späteren Version „Die Konstruktivisten – zu ihnen gehört vor allem auch der Schweizer Psychologe Jean Piaget ..." (ebd., S. 35). Zwar wird in der neuen Auflage der Aspekt der Konstruktivität von Wahrnehmung und Wissen stärker thematisiert als früher, ein wirklich neuer Theoriestrang ist jedoch nicht zu erkennen und auf zusätzliche Autoren wird nicht verwiesen. Was früher „kognitivistisch" war, gilt von nun an offensichtlich als „konstruktivistisch". Gerade bei Piaget ist diese Umbenennung öfter festzustellen. Seine Theorie wurde über Jahrzehnte als „kognitive" oder „kognitivistische" Theorie bezeichnet (vgl. z.B. Jörger 1980), während sie heute allgemein „konstruktivistisch" genannt wird. So wird auf Piaget beispielsweise in Hasselhorn und Gold (2006) unter dem Titel „Lernen als Konstruktion von Wissen" verwiesen. Auch hier kommen wieder die Gestaltpsychologen und Piaget, dann aber auch die Schematheorie von Bartlett (1932) sowie Aebli (1980 und 1981) vor. Die Autoren erläutern dabei die Verwendung des Begriffs „konstruktivistisch" auch explizit: Es hätten viele kognitive Lerntheoretiker aufmerksam gemacht „... auf den aktiven und vom lernenden Individuum selbst kontrollierten Charakter des Wissenserwerbs. Um das damit verbundene ‚aktive' und selbsttätige Menschenbild besonders hervorzuheben, spricht man in diesem Zusammenhang von einem *konstruktivistischen* Lernverständnis" (Hasselhorn/Gold 2006, S. 60; Hervorhebung C.D.). An anderer Stelle wird von den Autoren auch von der „kognitiv-konstruktivistischen Sichtweise" von Lernen gesprochen (ebd., S. 64).

Im didaktischen Kontext erfolgt zur Charakterisierung des konstruktivistischen Ansatzes öfter eine Gegenüberstellung von „traditionellem" und „konstruktivistischem" Unterrichtsverständnis. Bei Law geschah dies beispielsweise bereits 1995 mit folgender Tabelle:

| Traditional instructional approach | Constructivist view |
|---|---|
| Knowledge is external to learners and can be objectively specified through representations of various forms. Knowledge acquisition is static, linear and systematic | Knowledge is subjectively perceived by learners through an active process of construction. Knowledge acquisition is dynamic, multidimensional and systemic |
| Learning is to transfer some mind-independent entities inside through mediation of fixed cognitive structures like plan or schema | Learning is to construct an internal representation of knowledge, a personal interpretation of experience; an active process of sense-making |
| Teaching is systematic transmission of knowledge and skills progressing from simple to complex, maximizing the communication of fixed concepts | Teaching is to enable learners to experience and manipulate knowledge construction process, and to appreciate multiple perspectives |
| Task analysis enhances mastery learning by reducing knowledge and skills to sequences and hierarchies (atomistic approach) | Ongoing dynamic interactions of the whole system of knowledge and skills defy such reductionist analysis (holistic approach) |
| The goal is to make learners attain certain pre-specified performance criteria (e.g., apply the principles of a domain) | The goal is to teach learners how to think like an expert, specific objectives emerge and be realized when individual learners solve authentic tasks |
| Focussing on homogeneous characteristics of learners | Focussing on heterogeneous characteristics of learners |
| Individual differences are undesirable and difficult to incorporate in instructional programs | Individual differences are inherent in learning and of central concern |
| Metacognitive skills lead to deviation from prescribed instruction and unpredictable outcome | Metacognitive ability is essential for constructing understanding of a knowledge domain |

## Wann ist eine Lernaufgabe konstruktivistisch?

| | |
|---|---|
| Instructional outcomes are predictable because what people learn is relatively stable across situations in which it is used and peole apply what they have learned in logical and planful ways | Dynamic, changing situations of learning defy predictability of instructional outcome as plausible reasoning and situated cognition allow people to solve real-world problems without using formal academic logic |
| Iteratively tested-and-revised instructional prototypes can be applied across content domains, contexts, time and students of various characteristics | Individual differences and metacognitive ability of students render the replicability of instruction questionable |

Tab. 1: Gegenüberstellung von Unterricht aus traditioneller und konstruktivistischer Perspektive (Quelle: nach Law 1995, S. 26 f.)

Hinnen (2002) führt eine sehr ähnliche Gegenüberstellung auf wie Law, ergänzt diese jedoch noch mit folgender Grafik:

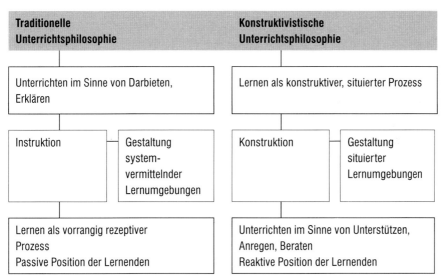

Abb. 1: Gegenüberstellung von traditioneller und konstruktivistischer Unterrichtsphilosophie (Quelle: nach Hinnen 2008, S. 8, Ich lerne lernen © Lernmittelverlag Zürich)

Auch in diesen Gegenüberstellungen ist der Umgang mit der Bezeichnung „konstruktivistisch" problematisch und zwar einerseits, weil dabei nicht deutlich wird, welche konstruktivistische(n) Theorie(n) zugrunde liegen und andererseits, weil die lerntheoretische und die didaktische Ebene wie selbstverständlich miteinander vermischt werden. Zum letzteren Problempunkt unten mehr.

## 3.2 Orientierungshilfen in der Vielfalt der Konstruktivismen

Im Zuge der Bemühungen um einen präziseren Umgang mit der Begrifflichkeit werden verschiedene Ordnungs- bzw. Klassifikationskonzepte angeboten. Lai-Chong Law (1995) hat ein Kontinuum von „milden" bis zu „starken" Konstruktivismen verwendet:

Abb. 2: Kontinuum der Konstruktivismen (Quelle: nach Law 1995, S. 19)

Mit „mild" bis „stark" ist, wie sich aus dem Kontext ergibt, die Frage der Subjektivität von Wissen und Lernen angesprochen. Ein milder Konstruktivismus wäre demnach eher objektivistisch, ein starker subjektivistisch bzw. relativistisch.

David Geelans (1997) Konzept ist demgegenüber zweidimensional gestaltet. Es erweitert das Kontinuum von Law um die Achse personal-sozial:

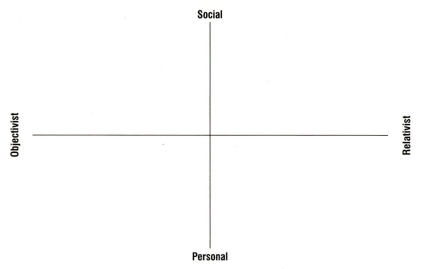

Abb. 3: Ordnungsschema für Konstruktivismus-Varianten (Quelle: with kind permission from Springer Science+Business Media: ‹Science & Education, Epistemological Anarchy and the Many Forms of Constructivism, 6, 1997, 20 David Geelan, figure number(s), and any original (first) copyright notice displayed with material›."

Um eine differenziertere Klassifikation als bei Geelan zu ermöglichen, schlägt Widodo (2004) eine dichotomisierende Klassifikation vor, welche die Möglichkeiten für Erweiterungen des Strukturbaumes beinhaltet. Sein Beispiel sieht wie folgt aus:

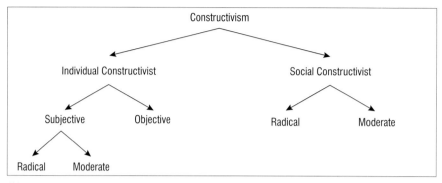

Abb. 4: Dichotome Klassifikation konstruktivistischer Konzepte (Quelle: Ari Widodo: Constructivist Oriented Lessons. The Learning Environments and the Teaching Sequences. Frankfurt/Main, Berlin, Bern, Bruxelles, New York, Oxford, Wien: Peter Lang 2004, S. 24)

Diese Klassifikationsmuster sind zweifellos hilfreich, um die vielfältigen Varianten von Konstruktivismen abzugrenzen und einzuordnen. In Bezug auf die Didaktik und somit auch auf die zentrale Fragestellung dieses Beitrags wird jedoch im Folgenden eine weitere, grundlegendere Unterscheidung vorgeschlagen, welche, wie gezeigt werden soll, für den didaktischen Konstruktivismus-Diskurs von Nutzen sein kann.

### 3.3 Die Unterscheidung von Aussageebenen als Ordnungshilfe

Ein grundlegendes Problem des Konstruktivismus-Diskurses im didaktischen Kontext besteht darin, dass unter dem Stichwort „Konstruktivismus" oft Aussagen zu ganz unterschiedlichen Fragen bzw. auf unterschiedlichen Ebenen gemacht werden, ohne dass dies reflektiert wird. Der Konstruktivismus-Diskurs als Ganzes ist, wie Abschnitt 2 gezeigt hat, stark interdisziplinär geprägt. Umso mehr erscheint jedoch eine Klärung der Aussageebenen notwendig. Hier wird eine einfache Unterscheidung mit Bezug auf die traditionellen wissenschaftlichen Disziplinen Psychologie, Philosophie und Didaktik vorgeschlagen. Die Aussageebenen können demnach wie folgt eingegrenzt werden:

▸ *Erkenntnisphilosophische Ebene:* Aussagen beziehen sich hier auf die Frage nach der grundsätzlichen Funktion, gleichsam nach der „Natur" des menschlichen Erkennens und insbesondere nach der Gültigkeit von Erkenntnis, also beispielsweise darauf, inwiefern Wissen subjektiven oder objektiven Charakter hat.

▸ *Lernpsychologische* Aussagen beziehen sich auf die Fragen nach den *Bedingungen und Prozessen des Lernens*, beispielsweise darauf, inwieweit Lernen ein aktiver Prozess ist.

▸ *Didaktische* Aussagen beziehen sich auf Fragen des *Unterrichts*, z. B. also darauf, welche Aktivitätsformen im Unterricht einen Lernprozess möglichst effektiv anregen können.

Es zeigt sich bereits in den oben dargestellten Tabellen von Law (vgl. Tab. 1) und Hinnen (vgl. Abb. 1), dass hier Aussagen zu den verschiedenen Ebenen einfließen. So kann die erste Zeile bei Law der erkenntnisphilosophischen, die zweite der lernpsychologischen und alle weiteren Zeilen können der didaktischen Ebene zugeordnet werden. In der Vermischung dieser Ebenen einerseits und in Fehl- und Kurzschlüssen von einer Ebene auf die andere andererseits dürfte ein wesentlicher Teil der Unübersichtlichkeit im didaktischen Konstruktivismus-Diskurs begründet sein.

### 3.3.1 Lernpsychologischer Konstruktivismus

Die zentrale und allen Varianten von psychologischen Konstruktivismen gemeinsame Aussage auf dieser Ebene ist diejenige, dass Lernen ein aktiver Konstruktionsprozess ist. Wie bereits aus den Klassifikationsvorschlägen von Geelan und Widodo hervorgeht (vgl. oben Abb. 3 bzw. 4), kann dabei entweder die individuelle oder die soziale Perspektive im Vordergrund stehen. So unterscheiden verschiedene Grundlagenwerke der Pädagogischen Psychologie zwischen individuellem und sozialem (lernpsychologischem) Konstruktivismus (vgl. z. B. Woolfolk 2008, S. 419 ff.; Messner/Escher 2009, S. 131). Als prominentester Vertreter des individuellen Konstruktivismus gilt Jean Piaget. Auch der Psychologe und Didaktiker Hans Aebli wird hier zugerechnet. Die lernpsychologischen Aussagen des Radikalen Konstruktivismus sind ebenfalls hier zuzuordnen. Für den sozialen Konstruktivismus gilt hingegen die Theorie von Lev Vygotskij als grundlegend. Es muss hier allerdings offen gelassen werden, ob es richtig ist, die individuelle und die soziale Perspektive auf eine Ebene zu stellen, wie es die obigen Grafiken von Geelan und von Widodo tun, oder ob es konsistenter wäre, den sozialen Kontext bzw. die soziale Interaktion als *Erfahrungsfeld* für die individuellen Konstruktionen zu verstehen und damit der individuellen Perspektive systematisch das Primat einzuräumen. Man kann nämlich mit Weinert fragen: „Verarbeiten wir nicht alle unsere sozio-kulturellen Erfahrungen im Kopf?" (Weinert 1998a, zitiert in Hasselhorn/Gold 2006, S. 237). Auch Blömeke et al. (2006, S. 337) betonen, dass der soziale Konstruktivismus, ergänzend zu anderen konstruktivistischen Aspekten, wie Problemorientierung, offene Aufgabenstellungen und Eigenaktivität auf die Bedeutung der sozialen Interaktion hinweist, und sie scheinen damit den Aspekt des Sozialen lerntheoretisch als nachrangig zur individuellen Perspektive zu behandeln.

### 3.3.2 Vom lernpsychologischen zum didaktischen Konstruktivismus?

In der obigen Gegenüberstellung von Hinnen (vgl. Abb. 1) wird eine immer wieder auftretende Art der Vermischung von lernpsychologischer und didaktischer Ebene deutlich. Auf der einen Seite wird Lernen als rezeptiver Vorgang verstanden. Als Unterrichtsprinzip gilt entsprechend die Instruktion mit Unterrichtsformen wie Darbieten und Erklären. Auf der anderen Seite steht Lernen als aktiver und konstruktiver Prozess. Für den Unterricht ist das Prinzip der Konstruktion leitend. Die Lehrkraft vermittelt nicht, sondern unterstützt, regt an, begleitet. Dabei wird jedoch die lernpsychologische Aussage des Konstruktivismus aus den Augen verloren: wenn *Lernen ein aktiver Konstruktionsprozess des lernenden Subjekts* ist, dann gilt das *ganz unabhängig von den gewählten Unterrichtsformen*.

Ein zweites Beispiel für den Fehlschluss von konstruktivistischem Lernverständnis auf bestimmte Unterrichtsarrangements findet sich in der Darstellung konstruktivistischen Denkens bei Reinmann und Mandl (2006): Hier wird gesagt:

> „Wenn Wissen stets eine individuelle Konstruktion und Lernen ein aktiver, konstruktiver Prozess in einem bestimmten Handlungskontext ist, muss die Lernumgebung den Lernenden Situationen anbieten, in denen eigene Konstruktionsleistungen möglich sind und kontextgebunden gelernt werden kann."
> (Reinmann/Mandl 2006, S. 626)

Die Forderung konstruktivistischer Didaktik, von Formen der direkten Instruktion abzusehen und bestimmte Unterrichtsformen anzuwenden, lässt sich jedoch nicht aus einer konstruktivistischen Lernpsychologie ableiten. Eine solche Forderung, schreiben Bransford et al.,

> „...verwechselt eine Theorie des Unterrichtens mit einer Theorie des Wissenserwerbs. Konstruktivisten nehmen an, dass alles Wissen aus bereits vorhandenen Wissensbeständen konstruiert wird, unabhängig davon, wie gelehrt wird. Selbst das Zuhören bei einer Vorlesung kann in diesem Sinne als ein durchaus aktiver Versuch angesehen werden, neues Wissen zu konstruieren."
> (Bransford et al. 2000, zitiert in Hasselhorn/Gold 2006, S. 221)

Die kurzschließende Vermischung der lerntheoretischen und der didaktischen Ebene spiegelt sich auch in neueren Forschungsarbeiten. Bei Seidel et al. (2008) wird der Zusammenhang von lernpsychologischer und didaktischer Ebene in Form der Annahme hergestellt, dass Überzeugungen der Lehrkräfte deren Handeln beeinflussen und Veränderungen in den Überzeugungen auch in einem veränderten Handeln zum Ausdruck kommen können. Gegen diese grundsätzliche Annahme sei hier nichts eingewendet. Problematisch wird es jedoch im oben dargestellten Sinne bei der Konkretisierung, wenn es heißt:

> „So kann beispielsweise eine (rezeptive) Überzeugung über Lernen als Wissensaufnahme dazu führen, dass die Lehrkraft im Unterricht vermehrt Lehrformen einsetzt, die auf eine direkte Vermittlung von Wissensinhalten abzielen. Im Gegensatz dazu sollte eine eher konstruktivistische Überzeugung über Lernen bewirken, dass im Unterricht häufiger Herangehensweisen auftreten, die einen selbstgesteuerten Aufbau von Wissensstrukturen auf Seiten der Schülerinnen und Schüler unterstützen."
> (Seidel et al. 2008, S. 261)

Es wird hier also postuliert, dass es Unterrichtsmethoden gibt, welche einem Verständnis von Lernen als Rezeptionsprozess entsprechen und andere, die mit einem konstruktivistischen Lernverständnis korrespondieren. Theoretisch hergeleitet wird dieser Zusammenhang jedoch nicht.

In der angesprochenen Forschungsarbeit sind im Übrigen alle drei oben unterschiedenen Ebenen involviert und der üblichen Hierarchisierung nach, von Erkenntnistheorie über die Lernpsychologie zum unterrichtlichen Handeln, angeordnet. Der Zusammenhang von einer Ebene zur anderen wird zur eigentlichen Forschungsfrage, indem untersucht wird:

> „(1) Gibt es einen positiven Zusammenhang zwischen einem konstruktivistischen Wissenschaftsverständnis und konstruktivistischen Überzeugungen über Lernen? Hängt ein empiristisches Wissenschaftsverständnis positiv zusammen mit rezeptiven Überzeugungen über Lernen?
> (2) Berichten Lehrpersonen (der Sekundarstufe I) mit konstruktivistischen Überzeugungen über Lernen häufiger darüber, konstruktivistische Lehrformen in ihrem Unterricht einzusetzen? ..."
> (Seidel et al. 2008, S. 262)[1]

Was sind jedoch „konstruktivistische Lehrformen"? Hier sind wir wieder nahe bei der Ausgangsfrage nach den Kennzeichen einer konstruktivistischen Lernaufgabe angelangt. Aufgrund der obigen Argumentation kann das entscheidende Charakteristikum jedenfalls nicht in einem direkten Bezug zum Verständnis als aktivem Konstruktionsprozess des Subjekts liegen, da Lernen so verstanden ja stets aus einer Konstruktion aufgrund von Vorwissen und Erfahrung beruht, egal ob diese Erfahrung in Form eines Lehrervortrags oder im Rahmen einer Sequenz des entdeckenden Lernens auftritt. Da die Wahl von Lehrformen in den Theoriekontext der Didaktik gehört, kann die Frage nach den „konstruktivistischen Lernformen" erweitert werden zu einer nach der „konstruktivistischen Didaktik".

### 3.3.3 Konstruktivistische Didaktik ohne lernpsychologische Bezüge?

Die eben beschriebene Problemlage weist darauf hin, dass es zumindest eine Form von „konstruktivistischer Didaktik" geben muss, welche nicht aufgrund eines direkten und systematischen Zusammenhangs mit einer konstruktivistischen Lernpsychologie oder Erkenntnisphilosophie als „konstruktivistisch" bezeichnet wird. Vielmehr scheint die Bezeichnung auf eine mehr oder weniger bestimmte didaktische Überzeugung mit dazugehörigen Unterrichtsprinzipien und Unterrichtsformen hinzuweisen. John Hattie (2009) umschreibt diese didaktische Überzeugung wie folgt:

---

[1] Die dritte Forschungsfrage bezieht sich dann auf den Zusammenhang von konstruktivistischen Lernüberzeugungen mit den Schülerleistungen.

"Constructivism too often is seen in terms of student-centered inquiry learning, problem-based learning and task-based learning, and common jargon word include 'authentic', 'discovery' and 'intrinsically motivated learning'. The role of the constructivist teacher is claimed to be more of facilitation to provide opportunities for individual students to acquire knowledge and construct meaning through their own activities, and through discussion, reflection and the sharing of ideas with other learners with minimal corrective intervention."

(Hattie 2009, S. 26)

Das hiermit umschriebene Verständnis von „konstruktivistischer Didaktik" deckt sich inhaltlich mit den didaktischen Aspekten, welche in den obigen Gegenüberstellungen von Law und von Hinnen aufgeführt werden und scheint mit demjenigen kompatibel zu sein, was bei Seidel et al. in Bezug auf die didaktische Ebene als „konstruktivistisch" bezeichnet wird. Es entspricht schließlich ebenfalls den konstruktivistischen Aufgabenanforderungen mit Merkmalen wie Problemlöseorientierung, Ermöglichung von Eigenaktivität und von sozialer Interaktion, wie sie Blömeke et al. postulieren (vgl. 2006, S. 336 f.). Weiter hinten in seinem Buch kommt im Übrigen auch Hattie auf die Vermischung von lernpsychologischer und didaktischer Ebene zu sprechen und löst für sich das Problem mit dem Postulat: „Constructivism is a form of knowing and not a form of teaching, and it is important not to confuse constructing conceptual knowledge with the current fad of constructivism" (Hattie 2009, S. 243). Dass er diese Form einer „konstruktivistischen Didaktik" abwertend als fad, also als „Marotte", „Spleen" bezeichnet, ist insofern nachvollziehbar, als es sich dabei, obschon weit verbreitet, mehr um eine didaktische Überzeugung als um einen theoriebasierten, kohärenten und konsistenten didaktischen Ansatz handelt.[2]

Mit den von Hattie beschriebenen Merkmalen wäre also eine erste, anscheinend weit verbreitete Variante von „konstruktivistischer Didaktik" umrissen, so dass eine erste Antwort auf die Frage nach den Charakteristika einer konstruktivistischen Lernaufgabe gegeben werden kann: Gemäß dieser Variante ist eine Lernaufgabe dann konstruktivistisch,

▸ wenn sie *offene Unterrichtsformen, wie entdeckendes Lernen, forschendes oder problemlösendes Lernen impliziert*, bei welchen die Steuerung stärker bei den Schülerinnen und Schülern liegt,
▸ wenn sie *Eigenaktivität, Diskussion, sozialen Austausch und Reflexion* ermöglicht

---

2   Die direkte Ableitung von didaktischen Prinzipien aus lerntheoretischen Aussagen ist grundsätzlich problematisch. Dies sehen Hasselhorn und Gold auch in Bezug auf den Konstruktivismus so, wenn sie schreiben: „Aus konstruktivistischen Auffassungen des Wissenserwerbs folgt aber nicht unmittelbar eine instruktionale Vorschrift, wie dieses Wissen zu vermitteln sei" (Hasselhorn/Gold 2006, S. 221). Trotzdem wird eine solche Ableitung seit dem Auftreten des Konstruktivismus im didaktischen Zusammenhang immer wieder versucht. Zur Problematik siehe, insbesondere mit Bezug auf den Radikalen Konstruktivismus, Diesbergen 1998 und 2010.

▶ und wenn sie in einem Setting gegeben ist, in welchem sich die Lehrkraft eher in der Rolle sieht, *Lerngelegenheiten bereitzustellen* als direkt in den Lernprozess einzugreifen.

Eine zweite Antwort auf die Ausgangsfrage kann nun mit dem Rückbezug auf die lernpsychologische Ebene gleich anschließen: Wird als konstruktivistischer Ansatz nicht auf die obige didaktische Überzeugung rekurriert, sondern auf ein lernpsychologisches Verständnis im Sinne des individuellen lernpsychologischen Konstruktivismus, demgemäß Lernen grundsätzlich ein eigenaktiver, konstruktiver Prozess des einzelnen Subjektes ist, dann kann *jede Lernaufgabe*, ganz unabhängig von ihrer Strukturiertheit und Einbettung, als „konstruktivistisch" bezeichnet werden, da ja immer individuell konstruiert werden muss, egal in welcher Form und in welchem Setting die Aufgabe gehalten ist.

Liegt jedoch, so eine dritte Antwort, ein *sozial*-konstruktivistisches Lernverständnis zugrunde, muss eine Aufgabe *soziale Interaktionsprozesse* implizieren, um als „konstruktivistisch" bezeichnet zu werden.

### 3.3.4 Vom erkenntnisphilosophischen zum didaktischen Konstruktivismus

Für die Frage nach den Merkmalen einer konstruktivistischen Lernaufgabe ist auf der erkenntnisphilosophischen Ebene entscheidend, ob ein objektivistisches oder ein relativistisches Erkenntnisverständnis zugrunde liegt. Die erkenntnisphilosophische Ebene wird von den konstruktivistischen Theorien nur teilweise explizit einbezogen. Getan wird dies primär von den Theorien mit einer relativistischen Auffassung. Das bekannteste Beispiel hierzu dürfte der „Radikale Konstruktivismus" sein (vgl. z. B. Glasersfeld 1991). Konstruktivistische Didaktiken, welche sich auf eine relativistische erkenntnistheoretische Position beziehen, betonen die Bedeutung der Pluralität und sind bezüglich normativer Setzungen skeptisch (vgl. z. B. Siebert 2008, S. 120). Kersten Reich, wohl der prominenteste Vertreter einer konstruktivistischen Pädagogik, hat zwar Vorbehalte gegenüber dem starken Relativismus und Subjektivismus des Radikalen Konstruktivismus (vgl. Reich 2008, S. 85), knüpft mit dem von ihm entwickelten „Interaktionistischen Konstruktivismus" jedoch an die postmodernen Positionen an, welche das Subjekt „… in seiner Bedeutung und Rolle als Wahrheiten herstellendes Wesen erkannt" hätten (ebd., S. 76). Er postuliert entsprechend eine stark auf Interaktion und Partizipation ausgerichtete Didaktik, welche beispielsweise Sinn in Form von vorgegebenen Unterrichtsinhalten nicht vorschreibt, sondern auf individuelle Sinn*stiftung* abzielt und Selbstverantwortung, Selbstvertrauen und Selbstbestimmung unterstützt (vgl. ebd., S. 94 ff.).

Aus den erkenntnisphilosophischen Aussagen konstruktivistischer Positionen ergeben sich primär Fragen betreffend der *Legitimation* konkreten didaktischen Handelns und daraus wiederum werden Grundsätze zum methodischen Vorgehen abgeleitet. Eine relativistische Position muss, da sie sich weder bezüglich der Inhalte noch bezüglich der Methoden auf „absolute Wahrheiten" verlassen kann, aus Legitimitätsgründen der Partizipation einen großen Stellenwert einräumen. Akzeptiert man diese Feststellung, lässt sich schließlich eine vierte Antwort geben auf die Frage nach Merkmalen einer konstruktivistischen Lernaufgabe: Bezieht sich „konstruktivistisch" auf einen Konstruktivismus, welcher einen erkenntnisphilosophischen Relativismus impliziert, ist eine Lernaufgabe dann konstruktivistisch, wenn sie sowohl bezüglich Inhalten als auch in Bezug auf den Prozess *Mit- oder Selbstbestimmung der Lernenden* ermöglicht.

Auf die erkenntnisphilosophische Ebene wird im didaktischen Konstruktivismus-Diskurs soweit ersichtlich nur von den relativistischen Positionen konkret (im Sinne des Einbezugs der Implikationen) rekurriert. Die objektivistischen Positionen werden teilweise nur implizit eingenommen, öfter wird die erkenntnisphilosophische Ebene nur insofern kurz angesprochen, als die vertretene Position als „gemäßigter Konstruktivismus" bezeichnet wird, womit die Distanzierung von einem als problematisch betrachteten Relativismus deklariert wird (vgl. z.B. Hasselhorn/Gold 2006, S. 233). Oder aber es wird gar explizit auf Einbezug der erkenntnisphilosophischen Ebene verzichtet, so z.B. von Reinmann und Mandl bei der Bestimmung des „neuen Konstruktivismus", wenn sie schreiben: „Im Gegensatz zum radikalen Konstruktivismus beschäftigt sich der *neue Konstruktivismus* in der Pädagogischen Psychologie nicht mit grundlegenden Prinzipien menschlicher Erkenntnis, sondern mit den Prozessen des Denkens und Lernens handelnder Subjekte" (2006, S. 626).

## 4. Fazit

Der Konstruktivismus-Diskurs ist auch schon nur innerhalb des pädagogisch-psychologischen und des didaktischen Feldes äußerst vielschichtig und die Wortverwendung ist disparat. Neben der Vielzahl von Theoriesträngen trägt insbesondere die Vermischung unterschiedlicher Aussageebenen zur Unübersichtlichkeit bei. Die vorgeschlagene Unterscheidung in eine erkenntnisphilosophische, eine lernpsychologische und eine didaktische Aussageebene lässt die Vermischungen bewusst werden und Fehlschlüsse insbesondere von der lernpsychologischen auf die didaktische Ebene feststellen. Für die Einordnung von Lernaufgaben als „konstruktivistisch" verändern sich die entscheidenden Merkmale, je nachdem, ob eine didaktische Überzeugung, ein individueller oder sozialer lernpsychologischer Konstruktivismus oder eine relativistische erkenntnistheoretische Position zugrunde liegt: Eine relativistische erkenntnisphilosophische Position impliziert als „konstruktivistische" Aufgabenmerkmale Möglichkeiten der Mit- und Selbstbestimmung. Ist die beschriebene didaktische Überzeugung Referenzpunkt, sind als Merkmale offene Unterrichtsformen wie entdeckendes und problemlösendes Lernen, Eigenaktivität und sozialer Austausch zentral. Bezieht man sich auf einen sozialen lernpsychologischen Konstruktivismus, steht der

Aspekt der Ermöglichung von sozialen Interaktionsprozessen im Vordergrund, während ein individueller lernpsychologischer Konstruktivismus keinerlei Gesichtspunkte zur Unterscheidung von Aufgaben liefert, da konsequent gesehen jegliche Aufgabe unabhängig von ihrer Form nur durch individuelle Konstruktionsprozesse bewältigt werden kann.

**Verwendete Literatur**
Beck, Klaus/Krapp, Andreas 2006: Wissenschaftstheoretische Grundfragen der Pädagogischen Psychologie. In: Andreas Krapp/Bernd Weidenmann (Hg.): Pädagogische Psychologie. Ein Lehrbuch. Weinheim. S. 33–73.
Bernhart, Dominik/Gürtler, Leo/Wolf, Dagmar/Wahl, Diethelm 2008: Innovative Lernumgebungen und die Gestaltung von Aufgaben. Aufgabenkultur und Unterrichtsqualität: Viel Lärm um nichts? In: Pädagogik 60. H. 3. S. 12–15.
Blömeke, Sigrid/Risse, Jana/Müller, Christiane/Eichler, Dana/Schulz, Wolfgang 2006: Analyse der Qualität von Aufgaben aus didaktischer und fachlicher Sicht. Ein allgemeines Modell und seine exemplarische Umsetzung im Unterrichtsfach Mathematik. In: Unterrichtswissenschaft 34. H. 4. S. 330–357.
Diesbergen, Clemens 1998: Radikal-konstruktivistische Pädagogik als problematische Konstruktion. Eine Studie zum Radikalen Konstruktivismus und seiner Anwendung in der Pädagogik. Bern.
Diesbergen, Clemens 2010: Der Konstruktivismus – eine geeignete Grundlagentheorie zum Umgang mit Heterogenität im Unterricht? In: Hans-Ulrich Grunder/Adolf Gut (Hg.): Zum Umgang mit Heterogenität in Schule und Gesellschaft. Band 2. Baltmannsweiler. S. 77–85.
Escher, Daniel/Messner, Helmut 2009: Lernen in der Schule. Ein Studienbuch. Bern.
Flechsig, Karl-Heinz 2008: Komplexe Lernaufgaben in der beruflichen Aus- und Weiterbildung. In: Josef Thonhauser (Hg.): Aufgaben als Katalysatoren von Lernprozessen. Eine zentrale Komponente organisierten Lehrens und Lernens aus der Sicht von Lernforschung, allgemeiner Didaktik und Fachdidaktik. Münster. S. 241–256.
Geelan, David 1997: Epistemological Anarchy and the Many Forms of Constructivism. In: Science & Education 6. S. 15–28.
Gerstenmaier, Jochen/Mandl, Heinz 1995: Wissenserwerb unter konstruktivistischer Pespektive. In Zeitschrift für Pädagogik 41. S. 867–888.
Glasersfeld, Ernst von 1991: Einführung in den Radikalen Konstruktivismus. In: Paul Watzlawick (Hg.): Die erfundene Wirklichkeit. Wie wissen wir, was wir zu wissen glauben? Beiträge zum Konstruktivismus. München. S. 16–38.
Hasselhorn, Marcus/Gold, Andreas 2006: Pädagogische Psychologie. Erfolgreiches Lernen und Lehren. Stuttgart.
Hattie, John 2009: Visible Learning. A Synthesis of over 800 Meta-Analyses Relating to Achievement. London.
Hinnen, Hanna 2002: Ich lerne lernen. Lernen kennen lernen. Kommentar. Zürich.
Joerger, Konrad 1980: Einführung in die Lernpsychologie. Mit Anwendungsbeispielen, Kontrollaufgaben und weiterführenden Literaturhinweisen. Freiburg.
Kleinknecht, Marc 2010: Aufgabenkultur im Unterricht. Eine empirisch-didaktische Video- und Interviewstudie an Hauptschulen. Baltmannsweiler.
Knorr-Cetina, Karin 1989: Spielarten des Konstruktivismus. In: Soziale Welt 40. S. 86–96.
Law, Lai-Chong 1995: Constructivist Instruction Theories and Acquisition of Expertise. Forschungsbericht Nr. 48. Maximilians Universität München, Lehrstuhl für Pädagogik und Pädagogische Psychologie. München.
Mietzel, Gerd 1996: Wege in die Psychologie. 8. Aufl. Stuttgart.
Mietzel, Gerd 2000: Wege in die Psychologie. 10. Aufl. Stuttgart.

Müller, Andreas / Helmke, Andreas 2008: Qualität von Aufgaben als Merkmale der Unterrichtsqualität verdeutlicht am Fach Physik. In: Josef Thonhauser (Hg.): Aufgaben als Katalysatoren von Lernprozessen. Eine zentrale Komponente organisierten Lehrens und Lernens aus der Sicht von Lernforschung, allgemeiner Didaktik und Fachdidaktik. Münster. S. 31–46.

Neubert, Stefan 2011: Vom Subjekt zur Interaktion. Über Kersten Reichs „Die Ordnung der Blicke". In: Bernhard Pörksen (Hg.): Schlüsselwerke des Konstruktivismus. Wiesbaden. S. 397–410.

Pörksen, Bernhard 2011: Schlüsselwerke des Konstruktivismus. Eine Einführung. In: Bernhard Pörksen (Hg.): Schlüsselwerke des Konstruktivismus. Wiesbaden. S. 13–28.

Reich, Kersten 2008: Konstruktivistische Didaktik. Lehr- und Studienbuch mit Methodenpool. Weinheim.

Reinmann, Gabi / Mandl, Heinz 2006: Unterrichten und Lernumgebungen gestalten. In: Andreas Krapp / Bernd Weidenmann (Hg.): Pädagogische Psychologie. Ein Lehrbuch. Weinheim. S. 613–658.

Reusser, Kurt 2006: Konstruktivismus – vom epistemologischen Leitbegriff zur Erneuerung der didaktischen Kultur. In: Matthias Baer / Michael Fuchs / Peter Füglister / Kurt Reusser / Heinz Wyss (Hg.): Didaktik auf psychologischer Grundlage. Von Hans Aeblis kognitionspsychologischer Didaktik zur modernen Lehr- und Lernforschung. Bern. S. 151–168.

Seidel, Tina / Schwindt, Katharina / Rimmele, Rolf / Prenzel, Manfred 2008: Konstruktivistische Überzeugungen von Lehrpersonen: Was bedeuten sie für den Unterricht? In: Meinert Meyer / Manfred Prenzel / Stephanie Hellenkamps (Hg.): Perspektiven der Didaktik. Zeitschrift für Erziehungswissenschaft. Sonderheft 9. Wiesbaden. S. 259–267.

Siebert, Horst 2008: Konstruktivistisch lehren und lernen. Augsburg.

Widodo, Ari 2004: Constructivist Oriented Lessons. The Learning Environments and the Teaching Sequences. Frankfurt a. M.

Woolfolk, Anita 2008: Pädagogische Psychologie. München.

Andreas Hoffmann-Ocon, Peter Metz und Dominique Oesch

## Aufgabenkulturen in historischer Perspektive: Didaktische Diskurse in den Zeitschriften „Schulpraxis" und „Neue Schulpraxis" 1945 bis 2000

Aufgabenkulturen bilden sich aus gemeinsamen Diskurspraktiken, die wiederum Produkte von theoretischen Konzepten der „Allgemeinen Didaktik" sein können – aber nicht zwingend sein müssen. Denkbar wäre auch eine schulische Praxis der Aufgabenkultur, die eher alltagstheoretisch gespeist ist. Von Aufgabenkulturen, die in einem Kontext der Lehrer- und Lehrerinnenausbildung stehen, ist zu erwarten, dass diese in eine Beziehung zu einem wissenschaftlichen bzw. professionell-berufsfeldorientierten Diskurs gebracht werden. Die Begründung und Legitimierung von Aufgaben in einem wissenschaftlichen Diskurs kann z. B. mit allgemeindidaktischen, mit kognitionspsychologischen oder mit fachdidaktischen Konzepten vorgenommen werden. Aufgabenkulturen stehen in einem spannungsgeladenen Bedingungsgefüge, das neben wissenschaftlichen Diskursen beeinflusst wird durch Schulgesetze der Bundesländer bzw. Kantone und anderweitige schulrechtliche Normierungen wie z. B. Promotionsordnungen und Prüfungsvorschriften, durch Lehrpläne und durch tradierte, bereits bewährte, aber auch neue, sich erst etablierende Lernmittel (vgl. Bascio/Hoffmann-Ocon 2010).

Als erste grobe Bestimmung lassen sich Aufgaben im Schulkontext als Anforderungen bezeichnen, die Lehrkräfte Schülerinnen und Schülern stellen. Sie können eine spezifische Funktion in je unterschiedlichen Unterrichtsphasen einnehmen, sodass es Aufgaben zum Unterrichtseinstieg, zur Erarbeitung, zur Übung, zur Anwendung usw. gibt. Aus einer funktionalen Optik können Aufgaben zum Aufbau von Wissen und Kompetenzen von solchen unterschieden werden, die Leistungs- und Lernstände überprüfen (vgl. Bohl/Kleinknecht 2009, S. 331).

In unserem Beitrag möchten wir uns auf didaktische Konzepte beziehen, die im Kontext der Lehrerinnen- und Lehrerbildung der deutschsprachigen Schweiz historisch relevant geworden sind. Für den von uns gewählten Untersuchungszeitraum der zweiten Hälfte des 20. Jahrhunderts könnten beispielsweise folgende „didaktische Großkonjunkturen" mögliche Diskurskontexte ergeben haben: Die von Ideen Jean Piagets inspirierte „Psychologische Didaktik" Hans Aeblis (1963) und daran anknüpfende weitere Schriften, die Beiträge Wolfgang Klafkis (1963) zur bildungstheoretischen Didaktik oder die lernzielorientierte Didaktik (vgl. Abb. 1 und Anhang).

## 1. Foren und Archiv

Für unseren Beitrag stehen zwei Foren zur Verfügung, aus denen wir sowohl Diskursverläufe der Aufgabenkulturen als auch ausgewählte Artikel aus der zweiten Hälfte des 20. Jahrhunderts in den Blick nehmen möchten; es sind die Zeitschriften – *Schulpraxis – Monatsschrift des Bernischen Lehrervereins* und *Neue Schulpraxis* aus St. Gallen. Dabei sollen anhand der Analyse von Titeln über den langen Zeitraum von über 50 Jahren die Bedingungen herauspräpariert werden, die die Produktion von didaktischem Sinn hinsichtlich des Themas „Aufgabenkulturen" steuern (vgl. Sarasin 2003, S. 33).

Die *Schulpraxis* – zur Unterscheidung oft auch *Berner Schulpraxis* genannt – ist eine regionale Zeitschrift, die ihre Beiträge hauptsächlich an Lehrkräfte adressiert, die an einer Verbesserung ihrer alltäglichen Schulpraxis mit Hilfe von allgemeindidaktischen und fachdidaktischen sowie im beschränkten Maße an bildungspolitischen Hinweisen interessiert sind. Die Tradition des Blattes reicht bis ins Jahr 1911 zurück; es wurde mit der Absicht gegründet, methodisch-praktische Beiträge anzubieten, die sowohl für die Sekundarschule als auch für die verschiedenen Stufen der Primarschule relevant sind. Der Schriftleiter Hans Rudolf Egli (1961/62) charakterisierte die Zielrichtung der Zeitschrift für die 1960er-Jahre mit den thematischen Kreisen „theoretische Erörterungen", „Erfahrungen aus der Unterrichtspraxis" und „Erfahrungen aus der Erziehungsarbeit im engeren Sinne". Die *Berner Schulpraxi*s ist also in einem kantonalen korporativen Kontext entstanden und hat sich von 1976 bis 1985 als Beilage der *Schweizerischen Lehrerzeitung* weiter verbreiten können.

Die *Neue Schulpraxis* aus St. Gallen wurde 1930 gegründet und ist ein nichtkorporatives Titelblatt eines Zeitungsverlags. Sie bot den Lehrkräften mit ihren Artikeln je nach Unterrichtsfachgruppe methodisch-didaktische Hinweise bis hin zu Lektionsvorschlägen für die Unter-, Mittel- und Oberstufe der Volksschule. Damit wollte sie zu einer „zeitgemäßen Unterrichtsgestaltung" beitragen und zur führenden didaktischen Zeitschrift in der Deutschschweiz aufrücken. Die redaktionell verfassten Inhaltsverzeichnisse belegen die Spannweite der vorwiegend eng an Schulstufen und Fächern bzw. Fachgruppen orientierten didaktischen Interessen: „Gesamtunterricht", „Deutsche Sprache", „Fremdsprachenunterricht", „Rechnen und Raumlehre" usw. sowie „Erfahrungsaustausch" und „neue Bücher".

Es ist zu vermuten, dass die beiden Lehrerzeitschriften in der Selbstwahrnehmung trotz ihrer eher regionalen Verankerungen miteinander konkurrierten und sich verpflichtet sahen, gegenüber der vorherrschenden Schulpraxis eine Vorreiterrolle einzunehmen. Zur Untersuchung ziehen wir die Beiträge von 1945 bis zum Jahr 2000 heran. Schriftleiter und Redaktoren der beiden Lehrerzeitschriften können als Teil der diskursiven Eliten der Produktion und Verteilung von Wissen über didaktische Ansätze und Aufgabenkulturen die Richtung weisen (vgl.

Schwab-Trapp 2006, S. 274). Hinsichtlich der Durchsetzung eines redaktionellen Konzeptes stellt sich die Frage, inwieweit dieses das Ergebnis einer bereits etablierten Wirklichkeitskonstruktion der vorherrschenden Aufgabenkultur im Berufsfeld Schule darstellt oder inwieweit dieses selbst zur Konstruktion einer Wirklichkeit mit neuem Aufgabenverständnis beiträgt (vgl. Landwehr 2008, S. 113). Die Autorinnen und Autoren der Artikel werden in der Regel eine „pädagogische Avantgarde" in ihren Schulhäusern, Lehrerseminaren oder weiteren Ausbildungsinstitutionen für Lehrkräfte gebildet haben. Generell stellt sich die Frage, inwieweit die Lehrerzeitschriften mit ihren Artikeln in die (nichtuniversitäre) Lehrerbildung hineingewirkt haben.

## 2. Methodische Annäherungen an die Diskurse

Die für das Thema „Aufgabenkultur" relevanten Binnendiskurse der beiden Zeitschriften werden anhand einer computergestützten qualitativen Datenanalyse (CUQDA) untersucht. Die Inhaltsverzeichnisse der beiden Zeitschriften werden dabei von 1945 bis 2000 anhand des Softwareprogramms ATLAS.ti analysiert.

Um mehr als nur einen oberflächlichen Texteindruck von den Inhaltsverzeichnissen der beiden Zeitschriften zu erhalten, wurden die für das Thema Aufgabenkultur relevant erscheinenden Artikel-Titel kodiert, wobei im ersten Kodierungsdurchlauf das In-Vivo-Verfahren angewendet wurde und Paraphrasierungen der Titel als Kodes entstanden. Zwei Forschende erstellten unabhängig voneinander Listen mit induktiven Kodierungen, die sich zunächst jeweils auf die beiden Zeitschriften einzeln bezogen. Die beiden Forschenden führten im Vorfeld ein Gespräch über die Definitionen der für Aufgabenkulturen relevanten Begrifflichkeiten, um den Blick auf die Daten in eine gemeinsame Richtung zu schärfen. Mit diesem Verfahren sollte sichergestellt werden, dass die den Zeitschriften inhärenten diskursiven Binnensysteme qualitativ gewürdigt werden.

Um auch die induktive Kategorienbildung durch ein regelgeleitetes Vorgehen abzusichern, wurde die offene Bestimmung von Bohl und Kleinknecht (2009) als Kodierungsparadigma genutzt. Sobald in einem Artikeltitel ein für das Thema Aufgabenkulturen relevantes Thema erstmalig in Erscheinung trat, wurde dies in einem „Memo-Kommentar" festgehalten, der die Kontextbedingungen beschreibt und eine Hilfe für die theoriegeleitete Auswertung bietet (vgl. Mayring 2002, S. 105). Mit diesem Weg sollte der methodologischen Gefahr begegnet werden, dass spätere Kategorien (zusammengefasste Kodes) – die am vorliegenden Textkorpus der Inhaltsverzeichnisse entwickelt wurden und sich auf die Textsegmente der Artikeltitel beziehen – aus ihrem Entstehungszusammenhang herausgelöst würden, bevor der Gesamtüberblick über die Inhaltsverzeichnisse vorlag (vgl. Rosenthal 2005, S. 199). Die Forschenden haben in diesem ersten Schritt unabhängig voneinander in den Primärdokumenten (die in ATLAS.ti erfassten Inhaltsverzeichnisse der beiden Zeitschriften) mit unterschiedlichen Kategoriensystemen, d. h. in diesem Falle mit den oben genannten „In-Vivo-Kodes", gearbeitet. Die beiden unabhängigen ATLAS.ti-Projekte wurden in einem nächsten Schritt zu einem „Superprojekt" (vgl. Muhr/Friese 2001, S. 10) zusammengeführt. In einer „Kodierungskonferenz" wurde über das Datenmaterial nachgedacht (Seidel 1998, zitiert in Muhr/Friese 2001, S. 6), wobei bei diesem Auswertungsprozess erste Muster bzw. Diskurse identifiziert werden konnten, welche als abstraktere Form, auf der Grundlage des theoretischen Hintergrunds der Binnendiskurse, nun auch in einer deduktiven Form zu neuen übergeordneten Kode-Kategorien führten. Als eine für dieses Vorgehen typische methodologische Herausforderung erwies sich die Erstellung eines Auswahlprinzips (vgl. Foucault 1973, S. 20), das bestimmte, welche Titel der Zeitschriftenbeiträge als relevant für die Eruierung einer Aufgabenkultur gelten sollten und welche nicht.

In technischer Hinsicht wurde für diesen höheren Aggregierungszustand der Kodes zuerst die in ATLAS.ti vorhandene Funktion der „Kode-Familien" genutzt. Anhand der Sortierung aller (bis zu 650) Kodes in die Kode-Familien wurden die ausgewerteten Kategorien benannt und erst in einem nächsten Schritt in höher aggregierte Kode-Kategorien zusammengefasst (*merging*). Diese „Überkategorien" wurden, wenn thematisch möglich, in beiden Zeitschriften gleich betitelt, um später einen Vergleich der Themenkonjunkturen zuzulassen.

In einer weiteren „Analyse-Konferenz" mit einem dritten – vom Kodierungsprozess unabhängigen – Forscher fanden nun theoriegestützte Überlegungen in den weiteren Gruppierungsprozessen Eingang. Dabei war es Ziel, die Überkategorien theoretisch zu verorten und für das Thema Aufgabenkulturen relevante Interessengebiete bzw. Konjunktur- und Diskursthemen zu finden, worin sich das Datenmaterial widerspiegelt.

Bei der Erschließung der Themenkonjunkturen zur Aufgabenkultur standen zunächst weniger Häufigkeitsanalysen im Mittelpunkt (vgl. Anhang), vielmehr wurden kontingenzanalytisch die über Jahre und Jahrzehnte anhaltenden Zusammenhänge, Assoziationsstrukturen und Bedeutungsfelder beachtet. Mithilfe ausgewählter diskursanalytischer Überlegungen zielte unsere Makroanalyse im Weiteren darauf, den Einfluss von didaktischen Großkonjunkturen auf Artikel zu Aufgabenkulturen zu identifizieren. An dieser Stelle wurden häufigkeitsanalytische Zusammenhänge erstellt, um für die Aufgabenkulturen relevante didaktische Großkonjunkturen ausweisen zu können.

Ein blinder Fleck unseres methodischen Vorgehens könnte darin begründet liegen, dass ein für Aufgabenkulturen relevanter Artikel sich z. B. an den Erkenntnissen der Psychologischen Didaktik Aeblis oder den bildungstheoretischen Vorgaben Klafkis orientiert, ohne dies direkt im Titel zu benennen. Lässt sich die Bezugnahme von Artikeln in den Lehrerzeitschriften auf didaktische Ansätze deutlich kennzeichnen, wird dieses erstmalige Auftauchen als diskursives Ereignis gewürdigt.

Eher in Form einer Mikroanalyse wurde an ausgewählten Artikelclustern rekonstruiert und exemplifiziert, inwieweit Verweise zu didaktischen Großkonjunkturen direkt oder indirekt, also sinngemäß, adressiert sind. Hierzu wurde aus jeweils beiden Zeitschriften aus dem Jahr 1978 ein Artikel ausgewählt, welcher spezifisch aufgrund seines inhaltlichen Gehalts hinsichtlich seiner Kodierung und Kategorisierung analysiert wird. Wir haben die Tiefenbohrung mithilfe zweier Artikel für eine Epoche vorgenommen, die – oftmals als Phase der Bildungsreform bezeichnet – mit Ansprüchen der theoretischen Innovation verbunden wird.

Die nachfolgende Darstellung, Analyse und Interpretation der Ergebnisse will auf der Grundlage der methodisch zubereiteten Daten in einem *ersten Schritt* makroanalytisch die Entwicklung von sieben Themengebieten in den beiden Zeitschriften erfassen und in einem *zweiten Schritt* die Differenzen zwischen den beiden Zeitschriften sowie deren Gemeinsamkeiten herausarbeiten, um unsere Fragen nach den Diskursverläufen und ihrem Zusammenhang zu didaktischen Konjunkturen zu klären. Schließlich sollen in einem *dritten Schritt* mikroanalytisch ausgewählte Artikelcluster in den beiden Zeitschriften rekonstruiert und exemplifiziert werden. Der Beitrag schließt mit einem Resümee.

## 3. Themenzyklen in den beiden didaktischen Zeitschriften

Die detaillierte Untersuchung aller Titel der beiden Zeitschriften – in den 56 Jahrgängen der *Neuen Schulpraxis* etwa 4.000 Artikel und in der *Berner Schulpraxis* gegen 3.000 Artikel – ergab, dass weniger als die Hälfte der Beiträge einen verwertbaren Aufschluss über eine allfällige Einbettung in eine Aufgabenkultur zulässt. Vielmehr benennen viele Titel nur das Thema bzw. den Stoff des Unterrichts- bzw. Lektionsvorschlags. Über 500 Artikel konnten kategorisiert werden, mit 145 Beiträge, die sich aktuellen unterrichtlichen Themen wie Computer, Sexualunterricht, Koedukation und interkultureller Pädagogik zuordnen lassen, und 384 Beiträge mit sechs Themengebieten, die sich in Zusammenhang mit didaktischen Aufgaben und Aufgabenkulturen bringen lassen (siehe Anhang).

Beide Zeitschriften behandeln in den zwei letzten Jahrzehnten des vergangenen Jahrhunderts ganz unterschiedliche Themen, sodass ein dominierendes Thema in dieser Zeit nicht festzustellen ist. Demgegenüber bildet das Thema „Mundart" einen Longseller der deutschschweizerischen Didaktik, der nach einem Höhepunkt in den Vierzigerjahren allmählich etwas an Aufmerksamkeit einbüßt. In der weiteren Analyse bleibt das Gebiet „Unterrichtsthemen" unberücksichtigt. Vielmehr wenden wir uns im Folgenden den sechs didaktischen Themen zu: Didaktische Begründung, Lehrplanbezug, Individualisierung vs. Klasse als soziale Gemeinschaft, Funktionen des Lernens, Arrangement des Unterrichts und Lernorte (s. Abb. 1).

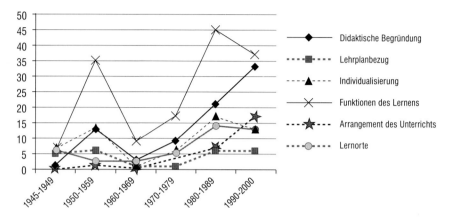

Abb. 1: Überblick über die Entwicklung der Diskurse in beiden Zeitschriften – senkrecht die Anzahl Titel, waagerecht die sechs untersuchten Dezennien

In den sechs didaktischen Themengebieten zeigt sich eine markante, parallele Entwicklung in der Häufung behandelter Themen (vgl. Abb. 1). Ins Auge springen vor allem die beiden „konjunkturellen" Höhepunkte mit den 1950er- und 1980er-Jahren auf der einen Seite und die Delle des Dezenniums der 1960er-Jahre. Die im Themengebiet „Funktionen des Lernens" zusammengefassten Themen „Produktionsorientierung", „spielerisches Lernen" und „Freude am Lernen" sind die Hypes der 1950er-Jahre. Sieht man von diesen ab (vgl. Anhang), verflacht sich der erste Höhepunkt und umso deutlicher wird die stetige Aufwärtsentwicklung aller sechs didaktischen Themen ab den 1960er-Jahren.

Wagt man eine erste Interpretation dieses makroanalytischen Ergebnisses, könnte man folgendes sagen: Die 1960er- und 1970er-Jahre sind eine Epoche, in welcher eine Reihe von grundlegenden didaktischen Modellen entwickelt, diskutiert und verbreitet wurden: Piagets Kognitionspsychologie in ihrer didaktischen Wendung von Hans Aebli, Klafkis bildungstheoretische Beiträge, die lernzielorientierte Didaktik. Es wäre also anzunehmen, dass die beiden Zeitschriften in der Folge das Themengebiet „didaktische Begründung" zunehmend nutzen, um schulpraktische Anregungen hinsichtlich „Individualisierung", „Funktionen des Lernens" oder „Arrangement des Unterrichts" usw. theoretisch zu fundieren. Ob dieser Interpretationsentwurf zutrifft, ist unter anderem im nächsten Schritt zu prüfen.

## 4. Vergleich von Themenhäufigkeiten in den beiden Zeitschriften

### Semantische Brüche und Kontinuitäten der Aufgabenkultur

Nachfolgend untersuchen wir genauer die Themenbereiche „Individualisierung – Klasse als soziale Gemeinschaft" und „Arrangement des Unterrichts". Nach der Betrachtung der Gesamtentwicklung im Zeitraum von 1945 bis zum Jahr 2000 interessieren allfällige Unterschiede zwischen der privatwirtschaftlich finanzierten *Neuen Schulpraxis* und der korporativ abgestützten *Berner Schulpraxis*. Bei der Sichtung der Titel fällt auf, dass – oftmals aus einer reformpädagogischen Tradition resultierend – bereits in den 1940er- und 1950er-Jahren verwendete Begriffe auf eine tatsächliche oder konstruierte Praxis von Aufgabenkulturen in der Volksschule verweisen, an die in späteren Jahrzehnten unter einer anderen Semantik angeknüpft werden konnte. So taucht der Begriff „Projektunterricht" zwar erst in der Phase der 1980er-Jahre auf, aber die mehrfache Nennung von „Arbeitspädagogik" bereits Ende der 1940er-Jahre zeigt an, dass projektartiges Unterrichten von Beginn des Untersuchungszeitraumes an inszeniert wurde (z. B. „Herstellung einer geographischen Umrisskarte", 1945–1949). Ähnlich verhält es sich mit den Begriffen „Gemeinschaft" und „Gruppe".

Während der Begriff „Gemeinschaft" bereits in der frühen Phase von 1945 bis 1949 in der *Neuen Schulpraxis* einen Hinweis zur Aufgabenkultur gibt, die den Wechsel von frontalen Unterrichtsformen mit Stillarbeit zu durchbrechen versuchte, tauchte dieser Begriff später in der Zeitschrift aus St. Gallen nicht mehr auf. Dafür findet sich in frühen Phasen des Untersuchungszeitraumes der Begriff „Gruppenarbeit" bzw. „Gruppenpädagogik", z. B. als Bezeichnung einer Sozialform, noch nicht. In der *Neuen Schulpraxis* sind hinsichtlich des Themas Gruppenunterricht zwei Höhepunkte der Verwendung zu verzeichnen; der erste zur Mitte der 1950er-Jahre und der zweite zur Mitte der 1970er-Jahre. In der Phase von 1970 bis 1979 ist er in vielen Beitragstiteln durchaus quer zu den Schulfächern zu finden. Wie diese beiden Begriffe – „Gemeinschaft" und „Gruppe" – miteinander zusammenhängen können und damit Kontinuitätsmomente von Lernkulturen anzeigen, ist in Titeln wie „Gemeinschaftsbildung durch Gruppen" (1970–1979) zu finden.

Fast parallel zum ersten Höhepunkt in der *Neuen Schulpraxis* ist ein „Peak" zum Thema Gruppenunterricht in der *Berner Schulpraxis* zu beobachten. Anders als in der *Neuen Schulpraxis* wurde das Thema in den folgenden Jahrzehnten dort quantitativ seltener aufgegriffen, um dann – analog zum Blatt aus St. Gallen – nicht mehr aufzutauchen. Artikel zum Thema „Gemeinschaftsarbeit" waren in der *Berner Schulpraxis* nicht zu finden.

Aufgabenkulturen in historischer Perspektive

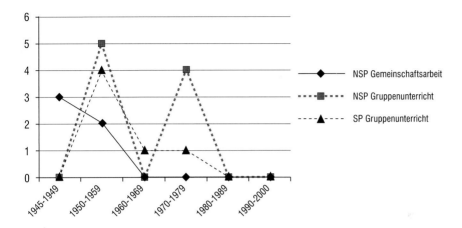

Abb. 2: Vergleich zwischen der *Neuen Schulpraxis* und der *Schulpraxis* – Themengebiete „Arrangements des Unterrichts" und „Individualisierung" – senkrecht die Anzahl Titel, waagerecht die Dezennien
(NSP = Neue Schulpraxis; SP = Schulpraxis)

Eine Deutung dieser beiden Diskursverläufe könnte wie folgt lauten: Der in beiden Zeitschriften zu verzeichnende erste Höhepunkt in der Häufung der Behandlung dieses Themas resultierte aus der nach dem Zweiten Weltkrieg von Akteuren der Lehrerbildung gestellten Forderung, der in Tradition der Reformpädagogik stehenden Organisationsform der Gemeinschaftsarbeit durch die Konfrontation mit Erkenntnissen der Sozialpsychologie und Erziehungssoziologie neue Impulse zu verleihen (vgl. Hasler 1974, S. 102). Friedrich Hasler, Dozent für Allgemeine Didaktik am Sekundarlehramt der Universität Bern, plädierte in der ersten Hälfte der 1970er-Jahre dafür, in der deutschsprachigen Schweiz den Anteil der Gruppenarbeit von geschätzten 4% auf bis zu 30% am Gesamt der Unterrichtsformen an Volksschuloberstufen zu steigern (vgl. Hasler 1974, S. 106).

Dies erklärt auch die scheinbare „Verfallsgeschichte" des Themas „Gemeinschaftsarbeit" in der St. Galler Zeitschrift, die sich möglicherweise länger ideell der „reformpädagogischen Bewegung erster Fassung" verpflichtet sah. Demnach wäre das Thema und möglicherweise auch die schulische Praxis der Gemeinschaftsarbeit „erfolgreich gescheitert", da die konstitutiven Elemente der spezifischen Organisationsform des Unterrichts durch das Wiederaufgreifen der Gruppenarbeit weiter existierten. Der besondere Einfluss auf das Verständnis der Aufgabenkultur wird darin gelegen haben, dass Lehrkräfte mit der Unterrichtsform der „Gemeinschaftsarbeit" von ihren Schülerinnen und Schülern forderten, in Gruppen gemeinsam Probleme zu überdenken, zu diskutieren und zu lösen. An den Begriffen „Gemeinschaftsarbeit" bzw. „Gruppenunterricht" wird ersichtlich, dass Begriffe sich als „Denkkollektiv" weiterentwickeln und Eingang in neue Begriffe finden (vgl. Fleck 1980, S. 37). Für den Zusammenhang der Themenkonjunkturen zur Aufgabenkultur ist diese Feststellung bedeutsam, da wir ein bildungshistorisches Bewusstsein dafür aufbauen müssen, dass möglicherweise Bezeichnungen für didaktische Settings und Aufgabenkulturen über die Jahrzehnte des Untersuchungszeitraumes gleich geblieben sind, aber ihre Bedeutung sich geändert hat (vgl. Herbst 2004, S. 169). Ebenso ist der umgekehrte Fall möglich – wie beim Beispiel „Arbeitspädagogik" und „Projektunterricht" –, dass, sprachtheoretisch gesprochen, das didaktisch Bezeichnete (Signifikat) im historischen Prozess gleich geblieben ist, aber das Bezeichnende (Signifikant) sich verändert hat. Im Forschungsprozess folgen wir aus diesen Gründen mit den deduktiven Kodierungen der Idee, Begriffe „festzusetzen", also abweichend vom historischen oder zeitgenössischen Sprachgebrauch zu definieren.

**Unterschiede in der Themenbearbeitung**

Die Themen „Arrangement des Unterrichts" und „Individualisierung" zeigen auffällige Unterschiede. Nach einem gemeinsamen Behandlungshöhepunkt in den 1950er-Jahren lässt sich in beiden Zeitschriften ein starkes Ansteigen in den 1980er-Jahren feststellen. Eine markante Differenz zeigt Abb. 3 in den 1990er-Jahren: die beiden Themen gewinnen in der Neuen Schulpraxis weiter an Aufmerksamkeit, während sie die Berner Schulpraxis weniger beschäftigen. Die thematische Anpassung in den 1980er-Jahren könnte im Zusammenhang mit der Konkurrenzsituation stehen, die sich zwischen 1976 und 1985 ergeben hat, als die *Berner Schulpraxis* zur Beilage der Schweizerischen Lehrerzeitung avancierte und (wieder) etwas mehr Beiträge publizieren konnte.

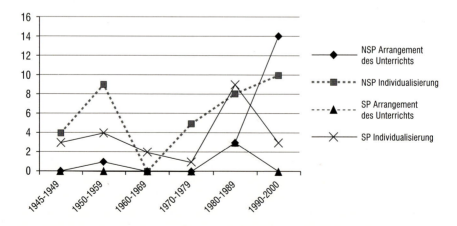

Abb. 3: Vergleich zwischen der Neuen Schulpraxis und der Schulpraxis – Themengebiete „Arrangements des Unterrichts" und „Individualisierung" – senkrecht die Anzahl Titel, waagerecht die sechs Dezennien

## 5. Themenhäufungen zur Aufgabenkultur im Mikrovergleich

Nachfolgend unterziehen wir Aufsätze zu den Themenkulturen „Gesamtunterricht" und zu den „didaktisch-theoretischen Konzeptionen" einem Mikrovergleich, der im Zeitraffer differenzierende Aufschlüsse bietet.

### Gesamtunterricht

Neben dem „Gemeinschaftsunterricht" bzw. dem „Gruppenunterricht" wurden insbesondere in den ersten beiden Epochen des Untersuchungszeitraumes (1945–1949; 1950–1959) in der Zeitschrift *Berner Schulpraxis* der Gesamtunterricht als ein Thema aufgegriffen, das die Unterrichts- und Aufgabenkultur der Volksschule ebenfalls geprägt haben dürfte. Ähnlich gelagert wie beim Begriff *Gemeinschaftsunterricht* hat der Begriff *Gesamtunterricht* seinen Ursprung in der Epoche der sogenannten Reformpädagogik. Der um 1900 geprägte Begriff bezog sich ursprünglich auf das konzeptionelle Unterrichtsanliegen, demzufolge sämtliche Schülerinnen und Schüler einer Volksschule jahrgangsklassenübergreifend mit allen Lehrkräften etwa eine Stunde täglich zum freien Gespräch zusammenkamen. Das Fragebedürfnis von Schulkindern sollte nicht durch eine Fächerperspektive begrenzt werden und im Rahmen der schulischen Institution eine Weiterführung des Tischgesprächs in der Familie darstellen. Insgesamt zielte diese „Unterrichtskultur" nicht auf eine komplette Abschaffung des gefächerten Unterrichts, sondern auf eine Ergänzung des täglichen Unterrichtsbetriebs durch eine „freie Interessengemeinschaft", die auf ein bestimmtes Zeitgefäß pro Schultag beschränkt werden konnte (vgl. Stucki 1950, S. 551; Benner/Kemper 2003, S. 188). Erziehungswissenschaftlich legitimiert wurde diese Form zunächst durch ein Verständnis von Schulkindheit, derzufolge Schülerinnen und Schüler der Primarstufe in „konkreten Ganzheiten" leben, die dadurch gekennzeichnet sind, dass ihr Denken, Fühlen, Wollen und Handeln noch in unentfalteter Einheit verbunden sind.

Bemerkenswert ist, dass die Vorschläge für das Unterrichtshandeln in der Berner Zeitschrift nicht nur auf die Primarschule, sondern auch auf die Oberstufe (z. B. „Gesamtunterricht auf der Oberstufe unserer Volksschule – eine Zukunftsaufgabe" von dem bernischen Seminarlehrer Rudolf Witschi 1954/55) zielten. Damit unterstützte die Schriftleitung der *Berner Schulpraxis* eine innerhalb des reformpädagogischen Paradigmas teilweise kritisierte pädagogische Subströmung, die versuchte, den Gesamtunterricht auch auf der Oberstufe zu etablieren (vgl. Stucki 1950, S. 552). Folgt man der Bestimmung von Aufgabenkulturen, nach der diese die Anforderungen bezeichnen, die Lehrkräfte Schülerinnen und Schülern stellen, muss das Anliegen des Gesamtunterrichts als Einübung der Schülerinnen und Schüler in diskursive Gesprächspraktiken verstanden werden. Der Hauptprotagonist in dieser Sache war Berthold Otto mit seinem Konzept der Hauslehrerschule, das sich bezüglich des Gesamtunterrichts an parlamentarischen Umgangsformen orientierte, in denen die Lehrkraft als Gesprächsleiter und Mitdiskutant auftritt, jedoch nicht als Meinungsführer und Letztentscheidungsinstanz dem Frage- und Mitteilungsbedürfnis der Schülerinnen und Schüler im Wege stehen sollte (vgl. Benner/Kemper 2003, S. 192). Bis 1967 wurde diese reformpädagogisch ausgerichtete Terminologie für die Konstruktion oder Beschreibung von Unterrichtsentwürfen bzw. -reflexionen in der Berner Schulpraxis genutzt. Erst einige Epochen später – 1989 – wird mit der Begrifflichkeit „fächerübergreifender Unterricht" ein verwandtes Unterrichtsarrangement wieder angesprochen.

**Bezugnahme auf didaktisch-theoretische Konzeptionen**
Für die Phase der 1970er- und 1980er-Jahre ist im Mikrovergleich aufschlussreich, wie unterschiedlich die beiden Zeitschriften als Diskursgemeinschaften mit einer direkten Bezugnahme auf didaktisch-theoretische Konzeptionen aus dem universitären Bereich reagierten. Dies kann an Artikeln der beiden Zeitschriften aus dem Jahrgang 1978 aufgezeigt werden: Die Berner Schulpraxis widmet dem Schwerpunkt ihres Juniheftes mehrere Artikel zum Thema „20 Jahre Didaktische Analyse von Wolfgang Klafki. Probleme einer Neufassung". Eine doppelseitige Synopse verschiedener Fassungen der Didaktischen Analyse wurde von der Redaktion zusammengestellt und von Klafki selbst durchgesehen. Aus der Einführung in das Schwerpunktthema geht hervor, dass bereits im Jahrgang zuvor ein Artikel veröffentlicht wurde, der den Versuch einer didaktischen Analyse zu einem schulischen Lesetext darstellt. Der Redaktor der Ausgabe würdigt Klafkis didaktische Analyse als entwicklungsfähige Unterrichtshilfe, gegen die einige Kolleginnen und Kollegen den Vorwurf erheben, dass sie mit ihren Fragen zu kompliziert, zu theoretisch sei. Mit zwei rhetorischen Fragen verdeutlicht der Redaktor den Stellenwert dieser „theoretischen Zumutung": „Wer will bestreiten, dass diese Prinzipien und Ziele auch für Schulklassen in der Schweiz bedenkenswert und diskussionswürdig sind? Und wie könnte die Lehrplanentwicklung für eine verlängerte und erneuerte Seminarbildung ohne Antwort auf die Fragen der Didaktischen Analyse auskommen?" (Egli 1978, S. 65)

Die angesprochene Neufassung hatte auf der ideentheoretischen Ebene enorme Konsequenzen für ein Verständnis der Aufgabenkultur. Während die erste von fünf Fragen zur Didaktischen Analyse in der Erstfassung von 1958 sich auf die Frage richtet, welchen allgemeinen Sinn- oder Sachzusammenhang der von der Lehrkraft gewählte Inhalt einer Unterrichtseinheit vertritt oder erschließt, stärkt die Neufassung die Unterscheidung von Zielen und Inhalten. Unterrichtsplanung und damit auch die Planung von Anforderungen gegenüber Schülerinnen und Schülern habe nun das Problem einer Hierarchie von Lernzielen zu bedenken (vgl. Schulpraxis 1978, S. 66 f.). Leicht ist zu erkennen, dass Klafki versuchte, mit seiner Neufassung ein Passungsverhältnis zu Konzeptionen des lernzielorientierten Unterrichts mit Überlegungen zu Techniken wie Lernzielanalyse, Lernzieloperationalisierung, Lernzieldimensionierung und Lernzielhierarchisierung (vgl. Jank/Meyer 1991, S. 298 ff.) herzustellen. Dadurch, dass die Redaktion Bezug nahm auf einen bereits institutionalisierten und kollektiv anerkannten Diskurs zur Didaktischen Analyse, bemächtigte sie sich der „Technik der Legitimierung" (vgl. Schwab-Trapp 2006, S. 276). Verschärfend kam hinzu, dass Klafki als legitimer Sprecher in diesem didaktischen Diskurs von der Redaktion als „Mitarbeiter" gewonnen wurde. Auch wenn Klafki bereits 1967 „bedauerte", dass seine Beiträge zur Didaktik in der Praxis der Lehrerausbildung so dogmatisiert wurden, dass eine Art neuer Herbartianismus Platz griff (vgl. Klafki 1967 und 1970, S. 392), befeuerte sein Verhalten gegenüber der *Berner Schulpraxis* und das Verhalten der Redaktion die selbst angeprangerte Kanonisierung.

Die *Neue Schulpraxis* stellte demgegenüber in dem Vergleichsjahr 1978 mit keinem Artikel einen ähnlich expliziten Bezug zu einem legitimen Sprecher eines didaktisch-theoretischen Ansatzes her. Beispielhaft für dieses Jahrzehnt ist der Unterrichts- und Lektionsvorschlag „Wir basteln eine Uhr und ein Futterhäuschen" von Erich Hauri (1978), der stellvertretend für viele andere Artikel ist. Orientiert an einem Rezeptaufbau werden nach sechs einleitenden Sätzen der Materialbedarf, die Maße und der Arbeitsablauf auf einer Seite geschildert. Die folgenden drei Seiten sind Kopiervorlagen. Thematisch erinnert der Futterhäuschen-Bau an das Starenhausbeispiel von Georg Kerschensteiner (1911/1957) – allerdings mit einem bedeutenden Unterschied. Kerschensteiner fundierte sein Unterrichtsbeispiel mit Reflexionen zur theoretisch-pädagogischen Einbettung von manueller Arbeit im Schulunterricht. Demnach sollte die Betätigung des Schulkindes aus einem vom Kind selbst durchdachten Entwurf heraus erfolgen, sodass optimalerweise das Schülerhandeln ein Abbild des gefassten Planes ist. Jeder manuellen Arbeit von Schülern, die einen Bildungswert besitzt, gehe ein geistiger Akt, ein erster Objektivationsschritt voraus. Kerschensteiner hielt fest, dass rein mechanische, von geistiger Vorarbeit isolierte Arbeit nicht schulische Arbeit im pädagogischen Sinne sein könne (vgl. a.a.O., S. 30). Es überrascht, dass in dieser Phase die in einer reformpädagogischen Traditionslinie sich befindende theoretische Besinnung zu Unterrichtsaufgaben in der Neuen Schulpraxis weitgehend ausblieb. Diese Ausrichtung änderte sich ab 1983, als der Redaktor Marc Ingber die neue Rubrik „Unterrichtsfragen" einführte, in der Fragen wie „Wann sind Hausaufgaben sinnvoll?", „Ist die Wandtafel noch zeitgemäß?", „Hat die Mengenlehre versagt?", „Wie kann man Schüler zum Schreiben motivieren?" oder „Gibt es aktivierende Unterrichtsformen?" behandelt wurden. Beiträge, die unverkennbar didaktische Konzepte – welche durch erziehungswissenschaftliche oder allgemeindidaktische Persönlichkeiten der *Scientific Community* repräsentiert werden – zum Thema machen, sind in der *Neuen Schulpraxis* also erst in späten Phasen des Untersuchungszeitraumes zu finden. So wurde z. B. in der Phase von 1980 bis 1989 auf die didaktischen Überlegungen von Karl Frey verwiesen. In dieser erziehungstheoretisch anspruchsvolleren Phase ist zudem eine Art Krise der herkömmlichen Didaktik und Aufgabenkultur zu verzeichnen. In vielen Beiträgen wird der Lehrplan bzw. die Lehrplanorientierung in Frage gestellt. Symptomatisch dafür lautet ein Titel „Orientiert sich mein Unterricht am Schüler oder am Lehrplan – oder ist beides möglich?" (1980–1989). In dieser Phase der Krise beschäftigen sich viele Beiträge mit dem „Lernen lernen" – wie z. B. der Aufsatz „Lernstrategie im Schulalltag" (1980–1989). Hierbei stellt sich die kritische Frage, ob die in der Phase von 1990 bis 2000 erschienenen Beiträge unter dem Namen „Erweiterte Lernformen" (ELF) tatsächlich ein neues Verständnis didaktischer Inszenierungen und Aufgabenkulturen aufweisen.

Mit dem Selbstverständnis einer „Lernkulturerneuerung" (vgl. Gasser 2001, S. 181) wurde in den Varianten von Werkstatt-, Wochenplan-, Gruppen-, Projekt- und Atelier-Arbeit eine individuelle, selbstgesteuerte und selbstverantwortete Lernform im Sinne der Subjektorientierung gesehen (vgl. ebd., S. 183). Ewald Terhart hingegen spricht der didaktischen Strömung der „Neuen Lernkulturen" ab, eine wirklich neue und grundsätzlich alternative Didaktik im Rahmen von Schulunterricht entwickelt zu haben. Die moderne Semantik – wenn etwa von der eigenkompetenten Wirklichkeitserschließung durch die Lernsubjekte gesprochen wird – verdecke, dass viele Elemente der neuen Lernkulturen Ausfluss reformpädagogisch-romantischen Denkens seien. Dabei sei besonders die doch etwas simple Aufteilung in die Welt der alten und der neuen Lernkulturen auffallend, die mit der wenig empirischen Annahme sich fortsetzt, dass die „alte Lernkultur" überholt und die „neue" gesellschaftlich und individuell funktionaler sei (vgl. Terhart 2009, S. 60).

Abschließend lässt sich bezüglich der Beitragsentwicklung beider Zeitschriften sagen, dass die Profilierung von Aufgabenkulturen weniger von der Volksschulstufe abhängig gewesen zu sein scheint, sondern mehr von dem Schulfach bzw. der Fächergruppe. In Sachen Anschlussfähigkeit an Trends von Aufgabenkulturen und didaktischen Inszenierungsmustern sticht über die Jahrzehnte insbesondere das Fach Deutsch hervor. Ein diesbezügliches bildungshistorisches Deutungsangebot wäre, dass vom Deutschunterricht neben seiner fachbezogenen Bildungsfunktion auch die Funktionsübernahme von Mentalitäts- und Gesinnungsprägung sowie der Schaffung von Identifikations- und Bindungsangeboten erwartet würde (vgl. Miller-Kipp 2010, S. 168).

## 6. Resümee

Analysen der hier vorgetragenen Art zu den für Aufgabenkulturen relevanten Diskursen in zwei schweizerischen Lehrerzeitschriften verdeutlichen, welche didaktischen Ansätze, Themen und Überlegungen sich in einem „Sedimentierungsprozess" ins Archiv und Tiefengedächtnis der Publikationsorgane für Lehrkräfte ablagern konnten. Hinsichtlich des Niederschlags von didaktischen Großkonjunkturen in Artikeln der Lehrerzeitschriften haben wir angenommen, dass in der Regel mit einem *time lag* zwischen der Etablierung einer didaktischen Strömung im universitären Feld und ihrem Aufscheinen in den Artikeln zu rechnen ist. Wir haben uns nicht der Methode der detaillierten Rekonstruktion von didaktischen Inhaltspartikeln bedient, sondern – zunächst diskursanalytisch inspiriert – angesichts des zeitlich langen Untersuchungszeitraums und der Datenmenge darauf konzentriert, ein umfassendes Bild vom Reden über didaktische Ansätze, Themen und Unterrichtsvorstellungen zu schaffen, das wiederum helfen soll, die Kontexte von Aufgabenkulturen zu verstehen. Wir sind davon ausgegangen, dass ein basales Verstehen von Einzeltexten zu Aufgabenkulturen die „langen Linien" und strukturellen Bedingungen hinsichtlich von Anforderungen an Schülerinnen und Schüler durch Lehrkräfte nicht zu erhellen vermag. Mit der Untersuchung von Inhaltsverzeichnissen zweier Lehrerzeitschriften beabsichtigten wir, auch einen Zugang zu den formellen Bedingungen zu schaffen, die die Produktion von didaktischem Sinn beeinflussen.

Zunächst irritierend an unserem Ergebnis ist die Tatsache, wie wenig Niederschlag der schweizerische Hauptrepräsentant didaktischer Großkonjunkturen, Hans Aebli, mit seiner psychologisch-orientierten Didaktik auf der Ebene der Titel gefunden hat. Auch die lernzielorientierte Didaktik lässt sich kaum wiederfinden. An dieser Stelle entstehen sofort Anschlussfragen: Liegt dieses Resultat an einer gewissen Hermetik der beiden Lehrerzeitschriften gegenüber didaktischer Wissensproduktion an Universitäten? Entspricht die Beitragsauswahl den Vorlieben der Schriftleiter? Orientieren sich die beiden Zeitschriften am Berufsauftrag der Lehrerinnen und Lehrer mit einer hohen Lehrverpflichtung und einer dominanten Perspektive der direkten Umsetzung? Um diese Fragen beantworten zu können, müsste mit gleicher Methodik der Kreis zu untersuchender Publikationsorgane um die *Schweizerische Lehrerzeitung*, die *Schweizer Schule* oder auch das *Primarschule: Magazin* (Edition 1978–1990) erweitert oder die Programme zu den Fortbildungsangeboten analysiert werden. Möglich wäre auch, dass zwar explizite Verweise von didaktischen Ansätzen in den Titeln fehlen, in den Beiträgen jedoch entsprechende Verweise zu finden sind.

Hinsichtlich didaktischer Reflexion bleibt als ein Hauptbefund, dass die *Berner Schulpraxis*, anders als die *Neue Schulpraxis*, mit ihrer Bezugnahme zur Didaktischen Analyse von Wolfgang Klafki bis weit in die 1980er-Jahre sich als theorieorientierteres Blatt erweist. Belege dafür finden sich bereits zum Beginn unseres Untersuchungszeitraumes: Im Jahr 1945 wurden unter der Rubrik „Beiträge zur allgemeinen Pädagogik und Psychologie" theoretische Überlegungen zum gesellschaftlichen Auftrag der Volksschule oder über allgemeine Bildungsziele angestellt. In den 1950er-Jahren wurden theoretische Erörterungen in der Rubrik „Pädagogik und Lehrformen" und in den 1960er-Jahren unter der Rubrik „Beiträge zur Pädagogik" fortgesetzt. Wie lässt sich das erklären? Ein erster Ansatz könnte darin liegen, dass eine Zeitschrift, die aus einem korporativen Kontext entstanden ist, sich mit ihrer Redaktionspolitik stärker verpflichtet sah, neben dem legitimen Bedürfnis von Lehrkräften nach Informationen über neue Lehrmittel und nach Abkürzungsstrategien in der Unterrichtsvorbereitung auch Einblicke in didaktisch-theoretische Wissenskomplexe mit ihren Erzeugungsregeln für Aufgabenkulturen zu geben. Demgegenüber könnte eine nicht-korporative Zeitschrift die didaktisch-theoretische Wissensinfrastruktur voraussetzen, ohne direkt darauf verweisen zu müssen, sodass anwendungsorientierte Bedürfnisse von Lehrkräften direkter angesprochen werden.

**Quellen**
Neue Schulpraxis. Zollikofen AG / St. Galler Tagblatt AG 1931 –. St. Gallen.
Schulpraxis. Zeitschrift des Bernischen Lehrervereins 1911 – (1976–1985 als Beilage des „Schweizerischen Lehrervereins"; ab 1986 als Beilage zum Berner Schulblatt bzw. zur Berner Schule). Bern.

**Literatur**
Aebli, Hans 1963: Psychologische Didaktik. Stuttgart.
Bascio, Tomas / Hoffmann-Ocon, Andreas 2010: Lehrmittel im Paradox ihrer Funktionen – zwei Fallbeispiele. In: Beiträge zur Lehrerbildung 28. H. 1. S. 20–32.
Benner, Dietrich / Kemper, Herwart 2003: Theorie und Geschichte der Reformpädagogik. Teil 2. Weinheim u. a.
Bohl, Thorsten / Kleinknecht, Marc 2009: Aufgabenkultur. In: Sigrid Blömeke / Thorsten Bohl / Ludwig Haag / Gregor Lang-Wojtasik / Werner Sacher (Hg.): Handbuch Schule. Theorie – Organisation – Entwicklung. Bad Heilbrunn. S. 331–334.
Egli, Hans Rudolf 1961/62: Die Aufgaben der «Schulpraxis» im Wandel der Jahrzehnte. In: Schulpraxis. Monatsschrift des Bernischen Lehrervereins. S. 24–48.
Egli, Hans Rudolf 1978: 20 Jahre Didaktische Analyse von Wolfgang Klafki. Probleme einer Neufassung. In: Schulpraxis / Schweizerische Lehrerzeitung. 25. S. 65.
Fleck, Ludwik 1980: Entstehung und Entwicklung einer wissenschaftlichen Tatsache. Einführung in die Lehre vom Denkstil und Denkkollektiv. Frankfurt a. M.
Foucault, Michel 1973: Archäologie des Wissens. Frankfurt a. M.
Gasser, Peter 2001: Lehrbuch Didaktik. Bern.
Hasler, Friedrich 1974: Gruppenarbeit. In: Schweizerische Sekundarlehrerkonferenz (Hg.): Jahrbuch 1974. Weinfelden. S. 101–108.
Hauri, Erich 1978: Wir basteln eine Uhr und ein Futterhäuschen. In: neue schulpraxis 48. S. 35–38.
Herbst, Ludolf 2004: Komplexität und Chaos. Grundzüge einer Theorie der Geschichte. München.
Jank, Werner / Meyer, Hilbert 1991: Didaktische Modelle. Frankfurt a. M.
Keller, Hans-Jürg 1998: Gesellschaftliche und schulische Entwicklungen in der deutschsprachigen Schweiz 1973–1997. Einflüsse von gesellschaftlichen Entwicklungen auf die Schule, Wechselwirkungen und Widerstände. Zürich.
Kerschensteiner 1911/1957: Begriff der Arbeitsschule. 17. unveränderte Aufl. Stuttgart.
Klafki, Wolfgang 1963: Didaktische Analyse als Kern der Unterrichtsvorbereitung. In: Ders.: Studien zur Bildungstheorie und Didaktik. Weinheim. S. 126–153.
Klafki. Wolfgang 1967/1970: Zur Diskussion über Probleme der Didaktik. In: Detlef C. Kochan (Hg.): Allgemeine Didaktik – Fachdidaktik – Fachwissenschaft. Darmstadt. S. 385–402.
Klafki. Wolfgang 1985: Neue Studien zur Bildungstheorie und Didaktik. Beiträge zur kritisch-konstruktiven Didaktik. Weinheim u. a.
Landwehr, Achim 2008: Historische Diskursanalyse. Frankfurt a. M.

Mayring, Philipp 2002: Einführung in die Qualitative Sozialforschung. 5. überarb. Aufl. Weinheim u. a.
Miller-Kipp, Gisela 2010: Zwischen pädagogischem Zweck und politischer Funktion – Das Vaterland in Fibeln des „Dritten Reiches". In: Andreas Hoffmann-Ocon/Peter Metz (Hg.): Schuljugend unter nationalem Anspruch. Bildungshistorische Untersuchungen zur schulpädagogischen Publizistik und zu visuellen Medien in der Schweiz und in Deutschland in der ersten Hälfte des 20. Jahrhunderts. Baltmannsweiler u. a. S. 153–177.
Muhr, Thomas/Friese, Susanne 2001: Computerunterstützte Qualitative Datenanalyse. In: Theo Hug (Hg.): Einführung in die Forschungsmethodik und Forschungspraxis. Hohengehren.
Rosenthal, Gabriele 2005: Interpretative Sozialforschung. Eine Einführung. Weinheim und München.
Sarasin, Philipp 2003: Geschichtswissenschaft und Diskursanalyse. Frankfurt a. M.
Schwab-Trapp, Michael 2006: Diskurs als soziologisches Konzept. Bausteine für eine soziologisch orientierte Diskursanalyse. In: Reiner Keller/Andreas Hirseland/Werner Schneider/Willy Viehöver (Hg.): Handbuch Sozialpsychologische Diskursanalyse 1. Wiesbaden.
Stucki, Helene 1950: Gesamtunterricht. In: Lexikon der Pädagogik. 1. Band. Bern. S. 551–552.
Terhart, Ewald 2009: Didaktik. Eine Einführung. Stuttgart.

## Anhang

| Unterrichtsthemen | | 1945–1949 | 1950–1959 | 1960–1969 | 1970–1979 | 1980–1989 | 1990–2000 | Total Titel |
|---|---|---|---|---|---|---|---|---|
| NSP | Computer | 0 | 0 | 0 | 1 | 15 | 8 | 24 |
| | Interkulturelle Pädagogik | 0 | 0 | 0 | 0 | 2 | 2 | 4 |
| | Mundart | 11 | 5 | 14 | 16 | 8 | 8 | 62 |
| | Sexualunterricht | 0 | 0 | 0 | 1 | 4 | 0 | 5 |
| SP | Computer | 0 | 0 | 0 | 0 | 1 | 4 | 5 |
| | Informatik | 0 | 0 | 0 | 0 | 2 | 1 | 3 |
| | Interkulturelle Pädagogik | 0 | 0 | 0 | 1 | 1 | 6 | 8 |
| | Koedukation | 0 | 0 | 0 | 0 | 1 | 3 | 4 |
| | Mundart | 12 | 7 | 6 | 0 | 4 | 0 | 29 |
| | Sexualunterricht | 0 | 0 | 1 | 0 | 0 | 0 | 1 |
| | Total | 23 | 12 | 21 | 19 | 38 | 32 | 145 |

| Didaktische Begründung | | 1945– 1949 | 1950– 1959 | 1960– 1969 | 1970– 1979 | 1980– 1989 | 1990– 2000 | Total Titel |
|---|---|---|---|---|---|---|---|---|
| NSP | Didaktischer Ansatz | 0 | 2 | 1 | 1 | 3 | 5 | 12 |
| | Klassenführung | 0 | 4 | 0 | 1 | 0 | 0 | 5 |
| | Unterrichtsfragen | 0 | 0 | 0 | 0 | 6 | 2 | 8 |
| | Unterrichtshilfen | 0 | 6 | 0 | 1 | 1 | 3 | 11 |
| | Krise der Pädagogik | 1 | 1 | 1 | 2 | 9 | 10 | 24 |
| SP | Didaktischer Ansatz | 0 | 0 | 0 | 1 | 1 | 7 | 9 |
| | Didaktische Analyse | 0 | 0 | 0 | 2 | 0 | 0 | 2 |
| | Anthropologisch | 0 | 0 | 0 | 0 | 0 | 3 | 3 |
| | Anthroposophisch | 0 | 0 | 1 | 1 | 1 | 3 | 6 |
| | Total | 1 | 13 | 3 | 9 | 21 | 33 | 80 |

| Lehrplanbezug | | 1945– 1949 | 1950– 1959 | 1960– 1969 | 1970– 1979 | 1980– 1989 | 1990– 2000 | Total Titel |
|---|---|---|---|---|---|---|---|---|
| NSP | Fächerübergreifender Unterricht | 0 | 0 | 0 | 0 | 2 | 1 | 3 |
| | Ganzheitliches Lernen | 0 | 4 | 0 | 0 | 1 | 0 | 5 |
| | Gesamtunterricht | 2 | 0 | 0 | 0 | 0 | 0 | 2 |
| | Lehrplan | 0 | 0 | 0 | 0 | 1 | 2 | 3 |
| | Reformpädagogik | 0 | 0 | 0 | 0 | 1 | 3 | 4 |
| SP | Gesamtunterricht | 1 | 2 | 1 | 0 | 0 | 0 | 4 |
| | Lehrplanorientierung | 0 | 0 | 0 | 1 | 0 | 0 | 1 |
| | Region-Kreis | 2 | 0 | 0 | 0 | 1 | 0 | 3 |
| | Total | 5 | 6 | 1 | 1 | 6 | 6 | 25 |

## Aufgabenkulturen in historischer Perspektive

| Individualisierung - Klasse als soziale Gemeinschaft | | | | | | | | |
|---|---|---|---|---|---|---|---|---|
| | | 1945–1949 | 1950–1959 | 1960–1969 | 1970–1979 | 1980–1989 | 1990–2000 | Total Titel |
| NSP | Gemeinschaftsarbeit | 3 | 2 | 0 | 0 | 0 | 0 | 5 |
| | Gruppenunterricht | 0 | 5 | 0 | 4 | 0 | 0 | 9 |
| | Individualisieren | 1 | 2 | 0 | 0 | 4 | 8 | 15 |
| | Schülerorientierung | 0 | 0 | 0 | 1 | 4 | 2 | 7 |
| SP | Gruppenunterricht | 0 | 4 | 1 | 1 | 0 | 0 | 6 |
| | Individualisieren | 0 | 0 | 0 | 0 | 7 | 1 | 8 |
| | Schülerorientierung | 3 | 0 | 1 | 0 | 2 | 2 | 8 |
| | Total | 7 | 13 | 2 | 6 | 17 | 13 | 58 |

| Funktionen des Lernens | | | | | | | | |
|---|---|---|---|---|---|---|---|---|
| | | 1945–1949 | 1950–1959 | 1960–1969 | 1970–1979 | 1980–1989 | 1990–2000 | Total Titel |
| NSP | Handlungsorientierung | 1 | 3 | 0 | 1 | 3 | 1 | 9 |
| | Produktionsorientierung | 1 | 8 | 0 | 5 | 4 | 1 | 19 |
| | Lernen lernen | 0 | 2 | 2 | 2 | 2 | 5 | 13 |
| | Selbstständiges Lernen | 0 | 1 | 1 | 0 | 2 | 2 | 6 |
| | Spielerisches Lernen | 2 | 10 | 2 | 3 | 9 | 14 | 40 |
| | Freude am Lernen | 2 | 10 | 4 | 3 | 10 | 7 | 36 |
| SP | Handlungsorientierter Unterricht | 0 | 0 | 0 | 0 | 0 | 1 | 1 |
| | Lernen lernen | 0 | 0 | 0 | 0 | 4 | 1 | 5 |
| | Selbstständiges Lernen | 0 | 0 | 0 | 0 | 3 | 0 | 3 |
| | Spielerisches Lernen | 0 | 1 | 0 | 3 | 8 | 5 | 17 |
| | Total | 6 | 35 | 9 | 17 | 45 | 37 | 149 |

| Arrangement des Unterrichts | | | | | | | | |
|---|---|---|---|---|---|---|---|---|
| | | 1945–1949 | 1950–1959 | 1960–1969 | 1970–1979 | 1980–1989 | 1990–2000 | Total Titel |
| NSP | Projektunterricht | 0 | 0 | 0 | 0 | 3 | 10 | 13 |
| | Werkstattunterricht | 0 | 1 | 0 | 0 | 0 | 4 | 5 |
| SP | Projektunterricht | 0 | 0 | 0 | 3 | 0 | 3 | 6 |
| | Werkstattunterricht | 0 | 0 | 0 | 0 | 1 | 0 | 1 |
| | Wochenplanarbeit | 0 | 0 | 0 | 0 | 3 | 0 | 3 |
| | Total | 0 | 1 | 0 | 3 | 7 | 17 | 28 |

| Lernorte | | | | | | | | |
|---|---|---|---|---|---|---|---|---|
| | | 1945–1949 | 1950–1959 | 1960–1969 | 1970–1979 | 1980–1989 | 1990–2000 | Total Titel |
| NSP | Außerschulische Lernorte | 0 | 0 | 0 | 0 | 1 | 1 | 2 |
| | Erlebnispädagogik | 3 | 0 | 1 | 3 | 4 | 4 | 15 |
| | Museumspädagogik | 0 | 3 | 0 | 1 | 3 | 7 | 14 |
| | Theaterpädagogik | 0 | 0 | 0 | 0 | 0 | 1 | 1 |
| SP | Außerschulische Lernorte | 3 | 0 | 0 | 0 | 0 | 0 | 3 |
| | Museumspädagogik | 0 | 0 | 2 | 1 | 6 | 0 | 9 |
| | Total | 6 | 3 | 3 | 5 | 14 | 13 | 44 |

Jürgen Oelkers

# Aufgabenkultur und selbstreguliertes Lernen

## 1. Unterricht: Aufgaben und Leistungen

Die Idee, Unterricht als didaktisch begründete Aufeinanderfolge von Aufgaben und Leistungen zu verstehen, geht auf den englischen Philosophen Gilbert Ryle zurück. Er hielt 1949 in *The Concept of Mind* fest, dass man ein *task verb* und ein *achievement verb* nur dann aufeinander beziehen kann, wenn man annimmt, dass die Leistung auf Grund der Bearbeitung einer Aufgabe zustande kommt und mehr ist als Lernen. Die Leistung „übersteigt" gleichsam das Lernen (Ryle 1970, S. 143). Lernen ist nicht dasselbe wie eine Leistung, sofern sie sich auf eine Aufgabe bezieht und einen Ertrag darstellt, Bewertung eingeschlossen.

Man kann im Sinne Ryles nicht von einer „Leistung" sprechen, wenn die Bearbeitung (*performance*) bei der Aufgabe stehen bleibt oder sich damit gar nicht verknüpfen lässt. Die Leistung ist gleichsam der Mehrwert des Lernens, und der kann positiv oder negativ sein. Aus Aufgaben ergeben sich nicht zwingend auch Leistungen, schon gar nicht solche, die einen Zuwachs an Qualität anzeigen, wofür eine Serie sowohl von Aufgaben als auch von Leistungen notwendig ist. Beide Seiten müssen zueinander passen und fortlaufend abgestimmt werden.

„Aufgaben" unterscheiden sich auch im intellektuellen Gehalt, den nicht jede Aufgabe für sich beanspruchen kann:

> „We know that solving a mathematical problem is an intellectual task, hunting the thimble is a non-intellectual task, while looking for an apposite rhyme is a halfway house. Bridge is an intellectual game, Snap is an unintellectual game and Beggar-my-neighbour is betwixt and between. Our daily use of the concepts of the intellect and of thought is unembarrassed by the discovery of a moderate number of borderline cases." (Ryle 1970, S. 267)

Den Unterschied macht die Schule. Sie sortiert die Aufgaben nach Schwierigkeitsgraden, legt eine Serie fest und testet die Leistungen. „The intellectual powers are those which are developed by set lessons and tested by set examinations. Intellectual tasks are those or some of those which only the schooled can perform" (ebd., S. 268). Wer nicht geschult ist, kann auch nicht gebildet sein. Angeborene oder ungeschulte Fertigkeiten basieren nicht auf intellektuellen Leistungen, ebenso wenig ein Können, das lediglich auf Nachahmung beruht. Wer von *intellectual accomplishment* spricht, reserviert dieses Zertifikat für „exploitations of lessons learned at least in part from books and lectures, or, in general, from didactic discourse" (ebd.).

Ryles sprachphilosophische Analyse von „Aufgaben" und „Leistungen" ist mehrfach überprüft und erweitert worden, etwa von James Marshall (1975), der darauf hingewiesen hat, dass das Verb „unterrichten" sich nur auf Aufgaben bezieht und nicht zugleich auf Leistungen; sie werden von Lernenden erbracht, die sich die Aufgaben nicht selbst stellen. Aufgaben zielen ab auf Leistungen, die sich aber erst in der Bearbeitung von Aufgaben zeigen, also ihnen nachfolgen. Das lässt sich bestreiten, weil sich Lernende natürlich auch selbst Aufgaben stellen können oder „unterrichten" mehr als nur ein Leistungsverb bezeichnen kann, etwa wenn Testaufgaben kreiert werden, die keinen großen Abstand zur Leistung haben und wenn Unterricht nur noch auf Effizienz abzielt (Marshall 2009); aber das hebt Ryles Idee der Steuerung von Bildungsprozessen durch einen *didactic discourse* nicht auf.

In der heutigen Didaktik geht man weitgehend von einer Psychologie des Problemlösens aus, die sich locker an John Deweys *How We Think* (1910) orientiert und keinen Bezug mehr hat zu Gilbert Ryles philosophischem Behaviorismus, der davon ausgeht, dass es kein „Gespenst in der Maschine" gibt, also entgegen Descartes keinen „Geist" im „Körper", sondern nur sprachliche Beschreibungen von Verhaltensweisen. Man kann daher vom Verb „unterrichten" nicht auf das entsprechende Verhalten schließen, aber genau das geschieht in einem „didaktischen Diskurs", der „lernen" nicht als Verb, sondern als realen psychischen Vorgang versteht und darum leicht wieder beim „Gespenst in der Maschine" landen kann.

Ryle versteht seinen Begriff nicht im heutigen Sinne der Diskurstheorie, sondern als besonderes Erfahrungsfeld, in dem Bildung vermittelt und erworben wird. Anders als in der deutschen Bildungstheorie ist der Ausgangspunkt nicht das sich selbst bildende Subjekt, sondern das Feld der Bildung oder die Lehrweise der Schule. „Discourse" meint die besondere Form des Lehrens und Lernens, also die Kommunikation, die in der Schule realisiert wird.

> „It is discourse in which schooling is given, and it is discourse which is itself in some degree the product of schooling. It has its own drills and it is spoken or written not in the sociable, conversational, but in the non-sociable, drill style. It is delivered magisterially."
> 
> (Ryle 1970, S. 258)

Es ist nun leicht, diese Position der „magistralen" Bildung als „konservativ" und überholt abzutun, aber man könnte ja auch froh sein, überhaupt einen Kontrast zum progressiven Mainstream zu haben, der das Kind und seine Aktivität in den Mittelpunkt stellt und dann leicht die Qualität der Aufgaben übersieht. Aber wenn sich Leistungen auf Aufgaben beziehen sollen, dann ist die Kernfrage der Didaktik, wie deren Qualität zustande kommt und was sie ausmacht.

In der heutigen Didaktik ist die Aktivierung des Lernens oft wichtiger als die damit erreichte Leistung, und „Lernen" ist immer nur die psychische Tätigkeit in der Situation und nicht die Steigerung der Leistung im Prozess. Aufgaben bilden selten passend gemachte Serien, die auf einen kontrollierbaren Zuwachs angelegt sind, und oft ist Lernen okkasionell, weil die Aufgaben so verstanden und eingesetzt werden. Wenn von „Individualisierung" gesprochen wird, dann oft so, dass „Leistung" mit Lernen gleichgesetzt wird und nur die Anstrengungsbereitschaft zählen soll, es wäre dann egal, woran man lernt. Die Aufgabe wäre eine Funktion des Lernens, nicht umgekehrt.

Auf diese Weise könnte man weder ein Musikinstrument lernen noch einen anspruchsvollen sportlichen Bewegungsablauf oder ein Handwerk mit festen Regeln. Tätigkeiten wie diese setzen immer eine „magistrale" Position voraus, zu der das Lernen hingeführt werden muss und die es nicht aus sich selbst heraus erreichen kann. Man kann vielleicht ohne schulischen Unterricht Goldschmied werden, aber nicht ohne das Handwerk. Im Blick auf Schulfächer ist das im Prinzip nicht anders, nur scheint das Prinzip außerhalb des Gymnasiums nicht mehr viele Anhänger zu finden.

Natürlich gibt es keine heutige Didaktik, die auf den Zusammenhang zwischen Aufgaben und Leistungen verzichtet, ohne den die Schule überflüssig wäre; aber die Instruktion, von der Ryle noch fraglos ausgehen konnte, ist der Konstruktion gewichen. Wissen und Können werden nicht übernommen, sondern mental konstruiert, und das erklärt die Karriere des „selbstorganisierten Lernens", das heute die Didaktik beherrscht. Historisch neu ist das nicht und die Frage ist, ob mehr dabei herauskommen kann als bei der klassischen Projektmethode.

## 2. Lernen und Problemlösen

Dass „Lernen" zu einer grundlegenden Kategorie der Psychologie wurde, hat maßgeblich mit den Studien von Edward Lee Thorndike[1] zu tun, der am *Teachers College* der Columbia University lehrte und Kollege von John Dewey war. Im Anschluss an Thorndike wurden Lernkonzepte entwickelt, die von der mehr oder weniger geregelten Veränderung von Verhalten oder mentalen Dispositionen ausgehen, beide bezogen auf Personen, die im Austausch mit ihrer je spezifischen Umwelt „lernen".

Materiell stellt Lernen eine Reaktion auf Anreize dar und bewirkt eine Veränderung zwischen zwei Zeitpunkten, wobei in der Geschichte der Lernpsychologie zunächst das Verhältnis von Versuch und Irrtum im Mittelpunkt stand. Aus Studien zur Intelligenz von Tieren[2] entwickelte sich das Schema von Reiz und Reaktion, das den Behaviorismus begründete. Maßgebend waren neben Tierex-

---

1 Edward Lee Thorndike (1874–1949) promovierte 1898 im Fach Psychologie an der Columbia University, nachdem er zuvor bei William James in Harvard studiert hatte. Zwei Jahre später ging er an das Teacher's College der Columbia University und wurde hier zum Begründer der modernen Lernpsychologie, welche die amerikanische Lehrerbildung maßgeblich beeinflusste.

2 Thorndikes Dissertation zum Thema „Animal Intelligence" wurde 1898 in der Zeitschrift Psychological Review veröffentlicht und erzielte bahnbrechende Wirkungen. 1903 publizierte Thorndike die erste Version seiner Educational Psychology.

perimenten quantitative Methoden mit großen Populationen, die zu bestätigen scheinen, dass alles Lernen auf Verknüpfungen zwischen *stimuli and responses* zurückzuführen ist.

John Dewey nutzte die Idee, aber wehrte sich dagegen, Reflexion oder Denken als pure Reaktion auf Reize abzutun. Die Behavioristen hatten jede Form von Introspektion abgelehnt. Denken lässt sich nicht beobachten, nur Verhalten, daher kann die Psychologie über Denken nichts aussagen. Dewey dagegen hielt an einer kognitiven Variante fest, auch wenn sie mit dem verbunden war, was die Behavioristen „Spekulation" nannten. Für Dewey hat Reflexion eine physiologische Grundlage, Denken bewegt sich immer in einer Umwelt von Reizen, aber die Reaktionen sind nie nur Reflexe. Die Auseinandersetzung mit dem Behaviorismus erklärt den Zuschnitt seiner Denkpsychologie, die eine Theorie des Problemlösens begründen sollte, an der er lebenslang festhielt.

John Dewey rechtfertigt in *How We Think* (1910) den didaktischen Sinn von Schwierigkeiten im Bildungsprozess. Das ist insofern ungewöhnlich, als seit der Barockdidaktik die Methode des Unterrichtens immer als *Erleichterung* des Lernens verstanden wurde. Anders Dewey: Lernen *ist* ständige Bearbeitung von Schwierigkeiten, die sich einstellen und nicht künstlich minimiert werden dürfen. An ihnen schult sich das Denken; kein Bildungsprozess gelingt, der es leicht machen, also die natürlichen Schwierigkeiten beseitigen will. Dewey nennt das einen ebenso grundlegenden wie dummen Irrtum:

> „It is ... a stupid error to suppose that arbitrary tasks must be imposed from without in order to furnish the factor of perplexity and difficulty which is the necessary cue to thought. Every vital activity of any depth and range inevitably meets obstacles in the course of its effort to realize itself – a fact that renders the search for artificial or external problems quite superfluous. The difficulties that present themselves within the development of an experience are, however, to be cherished by the educator, not minimized, for they are the natural stimuli to reflective inquiry."
> (Dewey 1985, S. 230)

Was denk- oder lernpsychologisch trivial klingt, ist gemünzt gegen die verbreitete Auffassung, dass Schwierigkeiten vermieden und Hindernisse in diesem Sinne „didaktisiert" werden müssten, wenn Unterricht schülergerecht stattfinden soll. Aber letztlich entscheidet sich Bildung nicht einfach als Prozess des Lernens, sondern als Prozess der zunehmenden Akzeptanz gestufter Schwierigkeiten im Aufbau des Wissens und Könnens.

Die auf Dewey zurückgehende Psychologie der Problemlösung setzt die *je neue* Schwierigkeit voraus, die emotional akzeptiert werden muss, wenn produktives Lernen einsetzen soll (ebd. , S. 236). Ohne Anstieg der Bewältigung von Schwierigkeiten entsteht weder ein Bewusstsein des persönlichen Könnens noch das Zutrauen, den Prozess trotz neuer und womöglich zunehmender Schwierigkeiten fortzusetzen. Als ständige Okkasion ohne kognitiven Anreiz wäre Lernen nicht sehr ertragreich, aber es gibt auch keine verlässliche Außensteuerung, die für einen sicheren Lernertrag sorgen könnte. Unterricht verwendet viele Instrumente, aber die garantieren nicht seine Wirksamkeit.

Grundsätzlich trennt Dewey nicht zwischen Erziehung einerseits, Erfahrung andererseits, Erziehung *ist* Erfahrung und umgekehrt. Es gibt nur *eine* Welt der Erfahrung, jede Zweiweltentheorie wird ausgeschlossen. Die Erfahrung korrigiert und erneuert sich ständig, Rückgriffe auf die Geschichte illustrieren Probleme, aber lösen sie nicht.

- „Denken" ist Problemlösen, Intelligenz zeigt sich in der Anpassung an je neue Situationen der Erfahrung.
- Auch Erziehungstheorien sind nur Hypothesen, die von ihren praktischen Konsequenzen her beurteilt werden müssen.
- Pädagogische Doktrinen, die sich nur in der Form eines *„Entweder/Oder"* formulieren lassen, sind spekulativ und nutzlos.

Diese Theorie ist in der Literatur oft mit der *Projektmethode* in Verbindung gebracht worden, gelegentlich auch so, dass Dewey als der Begründer oder „Vater" der Projektmethode erscheint. Der Unterricht in seiner Schule ging von Problemen aus und die Schüler führten auch „Projekte" durch.[3] Daraus lässt sich aber nicht schließen, dass Dewey oder die Lehrkräfte seiner Schule die Projektmethode erfunden hätten. Offenbar erfindet niemand eine solche Methode, sie liegt einfach nahe oder wird übernommen, ohne mit einer besonderen Psychologie verbunden zu werden. Aus diesem Grunde steht auch nicht „hinter" der Projektmethode die Theorie des Problemlösens, die nur nachträglich assoziiert werden kann.

## 3. Die klassische Projektmethode

Von den Bauakademien in Frankreich verbreitete sich der Gedanke einer „Projektmethode" auch im deutschen Sprachraum in der ersten Hälfte des 19. Jahrhunderts, im Sinne der „Arbeitsschule" oder der technischen Berufsausbildung. Von Europa aus kam die Methode nach Amerika: 1879 wurde an der Washington University in St. Louis eine *Manual Training School* gegründet, in der die Projektmethode angewendet wurde. Die Schüler mussten „Projekte nicht nur am Zeichenbrett entwerfen, sondern im technischen Werken auch tatsächlich durchführen ... (Sie) tischlerten Regale, schmiedeten Leuchter, bauten Motoren" (Knoll 1992, S. 91).

Dabei waren drei Prinzipien maßgebend,
- die *Schülerorientierung*,

---

[3] Gemeint ist das Projekt *Farmhouse*. Die Schüler mussten ein Farmhaus entwerfen und bauen.

▶ die *Wirklichkeitsorientierung* und
▶ die *Produktorientierung.*

Die Schüler waren für die Planung und Durchführung der Projekte selbst verantwortlich, sie orientierten sich an tatsächlichen Problemen im Alltagsleben oder im Beruf und sie fertigten Objekte an, die es erlaubten, ihre Theorien und Pläne einer praktischen Prüfung zu unterziehen.

Die bis heute zitierte Formulierung dieser Theorie hat William Kilpatrick, ab 1909 am *Teachers College* der Columbia University in New York tätig[4], vorgenommen, in einem berühmt gewordenen Aufsatz, der 1918 im *Teachers College Record*, der führenden Zeitschrift der amerikanischen Schulpädagogik, veröffentlicht wurde. Der Aufsatz hieß einfach *The Project-Method* (Kilpatrick 1918).[5] Kilpatrick erwähnte die Vorläufer nicht und tat so, als sei er der Erfinder der neuen Methode. Der Erfolg war außergewöhnlich: Die Zeitschrift konnte 60.000 Nachdrucke des Artikels absetzen, was auf eine aus heutiger Sicht kaum glaubliche Nachfrage hindeutet (vgl. Westbrook 1991, S. 504).

Kilpatrick kommt nicht die Priorität bei der Erfindung der Methode zu, aber diese Legende hält sich zäh, zumal in der Verbindung mit John Dewey und der Psychologie des Problemlösens. Tatsächlich ist die Beziehung zwischen Kilpatrick und Dewey konfliktreich, weil Dewey gerade *nicht* nachvollzog, was Kilpatrick 1918 begründete, nämlich eine Methode, die sich ausschließlich an den Tätigkeiten und Interessen der Lernenden, speziell der Kinder, orientierte. Kilpatrick, nicht Dewey, ist der hauptsächliche Protagonist einer radikalen *child-centered education* (Kilpatrick 1918, S. 500 ff.), die tatsächlich die inhaltliche Organisation der Schule von den artikulierten oder den vermuteten Interessen des Kindes abhängig macht.

Die grundlegende Definition ist einfach, vage und suggestiv: „A project is a whole-hearted purposeful activity proceeding in a social environment" (ebd., S. 320).

Präzisiert wird der Terminus 1921 in einem weiteren Artikel so: Der Begriff „Projekt" soll *jede* Einheit einer zweckvollen Erfahrung bezeichnen, jede Gelegenheit („instance") einer Tätigkeit, bei der der *Zweck*, als innerer Antrieb (*urge*), (1) das Ziel der Handlung festlegt, (2) den Erfahrungsprozess leitet und (3) seine Richtung oder seine innere Motivation festlegt (vgl. Kilpatrick 1921, S. 283).

Grundsätzlich kann also der Begriff jede Art von Erfahrung kennzeichnen, die durch einen bestimmten Zweck hervorgebracht wird (vgl. ebd., S. 283). Aber das

---

4   William Heard Kilpatrick (1871–1965) wurde 1909 als Lecturer in Education an die Columbia University berufen. Vorher war er Schulleiter in Georgia. 1918 wurde er Professor für Philosophy of Education am Teachers College; die Professur hatte er bis 1938 inne. Die Progressive Education Association wurde 1919 gegründet, unter seiner wesentlichen Mitwirkung.

5   Der Aufsatz ist 1935 in deutscher Übersetzung erschienen (Dewey/Kilpatrick 1935, S. 161–179), in einem Kontext, der Kilpatricks Version der Projektmethode deutlich in Abhängigkeit von Deweys Theorie des Problemlösens sieht. Dieser Zusammenhang lässt sich nicht mehr aufrechterhalten.

ist zu weit definiert und zu nichtssagend, um irgendwie auf eine Methode hinzudeuten. Darum unterscheidet Kilpatrick vier verschiedene Typen von Projekten, die für eine Präzisierung des Terminus sorgen sollen:

▸ Der erste Typus von Projekt bezieht sich auf solche Erfahrungen, in denen der Zweck ist, etwas Bestimmtes zu tun, zu machen, oder zu bewirken, eine Idee oder eine Vorstellung in eine bestimmte Form zu bringen.
▸ Der zweite Typus bezieht sich auf die zweckgebundene Wertschätzung oder Verwendung einer Erfahrung.
▸ Der dritte Typus bezieht sich auf das Problemlösen, nämlich auf eine Erfahrung, deren Zweck es ist, intellektuelle Schwierigkeiten oder Verwirrnisse aufzudecken und produktiv zu bearbeiten.
▸ Der vierte Typus schließlich bezieht sich auf den Erwerb von Wissen oder Können oder auf Erfahrungen, in denen eine Person ihren eigenen Prozess der Bildung bis zu einem bestimmten Punkt voranbringt (vgl. Kilpatrick 1921, S. 283 ff.).

Kilpatricks Theorie hatte in den Zwanzigerjahren eine Reihe von Rivalen, etwa solche, die stärker die Form des Lehrgangs betonten, oder solche, die sich weitgehend auf den Aspekt des Problemlösens beschränkten. Die relativ unübersichtliche Theorielage, aber auch das starke Interesse der reformbereiten Lehrerschaft und nicht zuletzt die Schwächen der eigenen Definition veranlassten Kilpatrick zu einer ausführlichen Darstellung, die 1925 unter dem Titel *Foundations of Method* erschien (Kilpatrick 1925). Hier wird der größere Rahmen deutlich, der in der Unterscheidung von Projekttypen nicht sichtbar geworden war.

▸ Der Rahmen ist der der *child-centered education*, die Lernen ausschließlich an Interesse und intrinsische Motivation bindet,
▸ jeglichen Zwang vermeiden will
▸ und von dieser radikalen Erneuerung der natürlichen Erziehung einen weitreichenden sozialen Wandel erwartet: „Education *is* changing" (Kilpatrick 1925, S. 251 ff.).

Die „Projektmethode" ist hier wiederum allgemein als Zusammenhang von zweckhafter Tätigkeit und Lernen („purposeful activity and simultaneous learnings") bezeichnet (ebd., S. 345), aber nun wird auch die psychologische Grundannahme mitgenannt. Sie richtet sich gegen die traditionelle Vorstellung, wonach „Methoden" Handlungspläne des Lehrers seien (*devices*), die gegebenen Unterrichtsstoff in eine zeitliche Reihenfolge bringen. Ein *weiter* Begriff der Methode müsse das ganze Lernmilieu in Rechnung stellen, nicht nur die künstlich kontrollierte Unterrichtssituation.

- Das lernende Kind reagiert auf alle Reize seiner Umwelt,
- es baut seinen Charakter aus vielen Reaktionen auf,
- sodass die Methode auch nur in einer umfassenden Stimulation des Lernens bestehen kann (vgl. Kilpatrick 1925, S. 345).

Es ist oft übersehen worden, dass Kilpatrick diesen Zusammenhang mit Thorndikes Lernpsychologie formuliert hat, nämlich mit Hilfe der Annahme, dass nur ein Handeln aus Neigung dem Lernenden Befriedigung verschaffe und eher wiederholt werde als ein Handeln, das unter Zwang erfolge und für Frustrationen sorge. Kilpatrick hat diese Hypothese nie überprüft, wohl aber sie zur reformpädagogischen Lerntheorie verallgemeinert. Danach ist jenes Lernen am erfolgreichsten, das am meisten den Neigungen entgegenkomme und am wenigsten Zwang ausübe, wobei weder „Neigungen" noch „Zwang" klar definiert, also begrenzt, wurden. Auch hier konnte mit beiden Termen *alles* verbunden werden.

Wie soll nun aber von *Methode* die Rede sein, wenn das Lernen ausschließlich *selbsttätig* erfolgen soll? Allgemein bezeichnet Kilpatrick die legitime Verwendung des Terms "Projektmethode" als „the purposeful way of treating children in order to stir the best in them and then to trust them to themselves as much as possible" (ebd., S. 346). Das ist mehr als nur die vage Stimulierung der Selbsttätigkeit: *To stir the best in them* schließt eine Auswahl ein, *nicht alles* stimuliert gleich gut; aber – in den abstrakten Definitionen des Projekts – *alles* kann zum Anlass von Projekten werden.

## 4. Selbstreguliertes Lernen

Heute wird die Kognitionspsychologie bemüht, um ganz ähnliche didaktische Prinzipien zu begründen. Die Frage ist, ob damit mehr erreicht werden kann. „Lernen" wird als „Konstruktion" verstanden und das scheint sich nicht mit „Instruktion" zu vertragen, aber das darf nicht dogmatisch verstanden werden, weil in der Realität des Unterrichts immer der geeignete Mix gefunden werden muss. Neu ist vor allem, dass die Schülerinnen und Schüler reflexiven Umgang mit den Aufgabenkulturen lernen sollen, das erklärt die herausgehobene Bedeutung der Lernstrategien in der heutigen Schulreform. In der heutigen empirischen Forschung wird selbstreguliertes Lernen weitgehend übereinstimmend definiert. Vielen Arbeiten liegt folgende Bestimmung zugrunde:

> „Selbstreguliertes Lernen ist ein aktiver, konstruktiver Prozess, bei dem der Lernende sich Ziele für sein Lernen selbst setzt und zudem seine Kognitionen, seine Motivation und sein Verhalten in Abhängigkeit von diesen Zielen und den gegebenen äußeren Umständen beobachtet, reguliert und kontrolliert."
> 
> (Otto et al. 2011, S. 34)

Im Rahmen dieser allgemeinen und nicht schulspezifischen Definition wird deutlich, dass selbstreguliertes Lernen kein einfaches Konstrukt ist, sondern aus einer Vielzahl von Variablen besteht, die zusammenspielen müssen, wenn das Lernen effektiv sein soll. Gemäß einem Vorschlag der holländischen Lern- und Motivationspsychologin Monique Boekaerts können die Variablen in drei Klassen eingeteilt werden:
- *Kognitive Variablen.* Hierzu zählen konzeptionelles und strategisches Wissen sowie die Fähigkeit, entsprechende kognitive Lernstrategien anzuwenden.
- *Motivationale Variablen.* Hierunter versteht man die Aktivitäten, die der Initiierung (z. B. Selbstmotivierung) und dem Aufrechterhalten (volitionale Steuerung) des Lernens dienen, sowie handlungsförderliche Attributionen und die Selbstwirksamkeitsüberzeugung.
- *Metakognitive Variablen.* In diese Kategorie fallen Planung, Selbstbeobachtung und Reflexion des eigenen Lernprozesses (vgl. Boekaerts 1999, S. 447).

Die These, dass es sich beim selbstregulierten Lernen um ein „wichtiges neues Konstrukt der Erziehung" handle, stammt ebenfalls von Boekaerts (1999, S. 447). Auch sie nimmt nicht Bezug auf didaktische Erfahrungen, wie überhaupt die psychologische Modellierung sehr abstrakt und praxisfern erfolgt. Zwar ist das Konstrukt inzwischen gut erforscht, meistens jedoch ohne auf die Ebenen und Differenzen im Erziehungssystem näher einzugehen. Aber selbstreguliertes Lernen im Gymnasium ist nicht einfach dasselbe wie im Kindergarten, und die Frage ist, wie weit es in der Schule überhaupt ein Lernen sein kann, das sich selbst reguliert.

Von Boekaerts stammt auch das inzwischen viel genutzte *Modell* des selbstregulierten Lernens, das wie folgt aussieht:

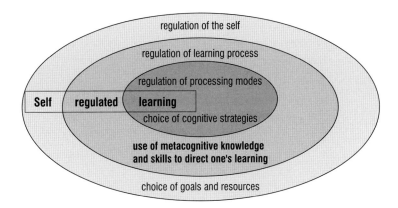

Abb. 1: Drei-Schichtenmodell des selbstregulierten Lernens (Quelle: Boekaerts 1999, S. 449)

Die im Rahmen dieses oder eines vergleichbaren Modells vorliegenden Forschungen haben zu einer Vielzahl von Forschungen geführt, mit denen sich bislang keine eindeutigen Resultate verbinden. Das hat auch zu tun mit der Art, wie diese Forschung durchgeführt worden ist. 2006 konnte man in einem Beitrag zur „Erfassung selbstregulierten Lernens", also zum Ansatz und den Verfahren der Forschung, lesen:

> „Selbstreguliertes Lernen ist ein komplexes Konstrukt, das aus kognitiven, metakognitiven und motivationalen Komponenten besteht und in verschiedensten Kontexten beobachtet werden kann. Wird selbstreguliertes Lernen mit nur einer Methode untersucht, ist das resultierende Bild unvollständig, und die daraus gezogenen Schlussfolgerungen sind fragwürdig ... Viele der [vorliegenden Untersuchungen] konzentrieren sich einseitig auf mentale Prozesse und vernachlässigen dabei situative Lernaspekte. Versucht man, beide Perspektiven zu berücksichtigen und multi-methodale Forschungsstrategien anzuwenden, so ergeben die Teile oftmals kein harmonisches Gesamtbild, was auf den ersten Blick unbefriedigend erscheinen mag."
> 
> (Spörer/Brunstein 2006, S. 158)

In verschiedenen Studien der Lernstrategieforschung konnten keine oder nur sehr geringe Zusammenhänge zwischen dem Strategieeinsatz, soweit die Befragten selbst darüber berichteten, und den gemessenen Schulleistungen gefunden werden. Das mag mit der Überschätzung von Selbstberichten zusammenhängen, die viele Studien kennzeichnen. Aber es kann auch sein, dass einfach lineare Erfolgserwartungen eine Rolle gespielt haben, die enttäuscht wurden. Bemerkenswert ist, dass neuerdings der Übungsanteil besonders herausgestrichen wird.

2008 heißt es in einer Studie zum mathematischen Problemlösen, in der Tests durchgeführt worden sind:

> „Naheliegend ist ... [eine] Erklärung, dass zwischen dem Strategieeinsatz und der Leistung in einem Test keine einfachen, direkten und linearen Zusammenhänge zu erwarten sind, sondern vielmehr komplexe Wechselwirkungen und vielfältige Kompensationsmöglichkeiten auftreten können. So könnte z. B. ein gesteigerter Strategieeinsatz mit einer Verringerung der Anstrengung einhergehen, so dass es zu keinem signifikanten Effekt bei dem Lernergebnis kommt."
> 
> (Otto et al. 2008, S. 229)

Wer einfach nur eine bestimmte Lernstrategie verstärkt anwendet, erzielt deswegen noch keine bessere Leistung. Eher fühlt man sich zu sicher und lässt in der Anstrengung nach.

> „Darüber hinaus könnte ein gesteigerter Lernerfolg auch aufgrund der mangelnden Übung ausbleiben. So ist es beispielsweise möglich, dass die Schüler die Strategien im Nachtest zwar vermehrt einsetzen, dass diese jedoch noch defizitär sind und nicht effizient genutzt

werden können. Aufgrund der mangelnden Übung könnte der Strategieeinsatz jedoch auch noch nicht ausreichend automatisiert gewesen sein und daher vermehrte kognitive und zeitliche Ressourcen erfordert haben können, die dann für andere lösungsrelevante Prozesse nicht mehr zur Verfügung standen." (Otto et al. 2008, S. 229)

Ergebnisse einer deutschen Längsschnittstudie zum Thema Lernmotivation und Lernstrategien als Bedingungen der Studienleistung sind ebenfalls eher ernüchternd. Ausgangspunkt für die Studie war die Überlegung, dass selbstgesteuertes Lernen „ein wichtiger Erfolgsfaktor" im Hochschulstudium sei. Die Befunde der Studie widersprachen dieser Annahme in wesentlichen Teilen, „denn nur ein kleiner Teil der geprüften Lernstrategien leistete einen bedeutsamen Beitrag zur Leistungsvorhersage" (Schiefele et al. 2003, S. 196).

Andere Untersuchungen sehen ähnlich nur schwache Zusammenhänge zwischen verschiedenen Lernstrategien und Leistungsindikatoren. Das hat einerseits mit der Methode (Fragebogen) zu tun, andererseits wird hervorgehoben, dass nicht so sehr *einzelne* Strategien für erfolgreiches Lernen entscheidend sind, sondern deren *Zusammenspiel* oder „Orchestrierung" (ebd.). Leistungsförderlich sind zudem nicht allein die Motivation oder die Lernumgebung, sondern auch Überwachungsstrategien. Neben der individuellen Anstrengung steht die Überwachung in einer signifikanten Korrelation mit der Studienleistung, wobei mit „Überwachung" sowohl Formen der Selbst- als auch der Fremdkontrolle gemeint sind.

Die zitierten Befunde beziehen sich auf das Lernverhalten in universitären Studiengängen, können aber sicher auch auf schulische Kontexte übertragen werden. Studien wie diese laufen darauf hinaus, ein Modell zur Vorhersage von Studienleistungen zu entwickeln, in dem vor allem das „Anstrengungsmanagement" und die „Überwachungsstrategien" Gewicht erhalten. Es ist also nicht zutreffend, beim selbstregulierten Lernen allein auf Motivation und kindgerechte Umwelten zu setzen. Mindestens in schulischen Kontexten stellen sich immer auch Probleme der Kontrolle und Bewertung der Lernleistung.

Das selbstregulierte Lernen spielt auch in den Pisa-Studien eine zentrale Rolle. Es wird verstanden als fächerübergreifende Kompetenz, die jeweils situativ eingesetzt und angepasst werden muss. Es handelt sich nicht um eine habitualisierte Fähigkeit, die gleichsam automatisch abgerufen werden kann. Das erklärt sich auch im Blick auf die speziellen schulischen Anforderungen. „Der Einsatz von Lernstrategien ist nur dann sinnvoll, wenn diese in Bezug auf die jeweiligen Anforderungen adäquat sind" (Fähigkeit zum selbstregulierten Lernen, S. 6).

Selbstreguliertes Lernen nimmt als fächerübergreifende Kompetenz in den Pisa-Studien eine vergleichbare Position wie Problemlösekompetenz ein (ebd., S. 15). Auch Pisa geht davon aus, dass es allgemein einen hohen Zusammenhang gibt zwischen Motivation und Interesse auf der einen und dem Einsatz von Lernstrategien auf der anderen Seite. Strategien, die sich nicht auf die Oberfläche des

Lernens, sondern auf vertieftes Verstehen beziehen, sind anstrengend und zeitintensiv, sie werden daher nicht ohne Weiteres gewählt und müssen sich besonders lohnen.

Allgemein lässt sich dazu Folgendes sagen:

> „Auf Verstehen orientierte Lernprozesse lassen sich als high-cost aber auch [als] high-benefit Prozesse beschreiben. Der große Nutzen dieser zeitintensiven Lernform zeigt sich demnach in besseren Leistungen ... [Vorausgesetzt werden muss] eine allgemeine Tendenz ..., Verstehen durch Schemaanwendung zu erreichen. Es besteht so lange keine Bereitschaft zum verstehensorientierten Lernen, so lange nicht die antizipierten Vorteile der Verwendung derartiger Methoden größer sind als die damit verbundenen Nachteile. Hierdurch lässt sich erklären, warum tiefergehendes Verstehen stark von der Motivation der Person abhängt."
>
> (Fähigkeit zum selbstregulierten Lernen, S. 16)

Man muss besonders motiviert sein, sich besonders anzustrengen. Schon Baumert (1993) hat darauf hingewiesen, dass allgemein zwischen Lernstrategien und Lernleistungen eher schwache Zusammenhänge bestehen, unabhängig davon, ob die individuelle Lernkultur durch „Wiederholungs- oder Tiefenverarbeitungsstrategien" geprägt ist (ebd., S. 16 f.).

> „Eine plausible Erklärung für die relativ schwachen Zusammenhänge zwischen Lernstrategien und Leistungsmerkmalen ist die Annahme, dass die Verfügbarkeit effizienter kognitiver und metakognitiver Lernstrategien eine notwendige Voraussetzung selbstregulierten Lernens ist, aber erst ein Feintuning in der Lernsituation zum durchschlagenden Erfolg führt."
>
> (Fähigkeit zum selbstregulierten Lernen, S. 17)

### Lernen in realen Umgebungen

Solche Befunde mahnen zur Vorsicht. Offenbar kann selbstreguliertes Lernen nicht einfach als „Methode" verstanden werden, die sich unabhängig von der Situation, den Einstellungen des Lernenden und dem speziellen Erfahrungsprofil, wie es sich etwa aus einem langjährigen Schulbesuch ergibt, einsetzen lässt. Ein Großteil der didaktischen Literatur ist aber so angelegt. Es wird so getan, als ob sich selbstreguliertes Lernen trainieren lässt (vgl. Schreiber 1998). Von den psychologischen Modellannahmen wird dann mehr oder weniger direkt auf die Praxis geschlossen (vgl. Konrad/Traub 1999), der – anders als in den historischen Beispielen – kein Eigengewicht zukommt.

Lernen im Kontext Schule ist aber nicht einfach angewandte Lernpsychologie. Die Ziele sind vorgegeben und werden nicht frei gewählt, wie dies in der allgemeinen Definition des selbstregulierten Lernens angenommen wird. Die jeweilige Lernsituation ist nicht je neu und einmalig, sondern geprägt von Vorerfahrungen und gekennzeichnet von Routinen, die Anpassungsleistungen an die

Institution Schule darstellen. Die Lernenden befinden sich in der Rolle von Schülerinnen und Schülern, sie sind abhängig und müssen lernen, was der staatliche Lehrplan vorgibt. Der institutionelle Rahmen wird oft vernachlässigt, wenn von „selbstreguliertem" Lernen die Rede ist.

In diesem Rahmen lernen die Schülerinnen und Schüler auch *subversiv*, nämlich wie die Anforderungen des Unterrichts umgangen werden können, oder *strategisch*, nämlich wie sich mit einem Minimum an Aufwand ein Maximum an Ertrag erreichen lässt. Das Lernen ist „selbstreguliert", aber nicht im Sinne der Schule. Weiter bilden die Schülerinnen und Schüler über Schule und Unterricht informelle Meinungen, die das tatsächliche Lernen oft mehr beeinflussen als das offizielle Lernsetting der Schule. Es handelt sich dabei um hoch elaborierte Kognitionen, die vor allem in der Peer-Kommunikation gebildet und stabilisiert werden.

Die Schülerinnen und Schüler können auch nur so tun, als ob sie „selbstreguliert arbeiten". Andererseits werden sie im Blick auf die Ziele den notwendigen Ressourceneinsatz kalkulieren und keineswegs immer „intrinsisch motiviert" vorgehen, schon weil kaum eine Schülerin und kaum ein Schüler sich für das gesamte Angebot der Schule gleich interessiert. Die Anstrengungsbereitschaft verteilt sich nicht einfach mit dem Interesse, wie oft angenommen wird, sondern reagiert auch auf Notlagen, etwa die Folgen der Nichterreichung von Lernzielen oder die drohenden Selektionen an den Schnittstellen. Probleme wie diese werden in der didaktischen Literatur gemieden oder normativ bestritten, obwohl sie nicht verschwinden werden und das Lernen massiv beeinflussen. Auch im Falle der Lernstrategien überwiegen die Modellannahmen, die unabhängig vom tatsächlichen Verwendungsraum „Schule" gedacht werden.

Lernstrategien entwickeln sich nicht „zwangsläufig", auch nicht unter den Bedingungen des offenen Unterrichts. Solche Lernumgebungen können Schüler auch überfordern. Schon Franz Weinert (1996) hat darauf verwiesen, dass besonders bei anspruchsvollen Aufgaben die kompetente Unterstützung durch die Lehrkraft notwendig ist, damit es zu einem Aufbau systematischen und fehlerfreien Wissens kommen kann. Dahinter steht ein Konflikt, der deutlich benannt werden muss. Selbstreguliertes Lernen kann nicht einfach mit offenem Unterricht gleichgesetzt werden, wie das in der didaktischen Literatur fast regelmäßig geschieht.

Resultate der amerikanischen Leseforschung zu Beginn der Neunzigerjahre haben zuerst deutlich gemacht, dass offener Unterricht im Wesentlichen nur den Kindern aus bildungsnahen Schichten zugute kommt, wohingegen Kinder, die in prekären Verhältnissen aufwachsen und wenig Bildungsanregung erfahren, mit klar strukturiertem Unterricht viel besser zurechtkommen und mehr profitieren. Man tut daher den, wie sie in der amerikanischen Literatur genannt werden, low-income children keinen Gefallen, wenn sie mit offenen Lernsituationen konfrontiert werden, die sie nicht bewältigen können.

Die amerikanischen Untersuchungen verweisen darauf, dass Kinder aus armen Familien in den Anfangsklassen der Regelschule leistungsmäßig kaum benachteiligt werden, dann aber zurückfallen, wenn sich die fachlichen Anforderungen des Unterrichts signifikant erhöhen (vgl. Chall et al. 1990, S. 167).

> „However, when classrooms did provide the instruction and the literate environments needed for making the transition to the more mature reading of the intermediate and upper elementary grades, these children learned well. Such classrooms supplied the children with sufficient and appropriate textbooks, reference works, library books, and writing materials."
>
> (Chall et al., S. 167 f.)

Angesichts solcher Befunde überrascht der Tatbestand, dass die Methoden des selbstregulierten Lernens ohne jeden Bezug auf Herkunft und Vorgeschichten der Schülerinnen und Schüler beschrieben und eingesetzt werden. Viele Interpretationen des „selbstorganisierten Lernens" gehen davon aus, dass bestimmte didaktisch-methodische Prinzipien für die Vermittlung von Lernstrategien ausschlaggebend sein sollten, die für alle Schülerinnen und Schüler als gleich gut und sinnvoll angenommen werden. Diese Annahme ist implizit und wird selbst gar nicht thematisiert.

Die Prinzipien werden so verstanden, dass die Schülerinnen und Schüler in der Lage sein sollen, einmal erworbene Lernstrategien auf neue Inhaltsgebiete und Aufgaben zu „transferieren". Zum Transferproblem liegen zahlreiche Studien vor, die diese Annahme nicht unbedingt unterstützen (vgl. Schmid 2006). Ein Lerntransfer tritt nicht einfach spontan ein, das Lernen folgt einmal erprobten Gewohnheiten, und bewährte Lernstrategien werden auf neue Aufgaben übertragen. Zürcher Studien zur Sekundarstufe II (Gymnasien) zeigen das in aller Deutlichkeit (vgl. Maag Merki 2002; Maag Merki/Leutwyler 2004 und 2005).

Man kann selbstreguliertes Lernen nicht „an sich" lernen, sondern braucht immer einen Bestand an fachlichen Aufgaben, möglichst solchen, die ein Fortschreiten in der Sache ermöglichen und den Einsatz verschiedener Lernstrategien verlangen. Gerade reflexiv anspruchsvolle Lernaufgaben können nicht einfach mit automatisierten Strategien bearbeitet werden.

Schaut man sich die methodischen Vorschläge näher an, dann werden „selbstregulierte" Lernformen empfohlen, die schon lange in schulischen Kontexten bekannt sind und eine besondere psychologische Modellierung eigentlich gar nicht benötigen. Genannt werden Formen wie
- Lerntagebuch
- Signalkarten
- Lernpartnerschaften
- reziprokes Lehren
- der Lehrer als „gutes Modell"
- Wochenplanarbeit

- wahldifferenzierter Unterricht
- Projektarbeit
- Schülerfirmen

Diese Formen sind spätestens seit der Weimarer Republik auch im deutschen Sprachraum bekannt. Ob damit tatsächlich selbstreguliertes Lernen gefördert wird, ist angesichts der Praxis unklar. Die meisten dieser Methoden sind nur schwach empirisch untersucht, ausgenommen die zahlreichen Studien zum Ansatz der *cognitive apprenticeship* (Collins et al. 1989). Hier geht es gerade nicht um offenen Unterricht, sondern um den allmählichen Erwerb von Selbstständigkeit in einem bestimmten Bereich des Könnens, der nicht selbst definiert werden kann.

Das Modell ist dem Erwerb eines Handwerks nachempfunden und hat idealtypisch folgende Stufen:

1. Modellhaftes Vorführen (*modelling*)
2. Anleiten (*coaching*)
3. Strukturiertes Unterstützen (*scaffolding*) und allmähliche Rücknahme (*fading*)
4. Artikulation
5. Reflexion
6. Erkunden (*exploration*)

(vgl. Killus o.J., S. 11)

Über die Effekte beispielsweise der Wochenplanarbeit gibt es bislang wenig empirische Studien, während sich diese Methode in der Primarschule fast verselbstständigt hat. Ähnliches gilt für die Freiarbeit. Hier können Schülerinnen und Schüler aus einem größeren Angebot ihre Aufgaben frei wählen, ohne dass damit Gewähr gegeben ist, mit der freien Wahl auch die Qualität zu verbessern.

Die Grundannahme der Vertreter offener Lernformen ist extrem optimistisch. Sie lautet: „Je selbstgesteuerter die Schüler agieren und je mehr Lernstrategien sie anwenden, desto offener können jedoch die Materialien sein" (Killus o. J., S. 14).

Betrachtet man das Thema unvoreingenommen, dann ist Folgendes festzuhalten. Die psychologische Modellierung von selbstreguliertem Lernen ist hochgradig idealisiert. Mit solchen Annahmen sind auf der anderen Seite ältere reformpädagogische Konzepte verknüpft worden, die in den Schulen ohnehin vielfältig angewendet werden. Die Neigung, den Unterricht primär methodisch zu verstehen, ist mindestens im Primarschulbereich ungebrochen.

Wenn Fortschritte erzielt werden sollen, muss sich selbstreguliertes Lernen mit anspruchsvollen und im Schwierigkeitsgrad zunehmenden Aufgaben verbinden lassen. Anders entsteht keine Konsekution und so weder vertieftes Wissen noch überprüfbare Kompetenzen. Auf der anderen Seite ist das Know-how des Lernens tatsächlich nicht nebensächlich. „Je besser Schülerinnen und Schüler einschätzen können, worin die Schwierigkeit von Aufgaben und Anforderungen besteht, desto eher können sie ihr Vorgehen auf diese Besonderheiten abstimmen" (Artelt et al. 2001, S. 296), vorausgesetzt das „Feintuning" oder die „Orchestrierung" der Lernstrategien besteht. Bleibt die Frage nach der Wirklichkeit.

Der Alltag heutiger Schulen ist gekennzeichnet von Heterogenität, und dies von Anfang an und in vielen Fällen unausweichlich. Die bildungspolitisch zentrale Frage ist, wie sich selbstreguliertes Lernen auf diesen Tatbestand auswirkt, also ob die Risiken des Schulbesuchs dadurch minimiert werden können oder nicht. Reformpädagogische Methoden tragen nie einen Risikostempel, sie werden in bester Absicht verwendet und stoßen aber auf eine harte Wirklichkeit, die den besten Absichten oft im Wege steht.

Es gibt deutliche Risikogruppen, solche Kinder nämlich, die die Lernziele nicht erreicht haben und mit hoher Wahrscheinlichkeit im weiteren Verlauf ihrer Schulkarriere weiter zurückbleiben. Der bildungspolitische Slogan *No Child Left Behind* erweist sich so einfach als Zweckoptimismus. Die Frage ist, wie konkret mit den Risikogruppen umgegangen werden soll, und das verweist auf die Notwendigkeit einer konsequenten Leistungsentwicklung, für die der andere Slogan *Fördern und Fordern* zur Verfügung steht. Der Slogan selbst hat keinen Inhalt und besagt eigentlich nur, dass irgendwie hälftig verfahren werden soll. Die wirklichen Probleme sind deswegen schwer zu bearbeiten, weil sie in den Klassen entstehen und trotz erheblichem Einsatz der Lehrkräfte auftreten.

Der Abstand zwischen den leistungsstarken und den leistungsschwachen Schülern muss im Verlauf der Schulzeit keinesfalls geringer werden, eher ist anzunehmen, dass er mit den fachlichen Anforderungen größer wird. Bestimmte Gruppen von Schülerinnen und Schülern verbessern ihren Lernstand nicht, sondern bleiben auf dem einmal erreichten Niveau stehen. Für die letzten Schuljahre ist eine weitere Öffnung der Leistungsschere zu erwarten. Für die leistungsschwächeren Schülerinnen und Schüler fehlen dann lohnende Aufgaben und Lernanlässe, die mehr sein müssen als die immer neue Bestätigung ihrer Schwächen. Dieses Problem der negativen Differenzierung über die Schulzeit lässt sich nicht einfach durch punktuelle Fördermaßnahmen bearbeiten, sondern stellt sich im Blick auf den gesamten Verlauf einer Karriere als Schülerin und Schüler.

## Fazit

Abschließend und allgemein gesagt: Schulerfolg hängt wesentlich ab von der Beherrschung der Unterrichtssprache. Wer dem Unterricht sprachlich nicht folgen kann, hat in fast allen Unterrichtsfächern Nachteile. Auch die soziale Herkunft oder die Nähe bzw. Ferne zu den Bildungsanforderungen der Volksschule spielen eine wichtige Rolle. Wenn beides negativ zusammenkommt, ist trotz aller Anstrengungen die Wahrscheinlichkeit hoch, dass der Erfolg im Leistungsbereich ausbleibt. Alle Methoden müssen sich dieser Frage stellen und dürfen nicht lediglich als persönliche Vorlieben der Lehrkräfte Verwendung finden. Das gilt ebenso für Lehrpläne und Lehrmittel. Wie soll selbstreguliertes Lernen wirksam sein, wenn es für die leistungsschwächeren Schülerinnen und Schüler keine geeigneten Lehrmittel gibt?

In der heutigen Schulreformdiskussion hat sich der Ausdruck „Aufgabenkulturen" eingebürgert, der sich entweder auf selbstgefertigte Materialien der Lehrende bezieht oder aber auf Testaufgaben verweist. Von Lehrmitteln ist in der Regel nicht die Rede, obwohl sie de facto auf Aufgaben und Leistungen bezogen sind. Wenn die Analyse zutrifft, käme es in Zukunft darauf an, Lehrmittel mit Hilfe von Feldversuchen zu entwickeln, die erprobte Aufgaben enthalten und gerade auch für schwächere Lernende geeignet sind. Lehrmittel sind das Rückgrat der Unterrichtskultur, und alle Aufgaben sind darauf verwiesen, in dieser Kultur Bestand zu haben. Das Problem kann nicht auf testfähige Aufgaben reduziert werden und sollte in Zukunft so gelöst werden, dass die Lehrmittel im Zentrum stehen.

**Verwendete Literatur**

Arteilt, Cordula/Demmrich, Anke/Baumert, Jürgen 2001: Selbstreguliertes Lernen. In: Jürgen Baumert/Eckhard Klieme/Michael Neubrand/Manfred Prenzel/Ulrich Schieferle/Wolfgang Schneider/Petra Stanat/Klaus-Jürgen Tillmann/Manfred Weiss (Hg.): PISA 2000. Basiskompetenzen von Schülerinnen und Schülern im internationalen Vergleich. Opladen. S. 271–298.

Baumert, Jürgen 1993: Lernstrategien, motivationale Orientierung und Selbstwirksamkeitsüberzeugungen im Kontext schulischen Lernens. In: Unterrichtswissenschaft 4. S. 327–354.

Boekaerts, Monique 1999: Self-regulated Learning: Where we are today. In: Educational Research 31. S. 445–457.

Chall, Jeanne S./Jacobs, Vicki A./Baldwin, Luke E. 1991: The Reading Crisis. Why Poor Children Fall Behind, Cambridge, MA u. a.

Collins, Allan/Brown, John S./Newman, Susan E. 1989: Cognitive Apprenticeship. Teaching the Crafts of Reading, Writing, and Mathematics. In: Lauren B. Resnick (Hg.): Knowing, Learning, and Instruction. Essays in Honor of Robert Glaser. Hilldals, N.J. S. 453–494.

Dewey, John 1985: How We Think and Selected Essays. 1910–1911. In: Jo A. Boydston (Hg.): The Middle Works, 1899–1924. Band 6. Carbondale u. a.

Dewey, John/Kilpatrick, William H. 1935: Der Projekt-Plan. Grundlegung und Praxis. Pädagogik des Auslands. Bd. 6. Weimar.

Fähigkeit zum selbstregulierten Lernen als fächerübergreifende Kompetenz o. J.: Hg. v. Max-Planck-Institut für Bildungsforschung. Berlin.

Killus, Dagmar o. J.: Selbstgesteuertes Lernen in Lern-, Interessen- und Erfahrungsangeboten an Schulen mit Ganztagsangebot. In: Bundesministerium für Bildung und Forschung (Hg.): Lernen für den GanzTag. Qualifikationsprofile und Fortbildungsbausteine für pädagogisches Personal an Ganztagsschulen. Berlin.

Kilpatrick, William H. 1918: The Project-Method. In: Teachers College Record 19. H. 4. S. 319–334.

Kilpatrick, William H. 1921: Introductory Statement: Definition of Terms. In: Teachers College Record 22. H. 4. S. 283–288.

Kilpatrick, William H. 1925: Foundations of Method. Informal Talks on Teaching. New York.
Knoll, Michael 1992: John Dewey und die Projektmethode. Zur Aufklärung eines Missverständnisses. In: Bildung und Erziehung 45. S. 89–108.
Konrad, Klaus/Traub, Silke 1999: Selbstgesteuertes Lernen in Theorie und Praxis. München.
Maag Merki, Katharina 2002: Evaluation Mittelschulen – Überfachliche Kompetenzen. Schlussbericht der ersten Erhebung 2001. Zürich.
Maag Merki, Katharina/Leutwyler, Bruno 2004: Evaluation Mittelschulen – Überfachliche Kompetenzen. Zwischenbericht der zweiten Erhebung 2004. Zürich.
Maag Merki, Katharina 2005: Die Entwicklung überfachlicher Kompetenzen im Gymnasium. Eine Längsschnittstudie zwischen dem 10. und 12. Schuljahr auf der Sekundarstufe II. Zürich.
Marshall, James D. 1975: The Concept of Teaching. In: Proceedings of the Philosophy of Education Society of Great Britain 9. S. 105–118.
Marshall, James D. 2009: Revisiting the Task/Achievement Analysis in Neo-Liberal Times. In: Educational Philosophy and Theory 41. H. 1. S. 79–90.
Otto, Barbara/Perels, Franziska/Schmitz, Bernhard 2008: Förderung mathematischen Problemlösens anhand eines Selbstregulationstrainings. Evaluation von Projekttagen in der 3. und 4. Grundschulklasse. In: Zeitschrift für Pädagogische Psychologie 22. H. 3–4. S. 221–232.
Otto, Barbara/Perels, Franziska/Schmitz, Bernhard 2011: Selbstreguliertes Lernen. In: Heinz Reinders/Hartmut Ditton/Cornelia Gräsel/Burkhard Gniewosz (Hg.): Empirische Bildungsforschung. Wiesbaden. S. 33–44.
Ryle, Gilbert 1970: The Concept of Mind. Harmondsworth u. a.
Schiefele, Ulrich/Streblow, Lilian/Ermgassen, Ulrich/Moschner, Barbara 2003: Lernmotivation und Lernstrategien als Bedingung der Studienleistung. Ergebnisse einer Längsschnittstudie. In: Zeitschrift für Pädagogische Psychologie 17. H. 3–4. S. 185–198.
Schmid, Christoph 2006: Lernen und Transfer: Kritik der didaktischen Steuerung. Bern.
Schreiber, Beate 1998: Selbstreguliertes Lernen. Entwicklung und Evaluation von Trainingsansätzen für Berufstätige. Münster u. a.
Spörer, Nadine/Brunstein, Joachim C. 2006: Erfassung selbstregulierten Lernens mit Selbstberichtsverfahren. Ein Überblick zum Stand der Forschung. In: Zeitschrift für Pädagogische Psychologie 20. H. 3. S. 147–160.
Weinert, Franz 1996: Für und Wider die „neuen Lerntheorien" als Grundlage pädagogisch-psychologischer Forschung. In: Zeitschrift für Pädagogische Psychologie 10. H. 1. S. 1–12.
Westbrook, Robert B. 1991: John Dewey and American Democracy. Ithaca u. a.

Teil B

# Aufgabenkulturen im Fachunterricht der Sekundarstufe I –

Schülerinnen und Schüler lernen an fachlichen Aufgaben

Christian Heuer

# Zur Aufgabenkultur im Geschichtsunterricht

## 1. Aufgaben historischen Lernens

Die Diskussionen um Aufgabenformate und um eine veränderte Aufgabenkultur im Geschichtsunterricht haben aus geschichtsdidaktischer Perspektive noch keine allzu lange Tradition. Dass Aufgaben eine zentrale Rolle im Geschichtsunterricht als Denkfach spielen, wurde innerhalb der Geschichtsdidaktik nicht thematisiert. Lange Zeit sollten Schülerinnen und Schüler im Geschichtsunterricht durch einzelne Aufgaben lediglich zur Auseinandersetzung mit einer bestimmten Quelle oder Darstellung angehalten werden. Die einzelnen vom Lehrer oder dem Schulgeschichtsbuch vorgegebenen Aufgaben dienten dann in erster Linie dazu, historischen Wissenserwerb anzuleiten bzw. zu erleichtern (vgl. Wenzel 2007, S. 84). Erst im Zuge der Outputorientierung und der infolge dessen geführten Kompetenzdiskussion wurde auch für den Geschichtsunterricht die Bedeutung von Aufgabenformaten für die Förderung von fachspezifischen Kompetenzen betont. So ist es gerade einmal knapp sechs Jahre her, dass der Hallensische Geschichtsdidaktiker Hans-Jürgen Pandel in seinem wichtigen Buch „Geschichtsunterricht nach PISA" die Bedeutung von Aufgaben für einen kompetenzorientierten Geschichtsunterricht betonte. Das Schweigen der Schülerinnen und Schüler im Geschichtsunterricht hänge weniger mit ihrer Überforderung zusammen, konstatierte er damals, als vielmehr damit, dass die Fragen und Aufgaben viel zu leicht seien: „Wir unterfordern und entmotivieren die Schülerinnen und Schüler oft durch reproduktive, faktenzentrierte Aufgaben. Im Denken werden sie selten gefordert" (Pandel 2005, S. 54). Die Förderung eines reflektierten Geschichtsbewusstseins beinhaltet aber weit mehr, als die Weitergabe kanonisierter Inhalte des kollektiven Gedächtnisses einer Gesellschaft. Geschichte ist nicht die „Registrierkasse für Vergangenes" (Bergmann 2001, S. 14), sondern eine spezifische Art des Denkens, bei der über die Erfahrung von Kontingenz Sinn gebildet wird, damit in der jeweiligen Gegenwart und der erwartbaren Zukunft sinnvoll gehandelt werden kann. Historisch denken lässt sich so aber nur lebensweltbezogen denken und ist für das Menschsein konstitutiv. Erst durch das historische Denken vergewissert der Mensch sich seiner selbst.

Diese „Sinnbildung über Zeiterfahrung" (Rüsen 1983, S. 51) vollzieht sich nun im Fach Geschichte im sprachlichen Modus des Erzählens. Geschichtsunterricht als institutionalisierte Form historischen Lernens sollte somit immer Erzählveranstaltung sein, die ausgehend von den individuellen und gesellschaftlichen historischen Fragen versucht, die Schülerinnen und Schüler zu dieser eigenständigen narrativen Sinnbildung aufzufordern und anzuleiten. Denn die Entwicklung der Fähigkeit zum historisch Denken braucht Kontexte der Übung. Historisch zu denken lernen ist somit selbst Aufgabe, der man sich ein Leben lang stellen muss. Für die Pragmatik historischen Lehrens und Lernens ergeben sich daraus jedoch Schwierigkeiten. Denn wir können in der fragmentierten Gesellschaft der Postmoderne weniger denn je wissen, unter welchen zukünftigen Erfahrungen, Krisen und Orientierungen „Geschichte" von den kommenden Generationen wie und zu welchem Zweck erzählt werden wird. Die zukünftigen Herausforderungen und Schlüsselprobleme sind uns unbekannt bzw. können nur prognostiziert werden. Aus dieser prinzipiellen Offenheit des Erwartungshorizontes heraus erwächst gleichzeitig ein grundständiges Problem des Geschichtsunterrichts selbst. Denn solche zum gegenwärtigen Zeitpunkt unlösbaren Probleme gehören traditionell *nicht* zu den angemessenen Lerngegenständen schulisch institutionalisierter historischer Bildung. Bekanntlich konfrontiert Unterricht und Schule die nachwachsenden Generationen ja nicht mit unlösbaren Problemen, sondern unter Verweis auf die Weitergabe kanonisierter Inhalte und gesellschaftlicher Teilhabe mit Fragen, auf die es verlässliche und überprüfbare Antworten gibt. Dennoch soll es die Aufgabe des Geschichtsunterrichts sein, Schülerinnen und Schüler auf diese unbekannten Herausforderungen vorzubereiten. Es geht darum, in der Zukunft und für die Zukunft „entwurfsoffene wie frei getroffene Wertantworten" (Mertens 2010, S. 16) geben zu können. Dazu brauchen die Schülerinnen und Schüler Strategien, Wissen und Methoden, um die vergangene und zukünftige Welt erzählen, erschließen und gestalten zu können, ohne von ihr überwältigt zu werden. Historisch denken zu lernen zielt daher immer schon auf die Förderung kreativer Problemlösefähigkeiten für eine offene Zukunft und ist in dieser Perspektive Entwicklungshilfe und Entwicklungsaufgabe zugleich (vgl. Körber 2004, S. 242 f.). Der Förderung der narrativen Kompetenz, also der Fähigkeit, Geschichte erzählen und verstehen zu können, kommt in diesem Zusammenhang die zentrale Bedeutung im Geschichtsunterricht zu. Narrative Kompetenz bezeichnet die fachspezifische Fähigkeit, aus zeitdifferenten Ereignissen durch den Prozess der historischen Sinnbildung Geschichte erzählen und verstehen zu können (vgl. Pandel 2010, S. 127). Die Sinnbildung liegt dabei in der kohärenten Verknüpfung von ursprünglich isolierten Sachverhalten (Ereignissen, Prozessen, Strukturen) zu einer sinnvollen Erzählung. Sinnvoll ist eine historische Erzählung dann, wenn sie empirisch, normativ und narrativ triftig ist.

Mit der Diskussion um einen kompetenzorientierten Geschichtsunterricht einher ging die Einsicht, dass sich Kompetenzen weder lehren noch lernen lassen. Die kreativen und variablen Problemlösefähigkeiten und -fertigkeiten lassen sich lediglich bei den Schülerinnen und Schülern fördern. Diese Einsicht geht einher mit einem Konzept von historischer Bildung, nach dem diese als eine nicht-herstellbare reflexive Selbstverortung von Individuen in Zeit und Raum, die sich im historischen Erzählen vollzieht, verstanden wird. Diese Einsicht rückte die Frage nach den Möglichkeiten – den ‚Werkzeugen' – der Kompetenzförderung ins Zentrum der geschichtsdidaktischen Analyse. Eine zentrale „Nahtstelle" eines guten im Sinne eines kompetenzorientierten Geschichtsunterrichts stellen dabei die im Unterricht verwendeten Aufgabenformate und deren Einbettung in eine umfassendere domänenspezifische Aufgabenkultur historischen Lernens dar (vgl. Gautschi 2009, S. 247).

Noch im Jahr 2005 fasste Hans-Jürgen Pandel seine Ausführungen zu kompetenzorientierten Aufgabenformaten im Geschichtsunterricht wie folgt zusammen: Sie zu entwickeln sei „geschichtsdidaktisches Neuland" (Pandel 2005, S. 58). Nach nunmehr sechs Jahren sind erste Versuche feststellbar, dieses Neuland aus geschichtsdidaktischer Perspektive zu erschließen. Ausgehend von der konstatierten „Schlüsselfunktion" (Günther-Arndt 2007, S. 18) von Aufgaben für historische Lernprozesse liegen bisher mehrere einschlägige Arbeiten vor, die sich dem „Eingangstor" eines kompetenzorientierten Geschichtsunterrichts, der historisches Denken der Schülerinnen und Schüler nachhaltig fördern möchte, eigens widmen. Versteht man historisches Lernen in erster Linie als menschliche Grunderfahrung und begreift man Geschichtsunterricht als Erzählveranstaltung, rücken die Fragen nach dem Aufgabenkontext, d.h. nach der Einbettung einzelner Aufgabenformate in eine domänenspezifische Aufgabenkultur historischen Lernens in den Vordergrund. Folgerichtig ging deshalb die Auseinandersetzung mit einer fachspezifischen Aufgabenkultur historischen Lernens, sei es von der Mikro- oder Makroebene des Geschichtsunterrichts her, gerade von dieser Kontextualisierung der einzelnen Aufgabe aus. Denn wenn im Geschichtsunterricht das historische Erzählen und die gemeinsame Auseinandersetzung mit historischen Erzählungen im Vordergrund stehen sollen, dann braucht es eine lernseitige Orientierung des Geschichtsunterrichts selbst. Dann ist Geschichtsunterricht nämlich mehr als das, was der Lehrer oder die Lehrerin in den Unterricht einbringt, und das, was dadurch beim Schüler und der Schülerin ausgelöst wird, sondern vielmehr das, was sich bei der gemeinsamen Verhandlung der Unterrichtsinhalte im Geschichtsunterricht vollzieht: Guter Geschichtsunterricht ist dann nicht mehr nur ein Unterricht, der wirkt, sondern ein Unterricht, in dem etwas passiert, nämlich dass gemeinsam historisch erzählt wird (vgl. Heuer 2011a). Damit dies gelingt, braucht es eine domänenspezifische Aufgabenkultur, die dieses historische Erzählen nicht nur fördert, sondern herausfordert.

## 2. Zur Aufgabenkultur als Lernumgebung

Geschichtsunterricht ist mehr als die Arbeit an Aufgaben. Dennoch stellen die einzelnen Aufgaben ein zentrales Element eines guten, erzählenden Geschichtsunterrichts dar. Dazu müssen die einzelnen Aufgabenformate aber in den Kontext einer umfassenderen Lernumgebung integriert werden. Unter diesem Begriff sollen die didaktischen Aufbereitungen des jeweiligen Unterrichtsinhaltes verstanden werden. Dazu zählt neben den konkreten Aufgabenformaten insbesondere das Angebot an unterschiedlichen Quellen und Darstellungen und die

Strukturierung der Unterrichtskommunikation zwischen den beteiligten Lehrern und Schülern. Im Folgenden soll dieses Zusammenspiel mit dem Begriff der „Aufgabenkultur" umschrieben werden. Vereinfacht ist mit dem Begriff „die Art und Weise, wie Lehrende und Lernende mit Aufgaben im Unterricht umgehen" (Bohl/Kleinknecht 2009, S. 331) gemeint. Damit einher geht die Annahme, dass es für erfolgreiche Lernprozesse neben der inhaltlichen Qualität der Aufgabenformate (Aufgabentext) entscheidend darauf ankommt, wie Lehrende und Lernende gemeinsam im Unterricht die Aufgabenformate durch ihr Handeln verändern und mit den Aufgaben arbeiten (Aufgabenkontext). Hier überschneiden sich die Bereiche der kognitiven Orientierung mit dem Bereich der sozialen Aktivierung der Lehrenden und Lernenden. Die Arbeit an Lernaufgaben im Geschichtsunterricht impliziert demnach neben dem Element der Aufgabenformulierung eben auch die Elemente der Aufgabeneinführung, Aufgabenbearbeitung und Aufgabenevaluation.

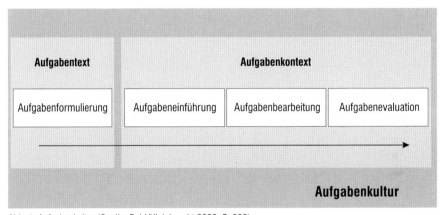

Abb. 1: Aufgabenkultur (Quelle: Bohl/Kleinknecht 2009, S. 332)

Dabei geht es für die Lehrerin und den Lehrer um die Erarbeitung und Bereitstellung von differenzierten Lernarrangements, die die Schülerinnen und Schüler zum selbstständigen Umgang und der Begegnung mit Quellen und Darstellungen der Vergangenheit und Gegenwart auffordern, um dadurch historische Fragestellungen zu evozieren und individuelle Lösungen in Form der historischen Erzählung zu ermöglichen. Diese Arrangements stellen offene Lernangebote für Schülerinnen und Schüler dar, die Möglichkeiten zum eigenständigen historischen Erzählen eröffnen. Die Lehrerin und der Lehrer sind dann aber nicht mehr die „souveränen Bescheidwisser" (Rumpf 2010, S. 220), die den Schülerinnen und Schülern die vergangene Welt erklären, wie sie einmal gewesen ist, sondern sie müssen zunächst dafür Sorge tragen, dass solche auf Förderung der narrativen Kompetenz ausgerichteten Lernprozesse initiiert und die Herausforderung des gemeinsamen Erzählens angenommen werden. In einer solchen Aufgabenkultur geht es dann vor dem Hintergrund eines gemeinsam gestalteten „Kontext der Anerkennung" (Keupp 2005, S. 70) um die Bereitstellung herausfordernder Aufgaben, um die Herstellung und Aufrechterhaltung von Kommunikations- und Erzählzusammenhängen und in der letzten Konsequenz um die gemeinsame Gestaltung von Geschichtsunterricht (vgl. Heuer 2010, S. 94 f.).

## 3. Vorschlag zur Typologisierung

Die konkreten Aufgabentexte übernehmen in diesem Kontext die Funktion eines „Beziehungstifter[s] zwischen der für das Lernen ausgewählten Welt und den Lernenden" (Girmes 2003, S. 10). Sie sind das Eingangstor für den gelingenden Geschichtsunterricht, der die Förderung der Erzählfähigkeiten von Schülerinnen und Schülern zum Ziel hat. Nun fallen Aufgaben aber nicht einfach so vom Unterrichtshimmel, sondern müssen entsprechend von der Lehrkraft inszeniert und methodisiert werden, damit sie ihre Rolle als Beziehungstifter überhaupt erfüllen können. Die Suche nach einer neuen Aufgabenkultur historischen Lernens muss hier ansetzen. Zunächst müssen dafür die verschiedenen Aufgabenklassen erfasst werden. Grob lassen sich die für den Geschichtsunterricht relevanten Aufgaben in Leistungsaufgaben, Diagnoseaufgaben und Lernaufgaben unterscheiden. *Leistungsaufgaben* dienen in erster Linie der Überprüfung von Wissen und Können, um diesen Lernstand in den meisten Fällen einer Bewertung zugänglich zu machen. Es sind somit Aufgabenformate, die sich an einzelne Lernprozesse anschließen, um deren Erfolg zu erheben. Diagnoseaufgaben zielen in erster Linie darauf ab, den jeweiligen Lern- und Erkenntnisstand des Schülers oder der Schülerin zu erheben, um für die weitere Förderung Anhaltspunkte zu bekommen, werden also vor dem eigentlichen Lernprozess bearbeitet. Für differenziertes Arbeiten und offene bzw. geöffnete Lernumgebungen im Geschichtsunterricht spielen *Diagnoseaufgaben* damit eine zentrale Rolle, wenngleich deren Potenziale bislang im Geschichtsunterricht noch nicht ansatzweise ausgeschöpft sind. Mit *Lernaufgaben* schließlich werden die Schülerinnen und Schüler zu Beginn einer längerfristigen Unterrichtssequenz konfrontiert. Sie sollen über die Auseinandersetzung mit der jeweiligen Lernaufgabe zur selbstständigen Auseinandersetzung mit einem bestimmten Inhalt, besser wohl zur Lösung eines konkreten Problems angeregt werden (vgl. Tulodziecki et al. 2004, S. 80). Lernaufgaben im Geschichtsunterricht sind demnach dadurch gekennzeichnet, dass durch sie die Schülerinnen und Schüler mit Problemen konfrontiert werden, für die sie nicht sofort eine Lösung parat haben. Sie stellen im besten Fall schriftlich artikulierte Herausforderungen dar, auf die die Schülerinnen und Schüler mit kreativen Problemlösefähigkeiten und -fertigkeiten reagieren müssen, wenn sie das zugrunde liegende Problem lösen wollen. Domänenspezifischer formuliert meint dies nichts anderes, als dass die Schülerinnen und Schüler durch die jeweiligen

Lernaufgaben herausgefordert werden, die sich darin stellende historische Frage narrativ zu beantworten. Die Beantwortung dieser historischen Fragen – „die Initialzündung der Sinnbildungsprozedur des Geschichtsbewußtseins" (Rüsen 2001, S. 78) – vollzieht sich dann im sprachlichen Modus des Erzählens und modelliert den Geschichtsunterricht zum kommunikativen Prozess, in dem Sinne, dass Geschichte als Antwort, d. h. für jemanden erzählt wird (Kommunikationszusammenhänge).

Durch Lernaufgaben werden dann bei den Schülerinnen und Schülern Lernhandlungen und Lerntätigkeiten ausgelöst, die zur Förderung einzelner fachspezifischer Kompetenzen beitragen und die häufig mit einem Produkt abgeschlossen werden (z. B. Zeitleiste, Schaubild, Feature usw.). Bis heute dominieren im Geschichtsunterricht Aufgabenformate, die – legt man etwa die Bloom'sche Lernzieltaxonomie als Maßstab an – relativ anspruchslose Tätigkeiten initiieren. Die Reproduktion von *master narratives*, der Erwerb von deklarativen Wissensbeständen und tradierten Wissenskonzepten stehen – immer mit der Legitimation der „kulturellen Initiation" (Borries 2007, S. 354) – auch noch im gegenwärtigen Geschichtsunterricht im Vordergrund. Nimmt man die Ergebnisse zur Hand, die Holger Thünemann jüngst zum Stellenwert von historischen Fragen im Geschichtsunterricht und im Schulgeschichtsbuch publiziert hat, dann kann wohl – einigermaßen pointiert formuliert – festgehalten werden, dass es ihn – trotz bildungspolitisch implementierter Kompetenzorientierung – immer noch in der Alltagspraxis gibt, nämlich den „Geschichtsunterricht ohne Geschichte" (Thünemann 2010, S. 50).

Was weitgehend fehlte und nach wie vor fehlt, ist die Verwendung dieser Wissensinhalte durch die Schülerinnen und Schüler selbst. Schülerinnen und Schüler brauchen historisches Wissen. Das ist trivial. Aber historisches Wissen ist immer narratives Wissen (vgl. Barricelli 2008, S. 7 ff.) Historisch gelernt wird somit nicht dann, wenn die Schülerinnen und Schüler tradierte Geschichten reproduzieren, sondern wenn sie die Wissensinhalte in eigene historische Erzählungen transformieren. Dazu müssen die Schülerinnen und Schüler diese Wissensbestände produktiv verwenden, d. h. in neue Erzählzusammenhänge stellen (z. B. sollen die Schülerinnen und Schüler aus vier einzelnen Bildquellen eine Collage erstellen; aus einzelnen Quellen eine erzählende Darstellung machen; aus Darstellungen und Quellen eine Jugendbuchseite gestalten usw.). Schülerinnen und Schüler müssen dazu die vorhandenen Quellen und Darstellungen verstehen, d.h. sie müssen sie interpretieren, sich dann für eine neue Auswahl entscheiden und diese begründen, eine neue Geschichte „erzählen" und diese dann zur Diskussion stellen, denn Geschichte ist kulturelle Praxis, wird also immer *für* jemanden erzählt.

Innerhalb der Lernaufgabenformate lassen sich eine Reihe von Abstufungen skizzieren bzw. einzelne Aufgabentypen charakterisieren: so z. B. Übungsaufgaben, Anwendungsaufgaben und Gestaltungsaufgaben (vgl. Tulodziecki et al.

2004, S. 83). Diese unterscheiden sich hinsichtlich ihrer Bearbeitungszeit, ihren Graden der Offenheit und ihrem zugrundeliegenden Erwartungsrahmen. Legt man die vorgeschlagene Gliederung von Geschichtsunterricht in vier verschiedene Unterrichtsformen zugrunde (vgl. Gautschi 2009, S. 73 f.), dann lassen sich einzelne Grade der Offenheit von Lernaufgaben im Geschichtsunterricht wie folgt differenzieren:

| | |
|---|---|
| Entdeckenlassender Geschichtsunterricht | Die im Unterricht zu bearbeitenden Lernaufgaben werden von den Schülerinnen und Schülern selbst gewählt und gestellt. Sie arbeiten an den Aufgaben ohne Anleitung und ohne Lösungsansätze, auch ohne Bezug auf transparente Kriterien der Leistungsbewertung. |
| Aufgabenbasierter/ entdeckenlassender Geschichtsunterricht | Die im Unterricht zu bearbeitenden Lernaufgaben sind den Schülerinnen und Schülern nicht vertraut. Sie arbeiten an den Aufgaben ohne Anleitung und ohne Lösungsansätze, jedoch mit Bezug auf transparente Kriterien der Leistungsbewertung (Kompetenzraster). Im Vordergrund steht das meta-kognitive Konzept und prozedurale Wissen. Die Aufgaben weisen einen unklaren Anfangszustand auf und erlauben mehrere Lösungswege (ungenau definierte und divergente Aufgaben; weiter Transfer; Bewerten und Erschaffen). |
| Aufgabenbasierter Geschichtsunterricht | Die im Unterricht zu bearbeitenden Lernaufgaben sind den Schülerinnen und Schülern nicht vertraut. Sie arbeiten an den Aufgaben jedoch mit Hinweisen auf mögliche Lösungsansätze und mit Bezug auf transparente Kriterien der Leistungsbewertung (Kompetenzraster). Im Vordergrund stehen Elemente prozeduralen Wissens und des Konzeptwissens. Die Aufgaben weisen einen klaren Anfangszustand auf, fordern aber divergente Lösungen (definierte und divergente Aufgaben; naher Transfer; Anwenden und Analysieren). |
| Erarbeitender Geschichtsunterricht | Die im Unterricht zu bearbeitenden Lernaufgaben sind den Schülerinnen und Schülern vertraut. Sie enthalten explizite Hinweise auf den Schülerinnen und Schülern bereits bekannte Bearbeitungsschritte beim Lösen der Aufgaben. Im Vordergrund stehen deklarative und prozedurale Wissensbestände. Die Aufgaben weisen einen klaren Anfangszustand auf, erlauben aber divergente Lösungen (definierte und divergente Aufgaben; minimaler Transfer; Erinnern und Verstehen). |
| Darbietender Geschichtsunterricht | Die im Unterricht zu bearbeitenden Lernaufgaben sind den Schülerinnen und Schülern vertraut. Sie enthalten explizite Hinweise auf die einzelnen Bearbeitungsschritte und verlangen in erster Linie die Reproduktion von tradierten Wissensbeständen (deklaratives Wissen). Die Aufgaben weisen einen klaren Anfangszustand auf und verlangen eine „richtige" Lösung (definierte und konvergente Aufgaben; kein Transfer; Erinnern). |

Abb. 2: Graduierung von Lernaufgaben (Quellen: Maier u.a. 2010; Schratz/Westfall-Greiter 2010, S. 60)

Will man daran anknüpfend eine Typologie von Aufgabenformaten für den Geschichtsunterricht entwerfen, kann man sich bei den Vorschlägen der Einheitlichen Prüfungsanforderungen Geschichte orientieren. Hier wird zwischen drei Aufgabentypen unterschieden: Aufgabenformate zur Quelleninterpretation, Aufgabenformate zur Erörterung bereits vorliegender narrativer Sinnbildungen und Aufgabenformate zur Darstellung historischer Sachverhalte in eigenen historischen Narrationen.[1] Eine kompetenzorientierte Aufgabenkultur historischen Lernens als zeitgemäße offene Lernumgebung versucht nun diese Typologie aufzugreifen, indem die ihr zugrunde liegenden Lernaufgabenformate in graduierter Form die Tätigkeiten der Reproduktion, der Reorganisation und des Transfers sowie der Reflexion und der Problemlösung umfassen (Anforderungsbereiche I, II und III).

Vor diesem Hintergrund lassen sich hinsichtlich der Architektur von Lernaufgaben im Geschichtsunterricht einzelne Gütekriterien benennen, die die Analyse und Reflexion von Lernaufgaben anleiten und erleichtern können (vgl. Heuer 2011b).

Lernaufgaben im Geschichtsunterricht …
▶ regen zum historischen Erzählen an,
▶ initiieren Kooperation und schaffen Kommunikationszusammenhänge,
▶ haben eine offene Struktur und sind nicht fixiert auf eine *richtige* Lösung,
▶ sind anspruchsvoll und fordern heraus,
▶ ermöglichen die Bearbeitung auf unterschiedlichen Niveaustufen,
▶ verwenden Operatoren und sind doppelt operationalisiert,
▶ sind verständlich und bewältigbar.

Im Weiteren sollen die bisherigen Ausführungen anhand einer vorgestellten Lernaufgabe beispielhaft verdeutlicht werden. Dabei handelt es sich um eine Lernaufgabe, die – je nach Intention – in unterschiedlichen Klassenstufen der Sekundarstufe I Verwendung finden könnte.

## 4. Ein konkretes Beispiel: Varusschlachten – Geschichten der *clades variana*

### 4.1 Vorbemerkung

Die *clades variana* (die Niederlage des Varus), wie die Zeitgenossen die Niederlage des römischen Statthalters Quintus Publius Varus gegen Verbände verschiedener germanischer Stämme unter Führung des Cheruskers Arminius im Jahr 9. n. Chr. bezeichneten, hat bis heute einen festen Platz in der öffentlichen Geschichtskultur. Spätestens seit der Renaissance wurde sie immer wieder in unterschiedlichen Kontexten als „Geburtsstunde der Deutschen" und der Cherusker

---

1  Vgl. http://www.kmk.org/fileadmin/veroeffentlichungen_beschluesse/1989/1989_12_01-EPA-Geschichte.pdf, recherchiert am 17. 07. 2011

Arminius („Hermann") als wehrhafter Befreier ideologisch vereinnahmt. Die *clades variana* hat längst ein Eigenleben entwickelt, das in unterschiedlich plausiblen Geschichten erzählt wird. In den verschiedenen Medien und Institutionen der Geschichtskultur wird mit dem Inhalt Varusschlacht moralisch, ästhetisch und politisch umgegangen, sie wurde und wird inszeniert, ausgestellt und erzählt: hier wird Geschichte „gemacht". Anhand des historischen Ereignisses und seiner Geschichte(n) lässt sich wunderbar das exemplifizieren, was sich im Zuge der Arbeiten des Philosophen Artur C. Danto und dem *linguistic turn* für die Geschichtswissenschaft herauskristallisiert hat: „History (historiography) is an inter-textual, linguistic construct" (Jenkins 2003, S. 8).

### 4.2 Arbeitswissen
Die Schülerinnen und Schüler kennen die Grundzüge der römischen Germanienpolitik zur Zeitenwende. Sie wissen, dass es immer wieder zu kriegerischen Auseinandersetzungen zwischen den rechtsrheinischen germanischen Stämmen und den römischen Legionen gekommen ist. Weiter kennen sie die Politik der Römer in den besetzten rechtsrheinischen Gebieten und wissen von den Spannungen zwischen Besatzern und der „germanischen" Bevölkerung.

### 4.3 Kompetenzen
Die Schülerinnen und Schüler können aus verschiedenen Quellen zeitdifferente Ereignisse entnehmen und diese sinnbildend zu einer historischen Erzählung verbinden. Dabei können sie Widersprüche und Gemeinsamkeiten erkennen und sich für eine plausible Version begründend entscheiden. Sie können Sinnbildungsmuster (Aufstieg und Untergang) anwenden und perspektivisch erzählen, indem sie Handlungssubjekte und Anfang und Ende ihrer historischen Erzählung festlegen (*narrative Kompetenz*).

Die Schülerinnen und Schüler können ihre historische Erzählung in die Gattung eines Storyboards übertragen. Dafür können sie die spezifischen Gattungserwartungen des Historienfilms berücksichtigen und ihre historische Erzählung in Form des *Storyboards* „spannend" erzählen. Sie können dadurch erkennen, dass die jeweilige Gattung der Darstellung immer den Inhalt spezifisch formt (Gattungskompetenz).

Die Schülerinnen und Schüler können ihre historische Erzählung in Form eines storyboards mit anderen Manifestationen der Geschichtskultur vergleichen und die zugrunde liegenden Sinnbildungsmuster erkennen und einordnen (*geschichtskulturelle Kompetenz*).

### 4.4 Materialgrundlage
Quellen: Auszüge zum Verlauf der Auseinandersetzung aus den klassischen antiken Quellen zur *clades variana* (Velleius Paterculus, Cassius Dio, Tacitus, Florus).

Auszüge aus Walther, Lutz (Hg.) 2009: Varus, Varus! Antike Texte zur Schlacht im Teutoburger Wald. Stuttgart.

## 4.5 Aufgabentext

Die Geschichte der Varusschlacht des Jahres 9 n. Chr. bzw. die „clades variana" (Niederlage des Varus), wie sie die Zeitgenossen bezeichneten, wurde bis heute, mehr als 2000 Jahre später, in unterschiedlichen Versionen erzählt. Interessant ist dabei, dass sich diese verschiedenen Geschichten alle auf lediglich vier antike Quellentexte stützten und es trotzdem zu unterschiedlichen Deutungen der Schlacht gekommen ist. Im Folgenden sollt ihr ausgehend von diesen klassischen Quellen ebenfalls eine erzählende Darstellung der Varusschlacht in Form eines Storyboards zu einem Historienfilm gestalten.

1. Fasst die einzelnen Quellenauszüge hinsichtlich der Leitfragen (Wer? Wo? Was? Wie?) zusammen und benennt die Gemeinsamkeiten und Unterschiede der Quellen.
2. Erzählt eure Geschichte der *clades variana*, indem ihr euch auf die Quellen bezieht. Entscheidet euch für eine Perspektive, aus der ihr erzählen wollt (Römer, Germane, unbeteiligter Beobachter). Schreibt eure Darstellung entweder als Untergangs- oder als Aufstiegsgeschichte und benutzt beim Schreiben folgende Formulierungen:
   - *Es ist wahrscheinlich, dass…*
   - *Es ist unwahrscheinlich, dass…*
   - *Es ist sicher, dass…*
   - *Es ist belegt, dass…*
3. Gestaltet ausgehend von eurer erzählenden Darstellung für einen Historienfilm zur Varusschlacht ein Storyboard, das aus zwölf Panels besteht. Verfasst zu den jeweiligen Panels eine Bildlegende, die das wichtigste der einzelnen Panels erklärt. Gebt eurem Historienfilm einen aussagekräftigen Titel.

## 4.6 Aufgabenanalyse

Die vorgestellte Lernaufgabe soll nun im Folgenden anhand der vorangegangenen Ausführungen in aller Kürze analysiert werden. In erster Linie wird mit der vorgeschlagenen Lernaufgabe das Ziel verfolgt, die narrative Kompetenz der Schülerinnen und Schüler zu fördern. Die Schülerinnen und Schüler können dabei in den kanonisierten Quellen Gemeinsamkeiten und Unterschiede entdecken (Reproduktion) und mithilfe dieser differenten Schlachtbeschreibungen eine eigene plausible Geschichte der Varusschlacht zunächst in einem kohärenten Text (Reorganisation) und anschließend in Form eines Storyboards erzählen (Transfer). Dabei stützen sie sich auf die Quellenüberlieferung und beziehen in ihrer erzählenden Darstellung die unterschiedlichen Faktualitätsgrade mit ein. Sie können Sinnbildungsmuster anwenden und perspektivisch erzählen (Transformation historischer Wissensbestände in neue Erzählzusammenhänge). Die Aufgabe ist als situierte Lernaufgabe auf eine längerfristige Auseinandersetzung, d.h. mehrere Unterrichtsstunden bzw. als Portfolioaufgabe, der Schülerinnen und Schüler mit dem historischen Ereignis „Varusschlacht" hin angelegt. Sie bietet eine homogene Materialgrundlage, evoziert divergente Lösungen und lässt sich auf unterschiedlichen Niveaustufen bearbeiten. Es handelt sich somit um eine differenzierende und offene Gestaltungsaufgabe historischen Lernens, die unterschiedlich gelöst werden kann (offene Struktur und Differenzierung). Kein Schüler und keine Schülerin wird die gleiche Geschichte der *clades variana* erzählen. Dadurch können die Schülerinnen und Schüler die geschichtstheoretische Erkenntnis, nach der es *die* Geschichte nicht gibt, erkennen und anhand des eigenen historischen Erzählens nachvollziehen. Natürlich handelt es sich bei der vorgeschlagenen Lernaufgabe um eine anspruchsvolle und schwierige Aufgabe. Allerdings erhalten die Schülerinnen und Schüler über die doppelte Operationalisierung des Aufgabentextes die Möglichkeit, den eigenen Lernweg in einzelne Schritte zu strukturieren. Die Herausforderung bei dieser Lernaufgabe liegt jedoch klar und deutlich auf der Hand: Schülerinnen und Schüler werden durch die Aufgabe herausgefordert, ihr Wissen ästhetisch und narrativ zu modellieren. Sie sollen Geschichte konstruieren, indem sie ihre Geschichte der *clades variana* erzählen (vgl. Heuer 2012, S. 48 ff.).

## 5. Aufgaben entwickeln und beurteilen als Tätigkeit professioneller Geschichtslehrerinnen und Geschichtslehrer

Die Realisierung kompetenzorientierten Geschichtsunterrichts in der alltäglichen Praxis ist keine Folge bildungspolitischer Vorgaben oder fachdidaktischer Kompetenzmodelle, sondern vielmehr eine Folge der professionellen Unterrichtsentwicklung durch die einzelne Lehrerin und den einzelnen Lehrer vor Ort. Dass diese Entwicklung einen erheblichen Mehraufwand für die Tätigkeit der Lehrerin und des Lehrers darstellt, liegt auf der Hand. Lernaufgaben zu entwickeln, zu modifizieren, zu verbessern, zu bearbeiten, zu beurteilen und zu evaluieren braucht, ja kostet, Zeit. Versteht man sich selber als Geschichtslehrerin und als Geschichtslehrer aber in der Tradition des *reflective practioners*, dann wird diese Mehrarbeit nicht zwangsläufig als belastend wahrgenommen, sondern gehört dann als fachspezifische Unterrichtsentwicklung grundlegend zum (berufs-)biografischen Projekt Geschichtslehrerin/Geschichtslehrer dazu. Darüber, dass die Entwicklung von kompetenzorientierten Aufgabenkulturen historischen Lernens in Zukunft ein zentrales Merkmal professionellen Lehrerhandelns im Geschichtsunterricht darstellen wird, sind sich alle Involvierten grundsätzlich einig. Schon jetzt gilt die „vielfältige Motivierung im Rahmen einer produktiven Lernaufgabenkultur im Geist des Problemlösens" (Oelkers/Reusser 2008, S. 406) als ein zentrales Gütekriterium eines „guten" Unterrichts und die Entwicklung von Lehr-/Lernsettings zu den wichtigen Elementen eines professionellen Lehrerhandelns (vgl. dazu Winter/Canonica in diesem Band).

Will man seinen Geschichtsunterricht in diesem Sinne gemeinsam mit Schülerinnen und Schülern entwickeln, dann stellen die Konstruktion, Weiterentwicklung und Erprobung guter Lernaufgabenformate zentrale Bausteine eines Prozesses dar, den eigenen Geschichtsunterricht kompetenzorientiert zu gestalten. Die hier vorgestellten Überlegungen zur Aufgabenkultur im Geschichtsunterricht der Sekundarstufe I können in diesem Zusammenhang helfen, die weitere Arbeit zu erleichtern bzw. zu strukturieren. Dass es aber damit nicht getan sein wird, ist klar. Eine zeitgemäße Aufgabenkultur historischen Lernens impliziert natürlich auch eine Diskussion der tradierten Leistungsbewertung im Geschichtsunterricht, eine Auseinandersetzung mit alternativen Curricula, tradierten Methoden und Sozialformen des Geschichtsunterrichts. So wichtig die empirische Analyse des historischen Lernens und des Outputs schulischer Lernprozesse auch sein mag – und daran besteht keinerlei Zweifel –, so zentral sind doch auch die normativen Antworten auf die Frage, unter welchen Bedingungen wir wollen, dass sich die Schülerinnen und Schüler heute zu Beginn des 21. Jahrhunderts überhaupt und wozu sie sich mit dem Lerngegenstand Geschichte auseinandersetzen sollen.

**Verwendete Literatur**
Barricelli, Michele 2008: Historisches Wissen ist narratives Wissen. In: Michele Barricelli/Christoph Hamann/René Mounajed/Peter Stolz (Hg.): Historisches Wissen ist narratives Wissen. Aufgabenformate für den Geschichtsunterricht in den Sekundarstufen I und II. Potsdam u. a. S. 7–12.
Bergmann, Klaus 2001: „Papa, erklär' mir doch mal, wozu dient eigentlich die Geschichte?" Frühes Historisches Lernen in der Grundschule und Sekundarstufe I. In: Klaus Bergmann/Rita Rohrbach (Hg.): Kinder entdecken Geschichte. Theorie und Praxis historischen Lernens in der Grundschule und im frühen Geschichtsunterricht. Schwalbach. S. 8–31.
Bohl, Thorsten/Kleinknecht, Marc 2009: Aufgabenkultur. In: Sigrid Blömeke/Thorsten Bohl/Ludwig Haag/Gregor Lang-Wojtasik/Werner Sacher (Hg.): Handbuch Schule. Theorie-Organisation-Entwicklung. Bad Heilbrunn. S. 331–334.
Borries, Bodo von 2007: „Kompetenzmodell" und „Kerncurriculum". In: Andreas Körber/Waltraud Schreiber/Alexander Schöner (Hg.): Kompetenzen historischen Denkens. Ein Strukturmodell als Beitrag zur Kompetenzorientierung in der Geschichtsdidaktik. Neuried. S. 334–360.
Gautschi, Peter 2010: Wissen – Voraussetzung und Ergebnis von historischem Lernen. In: Zeitschrift für Didaktik der Gesellschaftswissenschaften. H. 1. S. 67–90.
Gautschi, Peter 2009: Guter Geschichtsunterricht. Grundlagen, Erkenntnisse, Hinweise. Schwalbach.
Girmes, Renate 2003: Die Welt als Aufgabe? Wie Aufgaben Schüler erreichen. In: Friedrich Jahresheft XXI. S. 6–11.
Günther-Arndt, Hilke 2007: Umrisse einer Geschichtsmethodik. In: Hilke Günther-Arndt (Hg.): Geschichtsmethodik. Praxishandbuch für die Sekundarstufe I und II. Berlin. S. 9–24.
Heuer, Christian 2010: Für eine „neue" Aufgabenkultur – Alternativen für historisches Lehren und Lernen an Hauptschulen. In: Zeitschrift für Geschichtsdidaktik 9. S. 79–97.
Heuer, Christian 2011a: „Gemeinsam erzählen" – Offener Unterricht, Aufgabenkultur und historisches Lernen. In: Michele Barricelli/Axel Becker/Christian Heuer (Hg.): Jede Gegenwart hat ihre Gründe. Geschichtsbewusstsein, historische Lebenswelt und Zukunftserwartung im frühen 21. Jahrhundert. Schwalbach. S. 46–60.

Heuer, Christian 2011b: Gütekriterien für kompetenzorientierte Lernaufgaben im Geschichtsunterricht. In: Geschichte in Wissenschaft und Unterricht 62. S. 443–458.
Heuer, Christian 2012: Varusschlacht(en). Erzählungen der clades variana. In: Geschichte lernen 145, S. 48–54.
Jenkins, Keith 2003: Re-thinking History. London.
Keupp, Heiner 2005: Die Reflexive Modernisierung von Identitätskonstruktionen: Wie heute Identität geschaffen wird. In: Benno Hafeneger (Hg.): Subjektdiagnosen. Subjekt, Modernisierung und Bildung. Schwalbach (= Politik und Bildung; Bd. 33). S. 60–91.
Körber, Andreas 2004: Historisches Denken als Entwicklungs-Hilfe und Entwicklungs-Aufgabe. Überlegungen zum Geschichtslernen im Bildungsgang. In: Matthias Trautmann (Hg.): Entwicklungsaufgaben im Bildungsgang. Wiesbaden. S. 241–269.
Maier, Uwe / Kleinknecht, Marc / Metz, Kerstin / Bohl, Thorsten 2010: Ein allgemeindidaktisches Kategoriensystem zur Analyse des kognitiven Potenzials von Aufgaben. In: Beiträge zur Lehrerbildung 28. H. 1. S. 84–96.
Mertens, Gerhard 2010: Die Bedingungen von Bildung stärken. Pädagogisch-anthropologische Überlegungen zur Resilienzforschung, In: Vierteljahrsschrift für Wissenschaftliche Pädagogik 86. H. 1. S. 15–33.
Oelkers, Jürgen / Reusser, Kurt 2008: Qualität entwickeln – Standards sichern – mit Differenz umgehen. Bonn u. a.
Pandel, Hans-Jürgen 2005: Geschichtsunterricht nach PISA. Kompetenzen, Bildungsstandards und Kerncurricula. Schwalbach.
Pandel, Hans-Jürgen 2010: Historisches Erzählen. Narrativität im Geschichtsunterricht. Schwalbach.
Rumpf, Horst 2010: Unterricht ist etwas anderes als die Weitergabe von Fertigfabrikaten. Ein Beitrag zur phänomenologischen Kritik an technokratischen Vorstellungen vom Menschenlernen. In: Vierteljahrsschrift für wissenschaftliche Pädagogik 86. H. 2. S. 219–227.
Rüsen, Jörn 1983: Historische Vernunft. Grundzüge einer Historik I: Die Grundlagen der Geschichtswissenschaft. Göttingen.
Rüsen, Jörn 2001: Historisches Erzählen. In: Jörn Rüsen (Hg.): Zerbrechende Zeit. Über den Sinn der Geschichte. Köln u. a. S. 43–105.
Schratz, Michael / Westfall-Greiter, Tanja 2010: Schulqualität sichern und weiterentwickeln. Seelze.
Tulodziecki, Gerhard / Herzig, Bardo / Blömeke, Sigrid 2004: Gestaltung von Unterricht. Eine Einführung in die Didaktik. Bad Heilbrunn.
Thünemann, Holger 2010: Geschichtsunterricht ohne Geschichte? Überlegungen und empirische Befunde zu historischen Fragen im Geschichtsunterricht und im Schulgeschichtsbuch. In: Saskia Handro / Bernd Schönemann (Hg.): Geschichte und Sprache. Berlin. S. 49–59.

Claudia Schmellentin

# Kompetenzorientierung im Deutschunterricht: Auswirkungen auf Aufgaben im Bereich Grammatik

## 1. Einleitung

In der sprachdidaktischen Literatur wird wohl kein Bereich so sehr in Frage gestellt wie der Grammatikunterricht (vgl. Ulrich 2001; Bredel 2007). Kritisiert werden neben der Wirksamkeit und Relevanz (z. B. Ingendahl 1999) auch die Zugangsweisen (z. B. Boettcher 2009). Die Kritik führt dazu, dass tendenziell eher eine Abkehr vom Grammatikunterricht gefordert wird, indem entweder dessen Streichung oder dessen Hinwendung zur allgemeinen Sprachbetrachtung propagiert wird. Viel zu wenig wurden die Aufgaben, Methoden und Inhalte des Grammatikunterrichts überprüft. Hier soll in diesem Artikel angesetzt werden: Die Kompetenzorientierung wird als Chance für eine Neukonzipierung der Inhalte und Methoden im Grammatikunterricht gesehen. Dies, obschon die Kompetenzorientierung gerade für die gegenstandsorientierten Bereiche des Deutschunterrichts (Literatur und Grammatik) ein Problem darstellt: Kompetenzen im Sinne von Weinert (2001) zielen auf kognitive Fähigkeiten und Fertigkeiten, die bei der Lösung von Problemen zum Tragen kommen. Zum traditionellen Grammatikunterricht, der stark auf die Vermittlung von Fachbegriffen fokussiert ist, steht dieser Kompetenzbegriff im Widerspruch. In HarmoS Schulsprache[1] wurden die Grammatikkompetenzen als inhaltsbezogene Handlungskompetenzen modelliert. In diesem Artikel wird mit dem Fokus auf die Lehrmittelentwicklung gezeigt, welchen Einfluss die Modellierung der Grammatikkompetenzen auf die Ziele und die Aufgabenkultur des Grammatikunterrichts hat. Der Artikel ist wie folgt aufgebaut:

Im ersten Abschnitt wird die Modellierung der Grammatikkompetenzen in HarmoS Schulsprache erläutert und deren Auswirkungen kommentiert. Im zweiten Abschnitt wird das Verhältnis von Aufgaben und Kompetenzen durchleuchtet. Es wird am Beispiel der Erhebungen zu HarmoS Schulsprache diskutiert, welche Faktoren auf Aufgaben wirken und welchen Bedingungen kompetenzorientierte Aufgaben unterliegen. Im dritten Abschnitt werden die Auswirkungen der Kompetenzmodellierung auf die Entwicklung von Grammatikaufgaben für das Deutschlehrwerk *Die Sprachstarken* Bände 7–9 exemplarisch dargelegt.

---

[1] Das Projekt HarmoS wurde von der schweizerischen Konferenz der kantonalen Erziehungsdirektoren (EDK) im Jahr 2005 lanciert (www.edk.ch). Primäres Ziel dieses nationalen Vorhabens ist die Harmonisierung des schweizerischen Schulsystems. Hierfür haben wissenschaftliche Konsortien zwischen 2005 und 2008 Vorschläge für Bildungsstandards für die Klassen 2, 6 und 9 formuliert.

# 1. Grammatikkompetenzen in HarmoS Schulsprache

Grammatikkompetenzen sind anders strukturiert als die Kompetenzen der Sprachhandlungsdomänen Lesen, Hören, Schreiben und Sprechen. In HarmoS Schulsprache werden zwei Arten von Grammatikkompetenzen unterschieden (vgl. Konsortium HarmoS Schulsprache 2010):

1. Natürliche Grammatikkompetenzen
2. Analytische Grammatikkompetenzen

## 1.1 Natürliche Grammatikkompetenzen

Die natürlichen Grammatikkompetenzen sind als integrativer Bestandteil der produktiven und rezeptiven Sprachhandlungskompetenzen modelliert.[2] Sie umschreiben die Fähigkeit, die natürliche Grammatik, das heißt, das formale System einer Sprache rezeptiv wie produktiv zu beherrschen. Dabei werden fünf Module der Sprache unterschieden: Lexikon (Wortschatz, Wortsemantik), Phonologie (Regeln der Lautbildung), Morphologie (Regeln der Wortbildung), Syntax (Regeln der Satzbildung) und Satzsemantik (Regeln der Satzbedeutung). Bei der natürlichen Grammatikkompetenz geht es um die Fähigkeit, eine Sprache (in unserem Falle das Standarddeutsche) grammatisch möglichst fehlerfrei gebrauchen zu können. Natürliche Grammatikkompetenz wird während des Erstspracherwerbs weitgehend ungesteuert und unbewusst erworben. Im schulischen Kontext spielt dieser Aspekt vor allem für Schüler und Schülerinnen mit Deutsch als Zweitsprache (DaZ) eine Rolle. Schüler und Schülerinnen mit Deutsch als Erstsprache haben dagegen die Grammatik des Deutschen bereits bei Schuleintritt soweit erworben, dass nur noch wenige Fehler auftreten. Diese lassen sich häufig auf Unterschiede zwischen Mundart und Standardsprache zurückführen. Die genannten fünf Module der Grammatik lassen sich auch zum schulischen Reflexionsgegenstand machen. Die dazu erforderlichen Kompetenzen sind unter Abschnitt 1.2 beschrieben.

## 1.2 Analytische Grammatikkompetenz

Analytische Grammatikkompetenzen sind von einem grundsätzlich anderen Typ

---

2 Die Modellierung der Grammatikkompetenzen für HarmoS verlief in zwei Phasen: In einer ersten Phase wurden sie als integrativer Bestandteil der Sprachhandlungsdomänen beschrieben. Nach der ersten öffentlichen Anhörung (Vernehmlassung) zu den Basisstandards im Jahr 2008 wurde von der EDK ein Zusatzmandat erteilt (Phase II), welches beinhaltete, dass zusätzlich zu den Basisstandards zu den Sprachhandlungsdomänen noch separate Basisstandards für die Bereiche Orthografie und Grammatik vorgeschlagen werden sollten. Begründet wurde der Auftrag mit dem Hinweis auf die traditionellen Lehrpläne.

als die oben beschriebenen natürlichen Grammatikkompetenzen. Analytische Grammatikkompetenz umfasst die Fähigkeit, sprachliche Strukturen (Wort- und Satzstrukturen) zu erforschen, zu analysieren und zu beschreiben sowie Elemente des Sprachsystems zu klassifizieren und zu benennen. Bei diesem Aspekt geht es also nicht mehr um rein pragmatische Sprachhandlungskompetenzen, sondern um den Wert, den Grammatik als Gegenstand der schulischen Betrachtung und Reflexion hat.

Für die Modellierung der analytischen Grammatikkompetenzen ergab sich ein konzeptionelles Spannungsfeld: Gemäß Auftrag der EDK (vgl. Fußnote 2) sollten jene Kompetenzen beschrieben werden, die vom traditionellen Grammatikunterricht vorgegeben werden, wobei dieser stark auf Inhalte (explizites Grammatikwissen) und nicht im Sinne von Weinert (2001) auf Fähigkeiten und Fertigkeiten und somit auf die Anwendbarkeit von inhaltlichem Wissen bzw. auf das Lösen von Problemen fokussiert ist.

Das Spannungsfeld konnte aufgelöst werden, indem folgende Fragen die Modellierung der Grammatikkompetenzen leiteten: Welche Kompetenzen sind nötig, um a) sprachliche bzw. grammatische Probleme eigenständig zu lösen (z.B. orthografische Probleme, die von grammatischen Prinzipien bestimmt sind) und um b) sich sprachlich-grammatisches Wissen auch eigenständig anzueignen. Mit anderen Worten: die Inhalte alleine stehen nicht im Zentrum, sondern auch die Verfahren der eigenständigen Aneignung des Gegenstandes. Damit umfassen die Kompetenzen sowohl Inhalts- als auch Handlungsaspekte. Es werden als Teilkompetenzen drei Aspekte unterschieden: a) *Operieren und analysieren*, b) *(Schulisches) Forschen* und c) *Adaptieren von wissenschaftlicher Terminologie* (zentrale Begriffe kennen).

### a) Operieren und Analysieren

Diese Teilkompetenz umfasst die Fähigkeit, grammatische Strukturen zu erkennen und zu analysieren (z.B. Lautstrukturen, Morpheme, Wortstrukturen, Wortgruppen und Satzstrukturen) und dabei auf relevante Proben zurückgreifen zu können (z.B. Proben zur Wortart-, Satzglied- und Satzbestimmung: Ersatz-, Verschiebe-, Erweiterungs-, Listen- und Weglassprobe). Wichtig ist diese Teilkompetenz vor allem dann, wenn grammatisch bedingte (Recht-)Schreibprobleme zu lösen oder wenn sprachliche Strukturen in Forschungsaufträgen zu analysieren sind. Es geht bei dieser Teilkompetenz nicht darum, die analysierten Strukturen zu benennen, sondern sie zu erkennen. Bewusst wurden bei der Modellierung der Grammatikkompetenzen in HarmoS die Fähigkeiten, Strukturen zu erkennen und sie zu benennen entgegen der schulischen Tradition als zwei unterschiedliche Teilkompetenzen modelliert. In der schulischen Tradition geht man davon aus, dass durch das Klassifizieren auch die Kompetenzen des Analysierens aktiviert werden. Sowohl unsere Erhebungen zu den Grammatikkompetenzen in HarmoS (vgl. Abschnitt 3) als auch jene von Funke (2005) haben jedoch gezeigt, dass Schüler und Schülerinnen in Klassifikationsaufgaben nur selten auf ihre Analysierfähigkeiten rekurrieren, sodass falsche Klassifikationen nicht unbedingt auf mangelnde Kompetenzen im Analysieren hindeuten.

### b) Forschen: Sprachstrukturen erforschen

Grammatische Strukturen von Sprachen lassen sich erforschen. Dafür braucht es spezifische Kompetenzen, wie Sprachstrukturen miteinander zu vergleichen, Fragen und Hypothesen zu stellen, eigene Forschungsergebnisse nachvollziehbar darzustellen und mitzuteilen usw. Die Kompetenzen dieser Dimension gleichen den Fähigkeiten wie sie auch im Kompetenzmodell von HarmoS Naturwissenschaften modelliert sind. Unter anderem sind hier folgende Handlungsaspekte aufgeführt (vgl. HarmoS Naturwissenschaften 2010, S. 5): Fragen und untersuchen, ordnen/strukturieren/modellieren, mitteilen/austauschen usw.

### c) Adaptieren: zentrale Begriffe kennen

Gegenüber dem sprachwissenschaftlichen Instrumentarium verfügt die Schulgrammatik über ein reduziertes Begriffs- und Beschreibungsinventar. Dieses wird vor allem in sprachlichen Klassifikationen geübt und geprüft. Der traditionelle Grammatikunterricht war schwerpunktmäßig auf diese Teilkompetenz fokussiert, was wohl auch zur vehementen Kritik des Grammatikunterrichts geführt hat: Explizites Grammatikwissen ist durchaus eine nützliche Voraussetzung dafür, Sprachstrukturen untersuchen zu können, und Begriffskenntnisse erleichtern den Austausch über die in Forschungsaufträgen gewonnenen Erkenntnisse. Klassifikationen sollten jedoch nicht als Selbstzweck missbraucht, sondern bei der Arbeit an Texten oder bei Sprachforschungsaufträgen genutzt werden.

### Kommentar

Mit der Modellierung von Grammatikkompetenzen in HarmoS lässt sich die Diskussion um den Zweck von Grammatikunterricht etwas entschärfen: Grammatikunterricht ist nicht primär auf die pragmatischen Sprachhandlungskompetenzen bezogen und hat sich auch nicht primär in Bezug auf diese zu legitimieren. Eine solche Legitimation muss scheitern und hat in der Vergangenheit auch dazu geführt, dass der Grammatikunterricht wenig glaubwürdig erschien. Durch die Modellierung von Grammatikkompetenzen als gegenstandsbezogene Handlungskompetenzen bekommt die Grammatik einen Bildungswert per se und muss sich nicht mehr nur als Hilfsfunktion für sprachliche Korrektheit und Orthografie rechtfertigen. Auch wenn diese Funktion sicher bestehen bleibt,[3] so eröffnet sich mit der Modellierung der Grammatikkompetenzen die Chance, den Ge-

---

3 Jedoch auch in dieser Funktion muss der Grammatikunterricht eine Neuorientierung erfahren: Klassifikationen selbst tragen selten zur Lösung von grammatischen Problemen in Sprachhandlungssituationen bei.

genstandsbereich zu erweitern: Gegenstandsbereich wird die ganze Grammatik, also auch beispielsweise die Phonologie und Morphologie, Gegenstände, die im traditionellen Grammatikunterricht eine völlig untergeordnete Rolle spielen.[4] Die Auswahl des Gegenstandes richtet sich nach der Frage, welcher Gegenstand sich zu welchem Zeitpunkt für die Aneignung von Analysier- und Forschungskompetenzen im Grammatikunterricht eignet (für eine detailliertere Diskussion von Grammatikinhalten bezogen auf Schulstufen vgl. Lindauer/Sturm 2010). Die Modellierung der Grammatikkompetenzen hat jedoch nicht nur Auswirkungen auf die Inhalte, sondern logischerweise auch auf die Aufgaben. Vor allem für die Förderung der Analysier- und Forschungskompetenzen muss sich eine neue Aufgabenkultur entwickeln. Hier sind Entwickler und Entwicklerinnen von Deutschlehrmitteln gefordert. Bevor jedoch auf konkrete Aufgaben für den Grammatikunterricht eingegangen wird, wird im Abschnitt 2 das Verhältnis von Aufgaben und Kompetenzen näher beleuchtet.

## 2. Das Verhältnis von Aufgaben und Kompetenzen

Aufgaben dienen dazu, Kompetenzen zu aktivieren. Lernaufgaben dienen primär dem Aufbau, Prüfungs- oder Testaufgaben hingegen der Überprüfung der Kompetenzen bzw. des Kompetenzgrades. Sie müssen folglich einerseits die anvisierten Kompetenzen aktivieren und sie müssen sie für die Fremd- oder Selbstbeurteilung sichtbar machen. Dieser Anspruch ist nicht immer leicht zu erfüllen, wie auch die Erhebungen zur Überprüfung der Grammatikkompetenzen für HarmoS Schulsprache gezeigt haben (siehe unten). Die Beurteilung des Lösungsverhaltens geschieht mittels eines Einschätzungsverfahrens (vgl. McNamara 2009; vgl. dazu auch Lindauer/Husfeldt 2009).

Auf die Aufgabe und auf das Lösungsverhalten wirken mehrere Faktoren, wie die folgende Grafik illustriert:

---

4 Dies obschon die Fähigkeit, Wörter zu analysieren, essenziell für die Beherrschung der deutschen Orthografie ist, die stark vom sogenannten „Stammprinzip" bestimmt ist. Zudem eignet sich die Morphologie besonders gut, um sich Analysierfähigkeiten anzueignen, da Wörter als Analysegegenstand zugänglicher als Sätze sind.

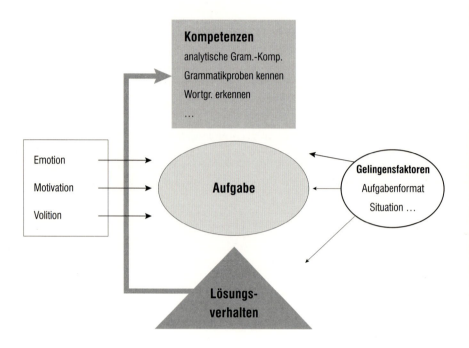

Abb. 1: Faktoren für ein Kompetenzmodell (Quelle: in Anlehnung an Husfeldt/Lindauer 2009)

Kompetenzen sind der Beobachtung nur indirekt, mittels Aufgabe und Interpretation des Lösungsverhaltens zugänglich. Dabei wirken Gelingensfaktoren wie z. B. das Aufgabenformat, aber auch Emotion, Volition und Motivation sowohl auf die Aufgabe als auch auf das Lösungsverhalten.

Folgende Beispiele aus den Erhebungen zu den Grammatikkompetenzen zeigen, welche Wirkung die Faktoren entfalten und wie sie zu Fehlinterpretationen in Bezug auf Vorhandensein bzw. Nicht-Vorhandensein von Kompetenzen führen können:

*Kompetenzen zeigen sich nicht in jeder Situation gleichermaßen:* Um die Forschungskompetenzen (siehe oben, Teilkompetenz b) in der 6. und 9. Klasse zu ermitteln, haben wir eine Sprachvergleichsaufgabe gewählt. Dabei handelte es sich um ein offenes Setting. Die Testsituation erwies sich allerdings als völlig ungeeignet für die Ermittlung dieser Kompetenzen: Erstens stand im Test viel zu wenig Zeit für die Entwicklung und Überprüfung von Hypothesen, wie sie in offenen Forschungsaufträgen zentral sind, zur Verfügung und zweitens werden Forschungskompetenzen – vor allem wenn sie mittels offener Forschungsaufträge ermittelt werden – in Teams besser aktiviert als in Einzelarbeit. Das Beispiel zeigt, dass die Situation, in die eine Aufgabe eingebettet ist, entscheidend dafür sein kann, ob die fraglichen Kompetenzen aktiviert werden können oder nicht.

Dass Schüler und Schülerinnen der gleichen Klassenstufen durchaus fähig sind, Forschungskompetenzen teils sogar auf sehr hohem Niveau mittels Sprachvergleich zu aktivieren, zeigten die Erprobungen zur Einheit „Sätze" im Lehrwerk *Die Sprachstarken,* Band 6 (vgl. Lötscher et al. 2009, S. 88 f.), die ebenfalls einen Sprachvergleich beinhaltet.

*Das Aufgabenformat hat Einfluss auf die Aktivierung der Kompetenzen:* In den Erhebungen zu HarmoS Schulsprache hat sich die Wirkung des Aufgabenformats auf das Lösungsverhalten bei den beiden unten aufgeführten Aufgaben gezeigt. Beide zielen auf die Kompetenz „Satzstrukturen analysieren", also vor allem auf Analysekompetenzen (Teilkompetenz a, siehe oben), und beide wurden in der 9. Klasse durchgeführt (Aufgabe B wurde zudem noch in der 6. Klasse durchgeführt):

**Aufgabe A**
Bestimme die Satzglieder der folgenden Sätze. Gehe dabei folgendermaßen vor:
a) Bestimm die Verben und die Verbteile und unterstreiche sie blau.
b) Bestimm die Satzglieder und umklammere sie.
c) Schreib die Subjekte mit S an.
d) Schreib die Objekte (falls überhaupt vorhanden) mit O an.

*Beispiel:*
[Maria]    wirft    [den Ball]    [über das Netz].
   S                      O

**Aufgabe B**
Mithilfe von Verbfächern kann man Sätze auseinander nehmen und nach ihren Teilen fragen. Fülle den Verbfächer aus. Gehe dabei folgendermaßen vor:
1. Unterstreiche das Verb und seine Teile.
2. Trage die übrigen Teile wie in Aufgabe 5 in die Kästen der 1. Kolonne ein.
3. Trage die Fragen zu den Teilen in die passenden Kästen der 2. Kolonne ein.

*Beispiel:*
Wegen dem schlechten Wetter fuhren viele Leute mit dem Bus.

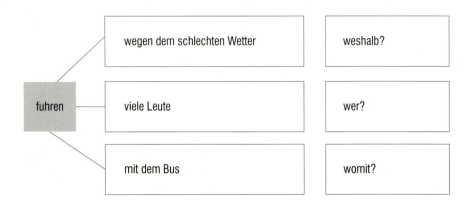

Abb. 2: Aufgaben zur Ermittlung der Kompetenz „Satzstrukturen analysieren" aus dem Grammatiktest HarmoS Schulsprache

▶ In Aufgabe A wurde die Kompetenz mit einem traditionellen Aufgabenformat getestet: Die Schüler und Schülerinnen sollten die Satzglieder umklammern. Hinzu kam noch die funktionale Bestimmung der Subjekte und Objekte. Dieser Teil der Aufgabe wurde allerdings gesondert ausgewertet, da es bei dieser Teilaufgabe um Klassifikationskompetenzen ging (Teilkompetenz c, siehe oben).
▶ In Aufgabe B sollten die Schüler und Schülerinnen die Satzglieder statt zu umklammern in einen Verbfächer einfüllen. In der Aufgabenstellung taucht der Begriff „Satzglied" nicht auf. Die Schülerinnen und Schüler sind in einer vorgängigen Aufgabe lediglich mit dem Aufgabenformat vertraut gemacht worden.

Die Auswertung der Lösungen hat Folgendes ergeben: Die Analyse der Satzglieder gelang den Neuntklässlern wesentlich besser mit dem ihnen unbekannten Aufgabenformat des Verbfächers. Stichproben haben zudem gezeigt, dass verschiedene Schüler und Schülerinnen gleich strukturierte Sätze mit dem Verbfächer analysieren konnten, nicht aber mit dem traditionellen Aufgabenformat. Vergleicht man die beiden Aufgabenformate miteinander, so fallen zwei Unterschiede auf:

Erstens wird in Aufgabe B auf den Begriff „Satzglied" vollständig verzichtet und zweitens ist in Aufgabe A die Satzstrukturanalyse mit der Satzgliedklassifikation (Benennung von Subjekten und Objekten) gekoppelt. Der erste Unterschied könnte Einfluss auf die Motivation gehabt haben: Schüler und Schülerinnen, welche die Erfahrung gemacht haben, dass ihnen Satzgliedbestimmungen nicht gelingen, sind kaum motiviert, die Aufgabe zu lösen. Mit anderen Worten: Emotion *(Involvement)*, Volition *(Persistenz)* und Motivation wirken auf das

Lösungsverhalten. Dabei handelt es sich um die nicht-kognitiven Aspekte von Kompetenz (vgl. Klieme 2003, S. 21).

Die oben vorgestellten Aufgaben unterscheiden sich jedoch noch in einem weiteren Merkmal: Die Koppelung von Satzgliedanalyse und -klassifikation fokussiert auf die Klassifikation, was dazu geführt haben könnte, dass die Schülerinnen und Schüler ihre Analysierfähigkeiten gar nicht erst aktiviert haben. Viele sind in Aufgabe A überfordert gewesen, die Satzglieder funktional zu bestimmen.[5] Die Unfähigkeit, direkt klassifizieren zu können, hat allerdings nicht dazu geführt, dass die Schüler und Schülerinnen über die Analyse der Sprachstruktur versucht haben, das Klassifikationsproblem zu lösen. Sie haben einzig auf ihr Wissen bzw. Nicht-Wissen rekurriert und dies obschon sie, wie ihr Lösungsverhalten in Aufgabe B zeigt, durchaus fähig gewesen wären, die Satzglieder zu erkennen.

Die Beobachtung, dass Schüler und Schülerinnen bei der Lösung von Klassifikationsaufgaben nicht auf ihre Analysierfähigkeiten, sondern auf ihr Wissen zurückgreifen, wird auch durch Funkes Erhebungen gestützt (vgl. Funke 2005, S. 316).

Das Beispiel zeigt: Klassifikationsaufgaben eignen sich aufgrund der einfachen Struktur zwar sehr gut als Testaufgaben, aber mit diesen Aufgaben lässt sich lediglich das Begriffswissen, nicht aber die operationalen Analysekompetenzen messen. Für die Herausbildung der Analysierfähigkeiten in Lernaufgaben im Grammatikunterricht sind sie äußerst ungeeignet, weil sie die dazu benötigten Kompetenzen gar nicht aktivieren. Mit anderen Worten: Aufgaben aktivieren häufig nicht nur die für die Sichtbarmachung anvisierten Kompetenzen. Sie müssen daher immer wieder daraufhin überprüft werden, ob sie geeignet sind, die anvisierten Kompetenzen tatsächlich förder- und sichtbar zu machen.

## 3. Leitgedanken zur Entwicklung von Lernaufgaben

Damit Schüler und Schülerinnen die in HarmoS modellierten Kompetenzen überhaupt entwickeln können, sind Lernaufgaben erforderlich. Entwicklungsbedarf besteht vor allem bei Aufgaben zur Förderung von Forschungskompetenzen und – wie das Beispiel der Satzgliedanalyse in Abschnitt 2 gezeigt hat – auch der Teilkompetenzen *operieren* und *analysieren*. Im Folgenden wird der erstgenannte Kompetenzbereich fokussiert. Es wird gezeigt, welche Leitgedanken die Entwicklung von Aufgaben zur Förderung der Forschungskompeten-

---

5 Die Auswertung des Tests hat ergeben, dass funktionale Klassifikationen, wie sie in dieser Aufgabe gefordert wurden, den Schülern und Schülerinnen der Sekundarstufe I allgemein schwer gefallen sind, und zwar auch Schülern und Schülerinnen der leistungsstärkeren Schultypen. Die meisten sind fähig, Subjekte in Spitzenstellung zu erkennen. Das Erkennen von prototypischen Akkusativobjekten hingegen bzw. von invertierten Subjekten gelang nur etwa 60 % der Schüler und Schülerinnen. Und „schwierigere" Objekte (z. B. mit Personalpronomen im Kern) wurden gar nur von etwa 20 % erkannt.

zen im Lehrmittel *Die Sprachstarken 7* bestimmen und wie versucht wird, diese umzusetzen.[6]

Bereits seit Anfang der 90er Jahre werden entdeckende und forschende Methoden für den Grammatikunterricht propagiert (vgl. beispielsweise Gallin/Ruf 1990). Begründet wird die Wahl dieser Zugangsweisen durch die Hoffnung, dass das selbstständige Formulieren von Erkenntnissen und Hypothesen eine intensivere Auseinandersetzung mit dem Lerngegenstand ermöglicht und die Schüler und Schülerinnen sich diesen stärker zu eigen machen können (vgl. z. B. Berger-Kündig 1999, S. 86). Im Lehrmittel *Die Sprachstarken* stehen jedoch nicht nur die Gegenstände und deren vertieftere Aneignung durch forschend-entdeckende Verfahren im Fokus, sondern vielmehr sollten in Forschungssettings fachspezifische Forschungskompetenzen systematisch aufgebaut werden, um die Schüler und Schülerinnen soweit als möglich zum eigenständigen Lösen grammatischer Probleme und zur eigenen Bearbeitung fachlicher Fragestellungen zu befähigen (vgl. Abschnitt. 1). Mit anderen Worten: Forschungskompetenzen werden nicht vorausgesetzt und für forschend-entdeckende Zugänge genutzt, sie werden mittels forschend-entdeckenden Zugängen gefördert und aufgebaut.

Für die Aufgabenentwicklung ergab sich für uns die Frage, wie der Aufbau von Forschungskompetenzen systematisch angeleitet werden kann: Forschungskompetenzen können nur in Forschungssettings erworben werden. Forschungsprozesse sind jedoch so komplex und schwer überschaubar, dass eine systematische und auf Teilkompetenzen fokussierte Förderung ohne Strukturierung kaum möglich ist. Um den Forschungsprozess sowohl für Lernende als auch für Lehrende überschaubar zu machen, haben wir ihn in vier Handlungsstrategien gegliedert: *sammeln; ordnen/vergleichen; Hypothesen bilden/vermuten* und *überprüfen*. In der ersten Lerneinheit des Grammatikkapitels von *Die Sprachstarken 7* werden die Handlungsstrategien eingeführt und danach angewendet.

Die Einheit verfolgt drei Lernziele:
1. Informationen aus Fachtexten entnehmen
2. Strategien des Erforschens von Sprache kennen lernen
3. Strategien des Erforschens von Sprache anwenden

Die folgenden Erläuterungen zum Aufbau dieser Lerneinheit illustrieren die weiteren Leitgedanken zur Entwicklung von Forschungsaufgaben.

### 3.1 Aufgaben zu den Lernzielen 1 und 2

Die Schüler und Schülerinnen lernen die vier oben genannten Strategien des Sprachforschens mittels eines Sachtextes kennen. In diesem Text erfahren sie,

---

6 Die Bände 7–9 des Lehrmittels „Die Sprachstarken" sind erst in Entwicklung. Band 7 ist momentan in der Erprobung. Die folgenden Aufgabenbeispiele sind der Erprobungsfassung entnommen. Sie wurden von Afra Sturm und Claudia Schmellentin entwickelt.

wie eine Sprachwissenschaftlerin bei der Erforschung der Sprache Pokomchí[7] vorgegangen ist. Die Schüler und Schülerinnen bearbeiten Aufträge, die helfen, das Textverständnis zu sichern und die Anwendung von Lesestrategien zu üben. Zudem wird die Funktion der Forschungsstrategien reflektiert.

**Didaktische Leitgedanken**
Der Einstieg zielt auf die Teilkompetenz „Informationen aus Texten erschließen". Dabei handelt es sich um eine Teilkompetenz, die generell eher den allgemeinen Lesekompetenzen zugeordnet wird und nicht unbedingt den Grammatikkompetenzen. Fachliche Fragestellungen werden allerdings nicht nur analysierend, sondern häufig auch recherchierend bearbeitet. Dafür ist die Fähigkeit, Informationen aus fachlichen Texten entnehmen und in Bezug auf die Fragestellung gewichten zu können, zentral. Daher wurde entschieden, gerade auch im Grammatikkapitel gezielt Lesekompetenzen zu fördern. Nun handelt es sich hierbei jedoch nicht um eine allgemeine Lesekompetenz, sondern um eine fachspezifische, die im Fach selbst auszubilden ist (vgl. dazu auch Hefti et al. 2011).[8]

## 3.2 Aufgaben zum Lernziel 3
Nachdem die Schüler und Schülerinnen die Strategien des Erforschens von Sprache mittels eines Sachtextes kennen gelernt haben, sollen sie diese nun anwenden und damit üben. Als Impuls, der die Forschungstätigkeit und damit das Anwenden der Strategien auslösen soll, wurde ein Sprachvergleich gewählt (vgl. Abb. 3):

---

7  Pokomchí ist eine Mayasprache, die von rund 90.000 Menschen in Guatemala gesprochen wird.
8  Diese Erkenntnisse haben wohl auch bei der Modellierung der naturwissenschaftlichen Kompetenzen in HarmoS Naturwissenschaften dazu geführt, dass die Lesekompetenz „Informationen erschliessen" als naturwissenschaftliche Kompetenz modelliert wurde, die entsprechend im Fach auszubilden ist (vgl. Konsortium HarmoS Naturwissenschaften 2010, S. 5).

Aufgabenkulturen im Fachunterricht der Sekundarstufe I

**Eine Sprache erforschen – Yagua**

Yagua ist eine weitere indigene Sprache in Südamerika. Sie wird heute nur noch von rund 5700 Menschen im Amazonasgebiet von Peru gesprochen.

Die folgende Sammlung von Wörtern in Yagua mit der entsprechenden Übersetzung zeigt, wie die Sprach aufgebaut ist.

| | |
|---|---|
| tsanta | er pflanzt |
| tsanca | er webt |
| nánta | sie pflanzt |
| | sie webte gestern |
| tsancarújtsimá | er wollte schon vor einer Woche weben |
| tsatunurújtsimá | |
| tsantahaj | er pflanzte gestern |
| tsatunurúj | er will zusammenbinden |

Abb. 3: Auszug aus der Erprobungsfassung „Die Sprachstarken 7" (Quelle: Die Sprachstarken 7, Zug.).

Die Schüler und Schülerinnen sollen in Partnerarbeit herausfinden, wie die Leerstellen zu füllen sind. Zudem sollen sie ihren Forschungsprozess in einem Protokoll festhalten. Der Forschungsprozess selbst wird durch Tipps zum Anwenden der Strategien strukturiert:

**Sammeln**
**Es ist nicht nötig, zusätzliche Daten zu sammeln.** Die obigen Ausdrücke reichen. Lest und betrachtet sie genau. Beginnt euer Forschungsprotokoll damit, aufzuschreiben, was euch an diesen Ausdrücken auffällt, was euch eigenartig erscheint und was ihr gerne über die Sprache Yagua wissen möchtet.

**Ordnen und vergleichen**
**Schreibt die einzelnen Wörter in Yagua mit ihrer Übersetzung auf einen Streifen Papier.** Dadurch seid ihr flexibel und könnt die Wörter besser miteinander vergleichen. Um Gleiches Gleichem zuzuordnen, hilft es, dies mit der jeweils gleichen Farbe zu markieren. Notiert eure Beobachtungen.

**Hypothesen bilden/vermuten**
Notiert eure Vermutungen

**Überprüfen**
Überprüft eure Hypothesen, indem ihr untersucht, ob sie auch für die anderen Wörter stimmen. Wendet dazu die Strategien des Sprachforschens an. Notiert das Ergebnis der Überprüfung neben oder unter der Hypothese.

| Hypothese bilden | überprüfen |
|---|---|
| *tsan* bedeutet *er* | kann nicht stimmen: in *tsatunurûj* (er will zusammenbinden) kommt das Morphem *tsan* nicht vor |

Abb. 4: Auszug aus der Erprobungsfassung „Die Sprachstarken 7" (Quelle: Die Sprachstarken 7, Zug).

## Didaktische Leitgedanken

Das Ziel der vorgestellten Aufgaben ist, dass die Schüler und Schülerinnen die Strategien bewusst anwenden. Mittels eines Impulses werden sie zunächst zum Forschen angeregt. Gallin und Ruf (1990) haben dafür den Begriff „Kernidee" geprägt: „Kernideen müssen so beschaffen sein, dass sie in der singulären Welt der Schülerin, des Schülers Fragen wecken, welche die Aufmerksamkeit auf ein bestimmtes Sachgebiet lenken." (ebd. 1990, S. 37)

Ein Impuls ist dann gut, wenn er bei den Schülern und Schülerinnen Fragen weckt und so deren Forschungsaktivität auslöst. In den Bänden 2 bis 6 des Lehrmittels „Die Sprachstarken" wurden mit Sprachvergleichen als Impuls sehr gute Erfahrungen gemacht. Sprachvergleiche eignen sich aus folgenden Gründen für die Förderung von Forschungskompetenzen:

▸ Vergleiche provozieren die Suche nach Ähnlichkeiten oder Unterschieden. Vergleiche werfen Fragen auf.
▸ Die Auseinandersetzung mit der fremden Sprache öffnet den Blick für die eigene.
▸ In *Settings* mit Sprachvergleichen können insbesondere auch mehrsprachige Schüler und Schülerinnen ihre Sprachreflexionskompetenzen zeigen.
▸ Sprachvergleiche können so gestaltet werden, dass sie vielfältige und damit auch den individuellen Interessen angepasste Fragen entstehen lassen (offene Sprachvergleiche). Sie können aber auch enger strukturiert sein wie das hier dargestellte Beispiel zeigt. Die engere Strukturierung ermöglicht die stärkere Fokussierung auf Teilkompetenzen.

Es sind aber auch andere Impulse denkbar, z. B.: eine Behauptung, die Widerstand weckt; ein Bild oder eine Grafik; ein Beobachtungsauftrag; ein sprachliches Phänomen, welches Fragen zu seiner Struktur aufwirft usw.

In dieser Einheit geht es nicht primär darum, dass die Schüler und Schülerinnen die Lösung bzw. die richtige Übersetzung finden, sondern darum, dass sie den Forschungsprozess und die diesen Prozess strukturierenden Strategien bewusst durchführen und reflektieren. In Forschungssettings sind der Weg selbst und die auf diesem Weg (mit Umwegen) gewonnenen Erkenntnisse häufig wichtiger als das Produkt bzw. die Lösung. Daher ist es auch wichtig, dass der Weg schriftlich dokumentiert wird. Dies kann in einem Forschungsprotokoll oder Lerntagebuch (vgl. Bertschi-Kaufmann 2006; Gallin/Ruf 1990) geschehen. Forschungsprotokolle bzw. Lerntagebücher ermöglichen der Lehrkraft, Einblick in das Denken, Können und Wissen der Schüler und Schülerinnen zu erhalten, was die Organisation des weiteren Lernwegs erleichtert. Zudem vertiefen und strukturieren die Schüler und Schülerinnen ihre Erkenntnisse, wenn sie diese schriftlich festhalten. Nicht zuletzt sind Forschungsprotokolle situativ eingebettete Schreibanlässe und bieten damit die Möglichkeit, fachspezifisches Schreiben in authentischen Situationen zu üben.

## 4. Fazit

Fachspezifische Forschungskompetenzen sind sehr komplex. Sie können für forschend-entwickelnde Zugänge im Grammatikunterricht nicht einfach vorausgesetzt werden, sondern sind in diesem systematisch aufzubauen. Die Strukturierung des Forschungsprozesses mittels Handlungsstrategien ermöglicht es, Aufgaben so zu konzipieren, dass sie Teilkompetenzen fokussieren. Der Lernprozess kann dadurch systematisiert werden. Forschungskompetenzen beinhalten auch sprachrezeptive und -produktive Kompetenzen, wenn Texten Informationen zu entnehmen sind oder wenn die in Forschungssettings gewonnenen Erkenntnisse nachvollziehbar mitzuteilen sind. Diese sprachrezeptiven und -produktiven Kompetenzen dürfen ebenfalls nicht einfach vorausgesetzt werden, sondern sind bei der Aufgabenentwicklung mitzubedenken.

**Verwendete Literatur**
Berger-Kündig, Patricia 1999: Grammatik auf eigenen Wegen (aus der Schulpraxis). In: Albert Bremerich-Vos (Hg.): Zur Praxis des Grammatikunterrichts. Freiburg i. Br. S. 81–124.
Bertschi-Kaufmann, Andrea 2006: Das Lesen anregen, fördern, begleiten. Velber.
Klieme, Eckhard/Avenarius, Hermann/Blum, Werner/Döbrich, Peter/Gruber, Hans/Prenzel, Manfred/Reiss, Kristina/Riquarts, Kurt/Rost, Jürgen/Vollmer, Helmut 2003: Zur Entwicklung nationaler Bildungsstandards. Eine Expertise. Frankfurt.
Bredel, Ursula 2007: Sprachbetrachtung und Grammatikunterricht. Paderborn u. a.
Funke, Reinold 2006: Sprachliches im Blickfeld des Wissens. Grammatische Kenntnisse von Schülerinnen und Schülern. (= Reihe Germanistische Linguistik 254) Tübingen.

Furger, Julienne/Schmellentin, Claudia 2010: Erhebung der Grammatikkompetenzen. In: ide 2. H. 10. S. 73–82.
Gallin, Peter/Ruf, Urs 1990: Sprache und Mathematik in der Schule – Auf eigenen Wegen zur Fachkompetenz. Zürich.
Gallin, Peter/Ruf, Urs 1991: Lernen auf eigenen Wegen – mit Kernideen und Reisetagebüchern. In: Beiträge zur Lehrerbildung 9. H. 2. S. 248–258.
Husfeldt, Vera/Lindauer, Thomas 2009: Kompetenzen beschreiben und messen. Eine Problematisierung selbstverständlicher Begriffe. In: Andrea Bertschi-Kaufmann/Cornelia Rosebrock (Hg.): Literalität. Bildungsaufgabe und Forschungsfeld. (= Lesesozialisation und Medien) Weinheim. S. 137–150.
Ingendahl, Werner 1999: Sprachreflexion statt Grammatik. (= Reihe Germanistische Linguistik 211) Tübingen.
Klieme, Eckhard/Avenarius, Hermann/Blum, Werner/Döbrich, Peter/Gruber, Hans/Prenzel, Manfred/Reiss, Kristina/Riquarts, Kurt/Rost, Jürgen/Tenorth, Heinz-Elmar/Vollmeret, Helmut J. 2003: Zur Entwicklung nationaler Bildungsstandards. Eine Expertise. Frankfurt.
Konsortium HarmoS Naturwissenschaften 2010: Basisstandards für die Naturwissenschaften – Unterlagen für den Anhörungsprozess. EDK. In: http://edudoc.ch/record/36472/files/Standards_Nawi_d.pdf, recherchiert am 24.06.2011.
Konsortium HarmoS Schulsprache 2010: Schulsprache. Wissenschaftlicher Kurzbericht und Kompetenzmodell. EDK. In: http://www.edudoc.ch/static/web/arbeiten/harmos/L1_wissB_25_1_10_d.pdf, recherchiert am 24.06.2011.
Lindauer, Thomas/Sturm, Afra 2010: Erweiterter Grammatikunterricht. In: ide 2. S. 33–42.
Lötscher, Gabi/Nänny, Stephan/Sutter, Elisabeth/Schmellentin, Claudia/Sturm, Afra 2009: Die Sprachstarken 6. Zug.
Ulrich, Winfried 2001: Wie und wozu Grammatikunterricht? In: Deutschunterricht 1. S. 4–12.
Weinert, Franz E. (Hg.) 2001: Leistungsmessung in Schulen. Weinheim u. a.

Giuseppe Manno

# Aufgabenorientierung im Französischunterricht

> Une tête bien faite vaut mieux qu'une tête bien pleine
> (Montaigne, *Essais*, chapitre XXVI, Livre I)

## 1. Einleitung

Dieser Beitrag hat die Aufgabenorientierung im Französischunterricht als Fremdsprache zum Thema. Zuerst wird er einen Überblick hinsichtlich der Rezeption und Umsetzung dieses in der Englischdidaktik entwickelten Ansatzes innerhalb der Französischdidaktik und im deutschsprachigen Raum liefern. Danach wird untersucht, in welcher Form derartige Aufgabenformate im Französischunterricht derzeit auf der Sekundarstufe I Anwendung finden bzw. empfohlen werden. Einerseits interessieren uns die kompetenzorientierten Lernaufgaben, die das *Institut für Qualitätsentwicklung im Bildungswesen* (IQB) für den Französischunterricht in Deutschland entwickeln ließ. Andererseits wird exemplarisch eine Lernaufgabe aus dem stufenübergreifenden Französischlehrmittel *envol* (5. bis 9. Klasse) unter die Lupe genommen, das aktuell in der Deutschschweiz zum Einsatz kommt. Somit soll einerseits versucht werden, den Ist-Zustand abzubilden. Andererseits werden einige wegweisende Aspekte hervorgehoben, um Veränderungen in der schulischen Lernkultur anzuregen.

## 2. Rezeption innerhalb der Französischdidaktik und deren Umsetzung im deutschsprachigen Raum

Es herrscht mehrheitlich die Meinung vor, dass der aufgabenorientierte Ansatz, dessen Anfänge in die 1980er-Jahre zurückgehen, im Französischunterricht noch nicht wirklich Fuß gefasst hat. Einerseits werde der Französischunterricht derzeit nicht systematisch durch Aufgabenorientierung modelliert. Die Lehrwerke enthalten beispielsweise bislang noch kaum solche Aufgabenformate (vgl. Caspari 2010, S. 17). Dieser Zustand rührt offenbar daher, dass der aufgabenorientierte Ansatz der angelsächsischen Tradition entstammt. „Dazu ist dieser Ansatz – oder besser: seine Rezeption innerhalb der Fremdsprachendidaktik in Deutschland – noch zu neu" (Fäcke 2010a, S. 122 f.). Andererseits stellt der Französischunterricht traditionell eher die sprachliche Form in den Mittelpunkt (vgl. Tesch 2008, S. 14).

Nieweler (2006) scheint einer der wenigen Didaktiker zu sein, der diese negative Ansicht nicht ganz teilt:

"Handlungs-, Lerner- und Prozessorientierung sowie ganzheitliche, fachübergreifende Lernformen stellen die Leitlinien des aktuellen Französischunterrichts dar. Diese neueren methodischen Tendenzen haben sich im Laufe der 80er und 90er Jahre des vergangenen Jahrhunderts entwickelt und verbreitet [...] Bei einem Teil der Konzepte, die seither in der neueren fachdidaktischen Literatur propagiert werden, handelt es sich um Weiterentwicklungen der klassischen kommunikativen Methode der 70er Jahre." (Nieweler 2006, S. 44)

Diese scheinbar widersprüchlichen Einschätzungen erklären sich dadurch, dass Nieweler nicht speziell vom *task-based language teaching and learning* (vgl. Ellis 2003), sondern eher von einer breit gefassten handlungsorientierten bzw. einer *neokommunikativen* Methode ausgeht, „deren konkrete Ausprägung in sehr unterschiedlichen Lehr- und Lernverfahren erfolgen kann" (Nieweler 2006, S. 44). Handlungsorientierung bedeutet hier beispielsweise Aktivierung der Schülerinnen und Schüler, ohne auf einen Frontalunterricht ganz zu verzichten; Umkehrung der traditionellen Reihenfolge von Aneignung und Anwendung (Mitteilungsbedürfnis als Ausgangspunkt, zu dessen Realisierung Ausdrucksmittel in der Zielsprache angeboten werden). In diesem Sinne kommt auch Fäcke zum Schluss, es gebe im Französischunterricht „vergleichbare Ansätze und Aufgaben, die dem Konzept zumindest nahe kommen" (2010a, S. 122 f.). Und dies, obwohl sie eigentlich die Meinung vertritt, dass sich „eine konkrete Umsetzung [...] bislang weder in Lehrwerken noch [...] in der Praxis als durchgehendes Prinzip deutlich" findet (Fäcke 2010b, S. 83).

Die Beiträge der thematischen Nummer zur Handlungs- und Aufgabenorientierung in *La revue canadienne des langues vivantes* sowie die Fragen, die darin gestellt werden: *Comment s'approprier les riches travaux déjà effectués dans ce domaine par nos collègues anglo-saxons?* (vgl. Rosen 2010, S. 489), zeigen eindeutig, dass in der frankophonen Didaktik des Französischen als Fremdsprache (FLE) eine intensive Auseinandersetzung mit dem angelsächsischen Ansatz stattfindet. Ferner existiert eine weit verbreitete *approche par tâches* im Rahmen der französischen *Muttersprachsdidaktik* (vgl. Dolz et al. 2002). Die zahlreichen Ähnlichkeiten mit dem aufgabenorientierten Ansatz sind auffallend, obwohl sich die Autorinnen und Autoren nicht explizit auf die englischsprachige Literatur beziehen (vgl. Thonhauser 2010, S. 14).[1]

Man kann somit behaupten, dass bereits zum heutigen Zeitpunkt günstige Bedingungen herrschen, sodass sich das aufgabenorientierte Fremdsprachenlernen in den nächsten Jahren auch im Französischunterricht etablieren dürfte (vgl. Fäcke 2010b, S. 83). In der Tat darf die Aufgabenorientierung nicht isoliert betrachtet werden, sondern sie muss im Zusammenhang mit den tiefgreifenden

---

1 Es stellt sich nun die Frage, ob es sich um eine eigenständige frankophone Tradition oder eher um eine paneuropäische Perspektive handelt, die vom GER begünstigt wird (vgl. Cuq 2003, S. 234). Aufgaben, *tasks* und *tâches* scheinen jedoch nicht deckungsgleich zu sein (vgl. Thonhauser 2010, S. 11).

allgemeinen Entwicklungen in der Fremdsprachendidaktik und der Schulpraxis der letzten Jahre gesehen werden, wo Begriffe wie *kommunikative Kompetenz, Lernstrategien, Lernerorientierung, Prozessorientierung*, sowie die Berücksichtigung konstruktivistischer Erkenntnisse zu verzeichnen sind.[2] Es fand in anderen Worten eine „Bedeutungsverlagerung vom Sprachsystem hin zum Sprachenlerner" statt (Leupold 2007, S. 16).

Auch neuere Entwicklungen in der Bildungspolitik, die Verabschiedung von Bildungsstandards und die damit verbundene Infragestellung eines traditionellen inputgesteuerten Unterrichts durch die *Outputorientierung* haben die Aufgabenorientierung verstärkt in den Mittelpunkt der fachdidaktischen Diskussion im Französischunterricht gerückt (vgl. ebd.; Fäcke 2010b).[3]

Vor allem dank der allgemeinen Orientierung am *Europäischen Referenzrahmen für Sprachen* (GER), der die *Kompetenz- und Handlungsorientierung* sowie die *Lernerautonomie* fördert, sollte mittelfristig auch im Französischunterricht das aufgabenorientierte Fremdsprachenlernen ausgebaut werden können (vgl. Fäcke 2010a, S. 115; Fäcke 2010b, S. 77; Caspari 2010, S. 17). *Task* ist ein zentrales Konzept des GER (siehe dort Kapitel 7), denn die Kompetenzen (*savoir-faire*) werden anhand von *Ich-kann*-Formulierungen definiert, die auch Tätigkeiten und damit Aufgaben im Sinne von Handlungen beschreiben, welche die Lernenden in der Zielsprache ausführen können („la compétence se réalise dans l'action", Beacco 2007, S. 11). War es zuvor üblich, die Lernerleistungen am Ideal der muttersprachlichen Kompetenz zu messen, so besteht jetzt das Ziel darin, festzustellen, was ein Lerner bereits kann (*Kompetenz-* statt *Defizitorientierung*). Die Kompetenzbeschreibungen des GER stellen den Erwerb der sprachlich-kommunikativen Handlungsfähigkeit in den Vordergrund; Vokabular und Grammatik stehen im Dienste eines sinnvollen Handelns in einem konkreten Kontext, in Verbindung mit für die Lernenden attraktiven Inhalten und Themen (vgl. Egli et al. 2010, S. 114).

Die nationalen Bildungsstandards in Deutschland, in Österreich und in der Schweiz basieren alle auf den Kompetenzbeschreibungen des *GER*. Nach diesen Bildungsstandards sollen sich Lehrpläne, Lehrmittel und Evaluationsinstrumente ausrichten (vgl. *HarmoS* 2007). Die Impulse des *GER* und die Entwicklung von

---

2  Leupold schreibt, dass das traditionelle *Schema der Sprachvermittlung (Spracheinführung, Sprachübung, Sprachanwendung)* auf der *Instruktion* basiere, während *Aufgabenorientierung* einem *konstruktivistischen* Ansatz verpflichtet sei (vgl. 2007, S. 113). Meines Erachtens sollte diese strikte Opposition überwunden werden, „denn die Alltagserfahrungen von Lehrern belegen genauso wie empirische Untersuchungen, dass Wissen durchaus vermittelbar ist" (Nieweler 2006, S. 23).

3  Die öffentliche Diskussion zu den enttäuschenden Ergebnissen der internationalen Schulvergleichsstudien (TIMMS, PISA usw.) war ein weiterer Auslöser für die Frage nach dem Nutzen von Aufgaben im Unterricht (vgl. Leupold 2007, S. 111–112).

nationalen Bildungsstandards sollten daher die Etablierung der Aufgabenorientierung im Französischunterricht begünstigen.[4]

In der deutschsprachigen Französischdidaktik werden zahlreiche Begriffe verwendet (*Klassenarbeit, Übung, Übungsaufgabe, Prüfungsaufgabe, Evaluationsaufgabe, Testaufgabe, task, aufgabenorientiertes Sprachenlernen* usw.). Hufeisen schreibt, „dass wir es hier keineswegs mit einem Begriff zu tun haben, dessen wissenschaftstheoretische Beschreibung konsensfähig wäre" (2006, S. 90). In der Fachliteratur wird *Aufgabe* in verschiedenen Bedeutungen benutzt, was zu Missverständnissen führen kann. Vermutlich wird aus diesem Grunde vermehrt zwischen *Aufgabe* (im Sinne von *Übung*), *Lernaufgabe* (im Sinne von *task*) und *Testaufgabe* unterschieden (vgl. Bausch et al. 2006; Müller-Hartman/Schocker-v. Ditfurth 2005). Dies wird auch in diesem Aufsatz der Fall sein.

## 3. Aufgabenformate auf der Sekundarstufe I

Es wird nun untersucht, in welcher Form kompetenzorientierte Lernaufgaben im Französischunterricht zur Anwendung kommen (sollten). Da dazu keine verlässlichen empirischen Untersuchungen vorliegen, kann ein indirekter Hinweis durch die Analyse von Lehrwerken erfolgen (vgl. Fäcke 2010a, S. 122 f.). Diese stellen einen Pfeiler des Unterrichts dar und können einen entscheidenden Beitrag dazu leisten. Es werden zuerst die vorliegenden Analysen anderer Forscherinnen und Forscher betrachtet. Danach wird ein Beispiel aus dem Lehrmittel *envol* analysiert.

### 3.1 Die Analyse von kompetenzorientierten Lernaufgaben durch Leupold (2007)

Leupold betrachtet *Übungen* und *Lernaufgaben* als komplementäre Bestandteile des Unterrichts: *Übungen* dienen der Vorbereitung auf eine komplexe Lernaufgabe, um neu eingeführte Strukturen zur Verfügung zu stellen. Ausspracheübungen oder Wortschatz- und Grammatikübungen isolieren die Strukturen und ermöglichen so dem Lerner, seine Konzentration auf ihre formalen Merkmale zu lenken (vgl. 2007, S. 113).

In seiner Analyse von Lernaufgaben unterscheidet Leupold zwei Typen. Aufgabentyp 1 (s. folgende Seite) zeichne sich dadurch aus, dass er den Schülerinnen und Schülern ermögliche, eine neue Struktur in einem sinnvoll gewählten kontextuellen Rahmen anzuwenden.

---

[4] Es gibt aber auch die Befürchtung, dass sich so vor allem Testaufgaben durchsetzen könnten. Da in einem kompetenzorientierten Unterricht die Lernaufgaben neben kompetenzfördernden auch evaluative Funktionen übernehmen können, scheint eine klare Trennung zwischen Lern- und Testaufgaben in der Praxis nicht immer möglich (Caspari et al. 2008, S. 87).

„Lis le texte et remplace l'objet direct par un pronom quand cela est possible:
*Le chat de Monique.* Monique aime son chat. Elle caresse son chat. Il est gris et il s'appelle Jacob. Quand Monique est à l'ecole, Jacob observe les voitures. Il déteste les voitures [...]."   (Leupold 2007, S. 113)

Leupold argumentiert, dass dieser Aufgabentyp, der nicht häufig in den Lehrmitteln vertreten sei, der genauen Planung durch die Lehrkraft bedürfe, damit die Verknüpfung von Form und Inhalt für die Schülerinnen und Schülern nachvollziehbar sei. Die formale Anwendung der Struktur werde mit der Notwendigkeit verbunden, den sprachlichen oder situativen Kontext zu berücksichtigen. In der Tat reicht es nicht, anstelle isolierter Sätze einen Text zu haben, um authentische Sprachverwendung zu garantieren. Bei diesem Aufgabendesign ohne eine situative Einbettung geht es letztlich nur um formale Aspekte. Die konstitutiven Merkmale (z. B. Inhaltsorientierung, authentische Sprachverwendung) von Lernaufgaben werden demnach nicht ganz eingehalten (vgl. Einleitung Keller/Bender; Leupold 2007, S. 112; Müller-Hartmann/Schocker-v. Ditfurth 2005, S. 3; Fäcke 2010, S. 120 f.).

Der Aufgabentyp 2 stellt ein offeneres Aufgabendesign mit Entscheidungsmöglichkeiten für die Lernenden dar:

„Ecris une lettre ou prépare un collage sur une feuille A4 avec les activités que tu as faites pendant l'après-midi. Pense à utiliser de temps en temps un pronom d'objet direct pour éviter les répétitions."   (Leupold 2007, S. 114)

Dieser Aufgabentyp ermöglicht eine begründete Entscheidungsfindung und leitet zu authentischen kommunikativen Aktivitäten bzw. zur Produkterstellung an. Er fördert den Einsatz unterschiedlicher Kompetenzen. Während Aufgabentyp 1 relativ stark die Aktivität der Lerner lenkt, haben sie hier die Möglichkeit, in freier Form sprachlich zu handeln. Zwar erfolgt ein Hinweis auf die Anwendung der neu gelernten Struktur, aber an welcher Stelle und wie oft die neue Struktur verwendet wird, entscheidet der Lerner (vgl. ebd.).

### 3.2 Die Analyse von kompetenzorientierten Lernaufgaben des „Instituts für Qualitätsentwicklung im Bildungswesen" (IQB)

Da die Lehrwerke für den Französischunterricht „bislang noch keine Lernaufgaben im Sinne dieser neueren Konzeption enthalten" (Caspari 2010, S. 17), hat das von der Kultusministerkonferenz ins Leben gerufene IQB (Humboldt-Universität, Berlin) in den Jahren 2005–2007 Lehrerinnen und Lehrer aus verschiedenen deutschen Bundesländern in Zusammenarbeit mit Fremdsprachendidaktikerinnen und -didaktikern kompetenzorientierte Lernaufgaben entwickeln lassen (vgl. Tesch et al. 2008):

> „Die Aufgaben sind so konstruiert, dass die Schülerinnen und Schüler sich primär mit den Themen und Inhalten der Lernaufgaben auseinandersetzen und lediglich sekundär bzw. punktuell mit den darin auftauchenden sprachlichen Phänomenen. Es werden also bestimmte kommunikative Kompetenzen und sprachliche Mittel als Voraussetzung benötigt; sie können allerdings auch bei der Durchführung der Lernaufgaben selbst erarbeitet und eingeübt werden." (Caspari/Kleppin 2008, S. 88)

Laut Caspari et al. (vgl. 2008, S. 85 f.) unterscheidet sich das Verständnis von *Lernaufgabe* von der Struktur traditioneller Übungen, welche eher auf das Training einzelner grammatikalischer oder lexikalischer Phänomene und deren Automatisierung ausgerichtet sind. Lernaufgaben zielen hingegen auf den Aufbau neuer Kompetenzen. Häufig stoßen sie Diskussionsprozesse zwischen Lernenden an. Da Lernen ein individueller und konstruktiver Prozess ist, können die ablaufenden Prozesse dem Erwartungshorizont des Aufgabenerstellers widersprechen. Eine Lernaufgabe kann ferner so konzipiert werden, dass sie unterschiedliche Realisierungen anbietet, um die innere Differenzierung zu ermöglichen. Lernaufgaben sollten eher inhaltsorientiert und zudem für den Lerner relevant und möglichst authentisch sein. Ferner können bei der Bearbeitung einer Lernaufgabe sprachliche Merkmale zeitweise im Mittelpunkt stehen (*focus on form*), wenn z. B. eine sprachliche Form Anlass zu Lernerfragen ist. Schließlich münden Lernaufgaben häufig in Produkte wie Texte, Präsentationen, Poster, Web-Seiten usw., an denen die Lernenden selbst den Erfolg ihres Handelns ablesen können.

Im *IQB* wurde eine überzeugende Typologie von Lernaufgaben entwickelt.[5] Diese zielen auf die Förderung sowohl *isolierter* als auch *integrierter Kompetenzen*. Isolierte Kompetenzen können außerdem nach Schwerpunkten ausdifferenziert werden. Beim Hörverstehen kann nach Hörzielen unterschieden werden (global, detailliert, selektiv). Ferner kann innerhalb einer Lernaufgabe durch die Aufgabenstellung die Aufmerksamkeit auf die *Inhalte*, auf den Erwerb *sprachlicher Mittel* oder auf die Ausbildung *methodischer Kompetenzen* gelenkt werden (z. B. unbekannte Wörter erschließen, vgl. Caspari/Kleppin 2008, S. 110).

Bei den Lernaufgaben zur Förderung *integrierter Kompetenzen* werden mehrere Teilkompetenzen aktiviert (z. B. Hörverstehen, interaktives Sprechen). In der folgenden Lernaufgabe erhalten jeweils zwei Schülerinnen und Schüler unterschiedliche Vorlagen zum Thema *Pour ou contre le sport de compétition*:

---

5   Die Einzelaufgaben sind Teil größerer Rahmenaufgaben. Diese sind als Anregung zur Gestaltung kompetenzorientierten Unterrichts gedacht (Caspari/Kleppin 2008, S. 88 f.).

*„Lisez d'abord ce que Rachid dit sur le sport!*
*Rapportez ensuite à votre partenaire le contenu du texte.*
*Exposez votre opinion sur le sujet à votre partenaire. Discutez ensemble!"*

(Caspari/Kleppin 2008, S. 97)

Zunächst informieren sich die Lernenden gegenseitig über den Inhalt ihrer Texte. Es findet hier echte Kommunikation statt, denn der Austausch betrifft die vom Adressaten unbekannten Informationen zum gemeinsamen Thema. Nach der Informationsphase kommt es zum Meinungsaustausch. Man stellt hier demnach eine Progression fest: von der schriftlichen Rezeption (Leseverständnis) über die mündliche Produktion (monologisches Sprechen) zum dialogischen Sprechen. Gleichzeitig findet eine progressive Loslösung von der Vorlage zum Lernenden hin statt.

In einer weiteren Lernaufgabe wird durch mehrfachen Textzugriff das Verstehen von Texten über Kinder aus verschiedenen Ländern (*Enfants du monde*) unterstützt. Anschließend sollten die Lernenden mit Hilfe von Informationen aus den Texten Porträts erstellen sowie Gemeinsamkeiten und Unterschiede zwischen diesen Kindern und sich erkennen:

*„Qu'est-ce que tu apprends sur les enfants?*
a) Suche dir einen Text aus und versuche, so viele Informationen wie möglich zu entschlüsseln, mache dir Notizen.
b) Suche dir einen Partner, der einen anderen Text bearbeitet hat. Stellt euch gegenseitig die Kinder vor. (auf Deutsch)
c) Guckt nun noch einmal gemeinsam in beide Texte und versucht, weitere Informationen zu finden.
d) Gestaltet zu den beiden Kindern Mini-Porträts [...], die anschließend neben die Weltkarte gehängt und mit dem Heimatland des Kindes verbunden werden.
e) Vergleicht das Leben der Kinder mit eurem. Welche Gemeinsamkeiten und Unterschiede gibt es? Berichtet in der Klasse."

(Caspari/Kleppin 2008, S. 98 f.)

Diese Lernaufgabe bietet den Schülerinnen und Schülern mehrere Entscheidungsmöglichkeiten, indem sie sich zuerst einen Text aussuchen dürfen, danach auch ihren Partner. Nach der individuellen Arbeit kommt es zur Partnerarbeit. Dies sollte zu Diskussionsprozessen führen. Man nimmt somit Bezug auf die Erfahrungen und die Perspektive der Lernenden. Zuletzt ist ein Bericht im Klassenverband vorgesehen. Auch hier stellt man eine Progression bzw. einen zunehmenden Schwierigkeitsgrad fest: von der Rezeption zur Produktion, vom

Schriftlichen zum Mündlichen. Die Frage der Progression und in welcher Weise einzelne Aufgaben miteinander verknüpft werden können, bedarf weiterer Klärung (vgl. Leupold 2007, S. 115).

### 3.3 Beispiel einer Lernaufgabe aus dem Lehrmittel „envol"

Das erstmals 2000 publizierte Lehrmittel *envol* ist eine Kompromisslösung zwischen einem strukturorientierten und einem inhaltsorientierten Unterricht. Das eher traditionelle Schülerbuch wird durch Themenhefte, die *Module*, ergänzt. In den Modulen kommt ein Ansatz zur Anwendung, der dem Konzept der Aufgabenorientierung nahe kommt. Bei der Themenwahl standen vor allem die Interessen der Lernenden im Zentrum, um den Unterricht adressatengerecht zu gestalten. Das Interesse am Thema begünstigt nicht nur die schriftliche Sprachrezeption, sondern ist auch Antrieb, sich in der Zielsprache ausdrücken zu wollen (vgl. Klee/Manno 2009). Außerdem wird ein textorientierter Unterricht praktiziert, bei dem das Verstehen und das Produzieren von Texten im Zentrum steht (vgl. Wüest 2001, S. 22). Die Schülerinnen und Schüler lernen dabei verschiedene Textsorten kennen (Sachtexte, Reportagen, Chansons, Comics, Gedichte, Interviews usw.). Diese Textsortenvielfalt ist grundlegend für den Erwerb der kommunikativen Kompetenz in der Zielsprache bzw. Zielkultur. Neuere Forschungsergebnisse widerlegen auch die weit verbreitete didaktische Überzeugung, wonach man nicht mit authentischen Texten arbeiten sollte, bevor man nicht ein fortgeschrittenes Niveau erreicht habe. Der Fremdsprachenerwerb kann nämlich durch die Textarbeit gefördert werden, sofern der Input den aktuellen Lernstand leicht übersteigt. Die Lernenden müssen ohnehin bei der Textarbeit nicht jedes Wort verstehen. Das Lesen authentischer Texte fördert überdies den Spracherwerb, weil diese durch interessante Inhalte eine hohe Verarbeitungstiefe garantieren (vgl. Stern et al. 1999, S. 65 ff.). Es ist außerdem wichtig, dass die Lernenden erfahren, dass sie bereits während des Lernprozesses mit Französisch etwas anfangen können, und nicht mit Sprachfunktionen und Redesituationen konfrontiert werden, „die auf Vorrat für das spätere Leben draußen im Land der Zielsprache erlernt werden" (Hutterli et al. 2008, S. 85). Auch die *Lernerautonomie* wird in *envol* gefördert. In den ersten Modulen werden den Lernenden dazu die wichtigsten Techniken vermittelt (z.B. Lesestrategien), „damit sie später selbstständig mit den thematischen Heften umgehen können" (vgl. Lehrerkommentar 7; Klee/Klee 2009, S. 80). Die in der Primarschule eingeführten Lesestrategien (*clés magiques*) helfen außerdem, einen Text bzw. Wörter aus dem Textzusammenhang zu erschließen. Dazu braucht es eine gewisse Erfahrung. Das Textverständnis wird zudem begünstigt durch die Vorstrukturierung des Lesevorgangs und die *handlungsorientierten Anweisungen*, die nicht primär das Verstehen überprüfen, sondern das Lesen mit einem Ziel verbinden (*lire avec un objectif*, vgl. Cicurel 1991, S. 54). Schließlich erlaubt die Binnendifferenzierung (*leicht – mittel – schwer*), die Texte selbstständig nach Schwierigkeitsgrad auszuwählen.

Jede Leseaktivität in den Modulen besteht aus drei Phasen: *Avant – Pendant (Autour du texte) – Après la lecture* (Cicurel 1991). Sie hört nicht mit dem Textverständnis auf, denn in der dritten Phase finden sich weiterführende lernerzentrierte Aktivitäten (*Réflexion* und/oder *Activités)*, welche die produktiven und gar interaktiven Fertigkeiten initiieren. Die Rezeption ist der Ausgangspunkt für die Produktion. Somit kommen alle Fertigkeiten zum Zug.

Die folgende Lernaufgabe (aus dem Modul *En forme* (S. 2 f.), envol 7, Sekundarstufe 1, Klasse 5, Schwierigkeitsgrad: leicht) steht exemplarisch für ein wissenschaftlich fundiertes Verständnis des Französischunterrichts, der die Schülerinnen und Schüler nicht nur als *Lernende*, sondern auch als *Sprachanwender* betrachtet (vgl. Fäcke 2010a, S. 121). Ausgangspunkt bildet die Frage „*Est-ce que tu es bien dans ta peau?*". Die Schülerinnen und Schüler sehen die Zeichnung eines Jugendlichen in einer Hängematte und sollen sich als erste Aufgabe überlegen, wie wohl sie sich in ihrer eigenen Haut fühlen. Danach lesen sie fünf authentische Texte von französischsprachigen Jugendlichen, die auch mit Fotos abgebildet sind. Dazu gehören auch eine Liste mit unbekannten Wörtern und weitergehende Fragen.

**Avant la lecture**

Phase 1 *Je suis bien dans ma peau. – Es ist mir wohl in meiner Haut. – Et toi, est-ce que tu es bien dans ta peau?*

Dank dieser Aussage, in beiden Sprachen, und der einleitenden Frage werden die Schülerinnen und Schüler direkt mit dem Thema konfrontiert. Gleichzeitig werden ihr Vorwissen und ihre Erfahrungen aktiviert, was als Vorentlastung im Hinblick auf das Lesen der fünf Texte gedacht ist.

Phase 2 *Regarde les photos.*
Die Fotos kontextualisieren das Lesen und regen zu Hypothesen an, die das Textverständnis antizipieren.

**Isabelle**
Pour être toujours en forme, il faut un hobby, une passion. Moi, c'est la guitare et la chanson. J'adore chanter. Je suis aussi dans le groupe musical de mon lycée. Je chante et je joue de la guitare. Je joue aussi du piano.
J'ai composé beaucoup de chansons: musique et paroles. J'espère qu'un jour je ferai un CD et que je serai célèbre comme Céline Dion. Mes amis disent que je chante comme elle.

(Foto: © Emanuel Ammon/AURA)

Im Vorspann liest man: *Est-ce que tu es toujours en forme? Est-ce que tu es bien dans ta peau? Quelques jeunes nous disent ce qu'ils font pour être en forme.*

Die zwei Fragen sprechen den Leser direkt an; der zweite Teil führt die nachfolgenden Texte der Jugendlichen ein.

**Pendant la lecture (Autour du texte):**

1. Travaille avec le texte comme d'habitude. Diese Anweisung beinhaltet vier Teilaufträge, die nicht mehr explizit erwähnt werden, weil diese Lesestrategien zu diesem Zeitpunkt vorausgesetzt werden:
   (1) Quels sont les mots parallèles?
   (2) Quels mots connais-tu déjà?
   (3) Avec du flair, tu peux deviner le reste.
   (4) Consulte le dictionnaire si c'est encore nécessaire.
2. Que font les cinq jeunes pour être en forme? Cherche deux mots clés par texte. Ecris dans ton «journal» et compare le résultat avec celui de tes camarades.

Dieser dreiteilige Auftrag strukturiert das Lesen über ein konkretes Leseziel (spezifische Informationen suchen). Die Suche nach Schlüsselwörtern (*mots clés*) impliziert nicht nur die Fähigkeit, spezifische Textelemente aufzuspüren, sondern auch die Synthesefähigkeit. Der vorgeschlagene Vergleich mit den anderen Schülerinnen und Schülern führt zum Austausch und zu Aushandlungen.

**Après la lecture**

*Réflexion: Was ist notwendig, um sich wohl in seiner Haut zu fühlen? Was meinst du dazu? Findest du noch andere Antworten als die fünf Jugendlichen?*
Ausgehend von den gelesenen Texten geht es an dieser Stelle um eigene Meinungen und Standpunkte. Die auf Deutsch geführten Reflexionen und Diskussionen erlauben es, sich auf den Inhalt zu konzentrieren, ohne durch Sprachschwierigkeiten behindert zu werden.

**Activité 1**: Mit wem der fünf Jugendlichen hast du am meisten Gemeinsamkeiten? Mit wem bist am ehesten einverstanden? Warum? Bereite dich stichwortartig vor, damit du deine Meinung vertreten kannst.

Hiernach müssen die Lernenden ihre eigene Meinung auf Französisch ausdrücken und vertreten. Sie stellen zugleich einen persönlichen Bezug mit den Jugendlichen her. Hierfür wird ihnen eine Wortliste zur Verfügung gestellt:

| Je suis d'accord avec … | (Nina/Fabrice) |
|---|---|
| **Je pense que,** pour être en forme, **il faut** … | se soigner, se coucher tôt … prendre la vie du bon côté rire, plaisanter, s'amuser … être optimiste |
| **A mon avis,** pour être bien dans sa peau, **on doit** … | faire   du sport, mener  une vie saine, avoir   un bon tempérament un hobby, une passion |
| | manger  des fruits, des légumes, boire    du lait, de l'eau, etc. |

Quelle: Modul „En forme" zu envol 7© Lehrmittelverlag Zürich

▶ *Activité 2: Wer in der Klasse hat die gleichen Ansichten wie du? Befragt euch gegenseitig in der Klasse. Versuche herauszufinden, wer mit dir gleicher Meinung ist.*

In der letzten Phase kommt es zur Interaktion und zum Meinungsaustausch zwischen den Schülerinnen und Schülern.

Diese Lernaufgabe wird den meisten in der Einleitung formulierten Merkmalen gerecht: Sie spricht ein relevantes Bedürfnis der Schülerinnen und Schüler an und aktiviert ihr Vorwissen. Die Anforderungen liegen knapp über ihrem aktuellen Lernstand. Es scheint auch möglich, durch Hilfestellungen (deutschsprachige Abschnitte bzw. Wortliste) die Lernaufgabe zu bewältigen. Die Aufgabenstellung ist verständlich, nicht zuletzt dank der deutschen Anweisungen. Die Lernaufgabe hat ein Potenzial zur individuellen Differenzierung, z. B. mit stärkeren Schülerinnen und Schülern könnte man alles auf Französisch durchführen. Es ist auch anzunehmen, dass die erworbenen Kenntnisse und Fertigkeiten wieder abgerufen werden können. Die Aufgabenstellung regt auch einen Austausch zwischen den Schülerinnen und Schülern an. Die Strukturierung der Leseaktivität und die Staffelung der Teilaufgaben schränken zwar unterschiedliche Lösungswege bzw. Entscheidungsmöglichkeiten etwas ein. Dafür erlaubt die Textvielfalt in den Themenheften den Lernenden, die Texte nach persönlichen Vorlieben bzw. dem passenden Schwierigkeitsgrad auszuwählen.

## 4. Fazit

Trotz der jeweiligen „sprachdidaktischen Kultur" macht die Globalisierung auch vor der Didaktik nicht Halt (vgl. Thonhauser 2010, S. 11). Die Aufgabenorientierung ist Ausdruck der allgemeinen Entwicklungen in der Fremdsprachendidaktik der letzten Jahre. Im modularen Teil des Lehrmittels *envol* kommt beispielsweise seit einem Jahrzehnt ein handlungsorientierter Ansatz *ante litteram* zur Anwendung.

Leider finden diese Module „aus Zeitgründen" keine regelmäßige und vertiefte Verwendung in den Klassen (Manno/Sauvin 2010, S. 26), obwohl sie einen integrierenden Bestandteil der Methode bilden. Da verpflichtende grammatikalische Inhalte fehlen, wird die Arbeit an den Modulen als weniger wichtig erachtet. Dafür werden durch zusätzliche Übungen Strukturen „automatisiert", was auf Kosten der Modularbeit geht. Man vergisst dabei einerseits, dass eine enge Abstimmung zwischen Buch und Modulen herrscht, was eine immanente Repetition erlauben würde (vgl. Klee/Manno 2009). Andererseits untergräbt man so die konstruktivistische Lernstrategie, die sich hinter der Aufgabenkultur verbirgt.

Offenbar ist es bei der Einführung des Lehrmittels nicht gelungen, die Bedeutung der Themenhefte für den Spracherwerb und für die Motivation der Lernenden überzeugend aufzuzeigen. Nimmt man aber die Aufgabenorientierung ernst, wird sich der Unterricht deutlich wandeln müssen (vgl. Fäcke 2010a, S. 127). Die neue Lernkultur bedingt auch eine Neudefinition der Lehrer-Rolle, denn „den Schülern Raum zur Aufgabenbearbeitung zu geben bedeutet, Arbeit in die Vorbereitung der Aufgaben zu investieren, sich aber im Unterricht selbst stark zurückzunehmen" (Leupold 2007, S. 115). Gewiss wird diese Umstellung nicht leicht fallen, erstens wegen der didaktischen Gewohnheiten vieler Lehrpersonen, zweitens wegen des größeren Zeitaufwandes, der mit Lernaufgaben verbunden ist, und drittens wegen der nachvollziehbaren Unsicherheit, die diese offeneren Aktivitäten verursachen. Es wäre jedoch bedauernswert, die Lernenden nur mit der oft künstlichen und vereinfachten Sprache von konstruierten Texten zu konfrontieren oder sie nur mit „eindeutigen und beruhigenden" Strukturübungen zu beschäftigen.

Lernaufgaben wie die besprochenen bieten die Chance, die kommunikativen Ziele des Französischunterrichts tatsächlich umzusetzen, ohne dabei auf formorientierte Übungen zu verzichten (vgl. *focus on form*). Aber derartige Übungsformate und das damit verbundene behavioristische Lernverständnis dürfen weder die einzige noch die häufigste Form der Schulpraxis darstellen. Aufgrund des großen Potentials von Lernaufgaben können wir davon ausgehen, dass sich das zeitintensivere aufgabenorientierte Sprachenlernen langfristig als ertragreicher erweisen wird als der formfokussierte Fremdsprachenunterricht.

**Verwendete Literatur**

Bausch, Karl-Richard/Burwitz-Melzer, Eva/Königs, Frank G./Krumm, Hans-Jürgen (Hg.) 2006: Aufgabenorientierung als Aufgabe. Arbeitspapiere der 26. Frühjahrskonferenz zur Erforschung des Fremdsprachenunterrichts. Tübingen.

Beacco, Jean-Claude 2007: L'approche par compétences dans l'enseignement des langues. Paris.

Caspari, Daniela 2010: Französischunterricht in Deutschland – aktuelle Situation und Zukunftsperspektiven. In: Raphaela Porsch/Bernd Tesch/Olaf Köller (Hg.): Standardbasierte Testentwicklung und Leistungsmessung. Französisch in der Sekundarstufe I. Münster. S. 11–24.

Caspari, Daniela / Kleppin, Karin 2008: 6. Lernaufgaben. Kriterien und Beispiele. In: Bernd Tesch / Eynar Leupold / Olaf Köller (Hg.): Bildungsstandards Französisch: konkret. Sekundarstufe I: Grundlagen, Aufgabenbeispiele und Unterrichtsanregungen. Berlin. S. 88–148.

Caspari, Daniela / Grotjahn, Rüdiger / Kleppin, Karin 2008: Kap. 5. Kompetenzorientierung und Aufgaben. In: Bernd Tesch / Eynar Leupold / Olaf Köller (Hg.): Bildungsstandards Französisch: konkret. Sekundarstufe I: Grundlagen, Aufgabenbeispiele und Unterrichtsanregungen. Berlin. S. 85–87.

Caspari, Daniela 2010: Testaufgaben und Lernaufgaben. In: Raphaela Porsch / Bernd Tesch / Olaf Köller (Hg.): Standardbasierte Testentwicklung und Leistungsmessung. Französisch in der Sekundarstufe I. Münster. S. 46–68.

Cicurel, Francine 1991: Lectures interactives en langue étrangère. Paris.

Cuq, Jean-Pierre (Hg.) 2003: Dictionnaire de didactique du français langue étrangère et seconde. Paris.

Dahinden, Bruno / Klee, Peter / Le Pape Racine, Christine / Manno, Giuseppe / Ochsner Jannibelli, Gabriela / Rusch, Hans Ulrich / Tchang-George, Martine C. [7]2009: envol 7. Binnendifferenziertes Französischlehrmittel für die Sekundarstufe I. Band 1 (2000). Zürich.

Dolz, Joaquim / Schneuwly, Bernard / Thévenaz-Christen, Thérèse / Wirthner, Martine (Hg.) 2002: Les tâches et leurs entours en classe de français. Actes du 8e colloque international de la DFLM. Neuchâtel.

Egli Cuenat, Mirjam / Manno, Giuseppe / Le Pape Racine, Christine 2010: Lehrpläne und Lehrmittel im Dienste der Kohärenz im Fremdsprachencurriculum der Volksschule. In: Beiträge zur Lehrerbildung 28. H. 1. S. 109–124.

Ellis, Rod 2003: Task-based Language Learning and Teaching. Oxford.

Fäcke, Christiane 2010a: Kompetenzorientierung und neue Aufgabenformate im Französischunterricht. In: Zeitschrift für romanische Sprachen und ihre Didaktik 4. H. 2. S. 115–130.

Fäcke, Christiane 2010b : Fachdidaktik Französisch. Tübingen.

GER = Trim, John / North, Brian / Coste, Daniel / Sheils, Joseph 2001: Gemeinsamer europäischer Referenzrahmen. Lernen, lehren, beurteilen. Berlin u. a.

HarmoS = Interkantonale Vereinbarung über die Harmonisierung der obligatorischen Schule vom 14. Juni 2007. Bern: Schweizerische Konferenz der kantonalen Erziehungsdirektoren.

Hufeisen, Britta 2006: Schulaufgaben, Hausaufgaben, Textaufgaben, Übungsaufgaben, Testaufgaben, Prüfungsaufgaben, Evaluationsaufgaben, Kompetenzüberprüfungsaufgaben – Was ist Aufgabenorientierung und zu welchem Zweck könnte sie im Fremdsprachenunterricht sinnvoll sein? In: Karl-Richard Bausch / Eva Burwitz-Melzer / Frank G. Königs / Hans-Jürgen Krumm (Hg.): Aufgabenorientierung als Aufgabe. Arbeitspapiere der 26. Frühjahrskonferenz zur Erforschung des Fremdsprachenunterrichts. Tübingen. S. 90–101.

Hutterli, Sandra / Stotz, Daniel / Zappatore, Daniela 2008: Do you parlez andere lingue? Zürich.

Klee, Peter / Manno, Giuseppe 2009: Inhaltsorientierter Fremdsprachenunterricht mit envol. In: Spektrum. H. 3. S. 16–19.

Klee, Peter / Klee, Suzanne [9]2009: Module zu envol (2000). Zürich.

Leupold, Eynar 2007: Kompetenzentwicklung im Französischunterricht: Standards umsetzen – Persönlichkeit bilden. Seelze-Velber.

Manno, Giuseppe / Eric Sauvin, 2010: Erfahrungen mit envol. In: Schulblatt Aargau/Solothurn. H. 4. S. 26–27.

Müller-Hartmann, Andreas / Schocker-v. Ditfurth, Maria 2005a: Aufgabenorientierung im Fremdsprachenunterricht: Entwicklungen, Forschung und Praxis, Perspektiven. In: Andreas Müller-Hartmann / Maria Schocker-v. Ditfurth (Hg.): Aufgabenorientierung im Fremdsprachenunterricht. *Task-Based Language Learning and Teaching*. Festschrift für Michael K. Legutke. Tübingen. S. 1–15.

Müller-Hartmann, Andreas / Schocker-v. Ditfurth, Maria 2005b: Ein Themenheft zum aufgabenorientierten Fremdsprachenlernen? Weshalb es wahrscheinlich eine sehr gute Idee ist, sich mit diesem Ansatz auseinander zu setzen. In: Praxis Fremdsprachenunterricht. H. 4. S. 3–6.

Nieweler, Andreas 2006 (Hg.): Fachdidaktik Französisch. Stuttgart.

Rosen, Evelyne 2010: Perspective actionnelle et approche par les tâches en classe de langue. In: La revue canadienne des langues vivantes 66. H. 4. S. 487–498.

Stern, Otto/Eriksson, Brigit/Le Pape Racine, Christine/Reutener, Hans/Serra, Cecilia (1999): Französisch – Deutsch. Zweisprachiges Lernen auf der Sekundarstufe 1. Chur u. a. [Nationales Forschungsprogramme 33. Wirksamkeit unserer Bildungssysteme].

Tesch, Bernd 2008: Vorwort. In: Bernd Tesch/Eynar Leupold/Olaf Köller (Hg.): Bildungsstandards Französisch: konkret. Sekundarstufe I: Grundlagen, Aufgabenbeispiele und Unterrichtsanregungen. Berlin. S. 11–17.

Thonhauser, Ingo 2010: Was ist neu an den Aufgaben im aufgabenorientierten Fremdsprachenunterricht? In: Babylonia. H. 3. S. 8–16.

Wüest, Jakob 2001: Der moderne Fremdsprachenunterricht (envol. Eine Einführung). Zürich.

Ursula Schaer

# „Task-based Language Learning" im Englischunterricht

## 1. Einleitung

Dieser Artikel beschreibt anhand eines Unterrichtsbeispiels, wie Aufgabenorientierung im Fremdsprachenunterricht erfolgreich umgesetzt werden kann. Zuerst wird auf die Lernaufgabe (*task*) eingegangen und beschrieben, wie eine typische Aufgabenserie im *task-based learning* auf der Sekundarstufe aussehen kann. Anschließend wird anhand der praktischen Umsetzung in zwei Klassen veranschaulicht, welche Rolle Lehrkräfte und Lernende in diesem Lernprozess einnehmen und welche Produkte dabei entstehen können. Dabei soll auch deutlich werden, wie Lehrplanziele erreicht, sprachliche Kompetenzen entwickelt sowie Lernerorientierung und formative Beurteilung realisiert werden können.

## 2. Was ist ein „Task"?

Der Fremdsprachenunterricht stellt heute die Verwendung der Zielsprache in den Vordergrund, in Übereinstimmung mit dem Gemeinsamen Europäischen Referenzrahmen für Sprachen (GER) des Europarats (2001). Fremdsprachen werden gelernt und verwendet, um kommunikative Aufgaben und Handlungen in den verschiedensten Lebensbereichen auszuführen (vgl. Trim et al. 2001, S. 9). Dieser moderne Ansatz ist also handlungs- und aufgabenorientiert (vgl. Müller-Hartmann/Schocker-von Ditfurth 2005, S. 2).

Wie schon Prabhu (1987) in seinen Untersuchungen feststellte, können Fremdsprachen auch gelernt werden, wenn man sich nicht ausschließlich auf die Sprache selbst konzentriert, sondern sie als Mittel für eine kommunikative Aufgabe (*task*) sieht. *Tasks* im Fremdsprachenunterricht waren im Laufe der letzten zwei Jahrzehnte Gegenstand von vielen Untersuchungen. Nunan (1989), Willis (1996) und Skehan (1996) waren wegweisend in der Entwicklung des *task-based learning* und trugen wesentlich zum Verständnis des Ansatzes, dessen Potenzial und Rolle im Fremdsprachenunterricht bei. In seiner einflussreichen Definition eines *task* bezieht Ellis (vgl. 2003, S. 9 f.) neben der Bedeutung und dem Erreichen eines realen kommunikativen Ziels auch die kognitiven Prozesse mit ein:

> „1. A task is a workplan.
> 2. A task involves a primary focus on meaning.
> 3. A task involves real-world processes of language use.
> 4. A task can involve any of the four language skills.
> 5. A task engages cognitive processes.
> 6. A task has a clearly defined communicative outcome." (Ellis 2003, S. 9 f.)

Samuda/Bygate (2008) hoben die Ganzheitlichkeit des Ansatzes hervor und deklarierten neben nicht sprachlichen Zielen auch ganz klar das Sprachlernen als oberstes Lernziel:

> „A task is a holistic activity which engages language use in order to achieve some non-linguistic outcome while meeting a linguistic challenge, with the overall aim of promoting language learning, through process or product or both." (Samuda/Bygate 2008, S. 69)

Diese Ganzheitlichkeit soll im Folgenden durch ein praktisches Beispiel veranschaulicht werden. Dabei wird der *task* oder Arbeitsplan (vgl. Ellis 2003, S. 9) zunächst in einer Tabelle übersichtlich dargestellt und anschließend werden die einzelnen Teilaspekte genauer beleuchtet.

## 3. Das Projekt „City Profile" im Überblick

In der folgenden Aufgabenserie geht es darum, dass Lernende gemeinsam eine (Welt-)Stadt ihrer Wahl beschreiben und dabei erst ein schriftliches Produkt erstellen, bevor sie die von ihnen ausgewählten Städte in Gruppen mündlich präsentieren. Grundlage und Ausgangspunkt dazu bildet das Lehrwerk *English Plus 1* von Wetz und Pye (2010, S. 37) *Project – City Profile* (siehe Abb. 2, S. 146). Die hier verwendeten Lernaufgaben schließen zwei *units* ab und geben den Lernenden die Möglichkeit, die gelernte Sprache anzuwenden. Das Projekt kann aber auch in den Unterricht mit andern Lehrmitteln eingebettet werden, da es einen in sich geschlossenen und kohärenten Arbeitsplan darstellt. Diesen kann man nach Skehan (vgl. 2009, S. 99) und Willis (1996) grob in drei Phasen einteilen: Eine vorbereitende Phase (*pre-task*), eine Hauptphase (*while-task*) und eine Phase der Reflexion (*post-task* oder *language focus*), die in diesem Falle wiederum je in diese einzelnen Phasen eingeteilt werden können:

| | | |
|---|---|---|
| **PRE-TASK** | Warm up | Als Einstieg stellt die Lehrkraft einige Fragen zu einigen wichtigen (Haupt-)Städten der Welt. Sie fragt, wo sich einzelne weltberühmte Sehenswürdigkeiten befinden. (Vorwissen aktivieren) |
| | Task cycle 1<br>**Lesen**<br>INPUT | *Pre-task*: Hypothesen bilden (Vorwissen aktivieren)<br>*While-task*: Text lesen und Hypothesen überprüfen.<br>*Post-task*: Antworten vergleichen, Bilder benennen, wichtigste Sehenswürdigkeiten beschreiben.<br>*Post-task*: (Nicht im Buch) Fokus auf Sprache: Aufbau des Textes, gute Textelemente und Satzfragmente herausstreichen. |

| | | |
|---|---|---|
| **WHILE-TASK** | *Task cycle 2*<br>**Schreiben**<br>OUTPUT 1 | *Pre-task*: Gruppen bilden, Stadt finden, Mindmap erstellen<br>*Pre-task*: Informationen sammeln: Internet, Bücher<br>*While-task*: Schreiben des Textes in der Gruppe, Überarbeiten des Textes (Prozesshaftes Schreiben), Gestaltung eines Posters (oder einer Power-Point-Präsentation)<br>*Post-task*: Fokus auf Sprache: Grammatische Elemente (z. B: there is/ are, Superlative) |
| | *Task cycle 3*<br>Monologisches<br>**Sprechen**<br>OUTPUT 2<br>**Hören** | *Pre-task*: den Text, die Stadt präsentieren lernen (schwächere Schüler lesen den Text vor, stärkere Schüler sprechen frei)<br>*While-task* für Sprecher: Die Lernenden präsentieren die Städte in Gruppen. So kommen innerhalb kurzer Zeit alle dran.<br>*While-task* für Zuhörer: Die Zuhörer tragen die Informationen in eine Tabelle ein (Höraufgabe).<br>*Post-task*: Die Zuhörer vergleichen die Informationen und geben Feedback. |
| **POST-TASK** | Fokus auf sprachliche Mittel | Wie sagt ein *native speaker* gewisse Sätze? Welche Satzmuster und welche sprachlichen Elemente sollten wir uns merken? |
| | *Follow-up*<br>(nicht im Buch erwähnt) | Die Lernenden stellen Quizfragen zu den Städten zusammen und stellen sie einer andern Gruppe oder der ganzen Klasse (So werden die wichtigsten Inhalte memoriert, Sprache wiederholt und erst noch das Stellen von Fragen wiederholt.). |

Abb. 1: Die einzelnen Aspekte und Phasen des Projekts

Wie die Lehrkräfte die einzelnen Phasen interpretieren oder gewichten, hängt von vielen Faktoren ab, dem sprachlichen Können der Lernenden, aber auch der methodisch-didaktischen Expertise. Ein zentraler Aspekt ist dabei die Entwicklung der einzelnen Fertigkeiten (Sprechen, Hören, Schreiben, Lesen), deren Bedeutung im aufgabenorientierten Unterricht gerne unterschätzt wird. Aufgaben sind dann besonders lehr- und erfolgreich, wenn sich die Lehrkräfte der einzelnen *skills* bewusst sind und diese sachgerecht anleiten können. Wie in Abb. 2 dargestellt, kann jeder einzelne *task cycle* sauber nach dem *pre-, while- and post-task framework* aufgebaut werden, das die Phasen des Planens, des eigentlichen Tuns und der Reflexion beinhaltet.

In der Planungsphase werden die Lernenden ins Thema eingeführt und motiviert, das Vorwissen aktiviert und die Aufgabe erklärt. In der nächsten Phase ist jeder Lernende aktiv, um beispielsweise in einem Text Informationen zu finden, einen Text zu schreiben, diesen vorzutragen, oder die Vorträge der anderen zu verstehen. Durch die selbstständige Arbeitsweise, welche die einzelnen Aufträge jeweils von den Lernenden verlangen, werden neben fachlichen auch überfachliche Kompetenzen angezielt und erworben, die in neueren Lehrplänen oft einen prominenten Platz haben (s. a. 34 ff.):

▶ Sachkompetenz:
Die Schülerinnen und Schüler entwickeln ihre kommunikative Kompetenz (Fertigkeiten und Kenntnisse) in der fremden Sprache.
Die Lernenden werden kognitiv herausgefordert und entwickeln dank der relevanten Themen ihr Weltwissen.
▶ Sozialkompetenz:
Die Lernenden arbeiten gemeinsam an einem Thema und agieren als Kommunikations-Gemeinschaft.
▶ Selbstkompetenz:
Reflexion, Feedback und Selbstbeurteilung tragen neben der größeren Verantwortung für den Lernprozess zur Entwicklung der Selbstkompetenz bei.
▶ Methodenkompetenz:
Im genannten Beispiel haben sich die Lernenden auch darin geübt, die nötigen Informationen zu beschaffen und ein Thema so darzustellen, dass Mitschülerinnen und -schüler profitieren können.

Der aufgabenorientierte Ansatz eignet sich also zur Erreichung einer ganzen Reihe zentraler Bildungsziele auf fachlicher und überfachlicher Ebene. Die tatsächliche Umsetzung entsprechender Arbeitsformen ist aber für Lehrkräfte anfänglich oft schwierig und ungewohnt. Im Folgenden werden deshalb detailliert einzelne Arbeitsschritte dargestellt, theoretisch reflektiert und mit Beispielen von Schülerinnen und Schülern unterlegt.

## 4. Einzelne Arbeitsphasen von „City Profile"

Das Projekt *City Profile* enthält mehrere Teilaufgaben, die die Lernenden von der Rezeption eines Beispieltextes über die schriftliche zur mündlichen Sprachproduktion führen. Diese Teilaufgaben gehen nahtlos ineinander über, was in der Fachliteratur als besonders günstig für das Lernen betrachtet wird. Man spricht bei diesem Phänomen von *task dependency* (Nunan 2004, S. 35) oder *task continuity* (ebd., S. 125). Man könnte diese Aufgabenreihe auch als Projekt (wie in *English Plus 1*) oder Szenario (vgl. Piepho 2003) bezeichnen.

Aufgabenkulturen im Fachunterricht der Sekundarstufe I

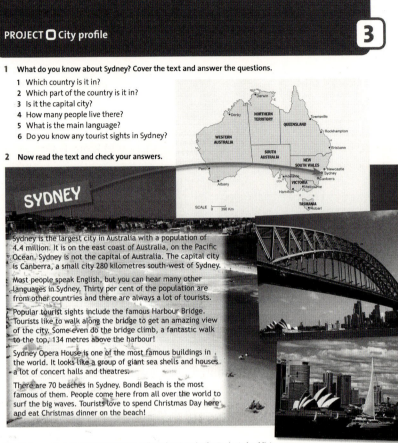

Abb. 2: . Project City Profile (Quelle: Wetz/Pye 2010, S. 37)

Bei der hier geschilderten Umsetzung verwendeten zwei Lehrkräfte diese Lernaufgabe in ihrer Klasse, eine davon in einer zweiten Klasse der Bezirksschule (7. Schuljahr) und nach nur sieben Monaten Englischunterricht (also nach ungefähr 50 Stunden).[1] Die andere Lehrkraft verwendete die Aufgabenserie in einer Klasse des 10. Schuljahres mit einer Vorbildung von dreieinhalb Jahren Englisch (rund 300 Stunden). Alle Schülerinnen und Schüler der letzten Klasse hatten vorher die reguläre Sekundarschule (mittleres Niveau) besucht.

In beiden Klassen wurden die *tasks* unabhängig von ihrem Lehrmittel und ohne spezielle Vorarbeit durchgeführt. Die Voraussetzungen in den Klassen waren sehr verschieden und so auch die Lernabsicht und Zielsetzung der Aufgabe sowie der Arbeitsprozess. Insbesondere in Klasse 1 wurde mit und durch die Aufgabenstellung viel neue Sprache benutzt und gelernt. Da es sich um die erste Aufgabe dieser Art handelte, wurde relativ viel Zeit eingesetzt. In Klasse 2 lag der Fokus auf der mündlichen Präsentation, die verwendete Unterrichtszeit belief sich auf lediglich drei Lektionen. Beide Lehrkräfte waren mit den Resultaten zufrieden und fanden, dass sie das Projekt ein anderes Jahr gerne wieder durchführen würden.

## 4.1 Lesen

Die Lernenden werden nach dem Einstieg ins Thema zuerst mit einem Text konfrontiert, was bedeutet, dass sie sprachlich verständlichen Input rezipieren (vgl. Krashen 1987, S. 20). Denn damit Lernende ihre Sprache entwickeln können, müssen sie diese erst einmal erleben und verstehen. Der Leseauftrag ist somit eine Vorbereitung auf die Projektaufgabe, dient aber auch der Entwicklung der Lesefertigkeit und dem Aufbau der notwendigen sprachlichen Elemente.

Der Text über die Stadt Sydney ist unabhängig vom anschließenden Projekt eine interessante Leseaufgabe. Die Lernenden werden gebeten, ihr Vorwissen über die Stadt zu aktivieren und zu versuchen, einige Fragen schon vor dem Lesen zu beantworten. So wird ihr Interesse stimuliert und das Bedürfnis geweckt, den Text zu lesen, um die eigenen Hypothesen zu verifizieren (vgl. Willis/Willis 2007, S. 34). Dieser Text wird also – wie im normalen Alltagsleben auch – gelesen, um Informationen zu finden. Er dient in erster Linie als *vehicle of information* (Thornbury 2005, S. 121), wobei die Lernenden lesen, um den Text zu verstehen (vgl. Nuttall 1996, S. 4). Man kann davon ausgehen, dass dies auch motivierend wirkt, da Jugendliche in diesem Alter ein Interesse daran haben, ihr Weltwissen zu erweitern.

Im Anschluss an die Lesearbeit werden die Antworten besprochen, womit der Lese- und Verstehensprozess abgeschlossen ist. Das Besondere an einem aufga-

---

[1] Die Bezirksschule ist das höchste der drei Niveaus auf Sekundarstufe I und entspricht in etwa der deutschen Realschule oder der Mittelstufe deutscher Gymnasien. Sie umfasst die Jahrgänge 6 bis 9 (Schüleralter 12–15 Jahre).

benbasierten Zugang zum Fremdsprachenlernen ist nun, noch einen Schritt weiter zu gehen und die Aufmerksamkeit der Lernenden auf besondere sprachliche Merkmale des Textes zu lenken. Jeder Text enthält eine große Menge an Informationen über die Sprache, die für die Lernenden relevant sind, z.B. Textaufbau, Redewendungen, Wortschatz und grammatikalische Strukturen (vgl. Thornbury 2006, S. 11; Willis/Willis 2007, S. 116). Beim Text über Sydney würde es sich anbieten, die wichtigsten Strukturelemente im Text hervorzuheben, um insbesondere den noch ungeübten Schreibern eine mögliche Struktur für den Aufbau ihres eigenen Textes zu geben.

In der vorliegenden Durchführung hatten beide Klassen keine Mühe, den Text zu lesen und die Fragen zu beantworten. Nach dem Lesen nutzte die Lehrerin der Anfängerklasse die Gelegenheit, um ihre Lernenden auf verschiedene Ausdrücke und neue Strukturen hinzuweisen. Der Lehrer der zweiten Klasse verzichtete auf diese Hilfestellung.

**4.2 Schreiben**

Das Schreiben eines Textes über eine selbst gewählte Stadt erfüllt gleich zwei Ziele: Einerseits wird ein Text geschaffen, der im Flur der Schule publiziert und somit von Mitschülerinnen und Mitschülern gelesen werden kann; andererseits dient er als Vorbereitung für die mündliche Präsentation. Somit ist eine wichtige Forderung des kommunikativen Schreibens erfüllt – nämlich dass für ein reales Publikum geschrieben wird und nicht nur für die Lehrkraft.

Für die Vorbereitung des Schreibens müssen die Lernenden zuerst die notwendigen Informationen für ihre Sachtexte sammeln. *English Plus 1* (2010, S. 37) leitet die Lernenden mit der *project checklist* an und gibt die Themenbereiche vor, die beschrieben werden sollen (siehe Abb. 2). Je nach Vorkenntnissen können diese Vorgaben variiert und die Aufträge differenziert werden. Anfänger und leistungsmäßig Schwache brauchen generell mehr Unterstützung, Fortgeschrittene hingegen müssen stärker gefordert werden. In der Durchführung achteten beide Lehrkräfte darauf: Die Lehrerin der Klasse 1 teilte den Anfängern ein Arbeitsblatt aus, das ihnen die Informationssuche erleichterte, während der Lehrer der Klasse 2 die Anforderungen erweiterte und auch Informationen zur Geschichte der Stadt verlangte (siehe Abb. 3).

In beiden Klassen wurde für die Informationssuche das Internet eingesetzt, was den Lernenden Spaß machte. Diese „freiere" Unterrichtsform bringt eine Reihe von mediendidaktischen Herausforderungen mit sich, denen sich die Lehrkräfte stellen müssen. So kann schnell wertvolle Zeit verstreichen, wenn die Lernenden nicht wissen, wo sie die Informationen suchen müssen. Damit sie zielgerichtet und schnell arbeiten können, ist es sicher von Vorteil, wenn sie von Anfang an auf bestimmte Webseiten hingewiesen werden. Die Anfängerklasse brauchte für diesen Arbeitsschritt relativ viel Zeit (zwei Lektionen). Dies hing aber wohl neben der freien Informationssuche auch mit der Tatsache zusammen, dass sie im

Gegensatz zur zweiten Klasse nicht im Team, sondern individuell arbeiteten und somit die Informationssuche nicht aufteilen konnten.

Das Sammeln von Informationen auf authentischen Webseiten unterstützt wiederum die Lesefertigkeit, aber diesmal nicht das intensive Lesen (wie mit dem Sydney-Text), sondern das extensive und überfliegende Lesen.

Beim Schreiben eines Textes wird von den Lernenden schließlich Sprachproduktion verlangt. Gemäß Swain (1985) trägt *pushed output* wesentlich zur Entwicklung der Sprachkompetenz bei, da die Lernenden sich in der Zielsprache mitteilen sollen (*output hypothesis*). Indem sie die ihnen zur Verfügung stehenden sprachlichen Mittel für einen kommunikativen Zweck einsetzen, entwickeln sie diese auch weiter oder stoßen an Grenzen, welche mit Unterstützung der Lehrperson oder unter Zuziehung externer Hilfsmittel überwunden werden können. Während des Schreibprozesses können sie sich – im Gegensatz zum Sprechen – Zeit nehmen, die Sätze zu formulieren und den fehlenden Wortschatz mittels elektronischem Wörterbuch zu ermitteln oder die Lehrkraft um Hilfe zu bitten. Damit liegt die Verantwortung für das Lernen auf einmal nicht mehr weitgehend in der Hand der Lehrkraft, sondern bei den Lernenden selbst. Die Lehrkraft sieht sich in der angenehmen Situation, dass die Klasse um sprachliche Hilfe bittet. Auf einmal ist Sprache nicht mehr nur etwas, das ungefragt dargeboten wird. Gemäß der Aussagen der Lehrerin waren die Lernenden der Anfängerklasse sehr motiviert, Wörter und Ausdrücke zu lernen, die es ihnen ermöglichten, ihre Gedanken auszudrücken.

Bei der Umsetzung dieser Schreibprozesse erhielt die Anfängerklasse viel Unterstützung und Feedback, sowohl in der Vorbereitung als auch während und nach dem Schreiben. Das Beobachten der Lernenden war für die Lehrkraft besonders interessant, da sie so diagnostische Einblicke in den Lernstand und die Arbeitsweisen ihrer Schülerinnen und Schüler gewann. Sie stellte fest, dass die schnellsten Lernenden weder die besten Texte noch die schönsten Produkte produzierten und einige, die in den Tests normalerweise gute Noten gehabt hatten, in dieser Aufgabe eher träge gewesen waren. Folglich wurden mit dem Projekt auch andere Kompetenzen aktiviert und gefördert, sodass die Lehrerin die Lernenden von einer neuen Seite kennen lernte.

Die Texte der Klasse 1 wurden von der Lehrkraft korrigiert und mit jedem einzelnen besprochen. Sie konnte so auch darauf hinweisen, wie sie als *native speaker* gewisse Sachverhalte ausdrücken würde. Dabei fand das oft beschriebene *noticing-the-gap* statt, der Vergleich der persönlichen Interimsprache mit dem zielsprachlichen Vorbild (vgl. Ellis 2003, S. 149). Beim Abschreiben der Texte mit dem Computer kamen aber wieder einige Tippfehler hinzu.

Beide Lehrkräfte waren im Großen und Ganzen mit den Produkten zufrieden. Die Anfängerklasse schrieb Texte, die zwischen 150 und 250 Wörter enthielten, was für die kurze Lernzeit eine beachtliche Leistung ist. Allerdings zeigten sich hier auch typische Probleme von Anfängertexten, etwa dass die Sätze relativ zufällig aneinandergereiht und nicht in eine logische Abfolge gebracht wurden. Auch wurden z.T. unterschiedliche Informationen willkürlich in Abschnitte gegliedert. Solche Probleme können mit *guided writing*, der Analyse eines Mustertexts und expliziten Vorschlägen zum Textaufbau, überwunden werden (gute Beispiele finden sich z. B. bei Wetz / Pye 2010, S. 35 und S. 55). Mit noch mehr Unterstützung im Schreibprozess oder mehr Feedback hätten die Lernenden in dieser Klasse noch bessere Texte schreiben können. Neben Wortschatz und Grammatik muss auch die Diskurskompetenz bewusst entwickelt werden (vgl. Thornbury 2006, S. 32).

Die Lehrkraft in Klasse 2 stellte fest, dass der anfängliche Enthusiasmus ein wenig verloren gegangen war, nachdem die Lernenden gemerkt hatten, dass das Projekt eine Menge Arbeit bedeutete. Wie Abb. 3 zeigt, waren die Texte der 10. Klasse aber erwartungsgemäß länger und enthielten entsprechend dem Auftrag weitere Informationen. Die Lernenden erhielten kein Feedback zum schriftlichen Text, obwohl auch sie ein Poster gestaltet hatten.

**Copenhagen**

In Copenhagen are many Sights, for example The little Mermaid and the Kronborg Castle. I was in Copenhagen and I saw the sights.

**The little Mermaid:** The Little Mermaid statue was a present from Carl Jacobsen to the city of Copenhagen. The Little Mermaid was built in 1913, to be used as decoration in the city's parks and public areas.

**Kronborg Castle:** The Kronborg Castle was built by King Frederik II. Kronborg is at the entrance of Øresund. It was built to defend the Kingdom of Denmark. It's a very beautiful Castle wich you can visit Today.

**The history of the city:**

The history of Copenhagen dates back to the first settlement in the 11th century.

Copenhagen, in those days called «Havn», was very important for politics.

Most of the people in «Havn» earned their daily bread by fishing.

In the next two centuries fishing and trading made Copenhagen to a fast growing town.

**And in 1343 Copenhagen was made to the capital city of Denmark.**

At the Second World War, Hitlers troops invaded Denmark and Copenhagen. Germany moved 200,000 troops into Denmark, because the country was useful for agricultural products. Denmark was liberated by British troops under the command of Field Marshall Montgomery on 1945.

At 2004 they built a new opera house called Operaen.

Abb. 3: Ein unkorrigierter Text aus der 10. Klasse [Ausschnitt]

Der obige Text ist ein sehr gutes Produkt *kollaborativen Schreibens* für die Stufe, da er viele interessante Informationen beinhaltet und gut verständlich ist. Die Lehrkraft verzichtete aber auf Rückmeldungen und Überarbeitungsprozesse, wie man es gemäß dem *prozesshaften Schreiben* erwarten würde (vgl. Harmer 2007, S. 326). Eine Erweiterung des Projekts wäre, dass die Lernenden mehrere Entwürfe schreiben und nach jedem Entwurf entweder die Lehrkraft oder eine andere Lernergruppe bitten, zu bestimmten Aspekten eine Rückmeldung zu geben, damit der Text überarbeitet werden kann.

Dabei hätte man im Falle des Textes oben den Textaufbau sowie beispielsweise die Verwendung der Präpositionen überdenken können. Der Einbau von Feedbackschlaufen in dieser Klasse hätte verhindern können, dass eine Gruppe ihren Text praktisch nur im *Copy-Paste-Verfahren* erstellte und die andere sich im deutschen Diskurs übte. Mit klaren Zielvorgaben könnte der Unterricht in dieser Klasse noch verbessert werden, insbesondere wenn sie durch die Lernenden selbst oder die *peers* überprüft werden (formatives Feedback).

Mit konkreten Hilfestellungen (*scaffolding*) ist es den Lernenden leichter möglich, qualitativ guten *output* zu generieren, als wenn sie auf sich allein gestellt sind. Unterstütztes Lernen ist Ausdruck eines sozial-konstruktivistischen Ansatzes (vgl. Williams/Burden 1997). Innerhalb ihrer sogenannten *zone of proximal development* (Vygotsky 1978, S. 86) sind die Lernenden zu ansehnlichen Entwicklungsschritten fähig, wenn die Lehrkraft sie entsprechend fördert und unterstützt. Die Lernenden können sich dabei als kompetent erfahren und positive Einstellungen zum Fremdsprachenlernen entwickeln, denn: *nothing succeeds like success.*

### 4.3 Vortragen („Monologisches Sprechen")

Sprechen gilt als die schwierigste Fertigkeit. Sie entwickelt sich sehr langsam und individuell und hinkt der Sprachrezeption ähnlich wie beim Erwerb der Muttersprache hinterher. Die Gründe liegen in der Komplexität des Sprechvorgangs: Es müssen Gedanken strukturiert und in akzeptable, adressatengerechte Äußerungen verpackt werden. Dazu muss sich der Sprechende seiner im Langzeitgedächtnis abgespeicherten Daten zum Weltwissen und dem gefragten Thema, seiner fremdsprachlichen Kenntnisse und dem Wissen über den Adressaten bedienen (vgl. West 1990, S. 34). Dies sollte alles im richtigen Moment geschehen, denn man kann sich für eine Antwort in einem Gespräch nicht unendlich Zeit nehmen. Dies ist kognitiv anspruchsvoll, und es liegt auf der Hand, dass Anfänger gar nicht an alles denken können. Fehler sind vorprogrammiert, da Anfänger nicht flüssig kommunizieren und gleichzeitig korrekt sein können.

Für die Entwicklung des Sprechens im Fremdsprachenunterricht heißt dies, dass sowohl die Genauigkeit der Sprache als auch die Flüssigkeit geübt werden soll, aber dass nicht beides zur gleichen Zeit erwartet werden darf (vgl. ebd., S. 39) – jedenfalls nicht solange die Lernenden noch auf der Basisstufe sind. Aus diesem Grunde sollten verschiedene Arten von Aufgaben angeboten werden, die entweder auf *accuracy* oder auf *fluency* fokussieren. Dabei eignen sich für das Üben sprachlicher Genauigkeit, Aussprache und Intonation zum Beispiel Dialoge aus dem Lehrbuch. Damit wetzen die Lernenden sozusagen den Schnabel, aber richtige Kommunikation findet noch nicht statt. Dafür braucht es kommunikative Situationen, in denen die Lernenden wie im richtigen Leben sprechen, um sich mitzuteilen. Sprechaufgaben gelingen dann besonders gut, wenn die Lernenden tatsächlich etwas zu sagen haben oder über Informationen verfügen, die der Partner dringend braucht (zum Beispiel in einer *info-gap activity*). Da Sprechen in der fremden Sprache sehr anspruchsvoll ist, hilft es insbesondere sprachlich weniger gewandten Lernenden, wenn die Sprachproduktion mit geeigneten sprachlichen „Werkzeugen" (z. B. feststehende Wendungen, geläufige Phrasen usw.) untertützt wird.

Die Präsentation der Resultate in diesem Projekt erfolgte in der Form eines vorbereiteten Vortrags, wobei das genaue Format jeweils dem sprachlichen Können der Lernenden angepasst werden kann. Während unsichere Lernende ihren Text vorlesen dürfen (Reproduktion), sollten Fortgeschrittene angehalten werden, nur Stichworte als Gedächtnisstütze zu verwenden, was von ihnen Rekonstruktion verlangt (vgl. Rampillon 1996, S. 94). Letzteres ist eine klar höhere Anforderung, da sie eine vorausgegangene Internalisation der Sprache verlangt. Mit dieser Unterscheidung kann man die Anforderungen auch innerhalb einer Klasse differenzieren.

Damit die Zuhörenden während den Präsentationen ihre Aufmerksamkeit nicht verlieren, ist es empfehlenswert, ihnen konkrete Aufträge zu erteilen. Dies kann entweder eine Hörverständnisaufgabe sein, eine Tabelle, in die die wichtigsten Informationen zu den Städten eingetragen werden müssen (z. B. Land, Anzahl Einwohner, Sprachen, Sehenswürdigkeiten etc.); oder es kann ein Feedback-Formular zur Präsentation eingesetzt werden (*peer feedback*).

In Klasse 1 wurden die Präsentationen vorher thematisiert und geübt, in Klasse 2 wurde angenommen, dieser Schritt sei nicht mehr nötig, weil die Schülerinnen und Schüler schon früher Präsentationen gemacht hatten. Interessant war, dass die erste Gruppe in dieser Klasse negatives Feedback von ihren Mitschülern erhielt: *„ We did not understand a word!"* war der Kommentar. Das Nichtverstehen war darauf zurückzuführen, dass ganze Passagen aus dem Internet übernommen worden waren, die viele unbekannte Wörter enthielten, und dass die Gruppe die Texte ohne Vorbereitung vortrug, die Aussprache nicht beherrschte. Die Klasse lernte aus diesem Beispiel und machte sich noch einmal an die Arbeit.

## 5. Die Entwicklung der sprachlichen Mittel: „focus on form"

Sprachliche Fertigkeiten können sich letztendlich nur entwickeln, wenn die nötigen Mittel (Wortschatz, Strukturen) vorhanden sind. Im Gegensatz zum traditionellen Unterricht, in dem immer erst grammatikalische Kenntnisse aufgebaut werden, bevor man sich an die Textarbeit wagt, beginnt der aufgabenorientierte Unterricht mit der kommunikativen Verwendung der Sprache.

Entsprechend dem Strukturmodell von Willis (1996, S. 155) sowie Willis und Willis (2007, S. 5) beginnt ein Aufgabenzyklus mit dem Fokus auf der Bedeutung, dem Inhalt der Kommunikation (*focus on meaning*). Die dazu notwendigen sprachlichen Mitteln werden im *focus on language* in der Vorbereitungsphase (*pre-task*) oder Arbeitsphase (*while-task*) geklärt oder eingeführt. Willis und Willis (ebd.) haben immer wieder betont, wie wichtig es für die Sprachentwicklung ist, wenn sich die Lernenden im Anschluss an den *task* des Satzbaus, der Strukturen und Wortverbindungen der soeben erlebten Sprache bewusst werden (*language awareness*) und diese anschließend üben (*focus on form*), um das Gelernte zu festigen.

Die Lehrerin der Klasse 1 hat zum besseren Verständnis des Sydney Textes schon vor dem Lesen ein paar Schlüsselbegriffe eingeführt. Im Anschluss an die Textarbeit wurden interessante sprachliche Elemente herausgegriffen, die für das Schreiben eines eigenen Textes von Nutzen waren. Während des Schreibens schauten die Lernenden Wörter nach oder baten die Lehrkraft um Tipps. Diese wurden fortlaufend an der Tafel festgehalten, so dass alle davon profitieren konnten. Es handelte sich neben Einzelwörtern auch um feststehende Wendungen (*chunks*), welche die Lernenden als Ganzes übernehmen und im eigenen Schreiben verwenden konnten.

In der Fachliteratur gilt inzwischen die Rolle der Lexis (des Wortschatzes, der Satzfragmente und der formelhaften Sprache) als wichtige Grundlage jeglichen Sprachenlernens. Ein differenzierter Wortschatz bietet die Möglichkeit, bedeutungsvolle Inhalte zu übermitteln. Mit zunehmender Erfahrung und wachsender lexikalischer Kompetenz beginnen die Lernenden mit zunehmend komplexerer Grammatik zu experimentieren und ein Verständnis für die Muster und Strukturen zu entwickeln (vgl. Willis 2003, S. 213). In diesem Sinne wird heute Grammatik als das Produkt der Erfahrungen mit lexikalischen Strukturen gesehen und nicht als Voraussetzung, um vorgegebene Muster und Strukturen mit Wörtern zu füllen (vgl. Hoey 2005). Dabei ist besonders das Feedback wichtig, um die individuelle *interlanguage* der Lernenden zu entwickeln (vgl. Lightbown/Spada 2006, S. 125 ff. und 165 ff.). Willis und Willis (2007, S. 121) empfehlen zudem, die Korrekturen als Bewusstmachung der grammatischen Formen zu sehen.

Die Frage, wann der Fokus auf die Grammatik gelegt werden soll, wird in der Literatur kontrovers diskutiert. Während Willis und Willis (2007) argumentieren, dass diese Arbeit eher am Schluss erfolgen sollte *(strong form of TBL)*, sind Nunan (2004) und Samuda (2008) eher der Meinung, dass dies vorher geschehen sollte, weil Anfänger noch nicht über genügend Sprache verfügen *(weak form of TBL)*. Allerdings wird in jedem Fall darauf verzichtet, erst Grammatik zu üben, wie im traditionellen *presentation-practice-production* Modell, da dies für die Lernenden oft zu abstrakt ist und zudem die Gefahr birgt, dass die neuen Formen anschließend im Text auch dort verwendet werden, wo sie nicht passen.

Die Lehrerin der ersten Klasse führte *there is/there are* ein, bevor die Texte fertiggeschrieben wurden. Ihr Kollege der zweiten Klasse hingegen verzichtete auf jeglichen sprachlichen Input, griff aber in der Reflexionsphase das Thema der englischen Satzstellung auf und ließ dazu Übungen schreiben. Auch die Wiederholung einer Aufgabe kann sich positiv auf die Sprachentwicklung auswirken (vgl. Ellis 2003, S. 134 und S. 258). Dies ist auch in Übereinstimmung mit Nations (vgl. 2009, S. 1) Vorschlag für einen nachhaltigen Fremdsprachenunterricht. Dieser sollte seiner Ansicht nach aus vier gleichwertigen Strängen bestehen, um die erworbenen sprachlichen Elemente zu speichern*:*
- *meaning-focused input;*
- *meaning-focused output;*
- *language work;*
- *fluency work.*

Aufgabenorientiertes Sprachenlernen entbindet die Lehrkräfte also weder von der systematischen Wortschatzarbeit noch vom Grammatikunterricht. Der Vorteil gegenüber den traditionellen Modellen ist jedoch, dass die Spracharbeit in eine ganzheitliche, textorientierte Unterrichtseinheit eingebettet ist und von den meisten Sekundarschülerinnen und -schülern so gut verstanden und als sinnvoll erlebt wird.

## 6. Fazit: „Tasks" im Fremdsprachenunterricht der Sekundarschule

### 6.1 Beurteilung

Wie anhand der beiden Beispiele gezeigt wurde, eignet sich der aufgabenorientierte Unterricht sehr gut für die Entwicklung und Beurteilung der Sprachkompetenzen. Diese kann formativ während des Prozesses geschehen und/oder summativ am Ende.

Beim vorliegenden Projekt beurteilten beide Lehrkräfte die mündliche Sprachproduktion anhand eines Rasters. Die Lehrerin der Anfängerklasse schuf hierfür einen eigenen Raster mit folgenden Kriterien: Erfüllung der Aufgabe und Inhalt, Flüssigkeit, Spektrum an Wortschatz und Strukturen, Aussprache und Art des Vortrags (mit Stichwörtern oder abgelesen). Für jedes Kriterium formulierte sie fünf mögliche Stufen und ordnete diese null bis vier Punkten zu. Für jeden Vortrag wurden so die Anzahl Punkte ermittelt und eine Note gesetzt (summative Beurteilung).

Beide Lehrkräfte hätten (wie in Abschnitt 4 beschrieben) vermehrt formative Beurteilung einbauen können, etwa durch mündliche Hinweise an die Lernenden bei wichtigen Zwischenschritten (z.B. beim Lesen des Sydney-Texts oder beim Schreiben eines eigenen Texts). Eine Möglichkeit ist auch, dass sich Lernende anhand der Ziele *(objectives)* selbst beurteilen *(self-assessment)*. Zur Textproduktion können, wie in Abschnitt 4.2 dargelegt, auch die Mitschülerinnen und -schüler (*peers*) miteinbezogen werden. Diese können mit Hilfe eines Arbeitsblattes zu verschiedenen Aspekten Stellung nehmen, können am Text sowohl positive als auch negative Kritik üben und Verbesserungsvorschläge machen. In der letzten Phase können die *peers* auch zur Orthografie oder zum Satzbau Stellung nehmen, bevor die Lehrkraft einen letzten Blick auf das fertige Produkt wirft.

Formatives, kontinuierliches Beurteilen dient der Entwicklung der sprachlichen Kompetenzen und wird in der Regel von den Lernenden nicht als Bedrohung erlebt. Ob formativ oder summativ, die Aufgaben werden in erster Linie darauf hin beurteilt, ob das Ziel erreicht wurde. *Get it right in the end* (Lightbown/Spada 2006, S. 165) heißt die Devise, und dazu gehören einerseits konstruktives Feedback und andererseits die Bereitschaft der Lernenden zur Reflexion.

## 6.2 Lehrmittel und „Tasks"

Die Lehrmittel sind heute zwar mit wenigen Ausnahmen kaum ausschließlich aufgabenorientiert aufgebaut (*task-based learning*), doch bieten viele Lehrmittel schon seit Jahren *task-supported language learning* (Samuda/Bygate 2008), d. h. *tasks* sind nicht das einzige Element einer *unit*. Das Lehrbuch *New Hotline* (Hutchinson, 2006) ist ein gutes Beispiel dafür, denn bereits seit der ersten Ausgabe in den 90er Jahren legte es nicht nur das Training der Fertigkeiten als sauber geplante *tasks* vor, sondern schloss auch jede *unit* mit einem kleinen Projekt ab.

Der aufgabenorientierte Unterricht lässt sich auch mit konventionellen Lehrmitteln verwirklichen, wenn konsequent Inhalt und Bedeutung der Sprache an die erste Stelle gerückt werden, die Lernenden die Sprache handelnd erfahren und benutzen, und die Gesetzmäßigkeiten in der Regel in der Sprachreflexion selbst entdecken und erst später üben. Aufgabenorientierter Unterricht geht mit einer Haltungsänderung, einem Paradigmenwechsel einher, der sich durch Umstellung der Inhalte und dem Erkennen des vorhandenen Potenzials mit den meisten Lehrmitteln verwirklichen lässt, sofern die Themen für die Lerngruppe relevant sind.

In diesem Beitrag habe ich versucht, sowohl das Potenzial wie auch die Herausforderungen eines solchen aufgabenorientierten Unterrichts an einem konkreten Beispiel darzustellen. Ich hoffe, gezeigt zu haben, dass dies ein motivierender, ganzheitlicher, lehrplankonformer Ansatz zur Entwicklung der sprachlichen Handlungskompetenz auf der Sekundarstufe ist, der sowohl Differenzierung als auch förderorientierte Beurteilung ermöglicht.

**Verwendete Literatur**
Ellis, Rod 2003: Task-based Learning and Teaching. Oxford.
Harmer, Jeremy 2007: The Practice of English Language Teaching. 4. Aufl. Harlow.
Hoey, Michael 2005: Lexical Priming. A new theory of words and language. London u. a.
Hutchinson, Tom 2006: New Hotline Plus Starter. Student's Book. Oxford.

Krashen, Stephen D. 1987: Principles and Practice in Second Language Acquisition. Hempstead.

Lightbown, Patsy M. / Spada, Nina 2006: How Languages are Learned. 3. Aufl. Oxford.

Müller-Hartmann, Andreas / Schocker -v.Ditfurth, Marita (Hg.) 2005: Aufgabenorientierung im Fremdsprachenunterricht – Task-Based Language Learning & Teaching. Tübingen.

Nation, Paul / Newton, Jonathan (2009). Teaching ESL/EFL Listening and Speaking, New York u. a.

Nunan, David 1989: Designing Tasks for the Communicative Classroom.

Nunan, David 2004: Task-based Language Teaching. Cambridge.

Nuttall, Christine 1996: Teaching Reading Skills in a Foreign Language. Neue Aufl.

Piepho, Hans-Eberhard 1974: Kommunikative Kompetenz als übergeordnetes Lernziel im Englischunterricht. Dornburg-Frickhofen

Piepho, Hans-Eberhard 2003: Lerneraktivierung im Fremdprachenunterricht. „Szenarien" in Theorie und Praxis. Hannover.

Prabhu, N. S 1987: Second Language Pedagogy. Oxford.

Rampillon, Ute 1996: Lerntechniken im Fremdsprachenunterricht. Handbuch. Ismaning.

Samuda, Virginia / Bygate, Martin 2008: Tasks in Second Language Learning. Basingstoke.

Skehan, Peter 2009: A framework for the implementation of task-based instruction. In: Kris van den Branden / Martin Bygate / John M. Norris (Hg.): Task Based Language Teaching. A Reader. Amsterdam, S. 83–107.

Swain, Merrill 1985: Communicative competence: Some roles of comprehensive input and comprehensible output in its development. In: Susan M. Gass / Carolyn Madden (Hg.): Input in second language acquisition. Cambridge, MA. S.235–253.

Thornbury, Scott 2005: Beyond the Sentence – Introducing discourse analysis. Oxford.

Trim, John / North, Brian /Coste, Daniel 2001: Gemeinsamer europäischer Referenzrahmen für Sprachen: lernen, lehren, beurteilen. München.

Van den Branden, Kris (Hg.) 2006: Task-Based Language Education: From Theory to Practice. Cambridge.

Van den Branden, Kris / Bygate, Martin / Norris, John M. (Hg.) 2009: Task-Based Language Teaching. A Reader: Amsterdam u. a.

Vygotsky, Lev 1978: Mind in Society: Development of Higher Psychological Processes. Cambridge, MA.

Wetz, Ben / Pye, Diana 2010: English Plus. Student's Book 1. Oxford.

West, Richard 1990/5: Spoken language – how we produce it and how we learn to produce it. In: Centre for English Studies in Education, School of Education, MD 346b, Unit 1. University of Manchester.

Williams, Marion / Burden, Robert L. 1997: Psychology for Language Teachers – A social constructivist approach. Cambridge.

Willis, Dave 2003: Rules, Patterns and Words. Grammar and Lexis in English Language Teaching. Cambridge.

Willis, Dave / Willis, Jane 2007: Doing Task-based Teaching. Oxford.

Willis, Jane 1996: A Framework for Task-Based Learning. Harlow.

Gabriele Noppeney, Gabriel Imthurn und Markus Cslovjecsek

# Lernaufgaben im Musikunterricht

## 1. Einleitung

Das Konzipieren von Aufgaben unterschiedlichster Art gehört zum Tagesgeschäft von Musiklehrerinnen und Musiklehrern. Gleichwohl basiert diese Arbeit offenbar überwiegend auf praktischer Erfahrung. Fachdidaktische Reflexionen – zumindest in schriftlicher Form – gibt es bis dato nur in bescheidenem Umfang (vgl. Niessen 2008, S. 134). Lediglich Andreas Lehmann-Wermser und Anne Niessen (2008) haben sich zuletzt mit Fragenkreisen zum Thema „Aufgaben im Musikunterricht" beschäftigt.

Ziel der vorliegenden Überlegungen ist es, anhand von zwei Beispielen aufzuzeigen, weshalb es sinnvoll ist, problemfokussierende Lernaufgaben zur Erarbeitung eines Unterrichtsgegenstandes im Musikunterricht einzusetzen. Darüber hinaus soll dargelegt werden, wie Lerngruppen an die selbstständige Lösung von komplexen musikbezogenen Lernaufgaben herangeführt werden können und was entsprechend bei der Konzeption berücksichtigt werden sollte.

## 2. Weshalb ist es sinnvoll, problemlösende Lernaufgaben im Musikunterricht einzusetzen?

Ein zentrales Ziel jeden Musikunterrichts ist die Entwicklung und Förderung musikbezogener und überfachlicher Kompetenzen. Zweifellos müssem solche Fähigkeiten und Fertigkeiten auf vielfältige Weise gefördert werden. Unterschiedliche Umgangsweisen mit Musik, ein breites Spektrum von Lerninhalten und Methodenvielfalt fördern den Lernzuwachs und machen den Unterricht interessant und inspirierend. Niessen wirft die Frage auf, welche Rolle den Aufgaben hierbei zukommt: „Sind sie in der Lage Kompetenzen sichtbar zu machen? Oder tragen Aufgaben sogar zur Entwicklung von Kompetenzen bei?" (Niessen 2008, S. 139) Niessen konzentrierte sich im Rahmen des KOMUS-Projekts darauf, Aufgaben zur Entwicklung eines gestuften Kompetenzmodells für den Bereich „Wahrnehmen und Kontextualisieren von Musik" zu operationalisieren und zu validieren (vgl. ebd., S. 140). Der Forschungsfokus liegt also nicht auf der Entwicklung von Kompetenzen durch Lernaufgaben. Dennoch machen die im Rahmen der Studie gewonnenen Ergebnisse deutlich, dass sich ein gezielter musikbezogener Kompetenzerwerb nur schwer steuern lässt, und die erfolgreiche Lösung von Aufgaben auch eine Reihe von nicht-musikbezogenen Kompetenzen, beispielsweise sprachliche, adressiert, die es bei der Entwicklung der Aufgabe zu berücksichtigen gilt (vgl. ebd., S. 149). Trotz der genannten Hürden sieht Niessen ein großes Potenzial im Einsatz von Lernaufgaben im Unterricht (vgl. ebd., S. 150).

Die Qualität von guten Lernaufgaben besteht wohl darin, gerade in heterogenen Musikklassen einen Lernzuwachs *aller* Schülerinnen und Schüler überhaupt erst zu ermöglichen. Durch die Berücksichtigung der von Deci und Ryan beschriebenen elementaren menschlichen Bedürfnisse nach Selbstständigkeit, Beziehung und Kompetenz (vgl. Deci/Ryan 2000; Ryan/Deci 2002, zitiert in Evelein 2011), ist eine Basis geschaffen, die motiviert und Raum bietet für die persönliche Entwicklung (vgl. ebd.). Die Jugendlichen können auf unterschiedlichem Leistungsniveau arbeiten, verschiedene Lernwege und Lösungsansätze erproben und je nach Aufgabentyp zu unterschiedlichen Ergebnissen gelangen. Partner- bzw. Kleingruppenarbeit eröffnet Formen des produktiven Austauschs.

Komplexe Lernaufgaben im Musikunterricht besitzen aber auch dadurch lernförderliche Eigenschaften, dass sie unterschiedliche Wissens- und Kompetenzbereiche so miteinander verbinden, dass sich etwa das Erschließen eines musiktheoretischen Sachverhalts den Jugendlichen als notwendige und sinnvolle Voraussetzung zur Lösung der gesamten musikpraktischen Aufgabe erweist. So wird die im Unterricht gelegentlich anzutreffende künstliche Trennung von Musiktheorie und Musikpraxis aufgehoben. Schülerinnen und Schüler erleben Musikunterricht dann ganzheitlich und nicht als voneinander scheinbar unabhängige Blöcke von Theorieinput, praktischem Musizieren und gelegentlichem Hören von und Sprechen über Musik. Die Umgangsweisen und Inhalte beziehen sich sinnvoll aufeinander und erschließen sich gegenseitig. Die drei zentralen musikbezogenen Kompetenzbereiche „Musik wahrnehmen und verstehen", „Musik gestalten" und „Nachdenken über Musik" werden eng miteinander verzahnt und gleichermaßen gefördert.

Als Argument gegen selbst-entdeckende, musikbezogene Lernaufgaben wird gelegentlich angeführt, dass sie viel Zeit in Anspruch nehmen und in der gleichen Zeit im Schnitt nicht zu den gleichen Lernergebnissen führen. Ob dies mit Blick auf die Nachhaltigkeit innerhalb eines größeren Zeitraums tatsächlich so ist, ist nicht empirisch belegt. Sicher ist richtig, dass beim Klassenmusizieren durch imitatives Lernen nach dem *Call-and-Response*-Verfahren und durch eine frontale Probensituation eines notierten Musikstücks mit der gesamten Klasse vergleichsweise schnell befriedigende Resultate herbeigeführt werden können. Dabei werden aber oft die leistungsstärksten und leistungsschwächsten Schülerinnen und Schüler nicht optimal gefördert, es sei denn, eine Binnendifferenzierung in Form von unterschiedlichen Stimmen berücksichtigt diesen Sachverhalt. Alternativ bietet sich das *Live-Arranggement*-Verfahren an, wie es von Jürgen Terhag beschrieben wurde (vgl. Terhag 2007, S. 167 f.). Um dem Problem eines angemessenen Verhältnisses zwischen Zeitaufwand und Resultat zu begegnen und gleichzeitig die Selbstständigkeit der Schülerinnen und Schüler auch im musikpraktischen Bereich zu fördern, erscheint der Einsatz verschiedener Methoden wechselweise sinnvoll.

## 3. Was gibt es bei der Konzeption von Lernaufgaben im Musikunterricht zu berücksichtigen?

Eine Qualität von guten Lernaufgaben besteht darin, dass sie Freiraum bei der Lösung der Aufgabe gewähren. Doch der Reiz stellt auch eine Herausforderung für die Lerngruppe sowie die Lehrkraft dar. Wird die Freiheit für einzelne zur Überforderung, so verkehrt sich die Motivation in ihr Gegenteil. Um also die Selbstständigkeit und Eigenverantwortlichkeit aller zu fördern, muss der Formulierung der Aufgabe besondere Aufmerksamkeit gewidmet werden. Dies mag paradox klingen, denn einerseits soll die Aufgabe echte Fragen bei den Jugendlichen hervorrufen, für die sie eine überzeugende Antwort finden wollen, andererseits muss die Aufgabe so verfasst sein, dass diese in der Lage sind, die Fragen und Probleme, die die Aufgabe beinhaltet, auch selbstständig anzugehen und zu lösen. Suchen sie immer wieder oder gezielt für bestimmte Arbeitsschritte die Hilfe und Rückversicherung der Lehrkraft, so sind Zweifel an der Qualität der Aufgabenformulierung zumindest für diese Lerngruppe angebracht. Hier wird deutlich, dass die Aufgabe mit Blick auf eine konkrete Lerngruppe entworfen werden muss. Aufgaben, die in einer Lerngruppe gut funktionieren, sind keine Erfolgsgarantie für eine andere Lerngruppe. Gerade Lerngruppen, die kaum Erfahrungen mit dem selbstständigen Lösen von Aufgaben haben, müssen behutsam an die Aufgabe herangeführt werden (vgl. zur Rolle der Sprache bei der Formulierung von Lernaufgaben, Niessen 2008, S. 148).

Lehmann-Wermser hat verschiedene Tipps zur Formulierung von offenen Aufgaben zusammengetragen und sich dabei von der Mathematikdidaktik anregen lassen (vgl. Büchter/Leuders 2005; Lankes et al. 2006, zitiert in Lehmann-Wermser 2008, S. 124 f.). So kann es sinnvoll sein, einen Arbeitsauftrag durch eine Frage zu ersetzen. Dies trifft, wie Lehmann-Wermser mit einem Beispiel belegt, in besonderem Maße auf vergleichsweise gezielte Analyseaufgaben zu. Statt die Schülerinnen und Schüler aufzufordern, einen Dominantseptakkord und seine Auflösung am Phrasenende zu untersuchen, könnten sie, so Lehmann-Wermser, gefragt werden, wo sich eine besonders starke Spannung ergibt und wodurch diese erreicht wird. Hier müssten sie selbst erst erkennen, dass die Harmonik ein geeignetes Mittel zur Erzeugung und Auflösung von Spannung ist und die Passage entsprechend untersuchen. Sie könnten aber auch das Tempo und die Dynamik als mögliche Parameter in Betracht ziehen (vgl. Lehmann-Wermser 2008, S. 124 f.). Bei Kompositionsaufgaben wie „Strates" und dem „Zirkelkanon" (siehe unten, Beispiel 1 und 2), ist die Formulierung einer Frage als Ausgangspunkt des Arbeitsprozesses eher nicht geeignet. Es zeigt sich, dass sich Lehmann-Wermsers Vorschläge nicht auf jeden Aufgabentyp übertragen lassen. Der Kompositionsprozess ist an sich offen und beinhaltet immer verschiedene Lösungen, selbst wenn Regeln beachtet werden müssen und das Ziel vorgegeben ist. Im Falle des Kanons würde die Aufgabe im Kern schlicht lauten: „Komponiere einen Zirkelkanon." Benötigt eine Lerngruppe Hilfestellungen auf dem Lösungsweg, so kann eine Frage durchaus ein geeignetes Mittel der Unterstützung sein. Hat eine Lerngruppe beispielsweise das harmonische Prinzip des Zirkelkanons noch nicht erfasst, könnte die Frage lauten: „Weshalb kann man alle Abschnitte eines Kanons gleichzeitig singen und es klingt immer ‚richtig'?" Eine weitere, gezielte Hilfestellung bestünde darin, die einzelnen Teile des Kanons wie eine Partitur untereinander schreiben und die Töne untersuchen zu lassen, die gleichzeitig erklingen. Die beschriebenen Hilfestellungen fokussieren sukzessive die Aufmerksamkeit der Schülerinnen und Schüler. Gleichzeitig schränken sie die Offenheit der Aufgabe zunehmend ein.

Interessant ist ebenfalls, dass sowohl Unterbestimmung als auch Überladung zu einer offeneren Aufgabenformulierung führen können (vgl. ebd., S. 125). Bei der Kanon-Aufgabe ist tatsächlich beides eine Option: Fortgeschrittene Lerngruppen könnten einfach den Hinweis erhalten, dass die zu komponierende Melodie möglichst singbar sein soll (Unterbestimmung), weniger erfahrene Lerngruppen müssten aus einer Reihe von Aspekten für ihre Komposition relevante auswählen. „Achtet darauf, eine möglichst singbare Melodie zu schreiben, indem ihr beispielsweise die der Melodie zugrunde liegende Harmoniefolge beachtet, den Tonumfang berücksichtigt, schwierige Tonsprünge vermeidet, Durchgangs- und Wechselnoten verwendet usw." (Überladung)

Der Umgang mit Heterogenität in Musikklassen wirft auch Fragen kooperativen Lernens auf. Jugendliche, die privaten Instrumental- oder Gesangsunterricht nehmen, haben beispielsweise keine oder geringere Schwierigkeiten mit der Notenschrift. Andere kommen mangels Übung über das mühsame Buchstabieren der Noten nicht hinaus. Diesem Umstand kann auf unterschiedliche Art begegnet werden. Beim Zirkelkanon, der die Beherrschung der Notenschrift und gewisse Kenntnisse der Elementar- und Harmonielehre zur erfolgreichen Bearbeitung voraussetzt, sind ergänzende Hinweise und konkrete Hilfestellungen für schwächere Lernende bzw. Lerngruppen notwendig, die auch teilweise von kompetenten Schülerinnen und Schülern gegeben werden können. Sofern in Kleingruppen gearbeitet wird, ist aber darauf zu achten, dass Schwächere nicht nur Unterstützung von anderen Mitgliedern ihrer Arbeitsgruppe erhalten, sondern selbst auch einen sinnvollen, inhaltlichen Beitrag leisten können. Andernfalls gerät das Beziehungsgeflecht innerhalb der Gruppe in eine Schieflage (vgl. Niessen 2008, S. 43 f.). Einen solchen Beitrag zu finden, ist nicht leicht. Denkbar wäre im konkreten Falle, dass sich der betreffende Jugendliche beim Entscheidungsprozess beteiligt, welche Melodiefassung am besten klingt. Da dies aber nur ein kleiner Teil der Aufgabe ist, erscheint es motivierender, die Arbeitsgruppen entsprechend ihres Lernstandes zusammenzusetzen. So können mit entsprechender Unterstützung auch schwächere Schülerinnen und Schüler zu eigenständigen Ergebnissen und damit Erfolgserlebnissen kommen (zu den Prinzipien kooperativen Lernens vgl. Johnson/Johnson 1994; Johnson et al. 2000, zitiert in

Evelein 2011, S. 3). Die Kompositionsaufgabe „Strates" ist ein schönes Beispiel, wie durch offene Vorgaben reizvolle und kreative Ergebnisse auf unterschiedlichem Niveau ohne die Notwendigkeit der Notation möglich sind.

## 4. Vorstellung der Beispiele

### Beispiel 1: „Strates"

Bei der Kompositionsaufgabe „Strates" handelt es sich um eine Aufgabe, die Christophe Schiess entwickelt und am *Gymnase française de Bienne* erfolgreich erprobt hat.[1] Die Komposition basiert auf fünf Schichten (Strates), die über vier Wochen hinweg von den Schülerinnen und Schülern ergänzt werden. Die erste Schicht ist vorgegeben: Es handelt sich um einen digital aufgenommenen kontinuierlichen Glasklang eines in Schwingung versetzten Weinglases. „Man beginnt also nicht von null, nicht von der absoluten Stille, sondern von einem leisen Klang mit einer bestimmten Höhe, mit einer bestimmten Qualität. Es ist (noch) kein Metrum vorhanden." (Schiess 2011, S. 9)

Nun ist es die Aufgabe, in Kleingruppen (à 3–4 Personen) innerhalb jeweils einer Doppellektion der Komposition eine neue Schicht gemäß entsprechender minimaler Vorgaben hinzuzufügen. Zunächst müssen sie sich die Aufnahme der bereits vorhandenen Schicht(en) genau anhören. Es folgt ein Diskussions- und Beratungsprozess innerhalb der Arbeitsgruppe über kompositorische Optionen für die nächste Schicht. Verschiedene Vorschläge werden praktisch erprobt, möglicherweise verworfen, überarbeitet, verfeinert.

Im zweiten Teil der Doppellektion erfolgt die Aufnahme der jeweils neuen Schicht über die bereits existierenden Schichten im Plenum.[2] Das Aufnehmen der neuen Schicht hat gleichzeitig Aufführungscharakter, da es vor der gesamten Lerngruppe stattfindet. Hier erfahren die einzelnen Gruppen, welche Lösungen die anderen Gruppen gefunden bzw. weiterverfolgt haben. Um sich die Ergebnisse außerhalb des Unterrichts in Ruhe anhören zu können und gegebenenfalls bereits Ideen für die nächste Schicht zu entwickeln, bietet es sich an, die Aufnahmen beispielsweise via Internet zugänglich zu machen. Die Aufgabe wird mit einer schriftlichen Reflexion jedes Schülers über den Arbeitsprozess und das Klangresultat beendet und entsprechend beurteilt.

Der Entstehungsprozess von „Strates" erschließt sich den aufmerksamen Hörerinnen und Hörern in seiner finalen Fassung dadurch, dass jede Schicht einige Sekunden hörbar sein muss, bevor die nächste Schicht beginnt. So gehen Prozess und Produkt eine hörbare Symbiose ein.

---

[1] Ausführliche Beschreibung unter: Schiess 2011, recherchiert am 4.7.2011
[2] Die Technik des Live-Überspielens erinnert an Alvin Luciers Komposition „I'm sitting in a room" (1969/70). Eine Adaption dieser Idee findet sich bei Cslovjecsek/Spychiger 1998, S. 36.

Der besondere Charme der Aufgabe besteht in ihrer Schlichtheit. Gleichzeitig werden alle drei Kompetenzbereiche „Musik wahrnehmen und verstehen", „Musik gestalten" und „Über Musik nachdenken" adressiert. Durch diese Einfachheit und Offenheit trägt das Konzept von „Strates" in besonderem Maße dem Umstand Rechnung, dass Lerngruppen in Musik häufig heterogen sind. Die Aufgabe kann mit großem musiktheoretischem und kompositorischem Wissen und mit Erfahrung wie auch elementaren musikalischen Mitteln gelöst werden. Sie kommt ohne jede Notation aus, denn die Zwischenergebnisse, die einzelnen Schichten, werden jeweils noch innerhalb der jeweiligen Doppellektion aufgenommen, müssen also nicht als Erinnerungsstütze schriftlich fixiert werden, um sie zu einem späteren Zeitpunkt wieder zu reaktivieren. So ist die Aufgabe auch ohne Notenkenntnisse lösbar. Durch den vorgegebenen Ausgangston und die Rahmenvorgaben für die folgenden Schichten braucht trotz aller Offenheit auch keine Angst vor dem „weißen Blatt" aufzukommen (vgl. ebd., S. 10).

Das aufmerksame, aktive Hören der vorangegangen Schichten vor dem jeweiligen Kompositionsprozess, bei der Aufführung und beim Hören der neuen Aufnahme sensibilisiert die sinnliche Wahrnehmungsfähigkeit für zunehmend komplexere Klangphänomene, Texturen und Strukturen. Dies erfordert Aufnahmebereitschaft, Konzentration und ein gewisses Maß an Ausdauer. Gleichzeitig wird hier die Fähigkeit, die eigenen Höreindrücke zu gliedern und auf die Kompositionsaufgabe auszurichten, geschult.

Während der Beratungen innerhalb der eigenen Arbeitsgruppe, beim Austausch im Plenum und beim Verfassen der schriftlichen Reflexion denken die Schülerinnen und Schüler intensiv über ihre eigene Musik und die ihrer Mitschülerinnen und Mitschüler nach. Hier werden individuelle Erfahrungen ausgetauscht, Erkenntnisse strukturiert und eingeordnet. Dies ist anregend und zeigt die gesamte Bandbreite von Lösungswegen und Lösungsmöglichkeiten auf. Auch der Umgang mit Fachsprache kann hier gezielt geübt werden.

Entsprechend ihres eigenen Entwicklungsstandes beschäftigen sich die Jugendlichen bei der Verwirklichung ihrer eigenen Gestaltungsabsichten mit elementaren wie zentralen Fragen des Komponierens: der Zeit(gestaltung), dem Material und der Klangfarbe, der Textur, dem musikalischen Einfall, der kompositorischen Stringenz, etc. und können dabei eigene Schwerpunkte wählen. Eine zentrale, künstlerische Erkenntnis wird ihnen durch die Anlage der Komposition gleichsam nebenbei mitgegeben: Es ist entscheidend, mit den musikalischen Mitteln ökonomisch umzugehen, um auch noch in der nächsten Schicht etwas hinzufügen zu können (vgl. ebd., S. 9). Durch die intensive, praktische Auseinandersetzung erarbeiten sich die Lernenden gemeinsam grundlegende Gestaltungsprinzipien. Ausgehend von der eigenen praktischen Erfahrung ist die „Theorie" so konkret nachvollziehbar und erfahrbar. Das handfeste Ringen um kompositorische Lösungen bringt den Jugendlichen idealiter auch die Ansätze und Antworten anderer Komponisten näher. So öffnen sie sich durch ihre eigenen Kompositionsversuche auch für die anderer. Auf diese Art können klassische wie zeitgenössische Kompositionen ein Stück ihrer Sperrigkeit und Fremdheit verlieren (vgl. Hess/Terhag 2008).

Die kompositorischen Ideen werden durch das instrumentale und gesangliche Können der Gruppenmitglieder „geerdet". Es entsteht keine „fiktive" Komposition, sondern eine an die reale Situation gebundene. Gleichzeitig sind alle musikalisch gefordert, ihr Bestes zu geben. Schließlich wird die Musik im Plenum vorgespielt und aufgenommen. Hier üben sich die Jugendlichen auch in ihrer Aufführungskompetenz. Da es vor allem darum geht, Klang und Textur zu gestalten, ist es dennoch nicht essenziell, spieltechnisch Hochstehendes zu leisten. Selbst einfachste musikpraktische Fertigkeiten können wirkungsvoll zum Einsatz kommen.

Bei einigen Lerngruppen, besonders in der sensiblen Phase der Pubertät, können dennoch Hemmungen aufkommen, sich einer solchen Aufgabe überhaupt zu stellen, da ihnen die Klangwelt dieses Ansatzes zu fremd und ungewohnt sein mag. Gerade da sie gefordert sind, sich selbst musikalisch auszudrücken und dies vor dem Plenum „rechtfertigen" müssen, ist Widerstand nicht ausgeschlossen. Es handelt sich eben nur bedingt um ihre eigene Musik. Die Möglichkeiten, darauf zu reagieren, können sehr unterschiedlich sein. Denkbar ist beispielsweise, die Lerngruppe sukzessive durch kleinere Übungen und Hörbeispiele mit der Vielfalt musikalischer Ausdrucksformen vertraut zu machen, ihre Hemmungen gezielt zu adressieren und sich über Musikgeschmack auszutauschen. Es ist auch denkbar, dass sich erst im aktiven Tun während des Kompositionsprozesses die Widerstände verringern. Entscheidend ist, dass die Lernenden den Wert der Aufgabe erkennen. Dies ist auch durch folgende Aspekte gewährleistet:

- Die Vorgaben in Bezug auf die Länge der Komposition machen deutlich, dass es sich nicht um eine bloße Übung oder Spielerei handelt. Gleichzeitig ist die Länge überschaubar genug, um nicht zur Überforderung zu werden.
- Der Arbeitsprozess verläuft innerhalb einer klar vorgegebenen Struktur über einen längeren Zeitraum. Dies macht den Stellenwert der Aufgabe deutlich, gibt den Lernenden gleichzeitig aber auch Orientierung und Sicherheit.
- Die Komposition „wächst" und wandelt sich von Woche zu Woche. Es muss nicht ad hoc der „große Wurf" gelingen. Dennoch müssen sich die Gruppen jede Woche für eine Schicht abschließend entscheiden und festlegen.
- Die Komposition wird aufgenommen und aufgeführt.

All diese Aspekte signalisieren den Jugendlichen, dass sie in ihrem Bemühen um Ausdruck der eigenen Person und gestalterischen Ideen ernst genommen werden – ein zentraler Faktor bei der Initiierung und Aufrechterhaltung von Motivation und der Begleitung der Jugendlichen zu selbstständigen und reflektierten Musikern und Musikrezipienten.

Der Lehrkraft kommt bei einer solchen offenen Aufgabe eine besondere Bedeutung zu. Sie muss den Prozess in Gang bringen und der Lerngruppe die damit verbundenen Erwartungen und späteren Kriterien einer Bewertung vermitteln. Sie muss die Arbeit der Gruppen begleiten und unterstützen, ohne zu stören oder zu stark zu steuern. Das Feedback während des Arbeitsprozesses sollte motivieren, gleichzeitig eine mögliche spätere Bewertung erahnen lassen. Dies erfordert pädagogisches Feingefühl.[3]

**Beispiel 2: Komposition eines Zirkelkanons**
Jugendliche kennen Zirkelkanons, da sie in der Regel einen festen Bestandteil des Liederrepertoires im Unterricht einnehmen, reflektieren aber selten darüber, was das Wesen eines Kanons ist und wagen sich vermutlich nie daran, aus eigener Initiative heraus einen Kanon zu schreiben. Klassisches Komponieren gilt selbst bei Musikinteressierten, die möglicherweise seit Jahren ein Instrument spielen, als etwas, das nur Profis können. Martin Ebelt hat diesen Umstand zum Anlass genommen, im Rahmen seiner zweiten Staatsexamensarbeit 2000 in Berlin eine Unterrichtseinheit zu konzipieren, bei der die Schülerinnen und Schüler zur Aufgabe haben, einen Kanon selbstständig zu komponieren.[4]

Anhand des Schreibens eines Kanons lässt sich anschaulich zeigen, dass Komponieren im tonalen Raum kein „Hexenwerk" ist. Vielmehr unterliegt es einer Reihe von Regeln, die – werden sie beherzigt – quasi eine Garantie für zumindest passable (Kanon-)Ergebnisse sind. Kompositorische Freiheit und geniale Einfälle spielen hier eine eher untergeordnete Rolle. Durch das Schreiben eines Kanons erhalten die Schülerinnen und Schüler somit die Möglichkeit, elementares musikalisches und musiktheoretisches Wissen, das sie im Laufe der Schulzeit erworben haben bzw. während der Arbeit am Kanon erwerben, sinnvoll und authentisch anzuwenden. Das Ergebnis kann gesungen oder musiziert werden.

An den Ausführungen wird deutlich, dass das Komponieren eines Kanons anders als die Kompositionsaufgabe „Strates" nicht voraussetzungslos ist. Dies ist ein Problem, besonders auf der Sekundarstufe I. Will man die Jugendlichen selbstständig arbeiten lassen, muss der überwiegende Teil Noten lesen und schreiben können, einen Dreiklang zumindest mit Hilfe eines Merkblatts analysieren und schreiben können und einfache Melodien auf einem Instrument spielen können.

Die Zirkelkanon-Aufgabe ähnelt in Teilen einer Werkaufgabe aus dem Bereich Design und Technik (vgl. Birri et al. 2003, S. 10). Um sie zu bewältigen, müssen eine Reihe von Schritten durchlaufen und Teilprobleme gelöst werden, die von der Lehrkraft bei der Entwicklung der Aufgabe antizipiert werden müssen. Dies ist umso schwieriger und umfänglicher, je offener die Aufgabe und je heterogener die Lerngruppe ist. Je nach Leistungsstand der Lerngruppe muss der

---

3  Wertvolle Hinweise zur professionellen Prozessbegleitung finden sich bei Pauli/Reusser 2000.
4  Verschiedene Arbeitsbogen, die für die Unterrichtseinheit entwickelt wurden, finden sich bei Ebert 2000.

Problemlöseprozess nämlich unterschiedlich intensiv begleitet und mit zusätzlichen Unteraufgaben und Übungsmaterial ergänzt werden. Denn soll die Lernaufgabe einen Erkenntnis- und Verstehensprozess in Gang setzen, so erfordert dies zwar eine „möglichst eigenständige Lösung eines bestimmten Problems, dafür muss aber das nötige Handwerkszeug und ggf. auch die nötige Vorgehensweise dem Schüler bereitgestellt werden" (Kany 2001, S. 1 f.). Folgende Phasen lassen sich beschreiben, innerhalb derer spezifische Lernoperationen ausgeführt werden:

▸ Problem definieren (Annäherung an das Problem durch Singen oder Musizieren von Kanons; Beschreiben der Wesensmerkmale eines Kanons).
▸ Problem klären (Harmonische Analyse eines Kanons zum Verstehen des vertikalen Prinzips).
▸ Ziele setzen[5]: Für weniger fortgeschrittene Lerngruppen ist es sinnvoll, zunächst nur eine Zeile zu einem bereits bekannten Kanon zu ergänzen. Hierbei wird deutlich, dass die Anzahl der Stimmen/Zeilen theoretisch beliebig erweiterbar ist.
▸ Lösungsansätze entwickeln: Bei einem ersten Kompositionsversuch – und besteht er auch nur aus einer Zeile – ist es angeraten, die Schülerinnen und Schüler im Problemlöseprozess durch Fokussierung auf das zentrale Problem, die Wahl der passenden, akkordeigenen Töne, zu unterstützen. Dies kann etwa durch die Vorgabe eines einfachen Rhythmus für die Zeile geschehen.
▸ Handlungsplan überprüfen: Nach diesem ersten Kompositionsversuch bietet sich eine Zwischenreflexion an: Befolgen die Schülerinnen und Schüler die Regel, nur akkordeigene Töne zu verwenden, werden sie feststellen, dass die Melodie etwas holprig klingt. Sie „schreit" förmlich nach akkordfremden Tönen.
▸ Informationen sammeln[6]: Eine kurze Einführung von Durchgangs- und Wechselnoten einschließlich Übungssequenz kann hier „eingeschoben" werden.
▸ Arbeitsvorgaben durchführen: Komponieren eines eigenen Kanons. Auch hier sind wiederum Hilfestellungen für weniger erfahrene Schülerinnen und Schüler notwendig, etwa indem verschiedene Akkordfolgen zur Auswahl vorgegeben werden, festgelegt wird, welchen harmonischen Rhythmus der Kanon haben soll etc.
▸ Produkt und Prozess auswerten: Die Jugendlichen präsentieren ihre Ergebnisse, indem sie ihren Kanon musizieren. Anschließend wird über die gesam-

---

5   Bei der Werkaufgabe ist an dieser Stelle das Sammeln von Informationen vorgesehen. Im vorliegenden Beispiel ist dieser Schritt nicht notwendig.
6   An dieser Stelle weicht der Phasenverlauf von dem der Werkaufgabe ab. Exkurse dieser Art sind aber sicher auch bei Werkaufgaben denkbar.

te Aufgabe mündlich und/oder schriftlich reflektiert. Neben der Selbsteinschätzung und dem Feedback der Mitschüler sollte auch die Lehrkraft durch eine formative oder summative Bewertung Rückmeldung geben (vgl. Birri et al. 2003).

Anders als bei „Strates" ist mit Widerständen zu Beginn des Problemlöseprozesses eher nicht zu rechnen, da Kanons auf der Sekundarstufe vergleichsweise beliebt sind. Die Aussicht, am Ende selbst Musik komponieren zu können, die so ähnlich klingt wie die ihnen bekannten Beispiele, stellt einen Anreiz dar.
Eine aus Sicht der Lehrkraft zentrale Qualität der Aufgabe, die enge Verzahnung von Musiktheorie und praktischer Anwendung, wird von den Jugendlichen wohl eher gebilligt als geschätzt. Die Anwendung der Tonsatzregeln beim Schreiben des Kanons erfordert nämlich ein hohes Maß an Ausdauer und Konzentration. Dies kann zu Motivationsschwankungen führen, die es gilt, entsprechend aufzufangen. Je nach Niveau der Schülerinnen und Schüler handelt es sich hierbei eher um eine Schreibaufgabe als eine schöpferische Kompositionsaufgabe. Der Einsatz von Notationssoftware erleichtert die Arbeit merklich, stellt einen zusätzlichen Anreiz dar und kommt denjenigen entgegen, die Schwierigkeiten bei der praktischen Umsetzung am Instrument haben.

Sobald Ergebnisse vorliegen, die gemeinsam musiziert werden können, stellt sich in der Regel eine Befriedigung über die geleistete Arbeit ein. Selbst wenn die Resultate verbesserungswürdig sind, so klingen sie – sofern die Tonsatzregeln berücksichtigt wurden – „harmonisch". Dies kann zur Folge haben, dass einzelne ihr möglicherweise negatives musikalisches Selbstbild ein wenig revidieren. Komponieren auf diesem Niveau – auch das ist ein wichtiger Erkenntniswert – ist zum großen Teil Handwerk und weniger Kunst.

Durch die Ergänzung akkordfremder Töne erhalten die Schülerinnen und Schüler mehr kompositorischen Spielraum zurück, so dass eine individuellere Gestaltung möglich wird. Die Lösungen gewinnen an Profil und differenzieren sich entsprechend dem Niveau der Lerner aus.

## 5. Fazit

Ausgangspunkt des vorliegenden Beitrags waren konzeptionelle Überlegungen zur Bedeutung der Aufgabenkultur für das Lernen im Musikunterricht. Anhand exemplarischer Aufgabenstellungen konnte gezeigt werden, dass komplexe Aufgaben in besonderer Weise den heterogenen Bedürfnissen und Kompetenzen von Jugendlichen gerecht werden und selbst mit geringen Vorkenntnissen zu realisieren sind. Darüber hinaus können Aufgabenstellungen im Sinne einer Werkaufgabe dazu dienen, Musiktheorie in ihrer Anwendung selbst zu erfahren und zu erproben. Die wechselseitige Befruchtung von praktischem Tun, sinnlicher Wahrnehmung und verstehendem Erkennen als leitendem Merkmal von

Unterrichtsvorhaben stellt dabei Herausforderung und Chance dar. Die weitere Forschung könnte auf eine stärkere empirische Fundierung dieses konzeptionell argumentierenden Beitrags abzielen. In diesem Rahmen könnte es sich anbieten, die obigen Aufgabenstellungen in konkreten Unterrichtssituationen mit Methoden der qualitativen Sozialforschung vertieft zu begleiten und so unsere Analysen empirisch abzustützen.

**Verwendete Literatur**

Birri, Christian / Oberli, Martin / Rieder, Christine 2003: Fachdidaktik Technisches Gestalten / Werken. Basel.

Cslovjecsek, Markus / Spychiger, Maria 1998: MUS IK oder MUS IK nicht? Musik als Unterrichtsprinzip. Hölstein.

Ebelt, Martin 2000: Einführung in das Schreiben von Kanons nach harmonischer Vorgabe. Eine Unterrichtsreihe im Wahlpflichtkurs Musik der 10 Jahrgangsstufe des Gottfried-Keller-Gymnasiums in Berlin-Charlottenburg. Schriftliche Prüfungsarbeit zur Zweiten Staatsprüfung für das Lehramt an Gymnasien. In: http://blog.schufachmusik.ch/publikationen/2011/aufgabenkulturen-buchprojekt-fhnw/recherchiert am 04.07.2011.

Evelein, Frits 2012: Cooperative Learning in Music. Music Education and the Psychology of Integration. In: Markus Cslovjecsek / Madeleine Zulauf (Hg.): Integrated Music Education. Challenges for Teaching and Teacher Training. Bern.

Hess, Frauke / Terhag, Jürgen (Hg.) 2008: Bach – Bebop – Bredemeyer. Sperriges lebendig unterrichten. (Musikunterricht heute, Bd. 7.) Oldershausen.

Kany, Uwe 2001: Konstruktion von Lernaufgaben. In: http://bildungsserver.berlin-brandenburg.de/fileadmin/bbb/zielgruppen/lehramtsanwaerterinnen/musik/lernaufgaben1.pdf, recherchiert am 24.06.2011.

Lehmann-Wermser, Andreas 2008: Kompetenzorientiert Musik unterrichten? In: Hans-Ulrich Schäfer-Lembeck (Hg.): Leistung im Musikunterricht. Beiträge der Münchner Tagung 2008. (Musikpädagogische Schriften der Hochschule für Musik und Theater in München, Bd. 2.) München. S. 112–133.

Niessen, Anne 2008: Leistungsmessung oder individuelle Förderung? Zu Funktion und Gestaltung von Aufgaben im Musikunterricht. In: Hans-Ulrich Schäfer-Lembeck (Hg.): Leistung im Musikunterricht. Beiträge der Münchner Tagung 2008. (Musikpädagogische Schriften der Hochschule für Musik und Theater in München, Bd. 2.) München. S.134–152.

Pauli, Christine / Reusser, Kurt 2000: Zur Rolle der Lehrperson beim kooperativen Lernen. Schweizerische Zeitschrift für Bildungswissenschaften 22. H. 3. S. 421–442.

Schiess, Christophe 2011. Musik erfinden: Mögliche Wege im Unterricht. Im Internet veröffentlichte Seminararbeit. In: http://www.blog.schulfachmusik.ch/publikationen/2011/aufgabenkulturen-buchprojekt, recherchiert am 4.07.2011.

Terhag, Jürgen 2007: Live-Arrangement. In: Werner Jank (Hg.): Musikdidaktik. Praxishandbuch für die Sekundarstufe I und II. Berlin. S. 167–176.

Christine Rieder

## Aufgabenkultur im Fach Technische Gestaltung – Design und Technik

### 1. Einleitung

Ein fachtypischer Lernprozess im Fach „Technische Gestaltung" ist die Bewältigung einer Werkaufgabe. Zu Beginn derartiger Aufgaben steht eine Absicht oder Fragestellung, die schließlich zu einem von den Lernenden hergestellten Produkt führt. Ebenso wie in der Industrie Produkte entwickelt und hergestellt werden, beschäftigen sich auch die Jugendlichen mit den verschiedenen Aspekten, die Produktionsprozesse kennzeichnen: Funktion, Konstruktion, Gestaltung oder Kalkulation. Weil die Unterrichtseinheit zu einer Werkaufgabe oft mehrere Wochen dauert, ist eine durchdachte Strukturierung in einzelne Lernschritte notwendig. Der Strukturierung kommt durchwegs eine hohe Bedeutung zu, denn wenn ein Schritt missrät, kann es schwierig sein, ihn zu korrigieren. Gleichzeitig muss eine intensive Betreuung der Lernenden durch die Lehrkraft während des ganzen Produktionsprozesses gewährleistet sein, da sich auf jeder Stufe neue Fragen ergeben oder neue Probleme auftauchen können, welche bewältigt werden müssen. Es macht deshalb auch Sinn, den anspruchsvollen und zeitintensiven Prozess der *Werk*aufgabe mittels vielfältiger *Lern*aufgaben zu unterstützen, wobei der komplexe Produktionsprozess in einzelne Teilaufgaben aufgefächert wird. Im Fach Technische Gestaltung sind Lernaufgaben somit als Teile von umfassenden Werkaufgaben definiert. Sie können offen und experimentell formuliert sein, es sind aber auch eng gehaltene Formen der Instruktion möglich.

Im folgenden Beitrag wird anhand eines konkreten Beispiels dargestellt, welche Funktionen Lernaufgaben im Rahmen einer komplexen Werkaufgabe übernehmen können und wie deren Zusammenspiel in einem didaktischen Setting konzipiert werden kann. Nach einer grundsätzlichen Erläuterung des Terminus Werkaufgabe wird das Unterrichtsbeispiel „Bewegte Figur" skizziert, um daran eine Werkaufgabe mit einer außerschulischen Erkundung und weiteren Lernaufgaben vorzustellen. Dabei wird der Begriff „Lernaufgabe" an mehreren typischen Beispielen erläutert und veranschaulicht. Im Verlauf des Beitrags wird mehrfach darauf hingewiesen, wie sich die Rolle der Lehrerinnen und Lehrer durch den Einsatz von Werkaufgaben verändert. Denn im Unterschied zu tradiertem Unterricht mit rezeptiven Lehr-Lernmethoden erscheint das Lernen mit Werk- und Lernaufgaben didaktisch vielfältiger: Es fordert von den Lernenden, sich in einer offenen Unterrichtssituation bewegen zu können. Dies ist v. a. deshalb wichtig, weil Problemlöseprozesse nicht streng linear verlaufen, sondern einzelne Phasen ineinander übergehen können oder Rückschritte im Prozess möglich und manchmal auch sinnvoll sind.

## 2. Definition einer „Werkaufgabe"

Der Begriff der Werkaufgabe wurde in den 80er-Jahren formuliert (vgl. Wilkening 1984, S. 21) und zeigt je nach Offenheit der Aufgabenstellung und der darin enthaltenen Teilschritte gewisse Ähnlichkeiten mit dem Projektunterricht. Die Bearbeitung einer Werkaufgabe erstreckt sich meist über mehrere Wochen und weist folgende typische Merkmale auf:

- Sie bezieht sich auf Inhalte der Erlebniswelt der Jugendlichen.
- Sie setzt einen komplexen Problemlöseprozess in Gang und ist in einzelne Phasen gegliedert, die einander bedingen. Die Phasen enthalten mehrere Lernschritte oder Lerngelegenheiten, womit Teilziele erreicht werden sollen. Zahlreiche unterschiedliche Lernaufgaben strukturieren den gesamten Problemlöseprozess. Sie ermöglichen innere Differenzierungen und Anpassungen an die Voraussetzungen der Lernenden. Lehrende verstehen sich als Begleitung der Problemlöseprozesse.
- Sie zielt auf ein Produkt hin, das aus verschiedenen Perspektiven zu analysieren ist: Funktionalität, Ästhetik, Technologie, Wirtschaftlichkeit sowie kulturgeschichtlicher Hintergrund.
- Sie unterstützt metakognitive Prozesse vor, während und nach der gemeinsamen Arbeit der Lernenden.
- Sie verlangt gute infrastrukturelle Bedingungen (Geräte, Werkzeuge, Apparate, Materialien, Arbeitsplätze, Arbeitsorganisation usw.) und eine inspirierende Lernumgebung (Gestaltung der Unterrichtsräume).

## 3. Beispiel einer Werkaufgabe: „Bewegte Figur"

### 3.1 Mustervorlage der Werkaufgabe

Oft werden im Fach Technische Gestaltung Alltagsgegenstände hergestellt, die Grundbedürfnisse der Menschen befriedigen (Bewegen, sich Kleiden, Wohnen usw.). Die hier vorgestellte Aufgabe ist untypisch, weil nicht etwas „Nützliches" produziert wird, sondern eine Skulptur, die zuerst einmal ästhetischen und technischen Anforderungen genügen soll. Dennoch enthält die Aufgabe eine Vielzahl von Lernanlässen, die sich zu zentralen Zielen des Fachs in Beziehung setzen lassen. Äußerer Anlass und „Impulsgeber" für die Werkaufgabe sind Kunstwerke des Künstlerpaares Niki de Saint Phalle und Jean Tinguely, welche im Museum Jean Tinguely in Basel ausgestellt sind. Jean Tinguely (1925–1991) gehört zu den populären Vertretern der kinetischen Kunst. Er experimentierte bereits früh mit beweglichen und Geräusche erzeugenden Konstruktionen. Der Statik der traditionellen Kunst setzte er die Mobilität seiner Maschinenskulpturen entgegen. Wesentliche Merkmale seiner eigenwilligen Kunstmaschinen sind die oft vom Zufall gelenkten, mechanischen Bewegungen und die optisch-räumliche sowie akustische Veränderung. Die Welt von Jean Tinguely ist die Welt der Mechanik, der Konstruktion von verrückten und poetischen Maschinen.

Die französisch-amerikanische Künstlerin Nicki de Saint Phalle (1930–2002) wurde zuerst mit ihren „Schießbildern" bekannt. In Paris traf sie 1956 Jean Tinguely und war Mitglied der Künstlergruppe *Nouveaux Réalistes*. Später wurden die „Nanas" zu ihrem Markenzeichen[1]. Sie befasste sich mit intensiven Farben und organischen Formen, mit Fabelwesen und meist weiblichen Figuren. Sie stellte ihre ersten Nanas aus textilen Materialien her, später verwendete sie vorwiegend Polyester.

Die typischen Stile und Ausdrucksformen der beiden Kunstschaffenden prägen das Projekt, geben ihm eine Richtung und beeinflussen die Lernaufgaben innerhalb der Werkaufgabe. Dazu gehört auch, dass die Schülerinnen und Schüler das Museum besuchen und die Werke vertieft kennen lernen und analysieren (vgl. Punkt 3.4).

### 3.2 Thema der Werkaufgabe

In einer Unterrichtseinheit von insgesamt 10–16 Unterrichtsstunden setzen sich Lernende der Sekundarstufe I mit den Werken der beiden Kunstschaffenden und ihrer Zusammenarbeit intensiv auseinander. Die Jugendlichen lassen sich von den Werken inspirieren und stellen selber eine Skulptur her, die sich bewegen lässt. Die Werkaufgabe „Bewegte Figur" wird strukturiert durch mehrere Lernaufgaben, die einander bedingen und ergänzen, aber auch kontrastieren. Sie enthält zwei unterschiedliche, aber auch komplementäre Aufgabenteile, welche durch die Kunstwerke Tinguelys und Saint Phalles beeinflusst sind: Die Lernenden sollen einerseits eine „Maschine", andererseits eine „Soft-Skulptur" oder „Figur" konstruieren und diese Elemente zu einem Gesamtwerk verbinden. Diese beiden Teilaufgaben können den herkömmlichen Bereichen im Fach „Technische Gestaltung", dem „Werken" und dem „Textilen Gestalten", zugeordnet werden. Die Aufgabe ist deshalb auch exemplarisch für die Integration der beiden Fachbereiche. Die folgende Darstellung gibt nun chronologisch-beschreibend den Verlauf der Unterrichtseinheit zur Werkaufgabe „Bewegte Figur" wieder.

### 3.3 Hinführung

Bevor die Lernenden mit der eigenen Produktion von gestalterischen und technisch konstruktiven Gegenständen beginnen können, müssen sie Gelegenheit haben, die beiden „Welten" – diejenige von Tinguely und jene von Saint Phalle – vertieft kennen zu lernen. Zusätzlich zum Besuch des Museums kann dies bei

---

1 Nanas werden als Soft-Skulpturen bezeichnet. Dies sind dreidimensionale, textile Objekte in der Gestalt von Puppen, Bildern, Zeremonienkostümen oder Wohngegenständen – und wurden seit Jahrtausenden von Völkern verschiedener Kulturkreise hergestellt.

Tinguely mit Lego-Technik, technischen Baukästen, physikalischen Modellen oder ganz einfach über Abbildungen erfolgen. Diese Hinführung hat auch zum Ziel, dass die Jugendlichen zentrale Grundbegriffe der Maschinentechnik kennen und verstehen lernen: Gestell, Lagerung, Kurbelgetriebe, Gelenk, Führung, Riemengetriebe, die Umformung einer Drehbewegung in Schwing- und Schiebebewegungen, Über- oder Untersetzung usw. Hier sind gezielte Inputs und Instruktionen durch die Lehrkraft sinnvoll und vermutlich auch notwendig.

Mit dem Werk von Saint Phalle wird die Darstellung des Weiblichen thematisiert. Skulpturen aus verschiedenen Kulturen, vorzugsweise dreidimensionale Darstellungen, werden analysiert. Mit Bezug auf konkrete Lernziele und Inhalte des Fachs geht es hier um textile Verfahren der Flächengestaltung und der Flächenverbindung. Auch der Konstruktionsprozess von der Fläche zur Hülle ist zu erarbeiten. Die Herausforderung für die Jugendlichen wird in einer späteren Phase des Projekts darin bestehen, eine Fläche in eine dreidimensionale Skulptur zu übersetzen – dafür brauchen sie vorab gezielte Unterstützungen und Anweisungen durch die Lehrkraft.

### 3.4 Erkundung im Museum und Sammeln von Informationen

Museen und weitere außerschulische Lernorte eröffnen den Jugendlichen exemplarische Einblicke in die Lebenswelt anderer. Derartige Erkundungen sind vielfältig und müssen je nach Alter, Stufe, Ort und Zeitbedarf dem schulischen Kontext angepasst werden. Mit Museumsbesuchen können die Schülerinnen und Schüler ihre eigene Wirklichkeit mit der von anderen Menschen (soziale, zeitliche und räumliche Distanz) vergleichen. Dazu sind zusätzliche Informationen notwendig, um Erkundungsaufträge zu verstehen und auszuführen. Die Jugendlichen werden außerdem mittels Lernaufgaben, in diesem Fall u. a. Objektanalysen, an die Werke der beiden Kunstschaffenden herangeführt, wobei je eine Arbeit von Jean Tinguely und Niki de Saint Phalle genauer untersucht wird.

Bei der Objektanalyse „Maschine" wird eine Skulptur von Jean Tinguely im Park vor seinem Museum erkundet. Schülerinnen und Schüler sollen die Plastik dabei von allen Seiten genau anschauen, als Ganzes skizzieren, eine Detailzeichnung von beweglichen Teilen anfertigen (Bewegungsübertragung und -umformung), die beweglichen Teile der Maschine benennen und die Zeichnung beschriften. Bei der Objektanalyse gilt es außerdem, eine Skulptur als typische Figur von Niki de Saint Phalle zu erforschen. Folgende Fragen sind dabei zu beantworten: Was stellt die ausgewählte Figur für dich dar? Wie würdest du das Objekt einem Kind beschreiben und erklären? Zur Beantwortung dieser Fragen gehört auch, dass die Jugendlichen die Umrisse der Figur ganz genau betrachten und auf Papier skizzieren oder fotografieren sowie die Oberflächengestaltung, die verwendeten Farben und Farbkombinationen visualisieren und beschreiben.

### 3.5 Umsetzung in der eigenen künstlerischen Tätigkeit

Nachdem die Jugendlichen sich intensiv mit den Werken der beiden Künstler auseinandergesetzt und deren Eigenschaften untersucht haben, geht es in der nächsten Arbeitsphase um die persönliche Umsetzung, wobei die Jugendlichen selber eine „Maschine" und eine „Skulptur" herstellen. Im Fall der „Tinguely-Maschine" lautet eine zentrale Aufgabe, dass das eigene Werk der Lernenden wesentliche Elemente des Vorbilds enthalten soll. Der Produktionsprozess ist langfristig angelegt und wird deshalb wiederum mit verschiedenen Lernaufgaben strukturiert und unterstützt. Dabei sollen die Schülerinnen und Schüler lernen, verschiedene Werkstoffe, Bauteile und Technologien funktional einzusetzen (z. B. Draht, Nägel, Holz, Gummi oder Rillenräder). Die in dieser Phase formulierte Lernaufgabe verlangt zudem, dass die Maschine eine Handkurbel enthält, die die Drehbewegung in eine lineare oder schwingende Bewegung umwandelt. Als Weiterführung wäre hierbei denkbar, dass der Antrieb durch einen batteriegetriebenen Elektromotor erfolgt. Die Schülerinnen und Schüler müssen zur Konstruktion der Maschine ein einfaches Kurbelgetriebe aus Schweißdraht auf einer Grundplatte aufbauen. Dabei kann entweder experimentell vorgegangen werden (wobei die Jugendlichen unter Aufsicht der Lehrkraft eigene Konstruktionsversuche unternehmen), oder es kann ein additives Vorgehen gewählt werden, wobei sie einem bestimmten Ablaufplan folgen. Als Kurbelgetriebe, das die Drehbewegung in eine schwingende, schleifende oder geradlinige Bewegung übersetzt, sind Schubkurbeln, Kurbelschwingen, Kurvenscheiben oder die schwingende Kurbelschleife zu verwenden. Auch ein Riemengetriebe könnte die Drehbewegung des Antriebs weiterleiten, unter- oder übersetzen (vgl. Oberli/Rieder 2009).

Bei der Konstruktion der „Nana" erhalten die Schülerinnen und Schüler den Auftrag, eine Soft-Skulptur aus Textilien herzustellen, die durch die Farbigkeit und Formensprache der Figuren von Niki de Saint Phalle angeregt ist. Hierzu werden Teilflächen in der Ebene konstruiert, mit flüssigen Farbstoffen bemalt und ornamental gestaltet; die Teilflächen werden schließlich zusammengefügt und zu einer dreidimensionalen Skulptur montiert.

Eine wesentliche Herausforderung der gesamten Werkaufgabe liegt vielleicht darin, die beiden Figuren zu einem „Gesamtwerk" zu verbinden. Die Lernenden müssen deshalb bereits bei der Konstruktion der „Maschine" berücksichtigen, wie die „Soft-Skulptur" nachher integriert werden soll und in welchem Verhältnis die beiden Kunstwerke nachher stehen sollen. Diese Kombination von eigenständigen und teilweise auch gegensätzlichen Werken ist anspruchsvoll; sie kann aber den gesamten Produktionsprozess auch leiten und ihm eine Richtung verleihen, wenn die Lernenden sich überlegen, worin denn eigentlich das „Wesen" der „Maschinen" und „Nanas" liegt und in welcher Beziehung diese zueinander stehen.

### 3.6 Präsentation und Reflexion der eigenen Arbeit

Als letzte Phase der Werkaufgabe werden die entstandenen Produkte präsentiert und von den Schülerinnen und Schülern erläutert. Da sich die Arbeitsprozesse über mehrere Wochen erstreckten, kann es lohnend sein, eine kleine Vernissage für Eltern, Schulkameraden usw. zu veranstalten. Dieser Schritt der öffentlichen Betrachtung gehört zum Wesen künstlerischer Prozesse. Einerseits können die Lernenden dabei Stolz und Anerkennung für ihre Werke erhalten und erfahren, wie diese auf andere Menschen wirken. Andererseits müssen evtl. auch kritische Fragen beantwortet werden.

Ebenso wichtig ist am Ende der Werkaufgabe eine Reflexion der geleisteten Arbeit, welche sich von der Präsentation unterscheidet und auch deutlich davon zu trennen ist. Ein Projekt wie „Bewegte Figur" bietet für die Jugendlichen vielfältige Lernchancen. Allerdings ist angesichts der freien Arbeitsplanung und individuellen Gestaltung nicht von vorneherein klar, was dabei tatsächlich gelernt wird und auf welchen Ebenen die Erträge des Projekts liegen. Das bedeutet, dass die Lernerträge im Einzelfall explizit gemacht und geklärt werden müssen. Für die Schülerinnen und Schüler sind dabei gewisse Leitfragen hilfreich, wie z. B.:

▸ Was ich bei dieser Aufgabe gelernt habe …
▸ Was bei dieser Aufgabe schwierig war …
▸ Worauf ich bei dieser Aufgabe besonders stolz bin …
▸ Was mein Produkt von mir zeigt und über mich aussagt …

Im Sinne der Verbindlichkeit ist es sinnvoll, wenn diese Reflexionen auch schriftlich erfolgen, z. B. im Kontext eines Lernjournals oder Werkprotokolls. Solche Texte bieten gute Grundlagen für Lehrer-Schüler Gespräche, z. B. wenn Arbeitsprozess und Produkt im Rahmen der Leistungsbewertung besprochen und beurteilt werden. So lassen sich die Sichtweisen der Lehrkraft und der Lernenden zueinander in Beziehung setzen und auftretende Differenzen im Gespräch klären. Dabei ist hilfreich, wenn Rückmeldungen durch die Lehrerin oder den Lehrer schon zu einem früheren Zeitpunkt erfolgten und Leistungsbeurteilungen bereits während des Arbeitsprozesses stattfanden, wie das bei „Bewegte Figur" an verschiedenen Stellen der Fall war.

An der Werkaufgabe „Bewegte Figur" zeigen sich, wie in der Einleitung angesprochen, gewisse grundsätzliche Aspekte von Problemlöseprozessen beim Lernen aus der Sicht des Fachs Technische Gestaltung. Diese Aspekte werden im Folgenden erläutert, um ein vertieftes Verständnis der hier dargestellten Arbeitsphasen herzustellen. Dabei sollen auch Anforderungen geklärt werden, welche die einzelnen Aufgaben an Jugendliche stellen, und es können die Lernchancen sichtbar werden, die sich ihnen in einem solchen Projekt bieten. Es wird deshalb wiederum ein chronologisches Vorgehen gewählt, das die einzelnen Phasen des Aufgabenbeispiels „Bewegte Figur" widerspiegelt.

## 4. Phasen des Problemlösungsprozesses

Ausgangspunkt des problemlösenden Lernens im Allgemeinen ist eine möglichst authentische, komplexe Frage und Problemstellung aus der Lebenswelt der Schülerinnen und Schüler. Im Anschluss an Pólya (1948) bzw. an Dewey (1910/1997) lassen sich danach mehrere Phasen unterscheiden.

### 4.1 Analyse: Problem definieren und klären

In der Phase der Analyse geht es um die Identifikation der Lernenden mit dem Problem und um dessen genaue Klärung. Wichtig ist, dass die Schüler und Schülerinnen die Ziele der Aufgabe kennen und verstanden haben, was erreicht werden kann, indem sie das Problem beispielsweise sich selbst oder andern erläutern müssen. Im Fach Technische Gestaltung können hier z. B. die Bedingungen der Aufgabenstellung bezüglich Form, Funktion, Konstruktion, Materialität oder weiterer Kriterien dargelegt werden. Lernende sollen zusätzlich auch die Möglichkeit haben, eigene Zielsetzungen bezüglich Produkt und Prozess zu formulieren. Dabei werden das gestellte Problem in Teilschritte gegliedert sowie Eckdaten und Freiräume aufgelistet.

Bei der Realisierung der Werkaufgabe „Bewegte Figur" finden diese Vorgänge während der ersten Phase der „Hinführung" statt, aber auch im Anschluss an die Phase des Sich-Informierens im Museum (siehe Abschnitt 3.3 und 3.4). Der außerschulische Lernort, die Auseinandersetzung mit Originalwerken der beiden Kunstschaffenden und das Nacherleben ihrer Lebensgeschichte lösen bei den Betrachterinnen und Betrachtern Neugierde, Faszination und Interesse aus, was zu eigenem nachgestaltenden Schaffen anregt. Damit leisten derartige Aufgabenstellungen einen Beitrag zur Entwicklung eigenständiger Ideen und persönlicher Ausdrucksfähigkeit der Jugendlichen. Die verschiedenen technischen Bereiche enthalten weitere Möglichkeiten, an die Erlebniswelt der Heranwachsenden, ihr Vorwissen und Erfahrungen anzuknüpfen und damit einen Bezug zu ihrem Alltag herzustellen. Erst wenn die Schülerinnen und Schüler sich umfassend mit Tinguely und Saint Phalle sowie den konkreten Skulpturen befasst haben, sind sie in der Lage, die geforderten Arbeitsprozesse zu überblicken, mögliche Schwierigkeiten zu erkennen und erste Vorstellungen zu ihren Figuren zu entwickeln.

### 4.2 Informationen sammeln

In dieser Phase setzen Lernende sich mit der Thematik auseinander, sammeln Informationen und lernen gestalterische, technologische, kulturgeschichtliche, wirtschaftliche und ökologische Aspekte kennen. Sie erschließen Sachgebiete, stellen Vermutungen über das Vorgehen an, entwickeln Vorstellungen von Teilschritten, befragen Experten und Expertinnen, damit die Grundlage für den Lösungsplan erstellt werden kann. Bei der vorgestellten Werkaufgabe vollzieht sich diese Phase bereits im Rahmen der „Hinführung", aber vor allem bei der Erkundung im Museum: Lernende werden zum Beispiel durch den Auftrag der Objektanalysen gestützt, sich gezielt und systematisch über die „Maschine" von Jean Tinguely und über die „Nana" zu informieren. Zudem müssen auch gezielte Inputs und Interventionen der Lehrkräfte erfolgen, besonders wenn es um die Bewältigung gewisser technischer Probleme geht.

### 4.3 Handlungsplan erstellen

Diese Phase zielt darauf ab, einen Ablauf für die gesamte Werkaufgabe zu konzipieren. Dazu können Entwürfe gestaltet, Modelle hergestellt oder zur Lösung notwendige Experimente und Lehrgänge geplant und durchgeführt werden. Einzelne Teilschritte, Entwicklungen usw. sind zu einem Vorgehens- oder Arbeitsplan aufzubauen. Um ihre Vorstellung einzelner Schritte zu differenzieren, brauchen Schülerinnen und Schüler Vorabklärungen. Auch das Heranziehen von Analogien kann hilfreich sein. Die Aufgabe „Bewegte Figur" stellt gerade hier hohe Anforderungen an die Jugendlichen. Insbesondere der letzte Schritt der Herstellung, die Integration der „Nanas" in die „Maschinen" erfordert anspruchsvolle Antizipationen und hohe Planungskompetenzen. Es ist deshalb wichtig, dass die Lernenden eine sorgfältige Planung durchführen und diese auch mit der Lehrkraft besprechen.

### 4.4 Vorhaben durchführen

Nun wird die gewählte Lösung realisiert, was manchmal langwierig ist und von den Lernenden Kreativität, Anstrengung, Durchhaltewillen und sicherlich auch Frustrationstoleranz erfordert. Bei Misserfolgen müssen sie den Arbeitsgang unterbrechen, zurück zur Phase der Analyse gehen und neue Lösungsansätze finden. Zur Unterstützung können alle Schritte protokolliert und visuell dokumentiert werden. Im obigen Abschnitt 3.5 verdeutlicht schon die knappe Skizze der „Umsetzung" wie vielfältig die Aufgaben sind, denen sich die Jugendlichen bei der „Bewegten Figur" stellen müssen. Zahlreiche komplexe Arbeitsvorgänge sind zu bewältigen (etwa die Konstruktion der Bewegungsübertragung), und maßgebliche Entscheidungen zu treffen. Auch der Aufbau der Soft-Skulptur, der bei der Schnittentwicklung den Transfer von der Fläche zur Dreidimensionalen erfordert, ist anspruchsvoll. Damit die Schülerinnen und Schüler eine Chance zur Bewältigung dieser Aufgaben erkennen, brauchen sie eine kompetente Begleitung durch die Lehrenden.

### 4.5 Produkt und Prozess auswerten

Mit der Auswertungsphase erfolgt die Evaluation von Produkt und Prozess. Dabei stehen die Präsentation und Interpretation der entstandenen Objekte im Vordergrund. Die Frage der Qualität des *Produktes* bezieht sich auf Kriterien, die für alle Werkaufgaben in ähnlicher Weise gelten und bereits stichwortartig genannt wurden.

- Funktionalität des Produkts: Gebrauchswert, Zweckmäßigkeit, Funktionstüchtigkeit;
- ästhetische Aspekte: Erscheinung, Farben, Formen, Materialität, Texturen etc.;
- technologische Aspekte: Verfahren, Werkzeuge und Werkstoffe;
- wirtschaftliche Aspekte: Umgang mit Ressourcen wie Zeit, Materialien etc.;
- kulturgeschichtliche Aspekte: Bedeutung von einfachen Maschinen aus historischer Sicht, kultureller Hintergrund bestimmter Textilien.

Die Analyse des Lern*prozesses* bei einer Werkaufgabe umfasst neben dem Nachdenken über verschiedenste Planungs-, Tätigkeits- und Kommunikationsvorgänge auch metakognitive Tätigkeiten, wie etwa die Reflexion eigener Denkstrategien oder kreativer Prozesse. Die Werkaufgabe „Bewegte Figur" veranschaulicht somit einen fachbezogenen Problemlöseprozess. Im folgenden Abschnitt werden nun fachtypische methodische Gestaltungsmöglichkeiten dargestellt, welche sich an diesem Beispiel zeigen und sich aber auch auf andere Kontexte übertragen lassen.

## 5. Fachtypische methodische Gestaltungsmöglichkeiten verschiedener Lernaufgaben

Problemlösendes Lernen mit komplexen Aufgabenstellungen erfordert im Fach Technische Gestaltung Erwerb, Anwendung und Reflexion spezifischer Lern- und Arbeitstechniken, wie etwa das genaue Beobachten, die präzise Versprachlichung von Wahrnehmungen oder das Erstellen von Skizzen (siehe oben). Damit Lernende durch Erkunden, Experimentieren und Erforschen selbstständig Antworten und Lösungsansätze finden, ist darüber hinaus ein Repertoire an fachtypischen Lernaufgaben notwendig. Sie folgen prinzipiell der Didaktik des entdeckenden Lernens und führen handlungsorientiert in das ergiebige Feld des Forschens und Experimentierens ein (vgl. Labbude 2010, S. 135). Im Kontext des Problemlöseprozesses einer Werkaufgabe kommen sie zunächst in den beiden Phasen der Problemdefinition und Information zum Einsatz. Bei der „Bewegten Figur" ist hier u.a. die Lernaufgabe der „Objektanalyse" realisiert worden. Darüber hinaus sind in anderen Phasen der genannten Werkaufgabe noch andere Typen von Lernaufgaben möglich und werden durch die Komplexität des Problems auch eingefordert: Dazu gehören etwa Materialuntersuchungen und -erprobungen, verschiedenste Experimente oder ein Lehrgang. Sie alle dienen dazu, die Schülerinnen und Schüler zu Beginn und im Verlauf des Lernprozesses zu unterstützen, das anspruchsvolle Produkt angemessen zu planen und zu konstruieren. Die genannten und bei der „Bewegten Figur" verwendeten Lernaufgaben werden im Folgenden nochmals kurz erläutert.

## 5.1 Objektanalyse

Im obigen Beispiel führten die Schülerinnen und Schüler eine Objektanalyse im Museum durch – aus verständlichen Gründen jedoch nur ansatzweise, denn im Normalfall zerlegen die Lernenden ein Objekt oder einen Teil davon. Damit gewinnen sie Erkenntnisse über Konstruktion, Funktion, Herstellung oder Art der Werkstoffe. Stichwortartig ist das Vorgehen wie folgt zu beschreiben: Wahrnehmen des Objekts in seiner Gesamtheit, Benennen der äußeren Merkmale, Entwickeln von Hypothesen über den Aufbau und den Funktionszusammenhang, Generieren von Vorgehensmöglichkeiten für die Demontage, Lösen der Verbindungen, Zerlegen, Gruppieren der vorhandenen Teile und Benennen von deren Zweck und Funktion. Die Ergebnisse der Analyse werden mit Fotos, Funktionsskizzen, Konstruktionszeichnungen oder Tabellen festgehalten. Es folgt die Remontage, deren Gelingen Aufschluss gibt über das gewonnene Verständnis der Jugendlichen und zugleich eine Lernerfolgskontrolle darstellt. Nach Abschluss einer Objektanalyse werden sämtliche vorgenommene Schritte verbal vergegenwärtigt und zeitlich geordnet. Die Erkenntnisse bilden die Grundlage für das Verstehen ähnlich strukturierter Gegenstände und Prozesse der technischen Welt.

## 5.2 Materialuntersuchung

Als Untersuchung eines Werkstoffes birgt dieser Typus von Lernaufgabe präzise Wahrnehmungsvorgänge. Die Lernenden erforschen, wie sich Oberflächen anfühlen, welches Gewicht die Materialien haben oder wie sie aufgebaut sind. Die zugehörigen Tätigkeiten sind Beobachten, Wiegen, Vergleichen, aber auch Tasten oder Riechen. Vergleiche mit weiteren Werkstoffen drängen sich auf. Immer dann, wenn Lernende die Aufbaueigenschaften eines Halbfabrikats herausfinden sollen, ergeben sich noch weitere Aktivitäten wie Auseinandernehmen, Herausdrehen, Erhitzen, Verformen, Herauslösen, Vergrößern, wobei die Grenzen zur Objektanalyse fließend sind. Materialuntersuchungen bieten sich zu einen bei der Werkaufgabe „Bewegte Figur" während des Museumsbesuchs bei beiden Plastiken an; entsprechenden Materialien (Metall, Filz, Farbe usw.) können andererseits im Werkraum oder im Atelier vertieft untersucht und erforscht werden.

## 5.3 Materialerprobung

Bei dieser Lernaufgabe werden Werkstoffe nicht nur untersucht, sondern gezielt getestet. Lernende erproben, ob sich Werkstoffe für einen bestimmten Zweck oder für ein bestimmtes Verfahren eignen. Hierzu wird das Material mittels verschiedenster Werkzeuge oder Geräte verändert und geprüft. Die sich ergebenden Verarbeitungs- und Gebrauchseigenschaften werden beobachtet und beschrieben. Bei längeren Versuchsreihen ist ein Arbeitsprotokoll hilfreich, um die damit gewonnenen Einsichten festzuhalten. Im Rahmen der „Bewegten Figur" sind Materialerprobungen vor allem notwendig, wenn es um die Entwicklung und den Zusammenbau des eigenen Produktes geht.

## 5.4 Technisches Experiment

Wie bei der Materialerprobung beginnt der Lernprozess mit einer Hypothese. Die technischen Experimente sind jedoch komplexer als die oben skizzierten Versuche. Lernende erwerben hier Kenntnisse in den Bereichen der Technologie, Konstruktion und der Funktionszusammenhänge. Experimente werden durchgeführt und je nach Ergebnis wiederholt, bis ein befriedigendes Resultat erzielt ist. Wiederum ist es wichtig, dass diese Prozesse in Arbeitsprotokollen dokumentiert werden. Im vorliegenden Beispiel „Maschine" sind Kenntnisse zu Kraftübertragung, Antrieb von Maschinen, zum Einsatz von Seil, Stangen, Rollen, über schiefe Ebenen, Übersetzungen, Riemengetriebe etc. erforderlich und könnten z.B. mittels technischer Experimente aufgebaut werden. Diese Experimente können ebenso die Schnittentwicklung für die „Nanas" unterstützen.

## 5.5 Gestalterisches Experiment

Mittels gestalterischer Experimente werden Materialwahl, Farbkombinationen und Darstellungsideen ausprobiert sowie auf ihre ästhetische Wirkung hin überprüft. Je nach Zielsetzung und Thema können die Schülerinnen und Schüler spielerisch oder systematisch erproben, welche Möglichkeiten von Wirkungen durch ein Material, seine Veränderungen oder bestimmte Verfahren zu erzielen sind. Gestalterische Experimente sind bei der Flächengestaltung der feminin anmutenden Stoffskulpturen wesentlich und fördern den Einsatz verschiedenster bildnerischer Mittel ebenso wie die kreative Ausdrucksfähigkeit der Lernenden.

## 5.6 Lehrgang

Im Lehrgang vermittelt die Lehrkraft die notwendigen Informationen zur Lösung einer Aufgabe. Häufig handelt es sich um technologische Fertigkeiten (Materialbearbeitungsbereiche, Handhabung von Werkzeugen, Geräten und Maschinen), welche in vorgeplanten, gestuften und sachlogischen Schritten dargestellt werden. Ein Lehrgang entspricht einer mehrteiligen Instruktionen; er enthält auch Teilinformationen wie etwa die Sequenz „Vorzeigen-Nachmachen". Die erworbenen Kenntnisse können durch Zusammenfassungen gefestigt werden. Das Gelernte wird außerdem geübt und in unbekannte Kontexte transferiert. Durch Lehrgänge vorbereitete Instruktionsaufgaben sind ein wichtiger Bestandteil innerhalb von Problemlöseprozessen. Auch bei der „Bewegten Figur" sind Instruktionsaufgaben mit Modellen und Plänen zum Aufbau von Sachwissen (z.B. Bewegungsübertragung) unverzichtbar und können u.a. bei der Phase der Handlungsplanung zum Einsatz kommen.

## 6. Fazit

*Werkaufgaben* sind im Fach Technische Gestaltung geeignet, um im Rahmen von Problemlöseprozessen anspruchsvolle Lerninhalte der Produktentwicklung zu erschließen. Sie erfüllen darüber hinaus relevante Merkmale wie sie in der aktuellen Unterrichtsforschung an „gute" Aufgaben formuliert werden. Wichtig dabei ist zudem eine sorgfältige Planung und Begleitung des häufig langwierigen Konstruktionsprozesses, da ansonsten der Erfolg der gesamten Arbeit infrage gestellt wäre. In Werkaufgaben integriert tragen verschiedenste *Lernaufgaben* dazu bei, Lernprozesse zu unterstützen und zu strukturieren. Sie dienen aber auch dazu, dass Lehrende Lernvoraussetzungen diagnostizieren und angemessene Lernziele für Schülerinnen und Schüler formulieren können.

**Verwendete Literatur**
Aebli, Hans 1994: Zwölf Grundformen des Lehrens. Stuttgart.
Becker, Christian 2005: Perspektiven Textiler Bildung, Perspektiven textiler Bildung. Baltmannsweiler.
Beck, Erwin/Guldimann, Titus/Zutavern, Michael (Hg.) 1995: Eigenständiges Lernen. St. Gallen.
Birri, Christian/Oberli, Martin/Rieder, Christine 2003: Lehrmittel Fachdidaktik Technisches Gestalten/Werken. Sissach.
Blömeke, Sigrid/Risse, Jana/Müller, Christian/Eicher, Dana/Schulz, Wolfgang 2006: Analyse der Qualität von Aufgaben aus didaktischer und fachlicher Sicht. Ein allgemeines Modell und seine exemplarische Umsetzung im Unterrichtsfach Mathematik. In: Unterrichtswissenschaft 34. H. 4. S. 330–357.
Dewey, John 1997: How we think. (1. Aufl. 1910). Mineola, N.Y.
Dittli, Viktor/Späni, Lisa 2009: Werkweiser 3. Für Technisches und Textiles Gestalten. 7.–9. Schuljahr. Bern.
Eichelberger, Elisabeth/Rychner, Marianne 2008: Textilunterricht. Lesearten eines Schulfaches. Zürich.
Fath, Manfred 2002: Jean Tinguely, Stillstand gibt es nicht! München.
Guldimann, Titus 1996: Eigenständige Lerner. Bern.
Henseler, Kurt/Höpken, Gerd 1996: Methodik des Technikunterrichts. Bad Heilbrunn.
Homberger, Ursula 2007: Referenzrahmen für Gestaltung und Kunst. Pädagogische Hochschule Zürich.
Hulten, Pontus 1994: Niki de Saint Phalle. Sonderausgabe zur Ausstellung in der Kunst- und Ausstellungshalle der Bundesrepublik Deutschland in Bonn. Ostfildern.
Labbude, Peter (Hg.) 2010: Fachdidaktik Naturwissenschaften, 1.–9. Schuljahr. Bern u.a.
Pólya, George 1948: How to solve it: a new aspect of mathematical method. 5. Aufl. Princeton, NJ.
Reusser, Kurt 2005: Problemorientiertes Lernen – Tiefenstruktur, Gestaltungsformen, Wirkung. In: Beiträge zur Lehrerbildung 23 (2005), H.2, S. 159–182.
Reusser, Kurt 2009: Die Rolle der Lernbegleitung beim selbstregulierten Lernen. Referat im Rahmen des Erfahrungsaustauschtreffens SOL, Kantonsschule Zürich Stadelhofen, 24.09.2009. In: http://www.mba.zh.ch/downloads/Projektstellen/Ref_SOL_24_09_09_Reusser.pdf, recherchiert am 07.04.2011.
Schmayl, Winfried/Wilkening Fritz 1995: Technikunterricht. Bad Heilbrunn.
Schnotz, Wolfgang 2006: Pädagogische Psychologie Workbook. Weinheim.
Stuber, Thomas 2009: Werkweiser 2. Für Technisches und Textiles Gestalten. 3.–6. Schuljahr. Bern.
Wiechmann, Jürgen 1999: Zwölf Unterrichtsmethoden. Weinheim u.a.

Stephan Bruelhart

# Aufgabenkulturen im Fachunterricht Bildnerische Gestaltung/Kunst

## 1. Einleitung

Befasst man sich mit Aufgabenkulturen im Fachunterricht Kunst bzw. Bildnerische Gestaltung, stellen sich zahlreiche Fragen:
▸ Welche Faktoren sind relevant für die Entwicklung einer Aufgabenkultur zum Aufbau von „bildnerischen, gestaltungsprozessbezogenen" Kompetenzen?
▸ Welche Aufgabenkulturen fördern den Aufbau von „gestaltungsprozessbezogenen" Kompetenzen?
▸ Müssen die Handlungsfelder Rezeption, Produktion und Reflexion nicht verstärkt als Prozesse wahrgenommen werden?
▸ Kann eine Verbindung der digitalen Lebenswelt der jugendlichen Mediennutzer und deren Ästhetik eine Option für Inhalte im Unterricht sein?
▸ Können diese Inhalte wiederum eine Chance für eine angewandte Medienkompetenz bieten? Soll im Fach Kunst die Wechselbeziehung von Zeichensystemen (Bilder, Wörter, Aktionen, Symbole, Audio) als komplexes System Inhalt sein?

Entsprechende Optionen im pädagogischen Alltag stehen im Mittelpunkt dieses Beitrages. Dabei werden in den Abschnitten 2 und 3 u. a. Gesichtspunkte zur Kreativität im Kontext zu methodischen Erfahrungen aus künstlerischer Arbeit sowie die aktuelle Situation in Bezug auf die Medienbildung einbezogen.

Im Abschnitt 4 wird im Sinne eines Lernmodells anhand eines konkreten Unterrichtsbeispiels kompetenzorientiertes Arbeiten in Bezug auf die obigen Fragestellungen im Fach Bildnerisches Gestalten illustriert.

## 2. Bildungsziele des Faches „Bildnerische Gestaltung und Kunst"

Musik im Klassenzimmer, ein Arbeitsblatt zum Farbenkreis, Gelegenheit für Gespräche mit Banknachbarn. Das Resultat: Gleichförmige DIN-A4-Blätter mit Wasserfarbergebnissen. Ergebnisse dieser Art von Aufgabenstellungen sind in den Gängen der Schulhäuser als Produkte eines formalen Zeichnungsunterrichts immer noch anzutreffen. Lehrerkolleginnen und Lehrerkollegen schätzen das Fach als Kompensationsoption zu den Hauptfächern und als Dienstleistung Dekoration bei Schulhausfesten – Eltern wegen seines Beitrags zur Allgemeinbildung und als Erholungsraum von dem Notendruck. Die unterschiedlichen Bezeichnungen des Faches als „Bildnerische Gestaltung und Kunst" – oder je nach Kanton „Zeichnen" spiegeln den Wandel und den Kampf um die Berechtigung in der Stundentafel. Innovationen im Bereich der bildsprachlich-prozessorientierten Handlungs- und Wissenskompetenzen sind bislang wenig bis gar nicht in die Aufgabenkultur des Faches Bildnerische Gestaltung und Kunst der Sekundarstufe eingeflossen (Eid et al. 2002).

Dabei hat das Unterrichtsfach umfassende Bildungsziele anzubieten und viele Potenziale, wenn es um die Fragestellung einer innovativen Aufgabenkultur geht. Sich von sich selbst und von der Welt ein Bild zu machen und sich darin orientieren zu können ist eines der Bildungsziele des Faches. Dazu kommt die bildnerische Produktion. „Kopf, Herz und Hand" gehen hier in einem kreativen Raum eine Beziehung ein, wie es schulisches Lernen nur selten zulässt (Werder/Schuh 2006). In seiner künstlerisch-ästhetischen Praxis verlangt das Fach die Bewältigung von komplexen Aufgaben mit dem Ziel, bei einem Klassenbestand von 22 Schülerinnen und Schülern 22 verschiedene Ergebnisse zu bekommen. Lösungen sind dann gelungen, wenn diese ganz individuell sind und jede Wiederholung und jedes Schema vermeiden. Bildnerische Gestaltung und Kunst verlangt eine bewegliche Intelligenz, originäre Lösungen und Reflexion. Guter aktueller Kunstunterricht bietet Raum für Experimente und für das Spiel. Er ermöglicht den Schülerinnen und Schülern künstlerisches Erfahrungspotenzial und so die Erfahrung des Erforschens, des Improvisierens und des Erfindens (Lieber 2004).

## 3. Lernen mit Kunst – „Künstlerische" Prozesse als Methode

Gute Lernaufgaben befähigen Schülerinnen und Schüler, Komplexitäten zu erkennen, zu analysieren und daraus adäquate gestalterische Lösungen zu erarbeiten. Diese Befähigung setzt entsprechende Kompetenzen voraus, welche die Lernenden durch ihre intensive Auseinandersetzung mit Fragen der Gestaltung, der zeitgenössischen Kunst und Kultur vertiefen. Mittels komplexer Aufgabenstellung werden diese Kompetenzen gemeinsam erarbeitet. Erkenntnisse werden in den wenigsten Fällen nur mit dem Stift auf Papier gewonnen. Es bedarf des Experimentierens, der Erprobung neuer Technologien. Zahlreiche Künstler machen sich diese Vorgehensweise zu eigen und öffnen dabei die Grenzen zwischen den Disziplinen.

Die Kunst geht schon länger von einem erweiterten Kunstbegriff aus. Das heißt, sie wirkt nicht nur in Museen oder in den Galerien und Ateliers, sondern in sozialen, gesellschaftlichen und alltäglichen Bereichen. Dafür überschreitet sie Grenzen in die Bereiche der Mode, Design, Musik und auch in die Wissenschaft. Die Vermittlung von Kulturaspekten und Wissen ist darum kein Monopol des öffentlichen Bildungssystems mehr. Jugendliche von heute nutzen Fernsehen, Internet, Computerprogramme und Games für informelles Lernen. Sie fotografieren, publizieren Texte und selber hergestellte Filme auf dem Netz oder pflegen ihr eigenes Musiklabel auf Facebook. Junge Erwachsene brechen ihr Studium ab und gründen erfolgreich eigene Firmen wie Microsoft, Apple oder Facebook. Wo und wie stellt sich Pädagogik dieser Herausforderung und wie begründet sie in diesem Umfeld ihre Aufgabenkulturen (Peez 2008)? Dabei geht es weder um die Frage einer „Klick und Wow"-Didaktik noch darum, „Kunst" im Unterricht herzustellen oder Firmen zu gründen. Uns sollte aber interessieren, was wir aus künstlerischem, intrinsisch orientiertem Handeln und den multimedialen Optionen der Lebenswelt heutiger Jugendlicher lernen können.

Das Modell einer künstlerischen Didaktik orientiert sich am Ansatz „Intermodal Expressive Arts in Learning" und wurde im Wesentlichen am *Institute for the Arts and Human Development* Cambridge MA., USA entwickelt (Gardner 1993). Das folgende Modell bezieht sich auf verschiedene Stufenmodelle für kreative Arbeitsprozesse, wie zum Beispiel von Dewey 1987, Guilford 1995, Wanzenried 2004, Buschkühle 2007. Intermediale Kreativräume können „Lernen" in Verbindung von Kognition, Emotion und selbstverantwortlichem Handeln anbieten. Die aktuelle neurowissenschaftliche Forschung unterstützt einen Lernbegriff, der solche Erfahrungsräume eröffnet. Wissen zu erarbeiten, zu reflektieren und zu dokumentieren, gehört als paralleler gestalterischer Prozess dazu. Sehen kann man nur, was man weiß – Wahrnehmung, Bewusstsein, Reflexion und Sprache bilden eine Einheit (vgl. Kämpf-Jansen 2006). Das oben genannte Modell setzt zwei spezifische Akzente:

1. Bedeutung der Wechselwirkung von Spielorientierung und Werkorientierung. Nicht die kreative Problemlösung steht im Zentrum. Andere Prozessmerkmale wie die Exploration von Möglichkeiten erhalten mehr Gewicht (Wanzenried 2004).
2. Lernprozesse führen verbindlich zu sozialem Austausch. Dokumentation, Präsentation und Rückmeldungen sind integrale Bestandteile dieses Modells.

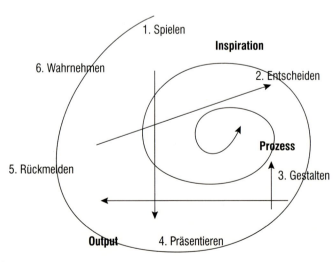

Abb.1: Das Rotationsprinzip

Die Prozessorientierung bedingt eine spiralförmige Anordnung mit sechs Stationen. Diese Stationen, Checkpoints oder Meilensteine, sind unverzichtbare Elemente (vgl. 5.2). Die Herausforderung liegt in einer sorgfältigen Planung im Sinne eines *advanced organizers* und fordert ein hohes Maß an Flexibilität von den Lehrkräften. Eine aktive Lernbegleitung ist z. B. das *scaffolding* (Schnotz 2006). Sie erfolgt idealerweise über einen Atelierbetrieb und/oder eine Plattform als *blended learning*. Das skizzierte Vorgehen erweist sich als wichtige Voraussetzung für eine produktive Unterstützung der individuellen Lernprozesse (Helmke 2009). Die Reihenfolge der Stationen kann variieren. Diese können auch mehrmals aufeinander folgen. Damit wird eine Analogie zu Schaffensprozessen von Künstlerinnen und Künstlern erzeugt, die hilft, eigene gestalterische Arbeit zu gliedern, zu reflektieren und zu dokumentieren.

Eine künstlerische Didaktik ist handlungsorientiert. Sie regt Lernende dazu an, etwas zu tun, auszuprobieren und selber aktiv zu werden, statt passiv Inhalte aufzunehmen. Im Projekt setzen sich Lernende mit einem Material, einem Inhalt handelnd und reflektierend auseinander. Dabei kommen unterschiedlichste Werkverfahren zur Anwendung: Zeichnen, Malen, Drucken, Plastizieren, Schreiben, Programmieren, Filmen und Audio – selbstverständlich zwingend analog als auch digital.

## 4. Intermediale Lehr- und Lernarrangements

Digitale Medien bestimmen unseren Alltag und verändern damit Wahrnehmungs- und Kommunikationsstrukturen. Mit dem Einzug der digitalen Medien hat sich auch die Bedeutung des Bildes verändert, und die aktuelle Diskussion zeigt den Bedarf nach einer Neudefinition (vgl. Belting 2007; Boehm 2007). „Sich ein Bild zu machen" ist nur dann möglich, wenn differenzierte multimediale Erfahrungen vollzogen werden können. Bildkompetenz bedeutet also nicht allein Wissen, sondern durch ästhetische Praxis und Reflexion gewonnene Einsichten. Damit gemeint ist Sprechen und Denken über ästhetisches Tun. Eine bis dato geprägte schriftdominierte Kultur wandelt sich allmählich in eine bilddominierte Kultur. Die Lesefähigkeiten, die Kinder und Jugendliche im Umgang mit Texten benötigen, beziehen sich längst nicht mehr nur auf das gedruckte Wort, sondern auch auf das kompetente „Lesen" von Bildern, Filmen, TV-Sendungen, Internet und Multimedia (vgl. Bertschi-Kaufmann 2007). Ein Medium, das im Zuge der Diskussion um medienspezifische Lesefähigkeiten bislang wenig Berücksichtigung erfahren hat, ist das Computerspiel und dessen interaktive und komplex aufgebaute Textwelt (Bild, Audio, Sprache).

Neue Medien werden trotz großer Anstrengungen durch den Bund (BBT-Initiative Schulen ans Netz) vielfach in einer konventionellen Lernumgebung eingesetzt (vgl. Petko/Graber 2010). Computerkurse ersetzen Schreibmaschinenkurse und Beamer den Projektor, ohne wirklich die Optionen der Neuen Medien zu reflektieren. Neue Medien ermöglichen durch Interaktivität und Selbstbestimmung erweiterte Lernprozesse (vgl. Gee 2006). Bildkompetenz und Sprachkompetenz werden gleichwertige Bestandteile einer lebenswichtigen, kommunikativen und sozialen Kompetenz. Intermediale Lehr- und Lernarrangements sollen Stellung zur Wirklichkeit beziehen, Kultur analysieren, Produktion und Distribution ermöglichen und dabei kognitive/emotionale Lernprozesse integrieren. Gestalterisch-künstlerische Prozesse bieten so ein Potenzial für fächerverbindende Aufgabenkonzepte.

Diese Art von Lernaufgaben zeigen, dass neue Wege des Lernens Freiräume eröffnen, um die Welt selbstständig und selbstverantwortlich zu erforschen und dadurch zu einem emanzipierten, eigenständigen Denken zu kommen. Lernaufgaben werden darum offen strukturiert und kooperativ angelegt.

Ob Multimediaanwendungen den Unterricht bereichern können, hängt einerseits entscheidend davon ab, wie sie in Lernumgebungen eingebettet werden und so individuelles und entdeckendes Lernen ermöglichen und andererseits, ob damit ein Beitrag zur Medienbildung und Bildkompetenz in der Doppelfunktion von rezeptiver Kompetenz und praktischer Kompetenz geleistet wird. Hierzu ein Beispiel:

▶ Inwieweit lassen sich Computer und Peripheriegeräte innerhalb des Kunstunterrichts in eher multisensuell angelegten Gestaltungsprozessen integrieren?
▶ Welche Merkmale des Konzeptes (AV, Raum) unterstützen kreativ-bildnerische Prozesse?
▶ Welche behindern sie?
▶ Welche Aufgabenkulturen unterstützen den Aufbau von *Medialiteracy*-Kompetenzen?
▶ Wie hängen didaktische Ausrichtung und Struktur von Lernaufgaben zusammen, wenn ICT integriert werden soll?
▶ Welche Herausforderungen gelten für die Konzeption digitaler Medien?
▶ Wie können informelle Lehrmittel (Internet, Museen) optimal genutzt werden?
▶ Was sind die Potenziale von Computerspielen für Lehr- und Lernprozesse?

Im Folgenden werden mit der Lernaufgabe „Reklame" Aspekte des kompetenzorientierten Unterrichtens gezeigt, insbesondere die Verbindung von Auseinandersetzungen mit dem Inhalt und dem Aufbau von Teilkompetenzen. Anhand dieses konkreten Beispiels aus der Praxis erweist sich, inwiefern Neue Medien in Unterrichtskonzepte integriert werden können.

## 5. Das Crossover-Projekt „Reklame" (Kunst, Deutsch und Musik)

Gemalte Schrift? Geschriebene Malerei? Was leisten Bilder? Was leistet „Buchstäbliches"? Das Projekt „Reklame" handelt vom Zusammenspiel des Sichtbaren, des Sagbaren und des Hörbaren. Alle Medien sind Mixed Media und kombinieren verschiedene Codes (vgl. Mitchell 2008). Dieser Satz scheint auf den ersten Blick der disziplinären Logik einer FDBG (Fachdidaktik Kunst/Bildnerisches Gestalten) zu widersprechen. Die Entstehung und der Gebrauch von Zeichen und deren Wechselbeziehung innerhalb der Zeichensysteme kennen zu lernen, ist in diesem Projekt expliziter Lerninhalt. Die Schrift wird hier als eine untrennbare Verbindung des Verbalen und des Visuellen verstanden. In diesem Sinne bedient das Projekt „Reklame" den erweiterten Textbegriff und wirkt damit fächerverbindend.

## 5.1 Lernmodelle

Die Begriffe Lerntheorie und Lernmodelle werden in der mediendidaktischen Literatur synonym verwendet (vgl. Kron/Sofos 2003). Hier ist von einem Lernmodell und nicht von einer Lerntheorie die Rede. In diesem Fall enthält das Lernmodell Elemente, die nicht empirisch bewiesen sind; sie können aber als Hypothese dienen. Das folgende Lernmodell orientiert sich am Konstruktivismus und dem „künstlerischen" Prozess als Methode (vgl. Gee 2003). Die Aufgabenstellung „Reklame" soll die inhaltlichen Möglichkeiten des Lerntransfers beim Einsatz von sogenannten „Crossover-Medien" aufzeigen.

Ausgangslage für die Aufgabenstellung war die Lektüre des Gedichts „Reklame" von Ingeborg Bachmann in einer 3. Bezirksschulklasse (8. Jahrgang, ca. 14 Jahre). Die Lernenden erkannten die Montagetechnik zweier korrespondierender Stimmen: einer fragenden und einer scheinbar antwortenden Reklamestimme, wobei diese nicht aufeinander eingehen, denn auf die Frage nach dem Sinn unseres Lebens sind die Slogans mit ihren penetranten Ratschlägen nicht programmiert. Deutlich wurde nach dem Studium des Textes, dass es sich bei der Reklame um eine durch Lügen zugedeckte Antwortlosigkeit handelt.

Die Schülerinnen und Schüler erhielten den Auftrag, eigene Lebensfragen oder Zweifel zu formulieren und diese mit selbst ausgesuchten Reklameslogans scheinbar zu beantworten oder zu beschwichtigen. Im nächsten Schritt ging es darum, die Kernaussage des Textes typografisch umzusetzen. Sie wählten zuerst die ihren Texten entsprechenden Schrifttypen und bestimmten die Größe der Schrift. Die Anordnung der Sätze, Wörter und einzelnen Buchstaben, ihre Lage, Richtungen, Wiederholungen und Überschneidungen erprobten sie in intensiven Gestaltungsprozessen, bis das Schriftbild dem Inhalt des Gedichts adäquat war. Mit der Collage versuchten sie ihre Gedichte in eine Bildsprache umzusetzen. Die Illustrationen bildeten eine weitere Auseinandersetzung mit den Texten. Alle gestalterischen Überlegungen bezogen sich auf das Gedicht. Dadurch wurden die Resultate auch zu Interpretationen. Die Jugendlichen übten sich im zweistimmigen Rezitieren ihrer Gedichte. Betonung, Sprechtempo und Rhythmus wurden einstudiert. Im Musikunterricht wurden die Texte aufgenommen. Je nach Wunsch wurde die Tonlage verändert oder die Stimme verzerrt. Die Schülerinnen und Schüler fügten anschließend Hintergrundmusik und Geräusche hinzu, die der Grundstimmung ihres Gedichtes entsprachen. Am Schluss des Projekts wurden CDs gebrannt. Gedicht, Schriftbild, Collage und die vertonte Umsetzung waren vier unterschiedliche gestalterische Sprachen. Zusammen spiegeln sie die Gedanken und Empfindungen der Jugendlichen auf eindrückliche Weise wider.[1]

Mittels unterschiedlicher Verfahren in Wort, Bild und Musik sollten die Schülerinnen und Schüler eine Auseinandersetzung mit dem Gedicht nicht nur als Illustration erfahren, sondern darüber hinaus als Aufforderung, eigene innere Haltungen und Emotionen auszudrücken. Ein projektbezogenes Ziel war das *crossover* von unterschiedlichen Zugängen, sowohl traditionell analogen wie auch digitalen Medien und das Visualisieren unter Zuhilfenahme von unterschiedlichsten Gestaltungsmitteln. In diesem Sinne wurde das Projekt fächerverbindend (Deutsch, Musik und Kunst/Bildnerisches Gestalten) durchgeführt.

### 5.2 Vorgehensweise und „Meilensteine"

Das Projekt „Reklame" kann man in mehrere Phasen aufteilen, die im Folgenden in Form von „Meilensteinen" dargestellt sind (vgl. Abb. 1).

Als erstes erstellt das Lehrerteam einen *advanced organizer* (AO) und stellt diesen auf einer elektronischen Plattform zur Verfügung (Wiki, Educanet). Dadurch wird eine aktive Lernbegleitung (*scaffolding*) als *blended learning* möglich. Maßgeblich beim Projektstart ist, dass von Anfang an ein gemeinsames Verständnis der Verantwortung, Rollenzuteilung und eine Regelung der Zusammenarbeit gemeinsam diskutiert und beschlossen wird. Im Rahmen eines gemeinsamen Starts werden die Fragestellung und das Konzept von den Lehrenden vorgestellt. Aus seinem persönlichen Repertoire entwickelt jeder Lernende einen ersten inhaltlichen Ansatz und eine erste Vorgehensweise. Wahrnehmung liegt allen Interaktionen zugrunde und steht in diesem Lernmodell mit dem Lernen als Prozess in einem konstitutiven Zusammenhang.

▶ Meilenstein 1: *Spiel* – Reflexion – Optimierung
Die Heranwachsenden suchen Zugänge zum Thema. Möglichkeiten im musisch-gestalterischen Bereich werden experimentell erkundet. Ein Motiv wird bis ins kleinste Detail zerlegt und in einer laborähnlichen Ateliersituation wieder zu neuem Leben erweckt. Zum Beispiel in folgenden Schritten:
1. Zeichnen mit breitem Grafitstück
2. Zeichnung einscannen
3. Serielles Erarbeiten verschiedenster Farbvariationen
4. Ausdrucken
5. Mit Farbe überarbeiten
6. Collagieren
7. Erneutes Scannen

---

[1] Dank an die Projektbeteiligten: M. Mäder, A. Jeker, B. Friis; Bezirksschule Solothurn 2003.

Durch eine Verknüpfung von analogen und digitalen Medien werden verschiedene Herangehensweisen, Verarbeitungsoptionen und Kombinationsmöglichkeiten ausprobiert. Eine stete Suche nach neuen Möglichkeiten führt zu einem Spiel mit Typografie, Pinsel und Computer.

- Meilenstein 2: Reflexion – Entscheidung – Optimierung – *Entwicklung*
Die entstanden Ergebnisse werden diskutiert und Know-how wird ausgetauscht. Die Erkenntnisse werden auf der Plattform dokumentiert, um einen gemeinsamen, kontinuierlichen Lernprozess zu gewährleisten. Nach dem gemeinsamen Durchgang wird entschieden, welche Ideen und Skizzen weiterverfolgt werden sollen.

- Meilenstein 3: *Gestaltung* – Reflexion – Optimierung
Vor dem Hintergrund der gewonnen Erfahrungen werden evtl. passende Ansätze von den Mitlernenden in die eigene Arbeit integriert und weiterentwickelt. Krisen und Umwege gehören bei diesem Vorgehen unbedingt dazu und führen oft zu der Einsicht, dass Umwege oder Krisen zu geeigneteren Lösungen führen können.

- Meilenstein 4: *Präsentation* – Reflexion – Optimierung
Im weiteren Arbeitsprozess werden die Produkte immer wieder präsentiert und diskutiert. Eine ganze Wand ist dicht mit unterschiedlichsten Lösungen behängt. Kriterien und Qualität werden im Plenum diskutiert und weiterentwickelt.

- Meilenstein 5: *Rückmeldung – Wahrnehmung* – Distribution – Produkt
Die Schlussphase dient der systematischen Zusammenfassung der Ergebnisse des Projektes und deren Verbreitung (Distribution), sowohl digital über eine Website, als auch in einer Kleinauflage als vierfarbig gedrucktes Buch mit Audio-CD. Das Buch und die CD wurden in der örtlichen Buchhandlung verkauft.

Aus dem beschriebenen Beispiel geht hervor, dass sich „künstlerische" Prozesse als Methode mit Konstruktivistischen Auffassungen nach Kelly (1955) und Lernprinzipien nach Gee (2004) in der Praxis durchaus vertragen. Wie Forscher oder Künstler sind Jugendliche ständig damit beschäftigt, sich ihre Welt zu konstruieren. Die entstehenden Produkte (Konstrukte) können die Jugendlichen dazu benutzen, ihre Welt zu verstehen und mit dieser zu kommunizieren. Im Folgenden wird das Lernmodell in losem Bezug auf die Frage am Anfang dieses Beitrages in vier Punkten skizziert:

- Themen aus der Lebenswelt der Jugendlichen: aktuell, kontrovers, alters- und kulturgerecht in den Kodierungen. Schön, wenn die Inhalte von dem üblichen Schulbezug befreit sein dürfen. Für die Lehrkraft bedeutet dies Vorarbeit im Sinne von Recherche und Herstellen eines *advanced organizers*, der einerseits einen Kreativraum ermöglicht und andererseits *support* bietet (vgl. Schnotz 2006; Kron/Sofos 2003).

*Ingeborg Bachmann*
**Reklame**
Wohin aber gehen wir
*ohne sorge sei ohne sorge*
wenn es dunkel und wenn es kalt wird
*sei ohne sorge*
aber
*mit musik*
was sollen wir tun
*heiter und mit musik*
und denken
*heiter*
angesichts eines Endes
*mit musik*
und wohin tragen wir
*am besten*
unsre Fragen und den Schauer aller Jahre
*in die Traumwäscherei ohne sorge sei ohne sorge*
was aber geschieht
*am besten*
wenn Totenstille

eintritt

Abb. 2: (Quelle: Ingeborg Bachmann: Werke, Bd. 1 Gedichte. © 1978 Piper Verlag GmbH, München.)

**Reklame**
Terrorismus
*Da weiss man, was man hat!*
Was veranlasst junge, gebildete Menschen,
sich selber und andere mit
ihnen in die Luft zu jagen?
*Wir machen den Weg frei!*
Was bewirken sie mit ihrer Zerstörungswut?
*Es gelingt nicht immer alles, aber alles, was gelingt, ist gewagt worden!*
Haben sie nur noch Hass in ihren Herzen,
*Nicht immer, aber immer öfter,*
dass sie Waffengewalt einem Gespräch vorziehen?
Mit Waffe chasches ned besser, aber länger!
ich will mich für den Frieden einsetzen.
*Weil ich es mir wert bin!*

Abb. 3: Schülerarbeit Andrea Brotschi 2003

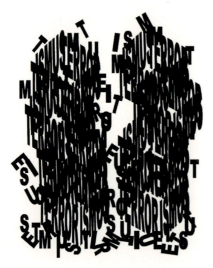

Abb. 4: Schülerarbeit Andrea Brotschi 2003

Abb. 5: Schülerarbeit Andrea Brotschi 2003

▶ Künstlerische Prozesse als Methode: Aufgabenkulturen sollen zu aktivem und kritischem Lernen animieren. Engagement und Partizipation entstehen in einem erweiterten Umfeld. Die Lernenden sollen in einem Kreativraum mehr riskieren dürfen, als dies im realen Leben möglich wäre. Sie bekommen so Gelegenheit am Limit zu agieren. Probleme zu lösen und entsprechende Hürden zu überwinden ist anspruchsvoll, aber nicht unmöglich.
▶ Anleitung und Offenheit – Alternative Wege: Der Ablauf eines Projektes kann auf unterschiedlichen Wegen beschritten werden. Dies ermöglicht dem Lernenden zu wählen, auf Problemlöseverhalten zu bauen, alternative Wege zu erkunden und unterschiedlichste Medien einzusetzen.
▶ Medienkompetenz: Das Kennenlernen von Wechselbeziehungen von Zeichensystemen (Bilder, Buchstaben, Aktionen, Symbole etc.) ermöglicht die Erfahrung, „semiotische Prinzipien" als komplexes System zu erfassen. Die Lernenden befinden sich in einem Wechselspiel zwischen analogen und digitalen Texten und entwickeln entsprechend ihren Erfahrungen Kompetenzen für den sinnvollen Medieneinsatz. Sie erhalten so immer mehr Praxis in einem Kontext, in dem die Praxis nicht langweilig wird. Sie haben sehr viel direkte, praktisch angewandte Zeit.

Intermediale Lehr- und Lernarrangements sollen Stellung zur Wirklichkeit beziehen, Kultur analysieren, Produktion und Distribution ermöglichen und dabei kognitive bzw. emotionale Lernprozesse integrieren.

## 6. Fazit

Das eindrücklichste Potenzial einer künstlerischen Aufgabenstellung zeigte sich in den Zugängen zu den eigenen Emotionen der Schülerinnen und Schüler. Verschiedene Themen und die damit verbundenen Fragen, Probleme und Ängste (Terror) wurden in ihrer emotionalen Dimension spürbar, erfasst und bearbeitet. Dies geschieht in einer Art und Weise, wie rein kognitive Zugänge es selten ermöglichen. Lernchancen ergeben sich durch die emotionale Qualität und die Erfahrung, dass sich die Lernenden selbst ernst nehmen. Sie lernen Stereotype und Klischees zu überwinden und erfahren damit eine Erweiterung der Wahrnehmung. Es findet eine Erweiterung des Ausdrucksvermögens – analog und digital – in Wort, Bild und Ton statt. Handlungskonzepte für den Umgang mit offenen Lebenssituationen und deren Bewältigung werden erlebbar. Künstlerische Aufgaben führen in ihrer Offenheit oft zu einer anfänglichen Unsicherheit: Man beginnt z. B. mit der Arbeit, ohne eine genaue Vorstellung vom Ergebnis zu haben. Lernende erleben, dass man Ungewissheiten nicht mit erhöhtem Kontrollaufwand oder Planung beseitigen muss. Handlungsfähig bleibt, wer der Herausforderung mit Neugier begegnen kann – Erfahrungen, wie sie Heranwachsende für den Umgang in der heutigen Gesellschaft zwingend brauchen.

**Verwendete Literatur**
Bachmann, Ingeborg 2008: Sämtliche Gedichte. 8. Aufl. München.
Belting, Hans 2005: Bild-Anthropologie. München.
Belting, Hans 2007: Bilderfragen: Die Bildwissenschaften im Aufbruch. Paderborn.
Bertschi-Kaufmann, Andrea (Hg.) 2007: Lesekompetenz – Leseleistung – Leseförderung. Zug
Boehm, Gottfried (Hg.) 2005: Was ist ein Bild. Basel.
Boehm, Gottfried 2007: Wie Bilder Sinn erzeugen. Berlin.
Buschkühle, Carl-Peter 2007: Die Welt als Spiel. Oberhausen.
Dewey, John 1987: Kunst als Erfahrung. Berlin.
Eid, Klaus/Langer, Michael/Ruprecht, Hakon 2002: Grundlagen des Kunstunterrichts. Paderborn.
Gardner, Howard. 1993: Multiple Intelligences: The Theory in Practice. New York.
Gee, James Paul 2003: What video games have to teach us about learning and literacy. New York.
Gee, James Paul 2004: Situated Language and Learning: A Critique of Traditional Schooling. New York.
Guilford, Paul 1995: Kreativitätsforschung. München.
Helmke, Andreas 2009: Unterrichtsqualität und Lehrerprofessionalität. Berlin.
Kämpf-Jansen, Helga 2004: Ästhetische Forschung. Köln.
Kelly, George 1955: The Psychology of Personal Constructs. NewYork.
Kron, Friedrich/Sofos, Alivisos 2003: Mediendidaktik. Padernborn.
Lieber, Gabriele 2004: Ästhetische Erziehung und neue Medien. Bremen.
Mitchell, W.J.T. 2008: Bildtheorie. Frankfurt.
Peez, Georg 2008: Einführung in die Kunstpädagogik. Stuttgart.
Petko, Dominique/Graber, Marc 2010: ICT im Unterricht der Sekundarstufe I. Bericht zur empirischen Bestandsaufnahme im Kanton Schwyz. PH Zentralschweiz Schwyz. In: https//www.sz.ch/documents/ICT-SekI_2010.pdf, recherchiert am 07.04.2011.
Schnotz, Wolfgang 2006: Pädagogische Psychologie. Workbook. Landsberg.
Schorb, Bernd (Hg.) 2005: Grundbegriffe Medienpädagogik. München.
Wanzenried, Peter 2004: Unterrichten als Kunst. Zürich.
Werder, Heidi/Schuh, Claudia 2006: Die Muse küsst und dann? Freiburg.

**Bildnachweis**
Illustrationen: Stephan Bruelhart

Ute Bender

# „Rezepte" überwinden: Aufgabenkulturen in der Ernährungs- und Konsumbildung im Fach Hauswirtschaft

## 1. Einführung

Wenn der Begriff „Hauswirtschaftsunterricht" fällt, denken viele Schülerinnen und Schüler sowie Eltern an den „Kochunterricht". In der Tat hat „Kochen" über einen langen Zeitraum hinweg den Mittelpunkt des Hauswirtschaftsunterrichts bzw. der Ernährungsbildung dargestellt, aber im Zuge fachdidaktischer und curricularer Reformen haben sich Aufgabenkulturen verändert oder sind in Veränderung begriffen. Von diesen Prozessen ist auch das „(Koch-)Rezept" betroffen, das als Arbeitsanweisung bzw. Aufgabenstellung über viele Jahre den Unterricht dominiert hat. Die Argumentation des folgenden Beitrags wird aus diesem Grund bei der Textsorte „Rezept" beginnen und dann vor allem drei Ziele verfolgen:

▸ Zeigen, dass der angemessene Transfer von Rezepten ins materiell-technische Handeln für Anfängerinnen und Anfänger durchaus anspruchsvoll sein kann.
▸ Möglichkeiten des didaktischen Umgangs mit Rezepten darlegen, die Deutungsräume vergrößern und damit problemorientierten Wissenserwerb von Schülerinnen und Schülern herausfordern können.
▸ Darauf hinweisen, dass neben Rezepten vielfältige Aufgabenstellungen in das Fach Hauswirtschaft Eingang gefunden haben, die sowohl unterschiedliche inhaltliche Auseinandersetzungen anregen als auch vielseitige methodische Inszenierungen in Gang bringen.

Bei der Ausarbeitung des ersten Ziels (s. Abschnitt 2) rekurriert der Beitrag auf empirische Forschungen der Verfasserin[1] und deren Interpretation auf der Basis des Semiotischen Pragmatismus von J. Dewey und Ch. S. Peirce sowie auf aktuelle textpsychologische Auffassungen. Die Erläuterungen zur zweiten Zielsetzung (s. Abschnitt 3) skizzieren mögliche Folgerungen für den Unterricht. Mit Blick auf das dritte Ziel (s. Abschnitt 4) bezieht sich die Argumentation auf aktuelle fachdidaktische Erwartungen bei Aufgabenkulturen in der Ernährungs- und Konsumbildung (zum Begriff s. Abschnitt 4.1) und die damit verbundenen Anforderungen an Lehrkräfte; zugleich referiert er auf unterrichtswissenschaftliche und gesundheitspsychologische Überlegungen.

---

1  Erläuterungen zu dem Forschungsprojekt, auf das sich der vorliegende Beitrag zum Teil bezieht, s. Bender 2007.

## 2. „Alles nach Rezept" –
## Rezepte aus semiotischer und textpsychologischer Sicht

Das Kochen bzw. die Nahrungszubereitung kann als historischer Kern des Hauswirtschaftsunterrichts in der Schweiz, Deutschland und in Österreich angesehen werden, der seit der Einführung des Faches an den Volksschulen gegen Ende des 19. Jahrhunderts bis in die 60er-/70er-Jahre des 20. Jahrhunderts den Unterricht dominiert hat (Ernst 1986; Gebhard 1988; Tornieporth 1979). Mit diesem Fokus ist eine Textsorte in den Mittelpunkt des Unterrichts gerückt, die auch bei der Nahrungszubereitung im Alltag vorherrschend ist: das „Rezept" – wenngleich seit den Anfängen des Unterrichts auch andere Lehrmittel, wie etwa zur „Hausarbeitskunde", Eingang fanden (Ernst 1986, S. 88 ff.). Waren bis mindestens 1986 in den Kantonen der Schweiz verschiedene Kochbücher in Gebrauch, so begann mit der 1. Auflage von 1986 der *Tiptopf* seinen Siegeszug als interkantonales Lehrmittel an Schweizerischen Volksschulen (Affolter et al. 1986). Heute liegt die 21. Auflage vor, die zahlreiche umfassende Überarbeitungen hinter sich hat (Affolter et al. 2010). In Deutschland hat kein vergleichbares Kochbuch diese Bedeutung für den Unterricht erlangt.

Rezepte scheinen aus erziehungswissenschaftlicher und fachdidaktischer Sicht zunächst als Prototyp geschlossener Aufgabenstellungen, die eigenes Nachdenken, Planen, Entscheiden sowie Handeln der Schülerinnen und Schüler überflüssig machen oder sogar behindern. Auch in den frühen Publikationen von Dewey gelten materiell-technische Handlungen nach schriftlicher oder mündlicher Anleitung als eher stupide Umsetzungen, die das sprachliche Vorbild lediglich wiederholen oder kopieren und keine produktiven Fehlwege zulassen:

> „Activities which follow definite prescription and dictation or which reproduce without modification ready-made models, may give muscular dexterity, but they do not require the perception and elaboration of ends, nor … do they permit the use of judgement in selecting and adapting means … Moreover, opportunity for making mistakes is an incidental requirement."
>
> (Dewey 1916, S. 204 f.)

Die Auffassungen Deweys in seinen späteren Jahren hingegen, die im Anschluss an Peirce eher semiotisch ausgerichtet sind, lassen auch andere Schlussfolgerungen zur Beurteilung von Rezepten zu; sie sollen im Folgenden herangezogen werden (Prawat 2000 und 2001; vgl. Peirce 1897, CP 2.228[2]):

Schaut man in den aktuellen *Tiptopf*, so findet man z. B. unter der Überschrift „Tortilla" das folgende Rezept:

---
2   Zitate von Peirce werden üblicherweise nicht mit Seitenzahlen belegt, sondern mit den nummerierten Abschnitten aus den Collected Papers (CP).

| Ⓜ | | |
|---|---|---|
| 2 EL Olivenöl | in beschichteter Bratpfanne erhitzen | |
| 4 Kartoffeln | waschen, schälen, abspülen, in feine Scheiben schneiden oder hobeln, zugeben. Auf mittlerer Stufe unter mehrmaligem Wenden 10–15 Min goldbraun braten. | |
| 1 Zwiebel, 1 Peperoni | vorbereiten, klein schneiden, beifügen. Sofort auf kleine Stufe zurückschalten, unter Rühren 5–10 Min dämpfen | |
| wenig Salz, Pfeffer | würzen | |
| 6–8 frische Eier, 1/2 Kl Salz, wenig Pfeffer, Muskat, Paprika | in Maßbecher geben, gut mischen, über das Gemüse gießen, mit Bratschaufel gelegentlich hin und her schieben, bis die Eimasse leicht flockig ist. Ohne zu rühren, goldgelb backen. Mit Hilfe eines Tellers stürzen. | |
| 1 EL Olivenöl | erhitzen, Omelette wieder zugeben, zweite Seite backen | |

**Tipp**
- Peperoni durch Zucchetti, Erbsen oder Lauch ersetzen
- Tortilla zum Servieren in Kuchenstücke schneiden
- Tortilla in Stücke schneiden, kalt als Apéro (Apéritif) servieren.

Mat. 1: Tortilla (Quelle: Tiptopf, essen trinken, sich wohlfühlen, © Schulverlag plus AG)

Um nach den Anweisungen selbsttätig agieren zu können, müssen Schülerinnen und Schüler u. a. eine beschichtete Bratpfanne von einer nicht-beschichteten unterscheiden können und wissen, dass eine beschichtete Pfanne kratzempfindlich ist. Sie müssen entscheiden, ob sie die Kartoffeln lieber „hobeln" oder „in Scheiben schneiden" und dann abschätzen können, wie „fein" sie die Kartoffeln zu schneiden haben. Das Rezept setzt voraus, dass die Akteure wissen, dass die Knospen von Kartoffeln beim Schälen zu entfernen sind und zudem das „Vorbereiten" von Zwiebeln und Peperoni beherrschen. Diese Aufzählung an Anforderungen ließe sich noch weiterführen, wobei die Anweisung „mit Hilfe eines Tellers stürzen" sicherlich eine besondere Schwierigkeit bei der Zubereitung darstellen wird.

Wie an dem Beispiel ersichtlich, resultieren die Aktionen der Schülerinnen und Schüler nicht selbstverständlich aus der schriftlichen Instruktion, sondern setzen voraus, dass die Lesenden bzw. Lernenden auf der Basis von Vorkenntnissen und Erfahrungen in der Lage sind, das Rezept sprachlich zu interpretieren und adäquat ins Handeln zu übersetzen. Hierzu genügt es nicht, den Text wortwörtlich zu wiederholen oder korrekt zu memorieren. Wie andere, etwa literarische, Texte eröffnet die Textsorte Rezept Deutungsräume, die Interpretationen nicht nur zulassen, sondern zwingend erforderlich machen. Solche Deutungen erfolgen im Sinne des Semiotischen Pragmatismus bei Rezepten nicht nur sprachlich, sondern werden zudem in Gestalt gegenständlicher Aktionen vollzogen (Peirce 1904, S. 31; Oehler 2000, S. 14 f.). Obwohl Bedeutungsentwicklungen immer den Gewohnheiten und Interpretationsregelungen der jeweiligen Sprach- bzw. Kulturgemeinschaft folgen, hat der Umgang mit Sprache prinzipiell „experimentellen" Charakter (Dewey 1925, S. 132 ff.). Zu den Interpretationsregelungen der Tiptopf-Rezepte zählen z.B. die strenge Chronologie der Angaben oder die zeitliche Parallelität des Spalten-Formats, ebenso die Gruppierung der Zutaten und Maßeinheiten; diese Regeln werden von Novizen jedoch nicht immer beherrscht.

Aus Sicht aktueller Textpsychologie lässt sich ergänzen, dass die Arbeit mit Rezepten für die Akteure notwendig macht, ein mentales „Situationsmodell" zum Gelesenen zu konstruieren (Kintsch 2004 und 2009). Zur Konstruktion des Situationsmodells für ein Rezept brauchen die Lesenden nicht nur, wie bereits skizziert, semantisches Wissen sowie weitere Kenntnisse zum Verstehen der Sätze und des ganzen Textes, sondern auch genaue Antizipationen von Arbeitsvorgängen und Vorstellungen der Zeit-Arbeitsplanung (vgl. Christmann 2004, S. 431 ff.; Kintsch 2004, S. 1300 ff.; Richter/Christmann 2002, S. 42 ff.). Die später erfolgenden Handlungen bringen unweigerlich zu Tage, ob zuvor ein taugliches Situationsmodell generiert wurde. Jugendliche als Anfänger in der Nahrungszubereitung haben, wie Unterrichtsbeobachtungen zeigen, aufgrund eher mangelnden domänenspezifischen Vorwissens hier mit vielfachen Verunsicherungen zu kämpfen (vgl. Bender 2005 und 2007):

> „Since situation models always build on a foundation of prior knowledge, the process of situation-model construction is very different for domain experts and domain novices, smooth and automatic for the former and effortful and intentional for the latter."
>
> (Kintsch 2009, S. 235)

Selbst ein vermeintlich eng geführter Text wie ein Rezept kann dazu führen, dass unverhoffte Bedeutungen generiert werden, die sich dann in nicht erwartungsgemäßen Handlungen spiegeln.

Zusammenfassend ist festzustellen, dass es beim Umgang mit Rezepten also nicht darum geht, das Schriftliche ins Handeln zu *kopieren, sondern zu übersetzen oder zu transformieren. Diese Vorgänge können didaktisch gestützt oder/und bewusst gefordert werden, wobei dies mit traditionellen Vorgehensweisen nur bedingt übereinstimmt.*

## 3. Umgang mit Rezepten – Deutungsräume öffnen und klären

Neben der Ernährungswissenschaft nahm vor allem die Arbeitswissenschaft traditionell starken Einfluss auf Aufgabenkulturen des Hauswirtschaftsunterrichts (vgl. Schlegel-Matthies 1995; Stübler 1975; vgl. hierzu kritisch Methfessel 1994). Diese Tradition führte dazu, dass Lehrkräfte bei der Nahrungszubereitung in sehr hohem Maße auf Arbeitszeitplanung, Arbeitsplatzgestaltung und rationelles Arbeiten der Heranwachsenden Wert legten und zum Teil immer noch legen. Zusätzlich bestand die Tendenz, dass die didaktische Qualität der Lehrenden an der reibungslosen Organisation der späteren Aktivitäten der Lernenden gemessen wurde.

Um zeitsparendes fehlerfreies Arbeiten zu ermöglichen, den angemessenen Umgang mit Nahrungsmitteln sicherzustellen und Misserfolge bei der Zubereitung weit möglichst auszuschließen, werden häufig sogenannte Rezeptbesprechungen im Vorfeld der Nahrungszubereitung realisiert. Mit mehr oder weniger großem Engagement der Schülerinnen und Schüler und mit diversen Methoden und Medien erarbeiten Lehrende dann die detaillierten Abläufe der Arbeitsvorgänge. So sollen ‚richtige' Handlungen in Gang gesetzt und vermeintlich unnötige ‚Lernumwege' verhindert werden. Für alle Beteiligten erweisen sich diese Unterrichtsphasen häufig als mühsam und wenig effizient – vor allem dann, wenn Jugendliche noch nicht in der Lage sind, auf der Basis des schriftlichen Rezeptes ihre künftigen Aktionen zu antizipieren (s. o.; Bender 2005).

Die vorstehenden Ausführungen legen nahe, dass solches „Kleinarbeiten" von Rezepten die eigenständige Deutungsarbeit der Schülerinnen und Schüler im Vorhinein stark einschränkt.[3] Dies ist vor allem dann der Fall, wenn Rezeptbesprechungen eher lehrerdominiert gestaltet sind. Den Lernenden wird auf diese Weise nahegelegt, dass es nur eine einzige ‚richtige' Interpretation des Rezeptes gäbe, und allein die Lehrkraft die notwendige Expertise und Deutungsautorität besitze. Der bewusste (weitgehende) Verzicht auf diesen Teil des Unterrichts und die Öffnung von Rezept-Deutungsräumen würden es erlauben, Aufgabenkulturen zu gestalten, die selbsttätiges oder/und kooperatives Handeln der Schülerinnen und Schüler fördern. So könnten Rezepte beispielsweise, wie im vorstehenden Tiptopf-Beispiel, so knapp formuliert sein, dass ihre Interpretation gezielt Vorwissen der Lernenden sowie Entscheidungsfähigkeit einfordert. Dass sich Lernende zu „Experten" entwickeln, wäre darüber hinaus dadurch zu unterstützen, dass Lehrkräfte z. B. Tutoren benennen: Jugendliche der Lerngruppe, die über weitergehende Erfahrungen bei der Nahrungszubereitung verfügen. In der Folge würden Rezeptbesprechungen gezielt verkürzt und selbstständiges Interpretieren mit Hilfe von *peers* wäre herausgefordert.

---

3   Die Tendenz von Lehrkräften, Aufgaben „klein zu arbeiten", wurde auch im deutschen Mathematikunterricht festgestellt (Klieme et al. 2001, S. 45).

Zudem bietet es sich an, mit Schülerinnen und Schülern anhand der Rezepte gezielt Methoden zu erarbeiten, die als *tools* für den Umgang mit Arbeitsanweisungen hilfreich sind. Arbeitsanweisungen spielen schließlich nicht nur im hauswirtschaftlichen Unterricht, sondern auch in anderen schulischen wie außerschulischen privaten und beruflichen Zusammenhängen eine erhebliche Rolle. In diesem *tool kit* finden sich Bearbeitungsmethoden für die Textsorte Arbeitsanleitung und weitergehende Planungsinstrumente für die zu konstruierenden Arbeitsvorgänge. Die Beherrschung solcher *tools* kann Jugendliche der Sekundarstufe I als überfachliche Kompetenz unterstützen, diese in andere ähnliche Lernsituationen, insbesondere in der beruflichen Bildung, zu transferieren (vgl. dazu Keller in diesem Band, S. 34 ff.).

Nicht zuletzt erschöpft sich aktuelle Ernährungs- und Konsumbildung keineswegs in der Nahrungszubereitung, sondern fügt diese in weitergehende Problemstellungen ein, etwa zur Zusammenstellung von Mahlzeiten, zur Durchführung ernährungsbezogener Analysen oder zur Ermittlung des ökologischen Fußabdrucks verschiedener Ernährungsformen. Die Übersetzung der Rezepte steht nicht mehr im Mittelpunkt der unterrichtlichen Arbeit und die Nahrungszubereitung ist seit zahlreichen fachdidaktischen Reformen mit weitergehenden Aufgabenstellungen vernetzt.

Im Zuge der Verknüpfung der Nahrungszubereitung mit anderen Inhalten sowie Methoden und der damit verbundenen Begrenzung ihres Stellenwertes im hauswirtschaftlichen Unterricht haben sich bereits vielfältige neue fachliche Aufgabenkulturen entwickelt.

## 4. Rezepte und noch viel mehr – Reformprozesse in Aufgabenkulturen

### 4.1 Anforderungen an Aufgabenkulturen aus fachdidaktischen und weiteren wissenschaftlichen Perspektiven

Maßgeblicher Motor fachdidaktischer Reformen des Faches Hauswirtschaft im deutschsprachigen Raum ist das Forschungsprojekt REVIS (Reform der Ernährungs- und Verbraucherbildung in Schulen), das von 2003–2005 von Mitgliedern verschiedener deutscher Hochschulen realisiert wurde (Fachgruppe 2005). Die Reformvorschläge haben mittlerweile breite Anerkennung in fachlichen Kreisen der Schweiz und Österreichs gefunden, was nicht zuletzt in gemeinsamen D-A-CH-Erklärungen zum Ausdruck kommt (D-A-CH Arbeitsgemeinschaft 2011). In der deutschsprachigen Schweiz werden inhaltliche Veränderungen des Hauswirtschaftsunterrichts vor allem durch die Reformen zum gemeinsamen *Lehrplan 21* und die Einbettung des Faches in den themenbezogenen Fachbereich „Wirtschaft-Arbeit-Haushalt" vorangetrieben (Geschäftsstelle 2010).

Dabei wird in der Schweiz nicht von „Verbraucher"-, sondern von „Konsumbildung" gesprochen. Ein weiterer Unterschied liegt darin, dass das „Kerncurriculum und Argumentarium für das Fach Hauswirtschaft" des Schweizerischen

Verbandes für Lehrerinnen und Lehrer, Fachkommission Hauswirtschaft, sich nicht wie das REVIS-Projekt auf die Themen Ernährung, Gesundheit und Konsum begrenzt und stattdessen noch weitere Bereiche wie „Gesellschaft" oder „Handwerk" nennt (LCH Fachkommission Hauswirtschaft 2005). Zugleich sind die drei genannten Themen in REVIS so breit ausgelegt, dass jeder der Bereiche des Schweizer Kerncurriculums auch dort Berücksichtigung findet und folglich allenfalls graduelle, nicht prinzipielle, Unterschiede zwischen beiden Konzepten festzustellen sind.

Mit Blick auf favorisierte Aufgabenkulturen spricht die Fachgruppe REVIS von „handlungsorientierten" Herangehensweisen und von Situiertem Lernen (Beer 2004, S. 10; Fachgruppe 2005, S. 87 f.). Die Eigenaktivität der Lernenden sei ebenso zu unterstützen wie Verstehensprozesse und Problemlösefähigkeiten. Ernährungs- und Konsumbildung fördere Selbstwirksamkeitserfahrungen der Heranwachsenden, die Motivation zum Weiterlernen und den Erwerb von Lernmethoden. Darüber hinaus unterscheide sie sich durch ihre „spezifische materielle Lernkultur (z.B. praktisch-sinnliche Erfahrungen)" von anderen Bildungsbereichen (Beer 2004, S. 14). Die knappen Hinweise deuten bereits an, dass die durch REVIS unterstützten Aufgabenkulturen durchaus den Kriterien bzw. Merkmalen genügen, die im Sinne eines problemorientierten Unterrichts beispielsweise durch Blömeke et al. (2006) formuliert wurden und insbesondere auf Handlungskompetenz und Selbststeuerung abheben (s. o. Einleitung; Bender 2010). Im Folgenden soll auf ausgewählte Aspekte eingegangen werden, die mit Blick auf die Überlegungen zu Rezepten besonders relevant erscheinen.

### 4.2 Nahrungszubereitung im Rahmen komplexer Aufgabenkulturen

Die REVIS-Ausführungen und die unterrichtswissenschaftlichen Aussagen von Blömeke et al. (2006) sprechen sich wie bereits erwähnt dafür aus, dass Aufgabenstellungen „problemorientiertes" und „situiertes Lernen" anstoßen und unterstützen sollten. Hier werden gemäßigt konstruktivistische Vorgehensweisen präferiert, um Heranwachsende zu befähigen, alltagsnahe Probleme weit möglichst selbstgesteuert zu bewältigen und die damit erworbenen Strategien domänenspezifisch zu übertragen (ebd. 2006, S. 336; Reinmann/Mandl 2006). Im Fach Hauswirtschaft wird zudem auf das Konzept des „Handlungsorientierten Unterrichts" nach H. Meyer oder H. Gudjons referiert (Fachgruppe 2005, S. 87; Methfessel 2004; Tornieporth 1999).

Die genannten methodischen Vorgehensweisen ordnen der Nahrungszubereitung und damit den Rezepten als Aufgabenstellungen keine dominante Stellung im Unterricht zu. Sicherlich kann, wie oben dargelegt, bereits die Transformation eines Rezeptes ins Handeln von den Lernenden verlangen, in problemorientierter Weise interaktive oder eigenständige Handlungswege zu entwickeln und Entscheidungen zu treffen. Zudem stellt die Nahrungszubereitung einen ganz wesentlichen Beitrag zur Esskultur dar, der keineswegs zu vernachlässigen ist. Nichtsdestotrotz zeigen die Bildungsziele und Kompetenzformulierungen von REVIS, das Schweizer Kerncurriculum und die Überlegungen zum Lehrplan 21 in der Schweiz deutlicher denn je, dass Schülerinnen und Schüler im hauswirtschaftlichen Unterricht weitergehende Kompetenzen, etwa in den Bereichen Ökonomie und Ökologie, erwerben sollen. Lehrkräfte sind damit herausgefordert, die Nahrungszubereitung sinnvoll in komplexe Aufgabenkulturen einzubinden oder – je nach Unterrichtsthema – überhaupt kein ‚Kochen' mehr anzubieten.

Solche Begrenzung der Nahrungszubereitung im Unterricht kann, vor allem dann, wenn dies bisherigen Gewohnheiten widerspricht, erheblichen Widerstand bei Heranwachsenden und Eltern hervorrufen: Gerade das ‚Kochen' kommt hohen, nicht ausschließlich fachbezogenen, Motivationen der Lernenden entgegen und erfreut sich großer Beliebtheit. Dabei teilen Schüler und Schülerinnen die in nicht-wissenschaftlichen fachbezogenen Diskursen häufig vollzogene strikte Dichotomie zwischen ‚Theorie' und ‚Praxis', wobei ‚Theorie' mit überwiegend frontalunterrichtlichen Belehrungen und ‚Praxis' mit lustvoll vollzogenen, weitgehend ungestörten handwerklichen Arbeiten der Heranwachsenden assoziiert wird (Bender 2003; Fachgruppe 2005, S. 84; Tornieporth 1999).

Aufgabenkulturen mit dem Schwerpunkt der Nahrungszubereitung kommen somit auf den ersten Blick Bedürfnissen der Lernenden entgegen (Blömeke et al. 2006, S. 335 ff.). Dabei spielt zusätzlich eine Rolle, dass die Jugendlichen gerade hier sinnlich manifestierte Erfolgserlebnisse verzeichnen können. Solche Kompetenzerfahrungen, die auch Leistungsschwächere mit dem ‚Kochen' verbinden, zählen zu den *basic needs* der Lernenden, und ihre Wichtigkeit wird sowohl von fachdidaktischer als auch von gesundheits- und motivationspsychologischer Seite betont (Fachgruppe 2005, S. 30; Schwarzer/Jerusalem 2002; vgl. Deci/Ryan 1993).

Wenn Lehrkräfte also ernährungs- und konsumbezogene Lernumgebungen mit komplexen Aufgabenkulturen entwickeln und anbieten, stehen sie oft vor der Herausforderung, die Erwartungen der Jugendlichen zunächst zu enttäuschen. Sie sind außerdem mit dem Anspruch konfrontiert, trotz anspruchsvoller problemorientierter Vorgehensweisen allen Schülerinnen und Schülern lernförderliche Erfahrungen zu ermöglichen und deren Selbstwirksamkeitserwartungen zu stärken (vgl. Wellenreuther 2009, S. 174 ff.). Hier scheint ein behutsames Vorgehen adäquat, das die Nahrungszubereitung im Verlaufe des Unterrichts zunehmend mit weitergehenden ernährungspädagogischen, ökologischen, ökonomischen usw. Inhalten vernetzt und an die Selbststeuerung der Lernenden fortschreitend höhere Anforderungen stellt. Gesundheitsbezogene Fragen berühren in mehrerlei Hinsicht die Entwicklungsaufgaben des Jugendalters, und eine Stärkung der Selbstwirksamkeitserwartung kann Jugendliche mit unsicheren Identitätskonstruktionen unterstützen. Reflexionen des eigenen Essverhaltens und entsprechende Übungen können den achtsamen Umgang mit dem eigenen

Körper fördern und labile Prozesse günstig beeinflussen. Für Schülerinnen und Schüler der Sekundarstufe I, die nicht selten ein für das Jugendalter typisches gesundheitliches Risikoverhalten und demonstratives Konsumhandeln zeigen, ist hauswirtschaftlicher Unterricht relevant, der Ernährungs- und Konsumgewohnheiten empathisch reflektiert (Pinquart/Silbereisen 2002).

Die skizzierten vielfältigen Anforderungen an Aufgabenstellungen lassen sich für Lehrkräfte in der Ernährungs- und Konsumbildung nicht immer widerspruchsfrei vereinbaren. Ihre professionelle Kompetenz zeigt sich somit als Umgang mit zahlreichen Antinomien bereits bei der Planung und Organisation ihres Unterrichts (vgl. Bastian/Helsper 2000).

## 5. Fazit

Der Stellenwert, den Rezepte als Aufgabenstellungen im hauswirtschaftlichen Unterricht innehatten, hat sich zunehmend verändert: Die Nahrungszubereitung und damit auch die Arbeit mit Rezepten werden mehr und mehr in problem- und handlungsorientierte Lernumgebungen integriert, die komplexere Aufgabenkulturen umfassen. Zugleich kann bereits die Transformation eines Rezeptes ins konkrete Handeln erhebliche Deutungsansprüche bergen und große Anforderungen an Novizen und Novizinnen stellen. Für sinnvolle inhaltliche und methodische Vernetzungen der Nahrungszubereitung benötigen Lehrkräfte professionelle Kompetenzen, die sie befähigen, in anspruchsvollen Aufgabenkulturen die Motivation und die Selbstwirksamkeitserwartung der Lernenden zu fördern.

**Verwendete Literatur**

Affolter, Ursula/Felder, Rosmarie/Jaun, Monika/Keller, Marianne/Schmid, Ursula/Dual-Fleckenstein, Christine/Grotzer, Michael 1986: Tiptopf. Interkantonales Lehrmittel für den Hauswirtschaftsunterricht. Bern.

Affolter, Ursula/Felder, Rosmarie/Jaun Urech, Monika/Keller, Marianne/Schmid, Ursula/Emmenegger Mayr von Baldegg, Gabriele 2010: Tiptopf. Interkantonales Lehrmittel für den Hauswirtschaftsunterricht. 21. Aufl. Bern.

Bastian, Johannes/Helsper, Werner 2000: Professionalisierung im Lehrberuf. Bilanz und Perspektiven. In: Johannes Bastian/Werner Helsper/Sabine Reh/Carla Schelle (Hg.): Professionalisierung im Lehrberuf. Opladen. S. 167–192.

Beer, Sigrid 2004: Zum Grundlagenverständnis für die Standard- und Curriculumentwicklung. Paderborner Schriften zur Ernährungs- und Verbraucherbildung. Band 1. Paderborn. http://www.evb-online.de/docs/01_2004-Grundlagenverstaendnis.pdf, recherchiert am 16.03.2011.

Bender, Ute 2003: ‚Hauptsache praktisch!?' – Praktisches Tätigsein im Fach Haushaltslehre aus der Perspektive von Lehramtsstudierenden. In: Hauswirtschaft und Wissenschaft 51. H. 3. S. 117–129.

Bender, Ute 2005: Interaktives und materiell-technisches Handeln bei der Nahrungszubereitung – Lerngruppen als Communities of Practice. In: Hauswirtschaft und Wissenschaft 53. H. 4. S. 177–187.

Bender, Ute 2007: Wie Schüler Arbeitsanweisungen in der Werkstatt Schulküche gemeinsam deuten. Lernchancen im Haushaltslehre-Unterricht. In: Kerstin Rabenstein/Sabine

Reh (Hg.): Kooperatives und selbstständiges Arbeiten von Schülern. Beiträge empirisch-rekonstruktiver Unterrichtsforschung. Wiesbaden. S. 111–132.

Bender, Ute 2010: Aufgabenkulturen in der Ernährungs- und Konsumbildung – ein Diskussionsbeitrag zur Unterrichtsentwicklung. In: Hauswirtschaft und Wissenschaft 58. H. 3. S. 122–129.

Blömeke, Sigrid/Risse, Jana/Müller, Christiane/Eichler, Dana/Schulz, Wolfgang 2006: Analyse der Qualität von Aufgaben aus didaktischer und fachlicher Sicht. In: Unterrichtswissenschaft 34. H. 4. S. 330–357.

Christmann, Ursula 2004: Lesen. In: Roland Mangold/Peter Vorderer/Gary Bente (Hg.): Lehrbuch der Medienpsychologie. Göttingen u. a. S. 419–442.

D-A-CH Arbeitsgemeinschaft 2011: DACH Arbeitsgemeinschaft zur „Ernährungs- und Verbraucherbildung"/„Bildung in Ernährung und Konsum". Münchner bzw. Salzburger Erklärung zur Sicherung und Entwicklung der Ernährungs- und Verbraucherbildung (EVB). http://www.habifo.de/dach.html, recherchiert am 16.03.2011.

Deci, Edward L./Ryan, Richard M. 1993: Die Selbstbestimmungstheorie der Motivation und ihre Bedeutung für die Pädagogik. In: Zeitschrift für Pädagogik 39, S. 223–238.

Dewey, John 1916: Democracy and Education. In: Jo Ann Boydston (Hg.) 1980: John Dewey. The Middle Works, 1899–1924. Volume 9. Carbondale.

Dewey, John 1925: Experience and Nature. In: Jo Ann Boydston/Kathleen E. Poulos (Hg.) 1984: John Dewey. The Later Works, 1925–1953. Volume 1. Carbondale u. a.

Ernst, Gertrud 1986: Entwicklungen und Zielsetzungen im Hauswirtschaftsunterricht seit der Jahrhundertwende in der Schweiz (speziell im Kanton Aargau). Unveröff. Diplomarbeit.

Fachgruppe Ernährung und Verbraucherbildung 2005: Schlussbericht: REVIS Modellprojekt. 2003–2005. Universität Paderborn. http://www.evb-online.de/evb_revis_schlussbericht.php, recherchiert am 16.03.2011.

Gebhard, Rosmarie 1988: Manuelle Arbeit im Alltag und im Unterricht. Historische Entwicklungslinien und aktuelle Perspektiven mit Schwergewicht im Bereich Hauswirtschaft. Unveröff. Diplomarbeit.

Geschäftsstelle der deutschsprachigen EDK-Regionen (Hg.) 2010: Grundlagen für den Lehrplan 21 verabschiedet von der Plenarversammlung der deutschsprachigen EDK-Regionen am 18. März 2010. Geschäftsstelle der deutschsprachigen EDK-Regionen. Luzern. www.lehrplan.ch, recherchiert am 16.03.2011.

Kintsch, Walter 2004: The Construction-Integration Model of Text Comprehension and Its Implications for Instruction. In: Robert B. Ruddell/Norman J. Unrau (Hg.): Theoretical Models and Processes of Reading. 5. Aufl. Newark. S. 1270–1328.

Kintsch, Walter 2009: Learning and Constructivism. In: Sigmund Tobias/Thomas M. Duffy (Hg.) 2009: Constructivist Instruction: Success or Failure? New York. S. 223–241

Klieme, Eckhardt/Schümer, Gundel/Knoll, Steffen 2001: Mathematikunterricht in der Sekundarstufe I: „Aufgabenkultur" und Unterrichtsgestaltung. In: Bundesministerium für Bildung und Forschung (BMBF) (Hg.): TIMSS- Impulse für Unterricht und Schule. Forschungsbefunde, Reforminitiativen, Praxisberichte und Videodokumente. München. S. 43 – 57.

LCH Fachkommission Hauswirtschaft (o.J.): Kernkompetenzen und Argumentarium für das Fach Hauswirtschaft. Zürich. http://www.lch.ch/lch/kommissionen/fachkommission-hauswirtschaft.html, recherchiert am 28.10. 2010.

Methfessel, Barbara 1994: Zeit nutzen – nicht Zeit sparen. Zur Notwendigkeit, überkommene Lehrinhalte in Frage zu stellen. In: Hauswirtschaftliche Bildung 70. H. 2. S. 71–78.

Methfessel, Barbara 2004: Haushaltslehre. In: Hermann May (Hg.): Lexikon der ökonomischen Bildung. Unter Mitarbeit von U. May. 5. akt. u. erw. Aufl. München u. a. S. 265–267.

Oehler, Klaus 2000: Einführung in den semiotischen Pragmatismus. In: Uwe Wirth (Hg.): Die Welt als Zeichen und Hypothese. Perspektiven des semiotischen Pragmatismus von Charles Sanders Peirce. Frankfurt a. M. S. 13–30.

Peirce, Charles S. 1897: The classification of the sciences. In: Charles Hartshorne/Paul Weiss (Hg.) 1960: Collected Papers of Charles Sanders Peirce. Volume I/II. Cambridge, Mass. S. 75–140.
Peirce, Charles 1904: Brief. In: Charles S. Hardwick (Hg.) 1977: Semiotic and Significs. The Correspondence between Charles S. Peirce and Victoria Lady Welby. Bloomington u. a. S. 22–36.
Pinquart, Martin/Silbereisen, Rainer K. 2002: Gesundheitsverhalten im Kindes- und Jugendalter. In: Bundesgesundheitsblatt – Gesundheitsforschung – Gesundheitsschutz 45. S. 873–878.
Prawat, Richard S. 2000: The Two Faces of Deweyan Pragmatism: Inductionism versus Social Constructivism. In: Teachers College Record 102. H. 4. S. 805–840.
Prawat, Richard S. 2001: Dewey and Peirce, the Philospher's Philosopher. In: Teachers College Record 103. H. 4. S. 667–721.
Reinmann, Gabi/Mandl, Heinz 2006: Unterrichten und Lernumgebungen gestalten. In: Andreas Krapp/Bernd Weidenmann (Hg.): Pädagogische Psychologie. 5. vollst. überarb. Aufl. Weinheim. S. 613–687.
Richter, Tobias/Christmann, Ursula 2002: Lesekompetenz: Prozessebenen und interindividuelle Unterschiede. In: Norbert Groeben/Bettina Hurrelmann (Hg.): Lesekompetenz. Bedingungen, Dimensionen, Funktionen. Weinheim u. a. S. 25–58.
Schlegel-Matthies, Kirsten 1995: „Die Küche als Werkstatt der Hausfrau". Bestrebungen zur Rationalisierung der Hausarbeit nach dem Ersten Weltkrieg. In: Hauswirtschaft und Wissenschaft 44. H. 4. S. 163–170.
Schwarzer, Ralf/Jerusalem, Matthias 2002: Das Konzept der Selbstwirksamkeit. In: Matthias Jerusalem/Dieter Hopf (Hg.): Selbstwirksamkeit und Motivationsprozesse in Bildungsinstitutionen. ZfPäd. 44. Beiheft. Weinheim u. a. S. 28–53.
Stübler, Elfriede 1975: Entwicklung in der Haushaltswissenschaft und Konsequenzen für Lernprozesse am Beispiel der Arbeitswissenschaft. In: Hauswirtschaft und Wissenschaft 23. H. 4. S. 253–257.
Tornieporth, Gerda 1979: Studien zur Frauenbildung. Neuausg. Weinheim u. a.
Tornieporth, Gerda 1999: Die handwerkliche Praxis im Ernährungsunterricht der Haushaltslehre. In: Haushalt und Bildung 76. H. 3. S. 143–148.
Wellenreuther, Martin 2009: Forschungsbasierte Schulpädagogik. Baltmannsweiler.

Roland Messmer

# Bewegte Aufgaben: Aufgabenkulturen im Fach Sport

## 1. Einleitung

Aufgaben im Sportunterricht sind immer der Ambivalenz von Aktivität und Lernen ausgesetzt. In Anlehnung an die Dewey'sche Unterscheidung von Lehren und Lernen als Aktivitäts- bzw. Erfolgsverben (vgl. Oelkers 1985, S. 162) ist bei Aufgaben im Sportunterricht eine Aktivität fast immer sichtbar. „Bewegen" und „Spielen" als Folge von Aufgabenstellungen im Sportunterricht müssen demnach als Aktivitätsverben bezeichnet werden. Aufgaben im Kontext von Unterricht wollen aber mehr als eine reine Tätigkeit, sie zielen auf Lernprozesse und -erfolge ab. Ob sich aus dem sportlichen Tun ein Lernfortschritt ergibt, kann hingegen nicht als Automatismus geschlossen werden. Sportlichen Tätigkeiten als Folge von Aufgaben sind demnach keine Lernerfolge inhärent, auch wenn ein oberflächlicher Blick auf die Aktivitäten der Schülerinnen und Schüler das vermuten lässt.

Diese kritische Ambivalenz hat wohl im Sportunterricht zum verbreiteten Sprachgebrauch geführt, dass weniger von *Aufgaben*, als vielmehr von *Übungen* gesprochen wird.[1] Grundsätzlich lässt sich dagegen nichts einwenden, auch wenn der Begriff didaktisch etwas aus der Mode gekommen ist. Mit dem Begriff „Üben" sind aber auch Tätigkeiten verbunden, die sich historisch vielleicht ausgewachsen haben, bei Lehrerinnen und Lehrern jedoch oft noch präsent sind. In der Schweizerischen Turnschule für den obligatorischen Turnunterricht von 1912 wird das Üben an Geräten folgendermaßen beschrieben:

> „Das Üben in freier Weise wird vor allem beim Turnen an den Geräten mit größtem Vorteil angewendet. Nachdem die Übung vorgezeigt ist, treten die Schüler in einer zum voraus festgesetzten Reihenfolge nacheinander an das Gerät, turnen das Vorgezeigte ein- bis mehrere Male nach und kehren dann wieder an ihren Platz zurück. Um Zeit zu sparen, beginnt der folgende jeweilen sofort mit dem Üben. Während dieser Zeit beobachtet der Lehrer, verbessert und hilft nach."
> (Schweizerische Turnschule 1912, S. 25)

Traditionellerweise ist der Begriff des Übens also mit dem Organisieren und Ordnen von Unterricht verbunden und weniger assoziiert mit dem freien Üben, wie es z.B. in Skateboardparks zu beobachten ist (vgl. Schwier 2011, S. 257). Diese traditionelle Sicht auf das Üben hat sich bis heute tradiert, so dass mit diesem Be-

---

[1] So enthalten die Titel einer sehr verbreiteten Buchreihe (z.B. 1001 Spiel- und Übungsformen im Schwimmen), die von Walter Bucher herausgegeben wird, immer den Begriff Übungsformen, aber nie den Begriff Aufgabe.

griff im Schulsport immer zwei gegensätzliche Aspekte verbunden sind: Einerseits das isolierte Einüben von einzelnen Bewegungen, wie es z. B. in Übungsreihen praktiziert wird, und andererseits das Organisieren des Übens im offenen Kontext von Turnhallen und Sportanlagen, wie dies auch ein moderner Sportunterricht fordert.

Ohne auf die Besonderheit des Sports und des Sportunterrichts zu sehr einzugehen, werde ich, ausgehend vom Übungsbegriff, den Aufgabenbegriff im Sportunterricht entwickeln und dabei die Differenz zwischen *Bewegungsaufgaben* und *Lernaufgaben* darzustellen versuchen (s. Abschnitt 2). Dabei werden sowohl die Form von Aufgaben (s. Abschnitt 3), als auch der Inhalt von Bewegungs- und Lernaufgaben (s. Abschnitt 4) thematisiert werden. In einer für die Sportdidaktik typischen Tradition[2] werde ich die genannten Themen an einem konkreten Unterrichtsbeispiel entwickeln.

## 2. Üben und Lernen

Üben scheint etwas inhärent Didaktisches zu sein und soll hier keinesfalls einer simplen Schwarz-Weiß-Logik untergeordnet werden. Bereits 1978 forderte Bollnow – nicht nur für die Leibeserziehung – eine Rückbesinnung auf das Üben. Trotz seiner hohen Affinität zu sich wiederholenden Tätigkeiten beim Üben deckt Bollnow auch die Schattenseiten des Übens in der obigen, „traditionellen" Bedeutung des Begriffs auf:

> „Exerzieren heißt ja, wörtlich genommen, üben, aber es ist eine besondere, mechanisierte und das Menschliche vergewaltigende Weise des Übens. Wie in der Naturwissenschaft die Wirklichkeit in atomare Bestandteile zerlegt und aus diesen in rationaler Konstruktion wieder zusammengesetzt wird, so wird auch hier die auszuführende Bewegung in kleinste Elemente zerlegt." (Bollnow 1978, S. 112)

Damit differenziert Bollnow den Übungsbegriff bereits aus. Nicht jedes Üben ist a priori für einen Lernprozess geeignet, es sei denn, es soll Gehorsam oder dergleichen „eingeübt" werden. Insbesondere in Bezug auf den im Sport oft synonym verwendeten Begriff „Trainieren" scheint Vorsicht geboten:

> „Schon im Sprachgebrauch fällt auf, dass das Wort Übung, das seit der Entstehung der Turnkunst unter F. L. Jahn einen guten Klang hatte, heute fast verschwunden und durch das Wort Training abgelöst ist. Das ist nicht nur als modische Wendung im Sprachgebrauch zu verstehen, die das geläufige Wort durch das vornehmer klingende Fremdwort ersetzt, es ist auch

---

2   Vgl. Scherler 1989; Schierz 1997; Messmer 2011

eine veränderte Einstellung zur Sache, die sich darin ausdrückt […]. Der ganze Vorgang ist mechanisiert. Das Ich ist verlorengegangen. Die Leistungen werden gesteigert, aber der Mensch ist unwichtig geworden."
(Bollnow 1978, S. 113)

Die einerseits sichtbare Leistung des Übens und Trainierens steht damit in Kontrast zur meist impliziten Leistung des Lernens. Ich werde an einem konkreten Beispiel aus dem Sportunterricht diesen Widerspruch zu verdeutlichen versuchen. Bei dieser kurzen Unterrichtsbeschreibung handelt es sich um eine 11. Klasse an einem Gymnasium. Es sind elf Schülerinnen anwesend. Das Lektionsthema lautet „Volleyball". Die Schülerinnen sollen auf die anstehende Volleynacht vorbereitet werden.

**Unterrichtsbeschreibung Volleyball**

(a) Nach einem intensiven Aufwärmen (Fangspiel) üben jeweils zwei Spielerinnen zusammen das obere Zuspiel. Eine der Schülerinnen jongliert den Ball, während die andere einmal um diese herum springt, um dann den Ball zu übernehmen.

(b) Anschließend teilt die Lehrerin die Klasse in zwei Gruppen auf und erklärt die folgende Aufgabe: „Eine Schülerin prellt den Ball so stark auf den Boden, dass eine zweite darunterlaufen kann, um einen Pass an eine Dritte zu spielen, die mit einem Smash über das Netz abschließt."
Die Lehrerin erinnert an eine ähnliche Übung, die sie letzte Woche gemacht haben.

(c) Lehrerin: „Die restlichen Schülerinnen sammeln die Bälle ein und legen sie in die Ballwagen. Etwa fünf Mal und dann wechseln. Die Idee ist, wenn ihr es mehrmals nacheinander machen müsst, dass ihr eher ein Gefühl für die Flugbahn bekommt. Das ist gleich wie im Spiel, die Abnahmen sind meist schlecht und dann müsst ihr auch ziemlich rennen, damit ihr an den Ball kommt."

(d) Sie zeigt die Übung vor, indem sie selbst einen Ball prellt und eine Schülerin den Pass spielt und eine weitere den Smash über das Netz. Ein zweites Mal prellt sie den Ball nicht mehr, sondern macht gleich sich selbst ein Zuspiel, um der zweiten Schülerin den Pass zu geben für den Smash.

(e) Beide Gruppen beginnen mit der Übung. Die Lehrerin bleibt bei der ersten Gruppe und übernimmt die Aufgabe der Prellerin. Kurz nach Beginn ändert sie die Aufgabenstellung: „Stoppt schnell, bitte wechselt nach jedem Pass, sonst geht es zu lange."

(f) Beide Gruppen üben intensiv. Die Gruppe mit der Lehrerin erhält regelmäßig Rückmeldungen, während die andere etwas überfordert ist mit der Schwierigkeit der Aufgabe. Die Lehrerin bleibt die ganze Zeit über „Prellerin". Nach ca. drei Minuten lässt die Gruppe, die ohne Lehrerin übt, das Prellen weg. Damit werden nur noch zwei Spielerinnen beteiligt: Eine wirft den Ball sich selbst zu, um einer zweiten einen Pass zu geben zum Smash. Die Lehrerin merkt davon nichts, weil sie gezwungenermaßen der Gruppe den Rücken zudrehen muss.
(Quelle: in Anlehnung an Messmer 2011)

Aufforderungen, sich zu bewegen bzw. eine Bewegungshandlung auszuführen, haben eine hohe perluktionäre Referenz: Die Absichten des Sprechers werden im Sportunterricht in der Regel durch die Bewegungshandlung der Empfänger sichtbar zum Ausdruck gebracht, auch wenn diese nicht unbedingt dem entsprechen müssen, was z. B. ein Lehrer als Aufgabe gestellt hatte.

> „Ob der Lehrer also mit dem propositionalen Teil seiner Sprechhandlungen auf eine Bewegungsbeschreibung oder Bewegungserklärung referiert, die für die Schüler nachvollziehbar und damit ‚wahr' sind [...], entscheidet sich spätestens beim Ablauf der Szene(n). Denn dort ist in der Regel erkennbar, ob die ‚Sache läuft' oder ob es Chaos und Gemurre gibt."
> 
> (Frei 1999, S. 93)

Schüler springen z. B. über die Hochsprunglatte, weil der Lehrer dies als Aufgabe gestellt hat. Der Fosbury-Flop entspricht dann unter Umständen aber nicht den Vorstellungen des Lehrers und gleicht vielleicht mehr einem „rückwärts auf dem Hinterteil landen". Diese unmittelbare Sichtbarkeit scheint spezifisch für den Sportunterricht zu sein.

In der Unterrichtsbeschreibung „Volleyball" (s. o.) erläutert die Lehrerin die Aufgabe mündlich: „Eine Schülerin prellt den Ball so stark auf den Boden, dass eine zweite darunter laufen kann, um einen Pass an eine Dritte zu spielen, die mit einem *smash* über das Netz abschließt." Die Gruppe, die alleine übt, verändert daraufhin (nach ca. drei Min.) die Aufgabe selbstständig. Dadurch verändert die Gruppe aber auch die Zielsetzung der Lehrerin. Nicht mehr das Obere Zuspiel der Passeuse wird trainiert, sondern der *smash* über das Netz (s. Unterrichtsbeschreibung: f). Der *smash*, der ursprünglich als Ergänzung und Abschluss der Übung gedacht war, rückt in den Mittelpunkt und nicht das Training zur Einschätzung der Flugbahn für die Passeuse, wozu die Übung eigentlich vorgesehen war. Dabei stehen die Veränderungen im Übungsverhalten der Schülerinnen in einem unmittelbaren Zusammenhang mit den Handlungen der Lehrerin. Während der Demonstration ändert die Lehrerin selbst den Ablauf der Übung (s. Unterrichtsbeschreibung: b). Deshalb ist es der Gruppe wahrscheinlich nicht aufgefallen, dass sie durch die Variation der Übung auch die Aufgabenstellung verändern. Sie sind sich der *Zielverschiebung* der Aufgabenstellung nicht wirklich bewusst. Auch die Lehrerin ist sich deren nicht bewusst. Weil sie bei der ersten Gruppe selbst mittrainiert, fällt ihr der Fehler im Ablauf der Übung gar nicht auf. Dass sie dort mitmacht, ist zwar nicht notwendig, aber auch nicht falsch.

Die Frage, die sich stellt, lautet eher: Warum verändern die Schülerinnen die Abfolge innerhalb der Übung und unterlaufen damit die Aufgabenstellung der Lehrerin? Dies, obwohl die Übung von der Lehrerin genau vorgezeigt worden ist und sie sogar noch speziell darauf hingewiesen hat, dass es bei schlechten Abnahmen schwierig ist, an den Ball zu kommen (s. Unterrichtsbeschreibung: c). Damit meint sie natürlich die Passeuse, ohne diese namentlich zu erwähnen. Der

Grund für den Wechsel kann also nicht darin liegen, dass die Schülerinnen die Demonstration nicht gesehen haben. Im Gegenteil, während ca. drei Minuten machen sie die Übung sogar richtig.

Trotzdem liegt die Ursache für die Entwicklung der Übung im (unbewussten) Verhalten der Lehrerin. Als erstes zeigt sie zwar die vollständige Übung einmal vor, aber bereits bei der zweiten Demonstration verzichtet sie auf das Prellen (s. Unterrichtsbeschreibung: d). Damit lässt sie den eigentlich wichtigsten Teil der Übung weg. Als zweites ändert sie die Übungsaufgabe bereits nach sehr kurzer Zeit. Obwohl sie vorher betont hat, dass es wichtig ist, mindestens fünf Mal nacheinander zu passen (s. Unterrichtsbeschreibung: c), soll nun aus organisatorischen Gründen jedes Mal gewechselt werden. Durch die unbewusst widersprüchlichen Anweisungen der Lehrerin verlieren die Schülerinnen der zweiten Gruppe das eigentliche Ziel aus den Augen. Es ist für sie folgerichtig, wenn sie die Übung organisatorisch vereinfachen, nachdem sie mit dem Schwierigkeitsniveau der Übung überfordert sind (s. Unterrichtsbeschreibung: f). Diese Veränderung der ursprünglichen Aufgabenstellung widerspricht aber deutlich der Absicht der Lehrerin und verändert deren Zielsetzung, auch wenn die Übung explizit „weiterläuft".

Das Beispiel verdeutlicht die Schwierigkeit im Sportunterricht, auf Veränderungen der Aufgabenstellung reagieren zu können, denn die Schülerinnen fahren ohne Unterbrechung mit dem Üben fort. Üben oder Trainieren darf demnach nicht mit den in Aufgabenstellungen formulierten Lernzielen gleichgesetzt werden. Für die Aufgabenkultur im Sportunterricht lässt sich aus diesem Unterrichtsbeispiel deshalb eine erste zentrale Frage in Bezug auf die Form der Aufgabenstellung ableiten: Welche Informationen müssen vermittelt bzw. wie muss der Informationsfluss gestaltet werden, damit die im Fall dargestellte Zielverschiebung nicht passiert? Das Beispiel illustriert weiter, dass „Üben" im Sportunterricht sehr eng mit dem Begriff „Organisieren" verknüpft und demnach der in der Turnschule von 1912 formulierte Anspruch nach wie vor relevant ist.

## 3. Auftrag und Information

Aufgabenformulierungen im Sportunterricht sind nicht ausschließlich, aber in der Regel sprachlich kommunikative Prozesse. Durch die Besonderheit, dass beim motorischen Handeln die Sprache unterstützend verwendet werden kann, werden selbst bei schriftlich formulierten Aufgaben die motorischen Aktivitäten meist zusätzlich durch sprachliche Ergänzungen begleitet. Kuhlmann verweist auf eine spezielle Art kommunikativer Prozesse, die es in keinem anderen Fach gibt (vgl. 1986, S. 37 f.). Demnach gilt es, das vorwiegend motorische Handeln der Schüler einzuleiten, aufrechtzuerhalten und auch zu beenden (vgl. ebd., S. 11).

Im Beispiel wird die Zielsetzung explizit geäußert. „Die Idee ist, wenn ihr es mehrmals nacheinander machen müsst, dass ihr eher ein Gefühl für die Flugbahn bekommt" (s. Unterrichtsbeschreibung: c). Damit kann auch explizit ein Widerspruch zwischen der Zielsetzung der Handlung (Verbesserung des Zuspiels) und ihren Konsequenzen (*training smash*) festgehalten werden.[3]

Gerade weil die Lehrerin die Aufgabe durch das „Vorzeigen" einer Gruppe veranschaulicht und konkretisiert, ist in diesem Fall eine schriftliche Form kaum zweckmäßig. Bewegungen lassen sich meist besser im Vorzeigen – oder Vorzeigen lassen – der aktiven Bewegung darstellen und durch mündliche Ergänzungen konkretisieren. Sprachliche Äußerungen sind demnach für Aufgaben im Sportunterricht konstitutiv. Wenn Lehrer Anordnungen geben, wollen sie, dass sie auch befolgt werden. In der bereits dargestellten Unterrichtsbeschreibung befolgen die Schülerinnen zwar die Anordnung der Lehrerin, trotzdem folgt ihren Anordnungen etwas anderes, als sie beabsichtigt hat.

Bei allen Lernprozessen ergibt sich die Notwendigkeit der Kommunikation zwischen Lehrkraft und Lernenden. Insbesondere in offenen Lernsituationen müssen die Schülerinnen und Schüler über umfassende Informationen verfügen, damit ein zielgerichteter Lernprozess überhaupt zustande kommt. Dabei stellt das Informieren immer nur eine ergänzende pädagogische Handlungsform dar. Es ist Mittel zum Zweck und hat alleine betrachtet keine pädagogische Funktion. „Informationen werden in pädagogischen Handlungsfeldern gebraucht, damit andere pädagogische Handlungsformen erfolgreich fortschreiten können" (Giesecke 1989, S. 74). Über Informationen zu verfügen, kann somit als personale Voraussetzung der Schüler und Schülerinnen bezeichnet werden, damit Aufgabenstellungen überhaupt Lernprozesse auslösen können. Sie gehören unmittelbar zum Unterrichtsprozess und bilden oft eine unverzichtbare Voraussetzung.

Beim Unterrichtsbeispiel Volleyball erfolgt zwar eine Zielformulierung durch die Lehrerin. Diese wird aber aus bereits erwähnten Gründen abgeschwächt und von den Schülerinnen aus den Augen verloren (s. Unterrichtsbeschreibung: f). Durch die Veränderung der Aufgabe durch die Schülerinnen geht die ursprüngliche Zielsetzung (Training der Passeuse) verloren. Stattdessen wird nun die Position der Angreiferin geübt. Die Schwierigkeit der Flugbahnberechnung bezieht sich nicht mehr auf die Passeuse (was die ursprüngliche Absicht der Lehrerin war), sondern auf den Angriff. Durch die unglückliche Formulierung des Zieles verliert diese Aufgabe ihre ursprüngliche Ziel*setzung*. Durch eine präzise Information an die Schülerinnen wären diese vielleicht in der Lage gewesen, trotz der Schwierigkeit der Aufgabe, die Zielsetzung beizubehalten. Aber: Ihr Versuch, die bestehende Aufgabe zu vereinfachen, zeigt, dass sie durchaus bereit sind, an der vorgegebenen Aufgabenstellung mitzuarbeiten und ihre Fähigkeiten daran zu verbessern.

Ein Ratschlag an die Lehrerin könnte daher lauten, dass sie ihre Aufgabenstellung noch präziser formulieren und vor allem auf spontane Lernzieländerungen

---

[3] Mehr dazu siehe Messmer 2011

(s. Unterrichtsbeschreibung: e) aus nebensächlichen Gründen, in diesem Beispiel der Spiellänge, verzichten sollte. Mit einer expliziten und klaren *Lernzielbestimmung* in der Aufgabenstellung (die nicht geändert wird) könnte verhindert werden, dass die Schülerinnen mit einem Methodenwechsel selbst auch gleich das Lernziel der Aufgabe mit ändern. Durch die Aufforderung an die Schüler, sich auch kognitiv mit der Zielformulierung in der Aufgabenstellung auseinanderzusetzen, wäre also das Risiko der *Lernzielverschiebung* vermindert worden.

Diese Zielverschiebung aufgrund der lückenhaften Information bei der Aufgabenstellung weist auf die inhaltliche und intentionale Dimension bei Aufgaben hin. Für die Aufgabenkultur im Sportunterricht erweist sich auch hier die Unterscheidung von Lernen und Üben als bedeutsam.

## 4. Sportkompetenzen und kognitive Kompetenzen

Am Unterrichtsbeispiel Volleyball zeigt sich sehr deutlich, dass „Bewegungen" als solche nicht das originäre Problem von Aufgaben darstellen. Das offensichtliche „Aktiv-Sein" verstellt den Blick auf die evidenten Lernprozesse und verhindert letztlich, dass die Lehrerin die Veränderung des Lernziels durch die Schülerinnen bemerkt. Die Lehrerin will, dass die Passeuse „ein Gefühl für die Flugbahn bekommt" (s. Unterrichtsbeschreibung: c). Hätte sie hingegen als Ziel für diese Unterrichtssequenz das „Trainieren" der Konditionsfaktoren vorgegeben, dann könnte man die oben geschilderte Unterrichtsstunde als erfolgreich bezeichnen. Denn die Schülerinnen trainieren ganz offensichtlich. Aus dieser Perspektive kann allerdings jede Bewegung im Sportunterricht bereits als lernrelevant bezeichnet werden. Folgt der Sportunterricht einer engen Lernzielsetzung im Sinne einer Kompensation von Bewegungsdefiziten, die als Verbesserung der Konditionsfaktoren „Ausdauer, Kraft, Schnelligkeit und Beweglichkeit" bezeichnet werden kann, dann wird der Inhaltsaspekt relativ beliebig. Selbst in der Zielverschiebung durch die beobachtete Gruppe im Beispiel Volleyball verbessern die Schülerinnen z. B. ihre Schnelligkeit beim Angriff. Sportunterricht wird gerne aus dieser Perspektive beurteilt (Stichwort: tägliche Bewegungsstunde). Wird der Bildungsanspruch des Schulfachs aber weniger kompensatorisch, sondern auf die Sache selbst fokussiert, dann treten sportmotorische Kompetenzen in den Vordergrund. Noch soll der Schulsport aufgrund des allgemeinen Erziehungsauftrags der Schule auf das Leben vorbereiten,

> „gleichsam die Nachwachsenden für den Sport der Erwachsenen qualifizieren. [...] Es scheint deshalb folgerichtig, dem Schulsport von der Sache des Sports her Sinn zu geben und ihn als Qualifizierungsveranstaltung für den gesellschaftlichen Sport zu bestimmen."
>
> (Ehni 2000, S. 26)

Mit Qualifizierungsansprüchen sind Kompetenzen verbunden, die in Anlehnung an Weinert meist kognitiv definiert werden (vgl. 2001, S. 27). Im Sport gehen deshalb viele Fachmodelle von einer subjektiven Sinnkonstruktion aus, die ausschließlich kognitiv bestimmt werden kann.[4] In diesem Sinne könnte die Zielverschiebung im Beispiel Volleyball sogar lernwirksam gedeutet werden. Die Schülerinnen entdecken in ihrer Aktivität die Sinnperspektive „dabei sein und dazu gehören" (Ernst/Bucher 1997). Die Schülerinnen wollen bei den Übungen mit den anderen Gruppen mithalten können und lassen deshalb das Prellen weg, wahrscheinlich weil es sie überfordert. In dieser Interpretation folgen die Schülerinnen konsequent der Sinnperspektive „dabei sein" und damit auch einer möglichen Zielsetzung der Lehrerin. Diese ausschließlich kognitiv orientierte Fachorientierung scheint mir für den Sportunterricht zu eng. Selbst der von Weinert verwendete Kompetenzbegriff ist in seinen Ursprüngen nicht so gedacht. Klieme weist ausdrücklich auf diesen Verwendungszusammenhang bei Roth und seiner Trilogie der Kompetenzen hin.

> „Aus erziehungswissenschaftlicher Sicht ist bemerkenswert, dass PISA mit seinem Kompetenzkonzept letztlich auf eine Konzeption zurückführbar ist, die Heinrich Roth 1971 in seiner pädagogischen Anthropologie entworfen hat. Ausgehend von Mündigkeit als oberstem Ziel einer der Emanzipation verpflichteten Erziehung führt Roth ausgerechnet den Kompetenzbegriff ein, um Mündigkeit auszudifferenzieren, und zwar in einem dreifachen Sinn, nämlich als Selbstkompetenz, Sachkompetenz und Sozialkompetenz." (Klieme 2011, S. 295)

Roth definiert *Sachkompetenz* aber immer aus der Sache heraus und schließt sowohl Wissen als auch Können mit ein (vgl. Roth 1971, S. 448 ff.). Demnach sind die für PISA entwickelten Kompetenzen zwar für Mathematik und Deutsch klar kognitiv orientiert, können aber die motorische Handlungsdimension für den Sport nicht ausschließen.

Ich möchte mit Bezug auf die Sache des Sports selbst dieser „kognitiven Wende" nicht folgen, sondern vielmehr *Spiel, Bewegung und Sport* als wesentliche Kompetenzfelder für den Sportunterricht definieren. Differenziert man diese Kompetenzfelder weiter aus, dann ergeben sich in einem noch weiter zu entwickelnden Modell folgende Kompetenzbereiche:

---

4  Selbstverständlich sind diese Fachmodelle (vgl. z.B. Kurz 1979) älter als der Kompetenzbegriff von Weinert. Im Diskurs um Bildungsstandards wird jedoch immer noch gerne auf diese Modelle zurückgegriffen (vgl. Kurz/Gogoll 2010; Gogoll 2010)

| konditionelle Fähigkeiten | Spielkompetenz und -intelligenz | motorische und technische Kompetenz |
|---|---|---|
| • Kraft<br>• Schnelligkeit<br>• Ausdauer<br>• Beweglichkeit | oder taktische Kompetenz<br>• Play<br>• Game | • Koordination<br>• Reaktion<br>• Kinesthetik |

Abb. 1: Fachmodell Sport mit motorischen und kognitiven Kompetenzen (Quelle: Hegner 2008)

Genau hier setzt auch die inhaltliche Kritik an der Lernzielverschiebung an, die im Beispiel Volleyball methodisch erläutert worden ist. Wenn die Schülerinnen wirklich das „Obere Zuspiel" trainieren sollen, dann kann dieses Ziel nicht aufgrund der Beliebigkeit eines Fachmodells aufgegeben werden. Die Förderung der *technischen Kompetenz* der Passeuse trägt zur Förderung ihrer Sachkompetenz bei. Dabei kann sicherlich darüber diskutiert werden, ob diese Kompetenz curricular für Schülerinnen einer 11. Gymnasialklasse von Bedeutung ist. Die Kompetenz als solche kann aber nicht kategorial ausgeschlossen werden, da dieses technische Können zu den Grundfähigkeiten eines Volleyballspiels gehört. Die Einbettung in eine Komplexübung fördert zudem ihre taktische Kompetenz.

Aufgaben im Sportunterricht sind demnach konstant einer inhaltlichen Kritik ausgesetzt. Sie müssen sich an relevanten Zielen orientieren, die im Sportunterricht nicht mit „sich bewegen" gleichgesetzt werden dürfen. Der Bildungsanspruch des Schulfaches weist dabei sowohl auf kognitive als auch auf motorische Kompetenzen hin. Thiele und Schierz sprechen in diesem Kontext von *Handlungsfähigkeit* im Sport, die durchaus auch kognitive Komponenten mit einschließt.

> „Bildender Unterricht konfrontiert Schülerinnen und Schüler mit erkenntnisbezogenen Fragen an den Sport so wie im Physikunterricht erkenntnisbezogene Fragen an die Natur gestellt werden sollten. Lernen wird an das Fragwürdigwerden der Sache und somit an die Irritation der in der Alltagswirklichkeit präsenten und im Umgang erworbenen Vorstellungen zurückgebunden, um die Lernenden in Hinblick auf Alltagspraktiken, kulturelle Traditionen und gesellschaftliche Diskurse partizipations- und urteilsfähig zu machen, sie also zum Handeln zu befähigen."
>
> (Thiele/Schierz 2011, S. 71)

Wären die Schülerinnen der 11. Gymnasialklasse in einen solchen Diskurs einbezogen worden, hätten sie vielleicht auch selbst gemerkt, dass sie durch das Weglassen des „Prellens" die ursprüngliche Zielsetzung verfehlen. Die fehlende Aufforderung der Lehrerin, sich auch kognitiv mit der Aufgabenstellung auseinanderzusetzen, weist – nicht nur in Bezug auf das Unterrichtsbeispiel – auf ein didaktisches Defizit von Sportunterricht hin. Das unreflektierte Wiederholen von Bewegungssequenzen fördert sicherlich die motorische Leistungsfähigkeit von

| ästhetische Kompetenz<br>• expressiv<br>• impressiv<br>(Scherler 1994) | Sinnkonstruktion und -rekonstruktion<br>• Sinnnehmen<br>• Sinngeben<br>• Sinnerörtern<br>(Ehni 2000) | kognitive Kompetenzen<br>• Methodenkompetenz<br>• Trainingskompetenz<br>• Fachwissen |
|---|---|---|

Schülerinnen und Schülern, verhindert aber kognitive Lernprozesse, wie sie von einem Schulfach – im Gegensatz vielleicht zu einem Sportverein – explizit verlangt werden.

## 5. Fazit

Die Analyse der Differenz von Üben und Lernen hat gezeigt, dass das oberflächliche „Machen" im Sport oft ein Lernen suggeriert, das bildungstheoretisch nicht unbedingt relevant sein muss. Dies ist zugleich die Crux des Schulfachs, denn gerade diese explizite Handlungsorientierung ist bei den Schülerinnen und Schülern ein Grund für die Beliebtheit des Fachs. Nach Otto ist Sport bei vielen Schülerinnen und Schülern allein deshalb positiv besetzt – wie in den anderen Fächern des ästhetischen Lernbereichs Kunst, Musik, Darstellendes Spiel auch –, „weil man da was machen kann" (1998, S. 168). Aber es ist wohl genau dieses „Machen", das auf eine Performanz hinweist, die für die Aufgabenkultur des Faches von ambivalenter Bedeutung ist. Einerseits sind die Folgen von Aufgabenstellungen im Fach Sport explizit und direkt sichtbar. Hinter dieser vermeintlichen Signifikanz verstecken sich andererseits indifferente Lernziele, die wohl ebenso unklar in Erscheinung treten wie in anderen Fächern. Die Interpretation des Unterrichtsbeispiels Volleyball hat sowohl in Bezug auf die Form, als auch auf den Inhalt von Aufgaben entscheidende Wirkungsfaktoren aufgezeigt, die sich z. T. mit den Kriterien von Blömeke (vgl. 2006, S. 335 ff.) decken.

Die Vermittlung von Informationen – dies zeigt zumindest die Interpretation des Beispiels Volleyball – ist für die Wirksamkeit von Aufgabenstellungen von ausschlaggebender Bedeutung. Blömeke spricht von der Wichtigkeit, „dass die Aufgabe verständlich ist, d. h. dass die Schülerinnen und Schüler sie inhaltlich und sprachlich erfassen können" (ebd.). Weil die Schülerinnen trotz der expliziten Äußerung des Ziels der Aufgabe (s. Unterrichtsbeschreibung: c) die Aufgabe verändern, müssen Aufgaben im Sportunterricht nicht nur sprachlich, sondern auch als Bewegungsmuster verständlich sein.

Die inhaltliche Dimension von Aufgaben im Sportunterricht sind je nach Fachverständnis unterschiedlich zu interpretieren. Für Blömeke muss eine Aufgabe „dazu geeignet sein, einen gesellschaftlich relevanten Inhalt in exemplarischer

Weise zu erschließen" (ebd.). Ich denke, dass die Relevanz von Sport nicht nur in seiner kognitiven Bedeutung zu finden ist und plädiere demnach für ein Fachmodell, das den motorischen, taktischen und ästhetischen Kompetenzen des Sports die gleiche Bedeutung wie der kognitiven Kompetenz zumisst. Mit Bezug auf das von mir vorgeschlagene Kompetenzmodell Sport bedeutet dies, dass sich eine Aufgabenkultur im Fach Sport an der Vielfalt der Kompetenzen orientieren muss und nicht einseitig nur an den konditionellen Fähigkeiten. Lehrkräfte müssen achtgeben, dass sie sich durch die eindeutig sichtbare Aktivität der Schülerinnen und Schüler nicht täuschen lassen. Ob z. B. methodische oder ästhetische Kompetenzen erworben werden, ist in Übungshandlungen von Lernenden im Sport ebenso wenig offensichtlich wie in anderen Fächern. Um diesen Kompetenzerwerb zu prüfen, bedarf es einer Aufgabenkultur, die kognitive und motorische Kompetenzen gleichermaßen zum Ausdruck bringt. Eine methodisch orientierte Mitbestimmung der Lernenden (vgl. Messmer 1997) ist dabei nur eine Möglichkeit, die verschiedenen Kompetenzen der Lernenden gleichermaßen zu fördern. Im diskutierten Fall wäre eine derartige Einbeziehung der Schülerinnen in die didaktischen Überlegungen der Lehrerin sicherlich hilfreich gewesen und hätte ein einseitig auf den Erwerb von motorischen Kompetenzen orientiertes Training verhindert. Erst durch die aktive Beteiligung an didaktischen Prozessen im Lernprozess können z. B. auch taktische Kompetenzen oder kognitive Kompetenzen der Sinnkonstruktion erworben werden.

Vielleicht wird die Aufgabenkultur im Sport ohnehin zu stark pädagogisiert und damit fast ausschließlich auf die Lehrkraft reduziert. Interessante und auch lernwirksame Bewegungsaufgaben im Sport werden oft nicht durch Personen gestellt, sondern durch die Lernumgebung. So stellt z. B. eine „schwarze Piste" dem Skifahrer, der oben am Hang steht, nichts anderes als eine Bewegungsaufgabe, die er durch seine Technik- und Linienwahl motorisch „beantworten" kann.

**Verwendete Literatur**
Blömeke, Sigrid 2006: Analyse der Qualität von Aufgaben aus didaktischer und fachlicher Sicht. Unterrichtswissenschaft 4. S. 330–357.
Bollnow, Otto Fr. 1978: Vom Geist des Übens. Eine Rückbesinnung auf elementare didaktische Erfahrungen. Freiburg im Breisgau.
Bucher, Walter 2006: 1001 Spiel- und Übungsformen im Schwimmen (10., völlig neu überarb. Aufl. ed.). Schorndorf.
Ehni, Horst 2000: Vom Sinn des Schulsports. In: Petra Wolters/Horst Ehni/Jürgen Kretschmer/Karlheinz Scherler/Willibald Weichert (Hg.): Didaktik des Schulsports. Schorndorf. S. 9–35.
Ernst, Karl/Bucher, Walter 1997: Lehrmittel Sporterziehung – Grundlagen Band 1. Hg. v. Eidgenössischer Sportkommission (Hg.). Bern.
Frei, Peter 1999: Schriften der Deutschen Sporthochschule Köln: Kommunikatives Handeln im Sportunterricht. Sankt Augustin.
Giesecke, Hermann 1989: Pädagogik als Beruf: Grundformen pädagogischen Handelns. Weinheim u. a.

Gogoll, André 2010: Verständnisvolles Lernen im Schulfach Sport: eine Untersuchung zum Aufbau intelligenten Wissens im Theorie und Praxis verknüpfenden Sportunterricht. Sportwissenschaft 1. S. 31–38.

Hegner, Jost 2008: Training fundiert erklärt. Handbuch der Trainingslehre. 3. Aufl. Herzogenbuchsee.

Klieme, Eckhard 2011: Bildung unter undemokratischem Druck? Anmerkungen zur Kritik der PISA-Studie. In: Stefan Aufenanger/Franz Hamburger/Luise Ludwig/Rudolf Tippelt (Hg.): Bildung in der Demokratie. Beiträge zum 22. Kongress der DGfE. Band 2. Opladen u. a.

Kuhlmann, Detlef 1986: Sprechen im Sportunterricht: eine Analyse sprachlicher Inszenierungen von Sportlehrern als Beitrag zur Unterrichtsforschung. Schorndorf.

Kurz, Dietrich 1979: Elemente des Schulsports. Schorndorf.

Kurz, Dietrich/Gogoll, André 2010: Standards und Kompetenzen. In: Norbert Fessler/Albrecht Hummel/Günter Stibbe (Hg.): Handbuch Schulsport. Schorndorf. S. 227–244.

Messmer, Roland 1997: Partizipation in Unterricht und Ausbildung: In: Georg Friedrich/Eberhard Hildebrandt (Hg.): Sportlehrer/in heute – Ausbildung und Beruf. Czwalina. S. 247–256.

Messmer, Roland 2011: Didaktik in Stücken: Werkstattbericht zur Fallarbeit in der Lehrer/innenbildung. Magglingen.

Oelkers, Jürgen 1985: Erziehen und Unterrichten – Grundbegriffe der Pädagogik in analytischer Sicht. Darmstadt.

Otto, Gunter 1998: Lernen und Lehren zwischen Didaktik und Ästhetik. Seelze-Velber.

Roth, Heinrich 1971: Entwicklung und Erziehung: Grundlagen einer Entwicklungspädagogik. Band 2. Hannover u. a.

Scherler, Karlheinz 1989: Elementare Didaktik. Vorgestellt an Beispielen aus dem Sportunterricht. Weinheim.

Scherler, Karlheinz 1994: Sensomotorische Entwicklung und materielle Erfahrung. 2., unver. Aufl. Schorndorf

Schierz, Matthias 1997: Narrative Didaktik. Von grossen Entwürfen zu kleinen Geschichten im Sportunterricht. Weinheim u. a.

Schweizerische Turnschule für den obligatorischen Turnunterricht (1912). Vom Bundesrat genehmigt den 12. April 1912. Bern.

Schwier, Jürgen 2011: Maritime Trendsurfer. Menschen, Wellen und Wind. Spectrum 23. H. 1. S. 76–93.

Thiele, Jörg/Schierz, Matthias 2011: Handlungsfähigkeit – revisited Plädoyer zur Wiederaufnahme einer didaktischen Leitidee. Spectrum 23. H. 1. S. 52–75.

Weinert, Franz Emanuel 2001: Leistungsmessungen in Schulen. Weinheim.

Helmut Linneweber-Lammerskitten

# Aufgabenkulturen in der Fachdidaktik Mathematik

## 1. Einleitung

Aufgaben zur Ausbildung in der Mathematik – aber auch als genuiner Bestandteil der Mathematik selbst (Möglichkeit der Konstruktion mit Zirkel und Lineal, Erfüllbarkeit, Beweisbarkeit usw.) – begleiten die Geschichte der Mathematik als Wissenschaft vom Anbeginn bis heute. Mitunter werden Aufgabentypen geradezu als Leitfaden für die Gliederung der Mathematik in Teildisziplinen und Gebiete verstanden, wird der Sinn und Wert mathematischer Theorien an die mit ihrer Hilfe lösbaren Aufgaben und Probleme gekoppelt. So ist es nicht verwunderlich, dass es nicht nur eine Fülle mathematischer Aufgaben, sondern auch eine reichhaltige theoretische Bearbeitung des Aufgabenthemas in der Mathematik und der Mathematikdidaktik gibt. Umfangreiche Literaturangaben aus neuerer Zeit finden sich dazu für den deutschsprachigen Raum z. B. bei Neubrand (1999), Schupp (2002), Büchter und Leuders (2005), ein sehr differenziertes Klassifikationssystem für Mathematikaufgaben bei Neubrand (1999), Anleitungen, Mathematikaufgaben selbst zu entwickeln z. B. in Büchter und Leuders (2005), eine Konzeption zur Variation von Mathematikaufgaben durch die Lernenden selbst in Schupp (2002), Handbücher zur Testaufgabenentwicklung z. B. zu den PISA-Studien in OECD (2003), eine Systematik zur Bestimmung zentraler Aufgabentypen für nachhaltiges Lernen in Bruder et al. (2008). Daneben gab und gibt es kritische Stimmen, die sich gegen eine Vorstellung der Mathematik als bloße Sammlung von Aufgabentypen (vgl. Lenné 1969, S. 34 f.) oder gegen einen stereotypen Einsatz von Mathematikaufgaben im Mathematikunterricht („Beschäftigungstherapie", „stupider Drill", „Abernten von Aufgabenplantagen") wenden und sich für ein intelligentes, abwechslungsreiches, operatives Üben (Wittmann/Müller 1992), für authentische, substanzielle Aufgaben (Wittmann 2002), für lebensrelevante Aufgaben (OECD 2003), für offene Aufgaben (Eggenberg/Hollenstein 1998) oder für kompetenzfördernde Aufgaben im Anschluss an nationale Bildungsstandards (insbesondere Blum et al. 2006) einsetzen. Eine oft erzählte Anekdote über Carl Friedrich Gauß kann den Unterschied zwischen einer bloß zum Zweck der Beschäftigung gestellten, stupiden Aufgabe und einer (inner)mathematischen, genialen Problemlösung treffend verdeutlichen. Die stupide Aufgabe – vom Lehrer vielleicht in der Absicht gestellt, das Addieren zu üben, vielleicht aber auch nur, um die Lernenden eine Zeit lang zu beschäftigen, verlangte, die Zahlen von 1 bis 100[1] zu summieren. Die geniale Problemlösung des kleinen Gauß, der die Aufgabe im Kopf und in kürzester Zeit löste, bestand wahrscheinlich darin, beim Summieren immer geeignete Paare miteinander zu verbinden. Schreibt man nämlich zuerst die Zahlen von 1 bis 50 auf, dann darunter die Zahlen von 100 bis 51 in absteigender Reihenfolge und addiert dann paarweise, so erhält man fünfzigmal den Wert 101, als Ergebnis also 5050. Es ist offensichtlich, dass das Verfahren nicht nur für die Summe der Zahlen von 1 bis 100 gilt, sondern sich (schrittweise) verallgemeinern lässt: Summe der Zahlen von 1 bis 200, Summe der Zahlen von 1 bis zu einer beliebig gesetzten Zahl n, ausgehend von einer beliebigen Zahl $n_1$ ... usw. bis schließlich hin zur Summe einer beliebigen arithmetischen Zahlenfolge und der Summenformel $n \times (a_1 + a_n)/2$. Eine andere, vielleicht noch schönere Lösung besteht darin, die Zahlen von 1 bis 100 (in Gedanken) zweimal aufzuschreiben und wiederum paarweise zu addieren. So erhält man hundertmal den Wert 101 – man braucht das Ergebnis 10100 dann nur noch durch 2 zu teilen und erhält 5050. Hier ist der Bezug zur Summenformel für arithmetische Folgen noch deutlicher erkennbar.

Die Anekdote ist ein schönes Beispiel dafür, dass der vom Lehrer antizipierte Lösungsweg nicht zwangsläufig mit dem von Schülerinnen und Schülern eingeschlagenen Weg übereinstimmen muss, und ferner, dass in der Mathematik nicht nur das Ergebnis, sondern auch der Weg bzw. die vielen möglichen Wege dorthin von Interesse sind: Strategien, mentale Umstrukturierungen der Problemstellung, Anknüpfung an bereits gelöste Probleme, kurz: all das, was um die Mitte des letzten Jahrhunderts von dem ungarischen Mathematikdidaktiker George Polya in seiner immer noch aktuellen Schrift „Schule des Denkens" (Polya 1995) als Problemlöseheuristik beschrieben wird.

Im Folgenden möchte ich aus dem großen Themenbereich mathematischer Lernaufgaben zwei Themen herausgreifen, die mir für die Sekundarstufe aktuell und wichtig erscheinen. Das erste betrifft die „Acht zentrale Aufgabentypen für nachhaltiges Lernen" (Bruder 2003; 2008 und 2010) – ein Konzept, das in gewisser Weise als eine Verbindung der operativen Methode von Aebli (1993), der Heuristik von Polya (1995) und der Aufgabenvariationen von Schupp (2002) verstanden werden kann und eine einfache Systematik für die Schulpraxis bereitstellt. Das Konzept der *mathematical literacy* und die Grundstruktur der PISA-Aufgaben, wie sie in den Assessment Frameworks zu den PISA-Studien beschrieben wird, bilden das zweite Thema. *Mathematical literacy*, was manchmal mit „mathematischer Grundbildung" übersetzt wird, ist weit mehr als ein mathematisches Basiswissen und das sichere Beherrschen der Grundrechenarten – aus

---

1  Ich gebe die Anekdote so wieder, wie sie häufig erzählt wird. In der Gauß-Biografie von Wolfgang Sartorius von Waltershausen: Gauß zum Gedächtnis, 1856, S. 12 f., ist jedoch nur davon die Rede, dass eine arithmetische Folge zu summieren war und Gauß' Tafel nur eine einzige Zahl, nämlich das richtige Ergebnis, enthielt.

diesem Grund gehen auch die Aufgaben über einen eng gefassten mathematischen Bereich hinaus und setzen sprachliche und kommunikative Fähigkeiten voraus (s. o. S. 22 ff.).

## 2. Acht zentrale Aufgabentypen für nachhaltiges Lernen

In seiner Heuristik zur Lösung von Mathematikaufgaben unterscheidet Polya (1995) vier verschiedene Phasen und kennzeichnet sie mit typischen Impulsen und Fragen:

1. Verstehen der Aufgabe,
2. Ausdenken eines Plans,
3. Ausführen des Plans,
4. Rückschau.

Die Wichtigkeit der ersten beiden Phasen wird von Schülerinnen und Schülern häufig unterschätzt, selbst wenn ein der Polya'schen Heuristik ähnliches Schema von der Lehrkraft vorgegeben und empfohlen wird. Es wird übersehen, dass zum Verstehen einer Aufgabe nicht nur „verstanden" werden muss, was gegeben ist, sondern auch eine gewisse Vorstellung von dem da sein muss, was gesucht bzw. als Lösung erwartet wird sowie eine gewisse Vorstellung davon, was zu tun ist, welche Art von Operationen durchzuführen sind, was Teilziele sein könnten und wie ein Lösungsweg in etwa aussehen könnte. In gewisser Weise liegt hier ein Paradox vor: Obwohl man die Lösung noch nicht kennt, soll man angeben, worin sie besteht. Manche Schülerinnen und Schüler neigen stattdessen dazu, auf eine klare Zielsetzung des eigenen Tuns zu verzichten und sich in Folge mit einer zu vagen Vorstellung des Vorgehens zufrieden zu geben. Sie stürzen sich in die dritte Phase – in der Hoffnung, dass das Ergebnis, das sie erhalten werden, das ist, was die Lehrkraft oder die Autoren des Lehrbuchs von ihnen erwarten. Untersuchungen zu sogenannten Kapitänsaufgaben, so z. B. „Auf einem Schiff befinden sich 26 Schafe und 10 Ziegen. Wie alt ist der Kapitän?" (vgl. Baruk 1989) haben gezeigt, dass Schülerinnen und Schüler auch Lösungen zu Aufgaben anbieten, bei denen kein Zusammenhang zwischen der gesuchten und den gegebenen Größen besteht – eine zahlenmäßig plausible Lösung im vorliegenden Fall ist 36, die anderen Ergebnisse, die man durch Anwendung der Grundrechenarten erzielen kann, kommen als mögliches Alter des Kapitäns eher nicht in Frage: 16, 260 oder 2,6. Mögliche Erklärungen dafür, dass Schülerinnen und Schüler solche Aufgaben bearbeiten, gibt es viele: Dass Strategien entwickelt wurden, die zur Anwendung kommen, wenn ein Verständnis fehlt („es ist besser, irgendein Ergebnis anzugeben als keines", „unter Ergebnissen, die allenfalls in Frage kommen, ist das plausibelste auszuwählen") oder ein blindes Vertrauen in Autoritäten („die Lehrkraft/die Autoren des Lehrbuchs werden sich dabei schon etwas gedacht haben") und andere mehr.

Zum Verstehen der Aufgabe gehört also eine Antizipation des Ziels. Je konkreter und klarer das Ziel formuliert werden kann, desto größer wird die Chance sein, Ideen zu möglichen Lösungswegen zu entwickeln. Polya formuliert dazu Fragen und Impulse wie: „Was ist unbekannt? Was ist gegeben? Wie lautet die Bedingung? Suche den Zusammenhang zwischen den Daten und der Unbekannten!" (Polya 1995, S. 19 ff.) Betrachten wir dazu einige Beispiele:

1. Löse die Gleichung $5x^2 + 2x = 2$
2. Ein Rechteck hat die Seitenlängen a = 3 und b = 4. Bestimme die Länge der Diagonalen x.
3. $\log_2 8 = x$

Natürlich kann man die Frage „Was ist unbekannt?" in allen drei Fällen mit „x" beantworten, entwickelt damit aber noch keine Basis für Lösungsideen. Anders dagegen bei der Frage „Gesucht sind die Lösungen der quadratischen Gleichung $5x^2 + 2x = 2$" – hier wird ein Bezug zu einer bekannten oder in der Formelsammlung nachschlagbaren Lösungsformel hergestellt. „Gesucht ist die Länge der Hypotenuse in einem rechtwinkligen Dreieck, in dem die Längen der Katheten gegeben sind" – hier wird ein Bezug zum Satz des Pythagoras hergestellt bzw. vorbereitet. „Gesucht ist eine Zahl x mit $2^x = 8$, d. h. die Zahl 3" – hier lässt sich die Lösung bereits erraten, nachdem die Definition des Logarithmus angewendet wurde.

Ein adäquates Verständnis der Aufgabe fußt demnach auf möglichst klaren und möglichst konkreten Vorstellungen von drei Komponenten:

▸ der Ausgangsposition, die das enthält, was „gegeben ist";
▸ der Endsituation, die „das Gesuchte" enthält;
▸ von Transformationen in Form eines oder mehrerer Lösungswege, die von der Ausgangsposition zur Endsituation führen.

Auf der Seite der Aufgabenstellung sind diese drei Komponenten Ansatzpunkte, um eine Aufgabe leichter oder schwerer zu machen. Bei den obigen Beispielaufgaben erhält man z. B. jeweils eine leichtere Variante, wenn man die ursprünglichen Aufgabenstellungen durch die ausführlicheren „Gesucht ist ..."- Formulierungen ersetzt. Nicht immer erleichtern detailliertere Beschreibungen der drei Komponenten jedoch die Lösung, z. B. dann nicht, wenn die zusätzlichen Informationen für die Lösung irrelevant sind, oder ein bestimmter Lösungsweg als verbindlich festgelegt wird (Linneweber-Lammerskitten/Wälti 2006).

Auf der Unterscheidung dieser drei Komponenten baut die Systematik der acht zentralen Aufgabentypen von Regina Bruder (vgl. 2010, S. 119 ff.) auf. Ausgehend von einem bestimmten Aufgabengrundtyp ergeben sich bezüglich der drei Komponenten kombinatorisch acht Varianten, je nachdem, ob Angaben zu einer oder mehrerer dieser Komponenten vorhanden sind (explizit angegeben sind, den Lernenden bekannt sind, offensichtlich sind oder nahe liegen) oder aber fehlen (erst gefunden werden müssen, den Lernenden noch nicht oder weniger gut bekannt, weniger offensichtlich oder naheliegend sind). Das Verständnis der Typen fällt vielleicht leichter, wenn man sie sich in Analogie zur Musik als Variationen zu einem Thema vorstellt. Eine einfache Bestimmungsaufgabe wie „Berechne das Volumen einer Halbkugel mit dem Radius von 5 cm" (Bruder 2010, S. 120) bildet gewissermaßen das Thema für verschiedene Variationen. Die Aufgabe kann als einfach betrachtet werden, wenn die Formel zur Volumenberechnung bekannt ist oder in einer Formelsammlung nachgeschlagen werden kann ($V = \frac{2}{3}r^3\pi$). Eine Umkehraufgabe zu dieser Bestimmungsaufgabe (mit verändertem Zahlenwert) könnte lauten: „Bestimme den Radius einer Kugel, die 30 cm³ Volumen hat." Die Umkehraufgabe klassifiziert Bruder ebenfalls als einfach – was zutreffend ist, wenn den Lernenden die Formel zur Berechnung des Radius bekannt ist oder diese nachgeschlagen werden kann und ein Taschenrechner zur Verfügung steht – anderenfalls wäre sie als schwierig einzustufen. Man erkennt hier deutlich, dass es vom Vorwissen der Schüler, vom Kontext und den Hilfsmitteln abhängig ist, ob eine Aufgabe als schwierig anzusehen ist. Bruder benutzt zur Kennzeichnung der verschiedenen Aufgabentypen jeweils ein Zeichentripel mit den Zeichen X und 0: So bezeichnet das Tripel (X X 0) den Typ der einfachen Bestimmungsaufgabe, i.e. einer Aufgabe, bei der die Ausgangsposition und der Lösungsweg bekannt/offensichtlich/naheliegend sind, das Tripel (0 0 X) bezeichnet den Typus der schweren Umkehraufgabe, das Tripel (0 X X) den der leichten Umkehraufgabe. Auf diese Weise lassen sich insgesamt 8 Typen unterscheiden und in einer Systematik mit Tripeln kennzeichnen: 1 (X X X), 2 (X X 0), 3 (0 X X), 4 (X 0 X), 5 (X 0 0), 6 (0 0 X), 7 (0 X 0), 8 (0 0 0).

Etwas exotisch erscheint zunächst der erste Aufgabentyp, bei dem alle drei Komponenten des Tripels vorhanden sind. Eine Aufgabe dieses Typs kann eine (richtig) gelöste Aufgabe sein, die quasi als Muster für zukünftige Lösungen oder als Ausgangspunkt für die Variationen dienen kann. Sie kann auch, ebenso wie eine falsch gelöste Aufgabe, mit einem Auftrag zur Kontrolle verbunden werden: „Prüfe nach, ob die folgende Aufgabe korrekt gelöst wurde, beschreibe genau, wie du dabei vorgegangen bist". Bei offensichtlich falsch gelösten Aufgaben kann genauer nach der Fehlerquelle gesucht werden: „Wo liegt der Fehler – formuliere eine Vermutung, wie es zu dem Fehler gekommen ist."

Während bei der leichteren Bestimmungsaufgabe (X X 0) neben Angaben zur Ausgangsposition auch Angaben zum Verfahren vorhanden, bekannt, offensichtlich oder naheliegend sind, fehlen diese Hilfen zum Verfahren beim Typ der schwereren Bestimmungsaufgabe. Als Beispiel führt Bruder an: „Ist eine Tetra-Pak-Milchtüte verpackungsoptimal gestaltet?" (vgl. ebd., S. 120) Selbst wenn klar ist, was mit „Tetra-Pak" und „verpackungsoptimal" gemeint ist, muss erst ein Verfahren gefunden werden, das eine Beantwortung der Frage ermöglicht.

Bei den Aufgaben des Typs (X 0 X) muss ebenfalls ein Verfahren, eine Vorgehensweise, ein Algorithmus oder Ähnliches gefunden werden, hier sind aber Ausgangsposition und Endposition bekannt – unbekannt ist, wie man von dem einen zum anderen gelangen kann. So kann man aus der Anekdote zum kleinen Gauß die folgende Aufgabe gewinnen: „Auf die Aufforderung seines Lehrers, die Summe der Zahlen von 1 bis 100 zu bestimmen, fand C. F. Gauß als Schüler nach kurzem Überlegen die richtige Antwort 5050. Überlege, wie er vorgegangen sein könnte und halte deine Überlegungen schriftlich fest." Aufgaben wie diese lenken das Augenmerk auf Strategien, die auch bei zukünftigen Aufgabenstellungen nützlich sein könnten, hier etwa: Rechenvorteile auszunutzen, die sich durch eine Restrukturierung der Summe ergeben könnten. Ausgehend von einer Aufgabe des Typs (X X X) lässt sich eine (X 0 X), Aufgabe gewinnen, die den Auftrag enthält, alternative Lösungswege zu finden. Auch verschiedene Arten von Argumentationsaufgaben (z. B. Begründungs-, Rechtfertigungs- und Beweisaufgaben) gehören zum Typ (X 0 X): „Gib eine Begründung für die Behauptung, dass die Summe von drei aufeinanderfolgenden Zahlen durch drei teilbar ist." „Forme den Term $x^2 + 4x + 6$ so um, dass du am Ende $(x + 2)^2 + 2$ erhältst, rechtfertige jeden Umformungsschritt" oder „Beweise, dass die Summe von drei aufeinanderfolgenden Zahlen durch drei teilbar ist."

Umkehraufgaben (siehe oben) sind Aufgaben, bei denen die Lösung bekannt ist und die Aufgabenstellung gesucht ist. Sie sind in der Regel einfacher, wenn der Lösungsweg ebenfalls bekannt ist (0 X X), und sind in der Regel schwieriger, wenn der Lösungsweg unbekannt ist (0 0 X). Für „einfache Umkehraufgaben" gibt Bruder neben dem oben genannten das Beispiel „Gib eine quadratische Gleichung an, die 2 und -3 als Lösungen hat", „Bestimme den Radius einer Kugel, die 30 cm³ Volumen hat." – als Beispiel für eine schwierige Umkehraufgabe „Ein Teich soll eine Fläche von ca. 10 m² erhalten" (ebd., S. 120).

Bei einer Aufgabe des Typs (0 X 0) ist nur das Verfahren vorgegeben, z. B. eine Formel aus der Formelsammlung, zu der die Schülerinnen und Schüler selbst Aufgaben erfinden und die Lösung bestimmen sollen. Noch offener sind Aufgaben des Typs ((0) 0 0), bei denen (fast) nichts vorgegeben ist. Bruder nennt hierzu: „Führe eine Befragung zu einem gegebenen Thema bei deinen Mitschülern durch und stelle die Ergebnisse vor" (ebd.). Andere Beispiele wären die Planung einer Klassenfahrt, das Anlegen eines Gartenteichs, eines Versicherungsvertrags usw. mit dem Akzent auf die mathematische Seite des Problems: Szenarien mit Kostenberechnungen, Materialberechnungen, Wahrscheinlichkeitsüberlegungen usw., bei denen nichts weiter als eine Problemsituation vorgegeben ist und eine oder mehrere alternative Lösungsmodelle zu bestimmen sind.

Die Systematik der acht zentralen Aufgabentypen eignet sich in der Praxis wahrscheinlich weniger gut als Instrument zu einer Klassifikation gegebener Aufgaben, als vielmehr als Checkliste zum operativen Durcharbeiten und als Ideengenerator für Aufgaben auf mehreren Ebenen. Der Grundgedanke der Systematik lässt sich nämlich in vielerlei Hinsicht entfalten.

Erstens im Sinne der Aufgabenvarianten, wie sie z.B. in der Zinsrechnung (ohne Zinseszins) typisch sind. Im Grundtyp, der für die ganze Zinsrechnung paradigmatisch ist, sind ausgehend von Angaben zu Kapital, Zinssatz und Laufzeit die Zinsen zu berechnen. An diesen Grundtyp knüpfen sich die drei Varianten, bei denen entweder das Kapital, der Zinssatz oder die Laufzeit gesucht und die restlichen Größen gegeben sind – ebenso kann die Transformation vorgegeben oder gesucht sein, z.B. „Bestimme das ursprüngliche Kapital mit Hilfe der Formel $K = (Z \times 100)/(p \times t)$" bzw. „Bestimme eine Formel, aus der sich das Kapital berechnen lässt, wenn der Zinssatz, die Laufzeit und die Zinsen gegeben sind".

Zweitens im Sinne einer Beobachterperspektive: „Eva hat ihr Taschengeld bei der A-Bank zu 1.5% angelegt und ausgerechnet, dass sie in zwei Jahren (ohne Zinseszins) 6 Franken Zinsen erhalten wird. Wie groß ist ihr Kapital heute?" Durch diese Aufgabenstellung und ihre Varianten wird der Lernende gewissermaßen in die Position eines Beobachters versetzt, der einer anderen Person über die Schulter schaut, während diese eine Aufgabe des Grundtyps rechnet. Die Varianten entstehen dadurch, dass dem Beobachter gewisse Informationen vorenthalten werden, die er durch Überlegen und Rechnen rekonstruieren muss.

Drittens im Sinne des Aufgabenerfindens: „Erfinde selbst eine Aufgabe, bei der der Zinssatz gesucht und das Kapital, die Laufzeit und die Zinsen gegeben sind."

Mit Bezug auf jede der drei Perspektiven lässt sich die Systematik anwenden und generiert eine Fülle von Aufgaben, die je nach gewählter Perspektive unterschiedliche Nebeneffekte haben, indem sie z.B. unterschiedliche Schülerrollen kreieren (die Rolle des selbstvergessenen Rechners, des Gedanken nachvollziehenden Beobachters oder des kreativen Erfinders) und unterschiedliche Sprach- und Kommunikationskompetenzen voraussetzen bzw. durch geeignete Unterstützungsmaßnahmen und Lernhilfen fördern können.

## 3. Die Grundstruktur der PISA-Mathematikaufgaben und das Konzept der „mathematical literacy"

Pisa-Aufgaben sind eigens für die PISA-Tests konzipierte Testitems, mit denen gemessen werden soll, wie gut die an der Untersuchung beteiligten Länder ihre Jugendlichen auf das Leben in der Welt von morgen vorbereiten (siehe oben). Sie sind als solche reine Testaufgaben, erfordern aber als Pendant Lernaufgaben für den Unterricht, mit denen entsprechende Kompetenzen erworben werden können. Ich möchte im Folgenden ausgehend von einer Analyse der Struktur der Testaufgaben andeuten, wie sich daraus möglicherweise mathematische Lernaufgaben mit zur Förderung sprachlich-kommunikativer Aspekte mathematischer Kompetenz entwickeln ließen.

Typische PISA-Aufgaben beschreiben – gegebenenfalls unterstützt durch Bildmaterial, Skizzen, Graphen und Tabellen – eine Situation, in der es darum geht, mit mathematischen Mitteln ein Problem zu lösen bzw. durch den Einsatz von Mathematik etwas zur Lösungsfindung beizutragen. Die Situationen bzw. Kontexte[2] sind vielfältig, sie können im unmittelbaren Erlebnisbereich der Jugendlichen liegen und ihnen stärker vertraut sein oder weiter weg liegen und ihnen eher fremd sein. Die Fähigkeit, mathematisches Wissen und Können nicht nur in einem spezifischen engen Kontext, sondern in verschiedenen Situationen und Kontexten flexibel anzuwenden, ist ein zentraler Aspekt mathematischer Kompetenz im Sinne der PISA-Definition der *mathematical literacy* (vgl. Kap. A 1). Vier Situationstypen werden gemäß ihrer Nähe bzw. Ferne zum Erlebnisbereich der Lernenden unterschieden: Ein persönlicher Bereich (*personal*), Schule, Arbeit, Freizeit (*educational/occupational*), Nachbarschaft, Gemeinde, Gesellschaft (*public*) und Wissenschaft (*scientific*) (vgl. OECD 2003, S. 32 f.). Da die verschiedenen Situationen auch durch unterschiedliche linguistische Komponenten (Fachtermini, Redewendungen, Textsorten usw.) geprägt sind, stellen die in den PISA-Tests verwendeten Mathematikaufgaben in der Regel größere Anforderungen an die Sprach- und Kommunikationskompetenzen der Schülerinnen und Schüler als herkömmliche Textaufgaben. So lassen sich etwa Aufgaben mit einem Verkaufskontext für alle vier Situationstypen finden: Verkauf eines Fahrrads (*personal*), Berufsalltag eines Verkäufers in einem Autosalon (*occupational*), Verkauf von Gemeindeeigentum (*public*) oder ein kleineres betriebswirtschaftliches Problem (*scientific*). Jede der vier Domänen ist durch eigene linguistische und kommunikative Anforderungen geprägt, deshalb stellt jede der vier Situationen andere Ansprüche an sprachlich-kommunikative Komponenten mathematischer Kompetenz.

Drei weitere Dimensionen sind für die Konstruktion und kategoriale Zuordnung von PISA-Aufgaben zu berücksichtigen:

- die inhaltliche Dimension der vier *overarching ideas*: Quantität (*quantity*), Raum und Form (*space and shape*), Veränderung und Beziehungen (*change and relationships*) und Unsicherheit (*uncertainty*) (vgl. OECD 2003, 34 f.);
- die Prozessdimension der acht *characteristic mathematical competencies*: „Thinking and Reasoning", „Argumentation", „Communication", „Modelling", „Problem posing and solving", „Representation", „Using symbolic, formal and technical language and operations" und „Use of aids and tools" (OECD 2003, S. 40 f.);

---

2 Innerhalb einer Situation bildet der Kontext das spezifische Setting, welches alle Elemente umgreift, die zur Problemstellung gehören.

▶ die Dimension der drei *cognitive activities*: „reproduction", „connections" und „reflection" (OECD 2003, S. 41 ff.).

Unabhängig von der Art der Situation, des Kontextes, der beteiligten übergreifenden Ideen, der charakteristischen Kompetenzen und der kognitiven Aktivitäten folgt eine idealtypische mathematische Problemlösung im Sinne von PISA, dem in Abb. 1 dargestellten Schema der „Mathematisierung" (ebd., S. 38). Es handelt sich um ein einfaches Grundmodell – in der deutschsprachigen Mathematikdidaktik werden daneben eine Reihe differenzierterer Modelle benutzt. Das Modell umfasst zwei Bereiche, die metaphorisch als unterschiedliche „Welten" bezeichnet werden: Die reale Welt zur Linken und die mathematische Welt zur Rechten. Ein Problem, welches in der realen Welt auftaucht, soll schlussendlich auch einer Lösung in der realen Welt zugeführt werden. Dazu ist jedoch häufig ein Umweg über die mathematische Welt nötig, möglicherweise muss der Zirkel der „Mathematisierung"[3] auch mehrfach durchlaufen werden. In den Schritten 1–3 geht es darum, das realweltliche Problem in ein mathematisches Problem zu transformieren, indem die für eine mathematische Lösung wichtigen Merkmale stärker akzentuiert und irrelevante Details weggelassen werden. Im Schritt 4 wird das transformierte Problem mit mathematischen Mitteln gelöst. Im 5. Schritt wird die gefundene mathematische Lösung auf die reale Welt transformiert und geprüft, ob die so gefundene Lösung das Realproblem auch tatsächlich trifft und löst.

Das Modell verdeutlicht sehr gut, dass der Konzeption der *mathematical literacy* – wie auch anderen modernen Konzeptionen mathematischer Kompetenz – eine weiter gefasste Vorstellung mathematischen Wissens und Könnens zugrunde liegt, die auch die Übergänge von der realen Welt zur mathematischen Welt und umgekehrt als Bestandteil handlungs- und problemlösungsorientierten Mathematiktreibens erkennt und anerkennt und sich nicht auf den vierten Schritt beschränkt (s. o. S. 22 ff.).

Sehen wir uns dazu als typisches Beispiel die PISA-Aufgabe „The Pizza" an, die bezüglich der oben genannten Dimensionen dem Situationstyp *personal*, der übergreifenden Idee *change and relationships* (wobei aber auch Momente von *space and shape* und *quantity* vorkommen) und der kognitiven Aktivität *connection* zuzuordnen wäre sowie die Mehrzahl der *characteristic mathematical competencies* anspricht:

---

3 Der Wortgebrauch ist nicht einheitlich: Man findet neben *mathematisation* (OECD 2003, S. 38) häufig „Modellieren", aber auch „(mathematisches) Problemlösen", wobei mitunter nur Teile des Kreislaufs gemeint sind oder besonders akzentuiert werden sollen. Für das Folgende ist das Eingebundensein in eine Situation das Entscheidende, was in den KMK-Bildungsstandards der Kompetenz K3 „Mathematisch modellieren" entspricht (Blum et al. 2006, S. 40 f.).

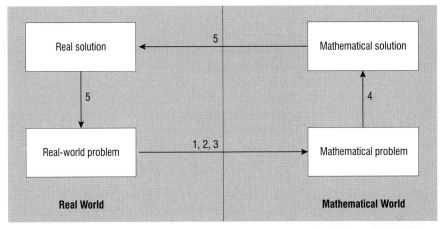

Abb. 1: Idealtypische mathematische Problemlösung („Mathematisierung") nach PISA (Quelle: © OECD (2004), The PISA 2003 Assessment Framework: Mathematics, Reading, Science and Problem Solving Knowledge and Skills, PISA, OECD Publishing, http://dx.doi.org/10.1787/9789264101739-en

„The Pizza. A pizzeria serves two round pizzas of the same thickness in different sizes. The smaller one has a diameter of 30 cm and costs 30 zeds. The larger one has a diameter of 40 cm and costs 40 zeds. Which pizza is better value for money? Show your reasoning."

(OECD 2003, S.45)

In einem ersten Schritt ist eine Vorstellung der Realsituation zu entwickeln (Pizzeria, Angebot von zwei verschiedenen Größen, Preise) und die Aufgabenstellung bzw. der Auftrag zu verstehen: herausfinden, bei welcher der beiden Angebote man einen besseren Gegenwert für sein Geld bekommt, und die Überlegungen dazu zu dokumentieren. Die Antwort sollte also den Gedankengang, die Rechnung und die Auszeichnung einer der beiden Pizzen als *better value for money* umfassen.

In einem zweiten Schritt geht es darum, die für die Antwort relevanten Angaben zu identifizieren: dass es sich um kreisförmige Pizzen handelt, dass die Dicke keine Rolle spielt, welche Größe die beiden Pizzen haben und was sie kosten. *Better value for money* soll darauf hinweisen, dass nicht gefragt wird, welche Pizza billiger ist, sondern welche „mehr Pizza für ihr Geld" bietet, d. h. bei welcher das Verhältnis von „Größe" zu Preis „besser" ist. Zu einer richtigen Lösung muss dabei erkannt werden, dass es nicht um das Verhältnis Durchmesser zu Preis, sondern um das Verhältnis Flächeninhalt zu Preis geht. Ginge es um das erste, so wäre die richtige Antwort, dass beide dasselbe *value for money* besitzen. Ist das erkannt, so ist die Formel zur Berechnung des Flächeninhalts eines Kreises bei gegebenem Durchmesser als zu ergänzende Information zu identifizieren.

In einem dritten Schritt sind die Teile zu einer Problemstellung in der mathematischen Welt zusammenzuführen: Das Problem besteht nur noch darin, zwei Quotienten zu bestimmen und miteinander zu vergleichen.

Zur Lösung in der mathematischen Welt sind im vierten Schritt Rechnungen und Vergleichsoperationen durchzuführen, wobei man von Rechenvorteilen Gebrauch machen kann. Im fünften Schritt ist die in der mathematischen Welt gefundene Lösung zu überprüfen, in die reale Welt zu transformieren und auf ihre Tauglichkeit hin zu überdenken. Schließlich sind der Gedankengang und die Rechnung in einer Weise darzustellen, dass sie für andere nachvollziehbar sind. In welcher Weise kann man aus dieser Testaufgabe eine Lernaufgabe zur Förderung sprachlich-kommunikativer Aspekte mathematischer Kompetenz gewinnen? Die Situation, in welche diese Aufgabe eingebettet ist, erinnert an typische Redesituationen im Fremdsprachenunterricht, was auch auf andere PISA-Aufgaben zutrifft. Dies ist nicht ganz zufällig so, da die Vorstellung der PISA-Aufgaben des Eingebundenseins in die Situation stark vom Europäischen Referenzrahmen für Fremdsprachen geprägt ist. Um diesen Mathematisierungszirkel zu durchlaufen, sind zudem eine Reihe von kognitiven Aktivitäten nötig (vgl. ebd., S. 39), die m. E. einen kognitiv-linguistischen Charakter haben, d. h. Aktivitäten sind, die sich durch Sprechen begleiten lassen, bzw. ein inneres Sprechen erfordern. Dies wird deutlich, wenn man diese Aktivitäten mit Hilfe von Sprachpattern kennzeichnet, die bei der Verbalisierung der kognitiven Aktivitäten benutzt werden können:

▶ „Mathematisch relevant an diesem Problem ist nicht ..., sondern ..., vielleicht ist auch noch wichtig, dass ...";
▶ „vielleicht kommen wir weiter, wenn wir das Problem anders formulieren. Wir können die Sache ja auch so verstehen ..., d. h. wir könnten versuchen ...";
▶ „... kann man etwas formaler so ... ausdrücken, bzw mit einer Formel so ... wiedergeben";
▶ „wenn man ... und ... vergleicht, ist eine Regelmäßigkeit, eine Beziehung, ein Muster, erkennbar ...";
▶ „das Problem hat eine ähnliche Struktur wie das xy-Problem, welches wir schon gelöst haben".

Anstatt das Problem des *better value for money* auf einer eher unpersönlichen Ebene wie in der Testaufgabe zu formulieren, könnte man den Auftrag geben, eine entsprechende Gesprächssituation in einer Pizzeria mit verteilten Rollen als Rollenspiel aufzuführen und dabei von den Sprachpattern Gebrauch zu machen. Das würde wahrscheinlich auch zu einer Verbesserung der Problemlösekompetenz und den zu ihr gehörenden Strategien beitragen.

**Verwendete Literatur**

Aebli, Hans 1993: Die 12 Grundformen des Lehrens. 7. Aufl. Stuttgart.
Baruk, Stella 1989: Wie alt ist der Kapitän? Über den Irrtum in der Mathematik. Basel.
Blum, Werner/Drüke-Noe, Christina/Hartung, Ralph/Köller, Olaf (Hg.) 2006: Bildungsstandards Mathematik: konkret. Sekundarstufe I: Aufgabenbeispiele, Unterrichtsanregungen, Fortbildungsideen. Berlin.
Bruder, Regina 2003: Konstruieren, auswählen – begleiten. Über den Umgang mit Aufgaben. In: Aufgaben. Jahresheft 2003. S. 12–15.
Bruder, Regina 2010: Lernaufgaben im Mathematikunterricht. In: Hanna Kiper/Waltraud Meints/Sebastian Peters/Stephanie Schlump/Stefan Schmit (Hg.): Lernaufgaben und Lernmaterialien im kompetenzorientierten Unterricht. Stuttgart. S. 114–124.
Bruder, Regina/Leuders, Timo/Büchter, Andreas 2008: Mathematikunterricht entwickeln. Berlin.
Büchter, Andreas/Leuders, Timo 2005: Mathematikaufgaben selbst entwickeln. Lernen fördern – Leistung überprüfen. Berlin.
Eggenberg, Fred/Hollenstein, Armin 1998: mosima – Materialien für offene Situationen im Mathematikunterricht/Murmeltiere, Schokolade, Luft-Abluft Unterrichtsvorschläge für das 6. bis 9. Schuljahr. Zürich.
Hayes, Brian 2006: Gauß's Day of Reckoning. In: American Scientist 94. H. 3. http://www.americanscientist.org/issues/pub/gauss-day-of-reckoning/1, recherchiert am 05.07.2011.
Lenné, Helge 1969: Analyse der Mathematikdidaktik in Deutschland. Stuttgart.
Linneweber-Lammerskitten, Helmut/Wälti, Beat 2005: Is the definition of mathematics as used in the PISA Assessment Framework applicable to the HarmoS Project? In: ZDM 37. S. 402–407.
Linneweber-Lammerskitten, Helmut/Wälti, Beat 2006: Was macht das Schwierige schwierig? Überlegungen zu einem Kompetenzmodell im Fach Mathematik. In: Pia Hirt/Peter Gautschi/Lucien Criblez (Hg.): Lehrpläne und Bildungsstandards. Was Schülerinnen und Schüler lernen sollen. Festschrift zum 65. Geburtstag von Prof. Dr. Rudolf Künzli. Bern. S. 197–227.
Neubrand, Johanna 1999: Eine Klassifikation mathematischer Aufgaben zur Analyse von Unterrichtssituationen: Selbsttätiges Arbeiten in Schülerarbeitsphasen in den Stunden der TIMSS-Video-Studie. Hildesheim.
OECD 2003: PISA 2003 Assessment Framework: Mathematics, Reading, Science and Problem Solving Knowledge and Skills – Publications 2003. http://www.pisa.oecd.org/dataoecd/46/14/33694881.pdf, recherchiert am 24.06.2011.
Polya, George 1995: Schule des Denkens. Vom Lösen mathematischer Probleme. 4. Aufl. Tübingen u. a.
Schupp, Hans 2002: Thema mit Variationen. Aufgabenvariation im Mathematikunterricht. Hildesheim.
Von Waltershausen, Wolfgang Sartorius 1856: Gauß zum Gedächtnis. Leipzig.
Wittmann, Erich Ch. 2002: Developing mathematics education in a systemic process. In: Educational Studies in Mathematics 48. S. 1–20.
Wittmann, Erich Ch./Müller, Gerhard N. 1992: Handbuch produktiver Rechenübungen. Band 2. Stuttgart u. a.

Anni Heitzmann

# Lernaufgaben im naturwissenschaftlich-technischen Unterricht

## 1. Die Orientierung an Kompetenzen – eine wichtige Grundlage für Lernaufgaben

### 1.1 Funktionen von Aufgaben

Aufgaben werden in diesem Buch nach Blömeke et al. als „Anforderungen verstanden, mit denen Schülerinnen und Schüler im Unterricht seitens der Lehrkraft konfrontiert werden" (2006, S. 331). Die Funktion solcher Anforderungen kann jedoch eine sehr unterschiedliche sein. Aus Schülersicht kann sie eine „Last", ein „Muss", ein „Soll", ein „Darf", eine „Lust" bedeuten. Aus Lehrersicht sind Aufgaben primär ein Element der methodischen Unterrichtsgestaltung, das zur Vermittlung und zum Erwerb von Lerninhalten, zum Lernen, eingesetzt werden kann. Aufgaben können zusätzlich eine strukturierende Funktion haben, indem sie einzelne Unterrichtssequenzen verknüpfen und so Kohärenz im ganzen Unterrichtsgeschehen schaffen. Sie können dabei in verschiedenen Phasen des Unterrichts eingesetzt werden, z. B. beim Erarbeiten, Sichern, Wiederholen, Üben oder Anwenden.

Aufgaben haben aber auch eine Steuerungs-, Diagnose- oder Kontrollfunktion. So bezeichnen Maier et al. Aufgaben und die Entwicklung einer neuen Aufgabenkultur aus bildungspolitischer Sicht als „Transmissionsriemen für Reformbestrebungen" (2010, S. 84). In diesem Fall sind sie wichtige diagnostische Instrumente für die Qualitätsentwicklung: auf der Ebene des Unterrichts bezüglich der Qualität der Lernprozesse, auf der Ebene des Systems bezüglich der Qualität von Unterricht an sich.

### 1.2 Kompetenzmodelle als Grundlage für die Einordnung und Konstruktion von Aufgaben

In jedem Fall sind Aufgaben seit jeher ein konstitutives Element von Unterricht. Dies gilt besonders auch für den naturwissenschaftlichen Unterricht. Im Zusammenhang mit der konstruktivistischen Grundhaltung, die sich in den Naturwissenschaften in den letzten beiden Jahrzehnten durchgesetzt hat, wurde im mathematisch-naturwissenschaftlichen Unterricht eine neue Aufgabenkultur vor allem unter dem Blickwinkel der Förderung eines vertieften, konzeptuellen Verständnisses diskutiert (vgl. Blum/Wiegand 2000; Greefrath 2004). In der Folge der großen Bildungsstudien von TIMSS und PISA wurde die fachdidaktische Forschung zur Kompetenzdiagnostik intensiviert. Es wurden mehrdimensionale Kompetenzmodelle entwickelt, die erlaubten, den Zusammenhang zwischen abstrakten Bildungszielen und konkreten Unterrichtsaufgaben explizit herzustellen, indem die drei Dimensionen Bildungsinhalte, Aktivitäten der Lernenden und Sachkomplexität quasi den Raum aufspannten, der mit Lernaufgaben gefüllt werden kann.

Das von Neumann et al. (2007) entwickelte Kompetenzmodell für die physikalische Kompetenz (s. Abb. 1) lieferte für die Aufgabenkonstruktion in den Naturwissenschaften wichtige Impulse. Es zeigte sich, dass das Strukturmodell für die Beschreibung von physikalischer Kompetenz im Prinzip auf die anderen naturwissenschaftlichen Fächer oder einen integrierten naturwissenschaftlichen Unterricht übertragen werden kann, jedoch fachspezifische Ausgestaltungen notwendig sind. Drei Dimensionen bilden die Grundlage für die Konstruktion und Gestaltung von Lernaufgaben:

1. Die Inhalte und deren Strukturierung werden mittels sogenannter *Kompetenzbereiche* (Fachwissen, Erkenntnisgewinnung, Bewertung und Kommunikation) beschrieben. Diese Inhaltsstrukturierung ist normativ und kann wie in vielen Lehrbüchern hierarchisch-systematisch nach historischen oder fachsystematischen Gesichtspunkten vorgenommen werden, oder aber sich an übergeordneten Konzepten, sogenannten Basiskonzepten eines Fachs, orientieren. Solche übergeordneten Basiskonzepte werden dann als *Leitideen* dargestellt. Leitideen sind unabhängig voneinander und lassen sich nicht hierarchisch ordnen. Sie beschränken sich auch nicht auf einzelne naturwissenschaftliche Fächer, sondern entsprechen z. T. fächerübergreifenden Konzepten, so z. B. die Leitideen *Energie* oder *System* oder *Wechselwirkung*. Die abstrakten Leitideen müssen ihrerseits differenziert werden, um für Lehrende und Lernende konkretisiert und verständlich zu sein. Kompetenzbereiche erlauben innerhalb eines Faches die Einordnung des inhaltlichen Fokus einer Aufgabenstellung. In komplexen Lernaufgaben sind Inhalte verschiedener Kompetenzbereiche miteinander verknüpft, was den Schwierigkeitsgrad einer Aufgabe erhöht. So muss beispielsweise im Biologieunterricht für die Bewertung der ethischen Frage, ob sog. „Designerbabys" zulässig sind, Fachwissen zum Befruchtungsvorgang *und* Wissen über die Erkenntnisgewinnung, also Wissen über Methoden *und* philosophisches Wissen herangezogen werden.

2. Die Aktivitäten umfassen Vernetzungsaktivitäten beim Lernen. Es sind kognitive Aktivitäten, die auf mentalen Prozessen wie Memorieren, Organisieren und Elaborieren basieren, welche bei allen Lernprozessen eine wichtige Rolle spielen. Für das Lernen in Naturwissenschaften, z. B. beim Experimentieren, sind als besonders wichtige Aktivitäten zu unterscheiden: Explorieren, Strukturieren, Erinnern, Handeln, Schlussfolgern und Bewerten. Vernetzungsaktivitäten sind unabhängig voneinander und lassen sich nicht hierarchisch ordnen.

3. Die Komplexität der Sachstruktur kann hierarchisch in Komplexitätsstufen geordnet werden. Im Unterschied zu den anderen Dimensionen sind ihre Komponenten abhängig voneinander (vgl. Neumann et al. 2007, S. 111 ff.).

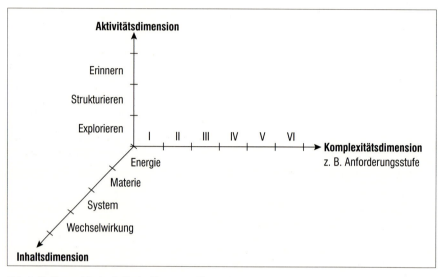

Abb. 1: Strukturmodell physikalischer Kompetenz (Quelle: Neumann et al. 2007, S. 111)

Die Komplexität der Sachstruktur von Aufgaben zeigt sich einerseits in der rein numerischen Zunahme von Komplexität (ein Fakt, mehrere Fakten, ein Zusammenhang, mehrere Zusammenhänge), andererseits ist sie bedingt durch die Steigerung der inhaltlichen Komplexität (Einzelfakt, Zusammenhang, übergeordnetes Konzept). Die Komplexität bestimmt nach Kauertz und Fischer (2006a und 2006b) weitgehend den Schwierigkeitsgrad von Aufgaben und nicht etwa Inhalte oder verwendete kognitive und metakognitive Aktivitäten.

Wie oben dargelegt, ist wegen der inhaltlichen Dimension eine fachspezifische Ausgestaltung der Kompetenzmodelle nötig. Diese wurde im Rahmen der Beschreibung von Bildungsstandards von den verschiedenen Fachdidaktiken vorgenommen, aber jeweils unterschiedlich differenziert. So unterscheidet in der Schweiz das Kompetenzmodell HarmoS (vgl. Labudde/Adamina 2008) für den integrierten Naturwissenschaftsunterricht bei der Inhaltsstrukturierung in der ersten Dimension der Inhalte acht *Themenbereiche*, in der zweiten Dimension der Aktivitäten acht *Handlungsaspekte* (vgl. Abb. 2) und in der dritten Dimension der Komplexität vier Niveaustufen.

Lernaufgaben im naturwissenschaftlich-technischen Unterricht

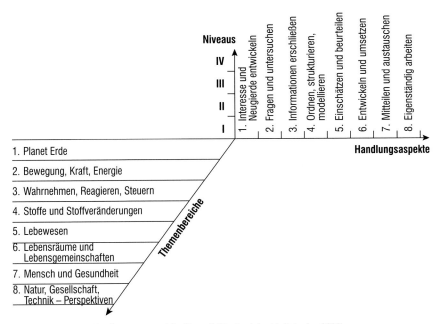

Abb. 2: Dimensionen des Kompetenzmodells HarmoS (Quelle: Labudde/Adamina 2008)

Unabhängig von der Detailausgestaltung ist jedes Kompetenzstrukturmodell immer eine wichtige Grundlage für die Entwicklung und Einordnung von Aufgaben, es hat eine wichtige Referenzfunktion. Es bildet den Raum, in welchem Lernaufgaben konstruiert und eingeordnet werden können.

Für Lehrende ist es wichtig, einschätzen zu können, welcher Kompetenzbereich und welche Aktivitäten primär mit einer Lernaufgabe angezielt und welche Komplexitätsstufen abgedeckt werden sollen. Für Lernende kann es motivierend sein, die fachsystematische Strukturierung von Inhalten oder aber fächerübergreifende, übergeordnete Konzepte anhand des Kompetenzmodells zu erkennen sowie zunehmend höhere Komplexitätsstufen zu bewältigen.

Bei der Erstellung und Analyse von Lernaufgaben ist zu überprüfen, wie weit sie als Ganzes oder mit ihren Teilaufgaben die Ausprägungen unterschiedlicher Dimensionen des kognitiven Potenzials von Aufgaben erfüllen. Neben der Verortung im Kompetenzmodell kann das von Maier et al. (2010) zusammengestellte Kategoriensystem eine Hilfe sein (vgl. Tab. 1), um den Komplexitätsgrad von Lernaufgaben abzuschätzen. Je weiter rechts man sich in der Tabelle befindet, desto anspruchsvoller ist die Lernaufgabe. Die Anzahl erforderlicher Kompetenzen und eine starke Verknüpfung verschiedener Kompetenzbereiche erhöhen die Komplexität von Lernaufgaben.

| Dimension | Ausprägungen | | | |
|---|---|---|---|---|
| Wissensart des angestrebten Wissens | Faktenwissen | Prozedurales Wissen | Konzeptuelles Wissen | Metakognitives Wissen |
| Erforderlicher kognitiver Prozess | Reproduktion | Naher Transfer | Weiter Transfer | Komplexes Problemlösen |
| Lebensweltbezug | Keiner | Konstruiert | Authentisch | Real |
| Anzahl der Wissenseinheiten, die zur Lösung benötigt werden | Eine | 2–4 | | Mehr als 4 |
| Offenheit | Definiert, konvergent (definierte Frage – eine Lösung ist gesucht) | Definiert, divergent (definierte Frage – mehrere Lösungen sind denkbar und möglich) | Ungenau/divergent (ausgegangen wird von einer Problemsituation, mehrere Lösungen möglich) | |
| Sprachlogische Komplexität | Niedrig | Mittel | Hoch | |
| Repräsentationsformen | Eine | Integration | Transformation | |

Tab. 1: Didaktisches Kategoriensystem zur Analyse des kognitiven Potenzials von Aufgaben (Quelle: Maier et al. 2010).

Kompetenzmodelle bilden demnach die Grundlage für ein kompetenzbasiertes Lernen und die Konstruktion von Lernaufgaben. Nicht zuletzt kann eine Kompetenzentwicklung („Lernen") nur festgestellt und beschrieben werden, wenn der Bezug zum verwendeten Kompetenzmodell hergestellt und transparent ist.

### 1.3 Lernaufgaben als Träger einer „neuen, erweiterten" Aufgabenkultur

Mit dem Paradigmenwechsel vom eher vermittelnden Unterricht hin zum konstruierenden, selbstverantwortlichen und selbstorganisierten Lernen wird Lernaufgaben eine umfassende Bedeutung im Unterrichtsgeschehen zugeschrieben. In Anlehnung an Adamina (2010, S. 119) sollen Lernaufgaben im Allgemeinen

- Kompetenzen im weitesten Sinne fördern, Fähigkeiten und Fertigkeiten sowie grundlegende Konzepte erweitern und aufbauen, aber auch Einstellungen und Handlungsbereitschaft verändern;
- an Vor-Erfahrungen anknüpfen, das Vorwissen aufnehmen und erweitern;
- Vernetzungen erlauben, Inhalte und Problemstellungen in ihrer Gesamtheit darstellen, Situierung und Kontextbezug ermöglichen;
- eine Orientierung an personalen Kompetenzen ermöglichen, zur Selbstreflexion hinführen sowie zur Veränderung von Selbstkonzept, Einstellungen, Interesse und Selbstwirksamkeit beitragen;

- für die innere Differenzierung und die Abwechslung im Unterricht förderlich sein: verschiedene Zugänge, Lösungswege, Aufgabenformate und Aufgabenformen bereitstellen, verschiedene Materialien und Medien nutzen;
- in verschiedenen, jeweils spezifischen Unterrichtsphasen eine vertikale Vernetzungsfunktion im Unterricht und im Curriculum übernehmen (Reihenfolge, Aufgaben zum Erschließen, Erarbeiten, Üben und Anwenden);
- Teamarbeit einerseits (Dialogfähigkeit, Ko-Konstruktion und Kooperation) und Eigenständigkeit und Selbstorganisation andererseits fördern.

Betrachtet man diese, z. T. überhöht wirkenden Ansprüche vor dem Hintergrund von Forschungsarbeiten zu Qualitätsmerkmalen von Unterricht, z. B. Good und Brophy (2000), die als wichtige Faktoren für Unterrichtsqualität ein unterstützendes Klima im Klassenzimmer, Lerngelegenheiten, eine Orientierung am Lehrplan, den Aufbau einer Lern- und Aufgabenorientierung, den inneren Zusammenhang der Inhalte, einen gut durchdachten Unterrichtsplan, Übung und Anwendung, Lernen von Strategien, kooperatives Lernen, kriteriengestützte Beurteilung und Leistungserwartungen nennen, wird klar, dass gute Lernaufgaben zwar nicht die Qualität des Unterrichts garantieren, jedoch dazu entscheidend beitragen können.

## 1.4 Besonderheiten von Lernaufgaben im naturwissenschaftlich-technischen Unterricht

Vor dem Hintergrund der oben dargelegten allgemeinen Bedeutung von Lernaufgaben ist nach den Besonderheiten von Lernaufgaben im naturwissenschaftlich-technischen Unterricht zu fragen.

Lernaufgaben sollen zum Kompetenzerwerb beitragen. Naturwissenschaftliche Kompetenz wird bestimmt durch die Kompetenzbereiche Fachwissen, Erkenntnisgewinnung, Bewertung und Kommunikation. Seit den Diskussionen um *scientific literacy* (vgl. Bybee 2002; Gräber et al. 2002) ist klar, dass dem Bereich Erkenntnisgewinnung für die Differenzierung der Naturwissenschaften von andern Disziplinen eine wichtige Rolle zukommt. Methoden wie Beschreiben, Typisieren, Klassifizieren, Beobachten, Schlussfolgern, Vermutungen anstellen, Hypothesen aufstellen und überprüfen, Experimentieren, Naturgesetze herleiten sind konstituierende Bestandteile naturwissenschaftlichen Arbeitens ebenso wie die Auseinandersetzung mit Phänomenen und Objekten.

Gute Lernaufgaben im Naturwissenschaftsunterricht regen deshalb zur Auseinandersetzung mit Objekten an und stellen naturwissenschaftliche Arbeitsweisen ins Zentrum. Sie können folgendermaßen charakterisiert werden:
1. Sie sind motivierend: Eine provokative Fragestellung oder eine verblüffende Beobachtung oder eine eigene Erfahrung ist Ausgangspunkt.
2. Sie stellen einen Bezug zum Kontext her: Das Vorwissen von Schülerinnen und Schülern wird aufgenommen, zwischen den Inhalten der Lernaufgabe und dem Alltag, der Lebenswelt, wird ein Bezug hergestellt.

3. Sie ermöglichen das Erschließen neuer Informationen, die mit dem Vorwissen und/oder den Beobachtungen in Beziehung gebracht werden.
4. Sie fokussieren auf typisch naturwissenschaftliche Erkenntnisweisen und unterscheiden genaues Beobachten, Beschreiben, Dokumentieren, Typisieren, Klassifizieren von induktivem Ausprobieren oder streng hypothetisch-deduktivem Experimentieren.
5. Sie lassen Vermutungen und Schlussfolgerungen entstehen, die überprüft sein wollen.
6. Sie sind einfach genug, um ausgeführt zu werden, aber komplex genug, um interessant zu sein.
7. Sie ermöglichen selbstständiges Arbeiten in Einzel-, Partner- oder Teamarbeit.
8. Sie zeigen die Mehrschrittigkeit von Erkenntnisvorgängen auf.
9. Sie fordern zum Festhalten und zum Zusammenfassen von Zusammenhängen auf, sie tragen so zur Sicherung bei.
10. Sie überprüfen die gewonnene Erkenntnis durch einen Wissenstransfer auf ähnliche oder unterschiedliche Situationen.

Meistens sind publizierte Lernaufgaben nicht „perfekt", sie können kaum alle oben genannten Kriterien erfüllen. Es genügt deshalb nicht, über Sammlungen guter Aufgaben zu verfügen und diese die Schülerinnen und Schüler lösen zu lassen. Gefordert sind im Zusammenhang mit Lernaufgaben besonders auch die Lehrkräfte. Sie müssen die situative Passung zwischen Lernaufgabe und Kontext vornehmen, so dass die Jugendlichen motiviert sind, diese Lernaufgabe zu bearbeiten. Ebenso müssen sie die Fähigkeiten der Lernenden in Bezug auf die Anforderungen, die durch die Lernaufgabe gestellt werden, abschätzen können und hier allenfalls zusätzliche Unterstützung leisten.

Besonders wichtig sind das Wecken und Erhalten der Motivation, sich mit naturwissenschaftlichen Objekten oder Phänomenen auseinanderzusetzen. Das Identifizieren und Formulieren von Fragestellungen (wo immer möglich zusammen mit Schülerinnen und Schülern), bildet eine zweite Herausforderung: die Fragestellungen sollten attraktiv, interessant und hinreichend komplex, aber nicht zu schwierig sein und eine Anknüpfung an vorhandenes Vorwissen erlauben. Drittens spielt der Fokus auf das Üben naturwissenschaftlicher Erkenntnismethoden, insbesondere das Formulieren und Diskutieren von Hypothesen und deren Überprüfung eine wichtige Rolle. Nicht zuletzt verhilft eine klare Angabe des Ziels bzw. des erwarteten Produkts der Lernaufgabe zur Einordnung in den Gesamtzusammenhang. Lernende können so Bezüge zu vorhandenem Vorwissen aktivieren und Leistungsanforderungen abschätzen.

Das nachfolgende Beispiel soll dazu beitragen, diese und andere Merkmale naturwissenschaftlicher Lernaufgaben zu erkennen.

## 2. Beispiel einer Lernaufgabe DNA-Extraktion aus einer Tomate

### 2.1 Aufgabenstellung

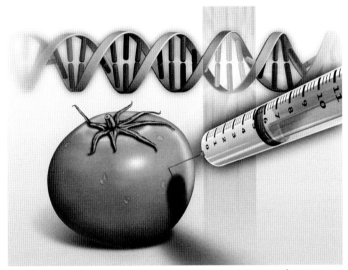

Abb. 3: Extraktion von DNA (Quelle: © Andrea Danti – Shutterstock.com)[1]

**Einführung:** Du weißt, dass alle lebenden Organismen aus Zellen bestehen. In fast jeder Zelle ist die Erbinformation in Form von DNA gespeichert. Heute können Forscher und Forscherinnen routinemäßig DNA im Labor untersuchen und auch verändern, früher war es aber lange unklar, ob das Erbgut in Form von DNA oder Proteinen (Eiweißen) in den Zellen gespeichert wird.

**Ziel:** In diesem Versuch wirst du DNA aus einem Stück Tomate extrahieren und sehen können, wie DNA aussieht. Du wirst auch eine Idee bekommen, wie viel DNA du täglich isst und lernst einige Eigenschaften von DNA kennen. Das Vorgehen ist einfach. Es braucht keine speziellen Chemikalien oder komplizierten Maschinen. Alles, was du dazu brauchst, kannst du im Haushalt oder deinem Schullabor finden.

---

[1] Nach Versuchsanleitungen von simplyscience.ch. www.simplyscience.ch/ResourceImage.aspx?raid=84151 *bzw.* http://simplyscience.ch/ResourceImage.aspx?raid=85657, recherchiert am 13.06.2011

**Aufgaben:**

1. Lies den Text „Protokoll zur DNA-Extraktion aus einer Tomate" aufmerksam durch.
Führe anschließend die Schritte selbst aus und dokumentiere dein Vorgehen mit Bildern einer Digitalkamera.
Mach auf jeden Fall ein Bild deiner extrahierten DNA.
Wähle drei deiner Bilder aus und beschreibe sie sorgfältig in deinem Heft oder Arbeitsjournal.

2. Eine skeptische Person argumentiert, es sei ja nicht sicher, dass der extrahierte Stoff DNA sei. In Zellen seien auch viele Proteine vorhanden, es könnte sich auch um Protein handeln.
Wie würdest du vorgehen,
   ▸ um zu beweisen, dass dein Extrakt DNA enthält?
   ▸ um zu testen, ob in deiner Probe auch Protein als Verunreinigung ist?
Schreibe deine Überlegungen mit je 2–4 Sätzen auf.

3. Um sehr gute Resultate bei der Extraktion zu erhalten, muss man gekühlten Alkohol brauchen.
Notiere dir Vermutungen oder Erklärungen (1–3 Sätze), warum das so ist.

4. Eine der ersten genmanipulierten Tomaten hieß „Flavr savr", d.h. übersetzt „Geschmacksretter".
Was wollten die Wissenschaftler mit dieser speziellen Tomate erreichen? Suche im Internet nach Antworten und notiere dir 3–5 Sätze.

5. Du kaufst Tomaten in einem Supermarkt in der Schweiz. Wie kannst du herausfinden, ob deine Tomaten gentechnisch verändert wurden?

**Textinformation: „Protokoll zur DNA-Extraktion aus einer Tomate"**

„Die DNA ist schuld." Das ist die Antwort, weil eine Tomate eine Tomate ist. In Kriminalserien werden die Täter anhand ihrer DNA identifiziert. DNA ist das genetische Material, das in den Kernen aller unserer Zellen vorhanden ist. Aber wie kann man DNA aus den Zellkernen extrahieren?

Der folgende Versuch mit Tomaten zeigt, dass es einfach ist.

**Material:**

| | |
|---|---|
| Tomaten | Mörser |
| Salz (Speisesalz) | Kaffeefilter |
| Filtrierter Zitronensaft | Alkohol (Ethanol*) 96 %, gekühlt auf minus 20°C, |
| Farbloses Abwaschmittel | Glasgefäße, z. B. Reagenzglas mit Korken oder kleine Konfitüregläser mit Deckel |
| Küchenmesser | Zahnstocher |
| Messgefäße, z. B. Messzylinder | Pipetten |
| | * falls es in deiner Schule kein Ethanol hat, kannst du es in einer Drogerie oder Apotheke besorgen. |

**Durchführung des Versuchs (Protokoll):**

- Schneide eine halbe Tomate mit dem Küchenmesser in kleine Stücke, gib diese in den Mörser.
- Stelle eine Extraktions-Pufferlösung her (die Pufferlösung sorgt dafür, dass der pH-Wert für die Reaktion ideal ist und die Extraktion problemlos durchgeführt werden kann). Dazu wird 0,5 g Speisesalz in 20 ml Wasser gelöst, dann werden 25 ml filtrierter Zitronensaft und 5 ml farbloses Abwaschmittel dazugegeben und alles gut gemischt.
- Gieße die Extraktions-Pufferlösung in den Mörser und zerquetsche die Tomatenstücke gründlich während etwa einer Minute.
- Filtriere den Inhalt des Mörsers und lasse alles durch einen Kaffeefilter in ein sauberes Glasgefäß fließen.
- Entnimm 1,5 ml der gefilterten Lösung und gib sie in ein Reagenzglas.
- Füge 1,5 ml Wasser dazu und übergieße die Mischung mit 6 ml stark gekühltem Alkohol (-20°C, 96% Ethanol)
- Lasse das Reagenzglas einen Moment ruhig stehen: Alkohol ist leichter als Wasser, er schwimmt auf der Wasserschicht.
- Die DNA wird nun sichtbar in Form von „weißen Flocken" oder „weißen Fäden" oder einer „weißen Wolke". Achte besonders auf die Trennschicht zwischen Alkohol und Wasser. Du kannst mit einem Zahnstocher den DNA-Stoff herausfischen und in ein gesondertes Gefäß transferieren.

## 2.2 Analyse der Lernaufgabe „DNA-Extraktion"
**Hintergrund und Situierung**

Das Akronym DNA (auf Deutsch Desoxyribonucleinsäure) ist in den letzten Jahren Bestandteil des allgemeinen Wortschatzes der Gesellschaft geworden: DNA-Analysen im Zusammenhang mit Kriminalfällen oder Vaterschaftsabklärungen, gezielte Veränderungen von DNA in der Pflanzen- und Tierzucht, DNA als „Buch des Lebens", in dem Informationen zum Aussehen, zur Entwicklung und zum Funktionieren von Lebewesen gespeichert sind, DNA als Steuerzentrale für Lebensprozesse...!

Jugendliche können sich unter „DNA" dennoch nichts vorstellen, zu abstrakt bleibt der Begriff, obwohl er im Biologieunterricht in allen Basiskonzepten (System, Struktur und Funktion, Entwicklung) eine zentrale Rolle spielt. Das Sichtbarmachen von DNA und das Erleben der stofflichen Natur dieses abstrakten Begriffs stellt deshalb einen wichtigen Schritt für das Verständnis von biologischen Prozessen dar.

Diese Aufgabe repräsentiert eine typisch naturwissenschaftliche Arbeitsweise, nämlich das Arbeiten nach einem „Protokoll". Dies beinhaltet nicht nur das Ausführen, sondern auch die kritische Reflexion der verschiedenen Schritte. Für Schülerinnen und Schüler wie auch Lehrkräfte stellen solche Protokolle oder Anleitungen eine besondere Herausforderung dar. Zum einen bedingen sie ein sorgfältiges Lesen, das auch das Verstehen naturwissenschaftlicher Fachsprache voraussetzt (*96 % Ethanol, filtrierter Zitronensaft, Pufferlösung*), zum anderen müssen sie so formuliert sein, dass sie trotz ihrer Knappheit alle wichtigen Schritte beinhalten und eine problemlose Durchführung erlauben. Um die Durchführung der Lernaufgabe überhaupt zu ermöglichen, empfiehlt es sich je nach Schulstufe und Fertigkeiten, solche Protokolle vorgängig zu besprechen und offene Fragen im Klassenverband zuerst zu klären, bevor die eigentliche Lernaufgabe angegangen wird.

**Teilaufgaben**

Die Lernaufgabe ist in verschiedene Unterkapitel gegliedert.
Mit der *Einführung* erfolgt die Anknüpfung an das Vorwissen (alle lebenden Organismen bestehen aus Zellen). Gleichzeitig wird in der inhaltlichen Dimension eine Einordnung vorgenommen (DNA-Analyse heute eine Routineuntersuchung, früher Unklarheit bezüglich der stofflichen Zuordnung der Erbsubstanz).

Unter *Ziel* wird die inhaltliche Dimension noch differenziert: Es geht um die Extraktion von Erbsubstanz, konkret um die Menge und die Eigenschaften von DNA in einem Nahrungsmittel. Mit dem Hinweis auf die Einfachheit der Untersuchung werden eventuelle Ängste und Barrieren abgebaut.

In der dargestellten Kürze dürften die Einführung und die Zielnennung noch nicht genügend motivierend wirken, es ist anzunehmen, dass hier die Lehrkraft im laufenden Unterricht die Motivation zur Bearbeitung der Lernaufgabe auslösen muss (Fragen nach der Natur und Funktion der DNA). Dies könnte zum Beispiel durch das Erzählen der Geschichte der Entdeckung der DNA geschehen oder der Erarbeitung der Bedeutung der DNA für Steuerungsprozesse oder der Diskussion über genetische Untersuchungen.

- Mit *Aufgabe 1* werden nun diverse Vernetzungsaktivitäten ausgelöst, die den naturwissenschaftlichen Kompetenzbereich „Erkenntnisgewinn" abdecken. Im HarmoS-Modell können sie der Dimension „Handlungsaspekte" Informationen erschließen, eigenständig arbeiten, entwickeln und umsetzen, dokumentieren" zugeordnet werden. Durch den „Zwang" zur Auswahl und Dokumentation bestimmter Schritte im Verfahren wird eine vertiefte Auseinandersetzung mit der Sache ausgelöst und eine Bewertung erzwungen, was zu einer größeren Identifikation mit der Sache und dem Prozess führt.
- *Aufgabe 2* wirft eine typische naturwissenschaftliche Problemstellung auf (Beweis, dass extrahierter Stoff wirklich DNA ist). Gleichzeitig wird das Verhältnis Wissenschaft – Gesellschaft angesprochen (skeptische Person, Erklärungsnotwendigkeit). Die Beantwortung dieses Problems kann auf unterschiedlichen Komplexitätsstufen erfolgen, sie lässt Raum für unterschiedliche Lernertypen. Für die Entwicklung eines Testverfahrens für Verunreinigungen müssen Teilaspekte der verschiedenen Dimensionen abgerufen und miteinander verknüpft werden. Diese Aufgabe ist deshalb schon anspruchsvoller als Aufgabe 1. Sie kann eventuell im Sinne der inneren Differenzierung von schnelleren Schülern weiterbearbeitet werden, indem der Nachweis effektiv durchgeführt wird oder im Rollenspiel eine Podiumsdiskussion zum Sinn genetischer Analysen vorbereitet wird.
- *Aufgabe 3* verweist auf einen ganz zentralen Aspekt des naturwissenschaftlichen Arbeitens: Vermutungen anstellen und kausale Begründungen vornehmen. Diese Aufgabe überprüft Kompetenzen der Kompetenzbereiche Fachwissen und Erkenntnisgewinnung.
- *Aufgabe 4* zielt im Sinne einer selbstständigen Webrecherche und einem offenen Antwortformat auf die Nutzung von neuen Informationstechnologien und das selbstständige Erschließen von Wissen, hier werden Kompetenzen des Kompetenzbereichs Kommunikation und Vernetzungsaktivitäten wie explorieren, strukturieren oder festhalten gefordert.
- Zur Beantwortung von Aufgabe 5 „Erkennen von gentechnisch veränderten Tomaten" müssen verschiedene Fakten miteinander verknüpft werden und Kompetenzen aus verschiedenen Kompetenzbereichen (Fachwissen, Methoden bzw. Erkenntnisgewinnung und Bewertung) sowie verschiedene Vernetzungsaktivitäten (Erinnern, Strukturieren, Elaborieren) angewendet werden. Diese Aufgabe resümiert quasi den ganzen Raum des Kompetenzmodells und ist deshalb als sehr anspruchsvoll einzustufen. Sie erfordert und ermöglicht einen Wissenstransfer und hat einen ausgesprochen realen Lebensbezug. Es gibt hier für die Problemsituation mehrere Lösungen, die gegeneinander ab-

gewogen und bewertet werden müssen. Diese Teilaufgabe hat ein hohes kognitives Potenzial (vgl. Tab. 1), weil zur Lösung auf verschiedenste Wissensarten zurückgegriffen werden muss und mehrere Wissenseinheiten benötigt werden. Gleichzeitig wird die Lernaufgabe auch der Heterogenität der Lernenden gerecht, da sie, gegeben durch die offene Fragestellung, den Lernenden einen Spielraum für Kreativität und eigene Ideen ermöglicht.

Obwohl das Beispiel einem klassischen naturwissenschaftlichen Protokoll folgt und gemäß einer Anleitung einzelne Schritte abgearbeitet werden, lässt es mit den weitgehend offenen Fragen Raum für individuelle Lernwege. Es zeigt, dass Lernaufgaben in naturwissenschaftlichen Fächern neben der Berücksichtigung der zwei anderen Kompetenzbereiche den Fokus primär auf die Erkenntnisgewinnung und das handelnde Tun in der Auseinandersetzung mit der Natur legen müssen. Ebenso wird ersichtlich, dass in einer Lernaufgabe nie alle unter Kap. 1.4 geforderten Qualitätskriterien erfüllt werden können. Es ist die Lehrkraft, die situativ zusätzliche Entscheidungen treffen muss, um den Erfolg einer Lernaufgabe zu garantieren. Bei dieser Lernaufgabe muss sie zum Beispiel ein besonderes Augenmerk auf die Motivierung, den Bezug zu vorhandenem Vorwissen, die inhaltliche Verortung und den Kontextbezug richten. Zudem muss sie, evtl. in Abhängigkeit des verfügbaren Materials, entscheiden, ob die Lernaufgabe einzeln oder von einem Partnerteam ausgeführt werden soll. Ein weiterer wichtiger Entscheid betrifft die Form der Reflexion und die Dokumentation der gemachten Überlegungen.

## 3. Chancen und Grenzen von Lernaufgaben in der Sekundarstufe I – aus historischer und aktueller Sicht

Schon Kerschensteiner (1914) wies in seiner berühmt gewordenen Publikation „Wesen und Wert des naturwissenschaftlichen Unterrichts" auf die Bedeutung der Erkenntnisgewinnung hin und unterschied die nomothetische Methode (Erschließen der Gesetze der Natur) von der idiografischen Methode, welche Beschreibung, Typisierung und Klassifizierung von Einzelerscheinungen umfasst. Beide Methoden sind heute noch wesentlich in vielen Forschungszweigen aller Disziplinen der Naturwissenschaften ebenso wie im naturwissenschaftlichen Unterricht. Kerschensteiner betonte den Unterschied zwischen induktivem und hypothetisch deduktivem Vorgehen. Er hob hervor, dass der induktive Weg zum Entdecken von Gesetzmäßigkeiten zeitraubend und schwierig sei.

> „… soll die Einführung erziehlich fruchtbar sein, soll sie zu Erkenntniswerten führen und nicht bloß Kenntnisse übermitteln, so bleibt nichts anderes übrig, als dass der Unterricht den gleichen mühevollen Weg der Induktionen geht, der das Menschengeschlecht in vieltausendjähriger mühevoller Arbeit, voll von Irrtümern, schrittweise zum Stande der heutigen Erkenntnis

des Naturgeschehens geführt hat ... Es ist völlig ausgeschlossen, die Schüler diesen Weg der Aufsuchung der Gesetze ohne jede Anweisung gehen zu lassen; die meisten würden nicht einmal die uralten Gesetze der Mechanik, geschweige jene der Wärmelehre, Elektrizität, Optik und Akustik entdecken. Aber jede Anweisung schließt eine frei aufsteigende Vermutung aus und jede ausfallende Vermutung verringert die Mannigfaltigkeit der Analyse und Verifikation und schwächt damit den Erziehungsprozess im Denkverfahren."

(Kerschensteiner 1914, S. 41 f.)

Kerschensteiner forderte offene Lernsituationen und warnte vor der „Mausefallenindukion", d. h. engschrittigen Anleitungen und Aufgabenschritten, mit denen „der Induktionsweg derartig durch Anweisungen eingeengt ist, dass der Schüler gar nicht anders kann, als das Gesetz zu ‚entdecken', ohne dass er auch nur die bescheidenste Vermutung hegen muss" (ebd., S. 41).

Trotz dieser Warnungen entwickelte sich der naturwissenschaftliche Unterricht genau in diese Richtung: Unzählige Beobachtungsaufträge, Experimentieranleitungen und Aufgabensammlungen, sei es im Biologie-, Chemie- oder Physikunterricht, sind Zeugnis davon. Sie leiten engschrittig zur Entdeckung der Natur an. Lehrkräfte wundern sich dann manchmal, dass Schülerinnen und Schüler trotz bester Versuchsanleitungen nicht begeistert sind. Auch das in Kap. 2 dargestellte Beispiel ist dieser Gefahr ausgesetzt. Wenn von der Lehrkraft keine geeignete Einbettung erfolgt oder wenn die kritische Reflexion der einzelnen Protokollschritte zu kurz kommt („Warum wird dieser Schritt gemacht? Was ist zu erwarten, warum?") oder nicht hinterfragt wird, ob dieser extrahierte Stoff nun wirklich DNA sei, führt die Lernaufgabe nicht zum gewünschten Kompetenzerwerb oder beschränkt sich vordergründig auf den Erwerb rein motorischer Kompetenzen wie Mischen oder Pipettieren von Lösungen.

Heute wissen wir, dass das Thematisieren der gewählten Erkenntnismethode mit ihren Vor- und Nachteilen nicht nur in der Wissenschaft, sondern auch im Unterricht wichtig ist. Schülerinnen und Schüler sollen ein induktives Experiment von einem hypothetisch-deduktiven unterscheiden können. Ebenso sollen sie wissen, ob sie ein entdeckendes, ein nachvollziehendes oder ein bestätigendes Experiment durchführen.

Kerschensteiner weist in seiner Schrift auf zwei andere Punkte hin, die für die Konstruktion von Lernaufgaben wichtig sind, nämlich erstens auf die Bedeutung des Erfahrungshintergrunds im Zusammenhang mit vergleichenden Beobachtungen und zweitens auf die Absicht, die immer mit naturwissenschaftlichen Beobachtungen verbunden ist; er spricht in diesem Zusammenhang von „Beobachtungsbegabungen" (ebd., S. 65 ff.).

Das Ziel naturwissenschaftlicher Beobachtung ist eine Erweiterung der Vorstellungs- und Gedankenwelt, also muss diese zunächst bewusst gemacht werden, das Vorwissen muss „auf den Tisch gelegt" werden, neue Tatsachen in das vorhandene System eingeordnet werden. Gerade in den Naturwissenschaften darf deshalb die Bedeutung eines sorgfältigen Umgangs mit der Begrifflichkeit nicht unterschätzt werden. Begriffe, die formale Kennzeichen zusammenfassen, wie z. B. Erbsubstanz oder Lösung, müssen ebenso geklärt werden, wie abstraktere Begriffe wie DNA. Im Zusammenhang mit Beobachtungen ist es auch wichtig, Aufmerksamkeit zu wecken, mit einer Fragehaltung heranzugehen und den Fragen eine bestimmte „Absicht" zu hinterlegen. Denn Beobachten ist nicht nur wahrnehmen, sondern immer auch urteilen und schließen. Bewertungen und Urteile sind jedoch nur möglich, wenn die Absicht klar ist.

## 4. Fazit

Unbestritten ist, dass Lernaufgaben den naturwissenschaftlichen Unterricht bereichern, naturwissenschaftliches Lernen fördern und das Interesse oder die Motivation für die Auseinandersetzung mit Naturphänomenen steigern können. Eine der großen Chancen bei Lernaufgaben im naturkundlichen Unterricht liegt darin, dass – wie bereits mit Bezug auf Kerschensteiner angesprochen – keine Engführung durch die Aufgabenstellung geschieht und eigenständiges Beobachten und Entdecken möglich werden. Gute Lernaufgaben sind außerdem eine große Hilfe im Umgang mit der Heterogenität von Schülerinnen und Schülern: Indem eigene, individuelle Lernwege möglich sind, kann in heterogenen Lerngruppen die innere Differenzierung berücksichtigt werden. Oft werden gerade leistungsschwächeren Schülerinnen und Schülern durch eine offene Fragestellung und die für die Naturwissenschaften typische handlungsorientierte Auseinandersetzung mit Phänomenen Erfolgserlebnisse vermittelt.

Umgekehrt steht und fällt die Qualität von naturwissenschaftlichem Unterricht mit der Qualität der Lernaufgabe und deren Passung auf die jeweils spezifische Situation. Hier sind die Lehrkräfte gefragt, die entweder selbst gute Lernaufgaben entwickeln oder bestehende Angebote anpassen müssen. Die Entwicklung guter Lernaufgaben ist zeitaufwendig. Kleine Schritte können nach Leisen (2006) schon wichtige Meilensteine werden:

- Leistungsaufgaben können von Lehrkräften in Lernaufgaben umgebaut werden.
- Bestehende Aufgaben können binnendifferenziert gestaltet und vernetzt werden.
- Bei bestehenden Aufgaben kann eine Fokussierung auf die naturwissenschaftlichen Erkenntnismethoden gelegt werden.
- Mehrere Teilaufgaben zu einem Inhalt können zu einer eigentlichen Lernaufgabe vernetzt werden.

Wie bei jeder Unterrichtsform stellt sich jedoch auch bei Lernaufgaben die Frage nach der Einbettung und dem Bezug zu anderen Unterrichtsformen. Lernen in Naturwissenschaften kann selbstverständlich nicht nur mit Lernaufgaben geschehen. Ohne methodische Abwechslung kann sich allzu rasch, vor allem bei qualitativ minderwertigen Aufgaben, eine Übersättigung einstellen. Insbesondere jüngere Schülerinnen und Schüler haben oft Mühe, konzentriert längere Zeit an einer Lernaufgabe zu arbeiten.

Einzelne bzw. mehrere Lernaufgaben wären folglich adäquat mit anderen Komponenten des Unterrichts zu vernetzen. Ziel könnte sein, ein eigentliches „Lernaufgabencurriculum" zu entwickeln.

Nicht zuletzt kann in einem Kollegium der Austausch von Lernaufgaben und die Nutzung eines gemeinsamen Pools an Lernaufgaben wesentlich zur Unterrichtsentwicklung und Unterrichtsqualität beitragen, weil damit eine Diskussion über Unterricht ausgelöst wird. Ein solcher Pool an Lernaufgaben und der kollegiale Austausch ist darüber hinaus unerlässlich, um den mit naturwissenschaftlichen Lernaufgaben verbundenen Aufwand (Materialbeschaffung, Aufbau von Lerngelegenheiten) zu minimieren.

**Verwendete Literatur**
Adamina, Marco 2010: Mit Lernaufgaben grundlegende Kompetenzen fördern. In: Peter Labudde (Hg): Fachdidaktik Naturwissenschaft. 1.–9. Schuljahr. Bern. S. 117–132.
Blömeke, Sigrid/Risse, Jana/Müller, Christiane/Eichler, Dana/Schulz, Wolfgang 2006: Analyse der Qualität von Aufgaben aus didaktischer und fachlicher Sicht. In: Unterrichtswissenschaft 34, H. 4. S. 330–357.
Blum, Werner/Wiegand, Bernd 2000: Offene Aufgaben – wie und wozu? In: Mathematik lehren 100. S. 52–55.
Bybee, Rodger 2002: Scientific Literacy – Mythos oder Realität? In: Wolfgang Gräber/Peter Nentwig/Thomas Koballa/Robert Evans (Hg.): Scientific Literacy. Der Beitrag der Naturwissenschaften zur Allgemeinen Bildung. Opladen. S. 21–34.
Good, Thomas/Brophy, Jere 2000: Looking in Classrooms. New York.
Gräber, Wolfgang/Nentwig, Peter/Koballa, Thomas R./Evans, Robert H. 2002: Scientific Literacy. Der Beitrag der Naturwissenschaften zur Allgemeinen Bildung. Opladen. S. 21–34.
Greefrath, Gilbert 2004: Offene Aufgaben mit Realitätsbezug. Eine Übersicht mit Beispielen und erste Ergebnisse aus Fallstudien. In: Mathematica didactica 28. H. 2. S. 16–38.
Kauertz, Alexander/Fischer, Hans E. 2006a: Assessing Students' Level of Knowledge and Analysing the Reasons for Learning Difficulties in Physics by Rasch Analysis. In: Xiufeng Liu/William Boone (Hg.): Applications of Rasch Measurements in Science Education. Maple Grove. S. 212–246.
Kauertz, Alexander/Fischer, Hans E. 2006b: Leistungstests zur Erfassung kumulativ erworbenen Wissens in Physik. In: Anja Pitton (Hg.): Gesellschaft für Didaktik der Chemie und Physik: Lehren und Lernen mit neuen Medien. Münster.
Kerschensteiner, Georg 1914: Wesen und Wert des naturwissenschaftlichen Unterrichts. Neue Untersuchungen zu einer alten Frage. Leipzig.
Labudde, Peter/Adamina, Marco 2008: HarmoS Naturwissenschaften: Impulse für den naturwissenschaftlichen Unterricht von morgen. In: Beiträge zur Lehrerbildung 26. H. 3. S. 351–360.
Leisen, Josef 2006: Aufgabenkultur im mathematisch-naturwissenschaftlichen Unterricht. In: MNU 59. H. 5. S. 260–266.

Maier, Uwe/Kleinknecht, Marc/Metz, Kerstin/Bohl, Thorsten 2010: Ein allgemeindidaktisches Kategoriensystem zur Analyse des kognitiven Potenzials von Aufgaben. Beiträge zur Lehrerbildung 28. H. 1. S. 84–96.

Neumann, Knut/Kauertz, Alexander/Lau, Anna/Notarp, Hendrik/Fischer, Hans E. 2007: Die Modellierung physikalischer Kompetenz und ihrer Entwicklung. In: Zeitschrift für Didaktik der Naturwissenschaften 13. S. 101–121.

Simply Science: DNA Extraction from a Tomato. In: http://www.simplyscience.ch/ResourceImage.aspx?raid=84151. pdf, recherchiert am 13.06.2011.

Simply Science: Protocol: DNA Extraction from a Tomato. In: http://simplyscience.ch/ResourceImage.aspx?raid=85657. pdf, recherchiert am 13.06.2011.

Teil C

# Aufgabenkulturen in der Ausbildung von Lehrkräften –

Künftige Lehrerinnen und Lehrer lernen,
Aufgabenkulturen zu nutzen

Felix Winter und Carla Canonica

# „Ich hätte nie gedacht, dass es so schwierig ist, eine wirklich offene Aufgabe zu stellen" – ein allgemeindidaktisches Seminar zum Thema Aufgaben

## 1. Einleitung

Es gehört zu den ureigensten Tätigkeiten von Lehrerinnen und Lehrern, dass sie ihren Schülerinnen und Schülern Aufgaben stellen. Die Rolle, welche der Vorgang für den Unterricht spielt, ist in den Fächern zwar unterschiedlich, gemeinsam ist aber, dass er in den vergangenen Jahren stark an Bedeutung gewonnen hat. Verantwortlich dafür ist unter anderem, dass heute im großen Stil schulextern Aufgaben entwickelt werden, die in Form von Tests Schülerleistungen erfassen und überprüfbar machen sollen. Diese Aufgaben vom „Typ PISA" erlangen nun eine Vorbildfunktion: Sie werden an Schulen eingesetzt und die dahinter stehenden Kompetenzmodelle stecken Felder ab, innerhalb derer die Lehrkräfte tätig werden und Lernaufgaben stellen sollen. Gleichzeitig und damit punktuell verknüpft gibt es im Rahmen der Bemühungen um selbstständigere, schüleraktive Lernformen den Trend, dass vermehrt offene Aufgaben gestellt werden, die zum Denken und Versuchshandeln anregen sollen, anstatt hauptsächlich die Anwendung zuvor gelernten Wissens zu verlangen und Aufgaben zu stellen, die auf nur eine richtige Lösung zulaufen (vgl. Ball et al. 2003). Psychologisch ausgedrückt geht es um mehr divergente und weniger konvergente Produktion. Dieser Trend besteht seit Langem bereits in den naturwissenschaftlichen Fächern sowie in der Mathematikdidaktik, hat inzwischen aber auch viele andere Schulfächer erreicht (vgl. Baurmann/Feilke 2004). Für die Lehrerbildung lässt sich aus diesen Entwicklungen ableiten, dass Fähigkeiten zur Aufgabenkonstruktion und Aufgabenanalyse eine wachsende Bedeutung erhalten.

Im vorliegenden Beitrag wird auf diese Veränderungen Bezug genommen und noch eine zusätzlich veränderte Rahmenbedingung der Lehrertätigkeit herausgestellt, die bislang noch wenig diskutiert wird: Im Internet sind inzwischen viele Orte vorhanden, an denen sich Lehrkräfte aus Aufgabensammlungen bedienen können, wenn sie ihren Unterricht planen und vorbereiten (siehe unten Anhang I). Das bietet einerseits große Möglichkeiten und Vorteile, weil diese Aufgaben spezifisch gesucht und rasch gefunden werden können und darüber hinaus oft Materialien sowie Hintergrundinformationen gleich zur Hand sind. Andererseits liegen darin auch erhebliche Gefahren, weil diese Möglichkeit dazu verführt, Aufgaben sowie Material für den eigenen Unterricht einzusetzen, ohne dass die Qualität geprüft und die didaktische Einbettung genügend überlegt wird. Der Aufwand, der diesbezüglich von der Lehrkraft zu leisten ist, wird dabei stark unterschätzt. Unter diesem Gesichtspunkt muss der Werbeslogan eines großen

deutschen Schulbuchverlages „Ein Mausklick und die Stunde steht" als höchst problematisch und als Euphemismus bezeichnet werden.[1]
Aus dem zuvor Geschilderten ergeben sich folgende Fragen:

▸ Wo und wie können Studierende darauf vorbereitet werden, in ihrem Unterricht Aufgaben zu stellen?
▸ Wie lernen sie, Aufgaben didaktisch begründend einzusetzen?
▸ Wie können sie lernen, existierende Aufgaben zu analysieren und einzuschätzen sowie selbst gute Aufgaben zu entwickeln?

Diesen Fragen soll am Beispiel eines allgemeindidaktischen Seminars der universitären Lehrerbildung nachgegangen werden. Nachdem die Rahmenbedingungen des Seminars, seine Ziele und Arbeitsweisen sowie einige Erfahrungen geschildert sind, wird abschließend die Frage eines geeigneten Ortes für die Behandlung des Themas Aufgaben in der Lehrerbildung diskutiert. In einem Anhang (s. u.) sind einige Materialien aus dem Seminar zugänglich gemacht.

## 2. Rahmenbedingungen des Seminars

Aus anderen Seminaren war uns bekannt, dass Studierende häufig Unsicherheiten zeigen, wenn es darum geht, Aufgaben zu formulieren und ihre Schwierigkeit einzuschätzen.[2] Deshalb entstand das Projekt, ein gesondertes Seminar zu Aufgaben zu entwickeln und anzubieten. Das Thema Aufgaben hat seinen Ort in der Lehrerbildung üblicherweise im Bereich der Fachdidaktik, denn der Inhalt der Aufgaben ist in der Regel ein fachlicher.[3] Andererseits ist die Aufgabenstellung auch ein Gegenstand der Allgemeinen Didaktik, wenn es um die Bestimmung der Ziele, Inhalte und Methoden von Unterricht geht (vgl. Jank/Meyer 2005, S. 73). Dass das Stellen von Aufgaben ein immer wichtigeres Themengebiet darstellt, ist an den zahlreichen Publikationen in den letzten Jahren zu sehen. Trotzdem sind Aufgaben in der Ausbildung von Lehrkräften immer noch ein vernachlässigtes Gebiet. Das Seminar, über das hier berichtet wird, ist im letztgenannten Bereich angesiedelt und richtet sich an Studierende unterschiedlicher Fächer der Universität Zürich und der ETH-Zürich, die sich auf eine Tätigkeit als Lehrerin oder Lehrer am Gymnasium vorbereiten. Diese Heterogenität, was die Fachkompetenz betrifft, bringt Probleme mit sich, ist aber auch mit Vorteilen verknüpft. Probleme ergeben sich z. B. da, wo Studierende und auch der Dozent zu

---

1 In jüngerer Zeit ist hinter diesen Satz ein Fragezeichen gesetzt und davor noch „nur" eingefügt worden.
2 Ähnliches kann durchaus auch für praktizierende Lehrkräfte gesagt werden, was zu entsprechenden Überlegungen für die Lehrerweiterbildung führt, die hier aber nicht gesondert angesprochen werden.
3 In den 88 Standards von Oser (Oser/Oelkers 2001) etwa tauchen Aufgaben nur bei den fachdidaktischen Standards und am Rande auf (87: Hausaufgaben erteilen und 86: Übungsmaterialien herstellen).

manchen Fragen konkreter Beispielaufgaben nicht genügend Fachwissen besitzen, um sie ohne fremde Hilfe lösen zu können und ihre Anforderung tief zu verstehen. Diese Komplikation wird etwas dadurch entschärft, dass die Studierenden in der Regel mindestens fünf Semester Fachstudium absolviert haben und sich selbst oder untereinander helfen können, wenn voraussetzungsreiche Aufgaben zur Debatte stehen und analysiert werden sollen.

Vorteile der Zusammenarbeit von Studierenden unterschiedlicher Fächer ergeben sich z. B. dadurch, dass Einblicke in die jeweiligen aufgabenbezogenen Fachkulturen eröffnet werden, die sich erheblich unterscheiden. Zudem sind unter den Seminarteilnehmern jeweils viele, die gewissermaßen in der Schülerposition sind, wenn es darum geht, sich einem Fachgegenstand mittels einer Lernaufgabe anzunähern. Sie können entsprechend „naive" Fragen stellen und prüfen, ob man die Aufgaben auch ohne viel Vorwissen versteht. Was die Möglichkeit betrifft, Aufgaben auch im Praxisfeld erproben zu können, unterscheiden sich die Studierenden des Seminars. Einige können dies im Rahmen von Praktika oder ihrer begleitenden beruflichen Tätigkeit aktuell realisieren, andere nicht. Das Seminar ist deshalb so angelegt, dass Aspekte der Konstruktion und Analyse von Aufgaben ganz im Vordergrund stehen. Es hat vierzehn Doppelstunden (siehe auch Anhang II).

## 3. Ziele, Inhalte und Methoden des Seminars

Die hauptsächlichen Ziele des Seminars „Kompetenzorientiertes Unterrichten und die Entwicklung von Aufgaben" lassen sich auf drei verschiedenen Ebenen beschreiben. *Erstens* geht es darum, Wissen über Aufgaben zu erwerben. *Zweitens* sollen Kompetenzen zur Analyse und Konstruktion von Aufgaben aufgebaut werden. *Drittens* sollen die Studierenden über ihre Vorstellungen von Aufgaben und ihre Präferenzen zu deren Einsatz reflektieren und allgemein ein Bewusstsein zur Aufgabenproblematik entwickeln.

Zu den wissensakzentuierten Zielen gehört es, dass die Studierenden einen Überblick zu den formalen Bestandteilen von Aufgaben bekommen. Sie sollen erkennen, dass Aufgaben eine Reihe typischer Bestandteile aufweisen (siehe Mat. 1) und ihnen soll gleichzeitig bewusst werden, dass in der Praxis häufig einzelne dieser Bestandteile weggelassen werden.

**Teile von Aufgaben**

a) Hinführung, Erklärungen zum Kontext: Erklärungen zur Stellung und zum Ziel der Aufgabenbearbeitung im Rahmen des Unterrichts.

b) Material- oder Informationsteil (z. B. Text, Bild, Formel, Lied etc.): Das Material beeinflusst, wieweit und wie der Lerngegenstand anwesend ist (z. B. nur als Schülervorstellung, als mitgebrachtes Wissen bzw. mitgebrachte Erfahrung oder auch durch ein vorgegebenes Material, auf das sich alle Schülerinnen und Schüler gleichermaßen beziehen können.)

c) Aufforderungsteil: Zum Beispiel eine Anweisung, was zu tun ist, eine explizite und/oder zwischen den Zeilen stehende Aufforderung. Das ist der Kern der meisten Aufgaben. Es sollte auch beachtet werden, wozu das Material spontan „einlädt" bzw. „auffordert" (Aufforderungscharakter des Materials, z. B. Problemhaltigkeit).

d) Antwortteil: Sind Antworten oder Raum für Antworten vorgegeben? Damit gibt man Hinweise, wie und in welchem Umfang geantwortet werden soll. Das kann aber auch bewusst offen gelassen werden.

e) Hilfeteil: In diesem sind Informationen, die bei der Lösung der Aufgabe helfen sollen, enthalten. Oder es sind Hinweise dazu gegeben, wo Hilfen beschafft werden können – auch im Sinne von gestuften Hilfen.

f) Auswertungsteil: Hier sind Verfahren oder Überlegungen angegeben, die klären, wie mit den Arbeiten (Aufgabenlösungen, Antworten) der Schülerinnen und Schüler umzugehen ist und wie sie beurteilt werden sollen. Zum Teil werden einfach die richtigen Lösungen mitgeteilt.

Mat. 1: Teile von Aufgaben (Quelle: in Anlehnung an Gropengießer 2006, S. 8 ff.)

Außerdem sollen die Studierenden verschiedene Aufgabentypen voneinander abgrenzen können. Dabei geht es um die Unterscheidung von *Lernaufgaben, Übungsaufgaben, Prüfungsaufgaben, Präsentationsaufgaben und Diagnoseaufgaben* (siehe Mat. 2). Diese werden dabei vor allem anhand ihrer Konstruktionsziele gekennzeichnet. Die Aufgabentypen sind aber nicht scharf voneinander abgegrenzt. Oftmals können Aufgaben – geringfügig verändert – auch in einem anderen Bereich eingesetzt werden.

Damit die Studierenden die Unterscheidungen bezüglich der Teile und Typen von Aufgaben handhaben lernen, sollen sie eine eigene Systematik erstellen, die für ihr Fach und ihren Gebrauch nützlich ist. Damit sind sie aufgefordert, über ihre Vorstellungen von Aufgaben und deren Einsatzmöglichkeiten zu reflektieren. Dieses Ziel wurde auf dem Hintergrund der Tatsache formuliert, dass es viele unterschiedliche Ordnungsgesichtspunkte für Aufgaben gibt, die in den Fächern unterschiedlich relevant sein können (vgl. Girmes 2003, S. 11). Aus der Not wurde also versucht, eine Tugend zu machen, indem die Studierenden aufgefordert werden, sich aus bestehenden Systematiken Elemente herauszuziehen, die ihnen besonders relevant erscheinen. Voraussetzung dafür ist es, dass sie unterschiedlichen Systematiken begegnen und diese intensiv studieren. In einem Se-

| Aufgabentyp | Konstruktionsziele |
|---|---|
| Lernaufgaben | Entfaltung von tragenden Lerntätigkeiten, bewusste und vollständige Ausführung der Lernhandlungen. Anregen von Reflexion und Kontrolle. |
| Übungsaufgaben | Einarbeiten in die kognitive Struktur und Festigung des Gelernten, Anwendung in neuen Kontexten. |
| Prüfungsaufgaben | Abbilden des Lernstoffes und der Lernziele (Proportionalität und Variabilität). Differenzierung zwischen unterschiedlichen Aneignungsgraden. |
| Präsentationsaufgaben | Aufbereitung des Erarbeiteten und Gelernten für andere. |
| Diagnoseaufgaben | Erfassung und Explikation der Schülerkonzepte und ihres Vorwissens (siehe auch Lernaufgaben). |

Mat. 2: Typen von Aufgaben

minarreader werden Systematiken zugänglich gemacht und teilweise auch in der Veranstaltung besprochen (vgl. Blömeke et al. 2006; Gropengießer 2006; Tulodziecky et al. 2009; Maier et al. 2010). Zudem wird die Systematik von Gerdsmeier und Köller (o. J.) empfohlen, die im Internet zugänglich ist. In Abb. 1 ist die persönliche Aufgabensystematik eines Studenten wiedergegeben. Dabei handelt es sich um seine individuelle geistige Landkarte, die nun als Ausgangspunkt für eigene Aufgabenkonstruktionen dienen kann.

Ein weiteres Ziel des Seminars besteht darin, dass die Studierenden die Funktionen und Möglichkeiten von Aufgaben innerhalb von Lernarrangements erkennen. Es dient der Vorbereitung der Ausbildung der Kompetenz zur Analyse und Konstruktion von Aufgaben. In diesem Zusammenhang findet die bildliche Darstellung eines „didaktischen Dreiecks" wiederholt Verwendung. In ihm sind Hauptkomponenten des Unterrichtsgeschehens dargestellt (siehe Abb. 2): Es geht um die *Lehrkraft*, die *Schülerinnen und Schüler* und den *Lerngegenstand*, der hier stellvertretend als Mond symbolisiert wird. In diesem Kontext werden Aufgaben als Mittel der Lehrkraft gekennzeichnet, um die Lerntätigkeit der Schülerinnen und Schüler anzuregen und zu steuern. Und diese Lerntätigkeit wiederum ist es, welche die Aneignung des Gegenstandes durch die Schülerinnen und Schüler bedingt. Mittels ihrer Lerntätigkeit nähern sie sich dem

## Allgemeindidaktisches Seminar zum Thema Aufgaben

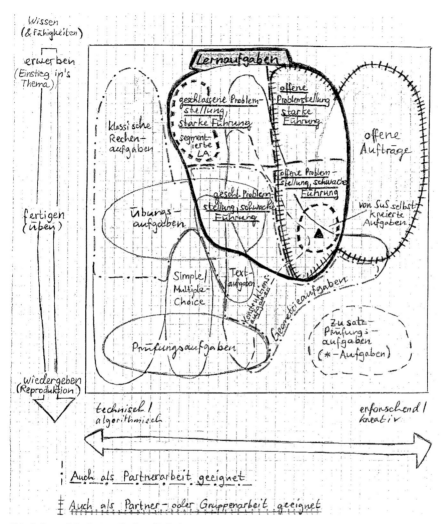

Abb. 1: Persönliche Systematik eines Studenten

Gegenstand an, wirken vielleicht auch aktiv auf ihn ein (z. B. beim Experimentieren) und gewinnen auf diesem Wege neue Einsichten. Die Qualität des entstehenden Wissens und Könnens hängt wesentlich von der Lerntätigkeit und somit von der Genese der Kompetenzen ab. Die Aufgaben stellen in diesem Sinne das Hauptmittel dar, die Aneignung der Lerngegenstände zu steuern. Anhand der im Dreieck verbildlichten Unterrichtskomponenten lassen sich noch etliche weitere Einflussgrößen positionieren und besprechen, z. B. das Vorwissen und die Einstellungen der Lernenden oder die aktuelle und zukünftige Bedeutung der Lern-

Aufgabenkulturen in der Ausbildung von Lehrkräften

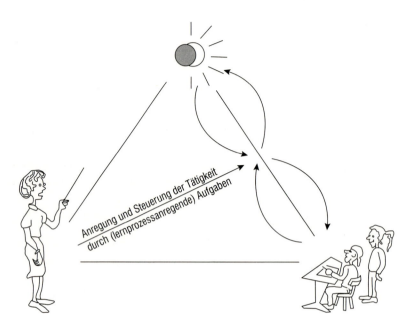

Abb. 2: Ein didaktisches Dreieck

gegenstände und die damit zusammenhängenden Sinnperspektiven, welche sie für die Schülerinnen und Schüler bekommen können (vgl. Klafki 1996, S. 272; Winter et al. 2008, S. 27 ff.).

Das wichtigste Ziel des Seminars ist es, dass die Studierenden lernen, selbst Aufgaben zu konstruieren und bestehende Aufgaben zu analysieren. Das soll sie u. a. dazu befähigen, vorfindbare Aufgaben aus Portalen differenziert einschätzen und sachgerecht nutzen zu können. Die Hauptforderung des Seminars besteht folglich darin, eine Lernaufgabe selbst zu entwickeln und anhand vorgegebener Fragen differenziert zu besprechen und zu begründen (siehe Anhang III). Es handelt sich bei diesen Fragen im Wesentlichen um solche, die der didaktischen Planung und Analyse des Unterrichts dienen. Sie sind hier aber auf den Einsatz der Aufgaben gerichtet. Diese Fragen sind gewissermaßen die „Werkzeuge", welche die Studierenden bei der Konstruktion und Analyse von Aufgaben handhaben lernen sollen. Einige Fragen betreffen die oben genannten Unterscheidungen zu den Aufgabentypen und Aufgabenteilen. Am schwierigsten sind die Fragen nach der Komplexität und Offenheit der Aufgabe zu beantworten sowie diejenige nach den Tätigkeiten und Handlungen, die durch die Aufgaben in Gang gesetzt werden sollen (Fragen 4 und 5 im Anhang III). Ihre Beantwortung erfordert eine vertiefte Beschäftigung mit der Aufgabe, eine Zusammenarbeit mit Studienkolleginnen und -kollegen sowie auch Beratung seitens des Dozenten. Ein dritter Fragenkomplex befasst sich u. a. mit dem Lernverständnis, das der Aufgabe zugrunde liegt und ethischen sowie motivationspsychologischen Gesichtspunkten (Fragen 7–9).

Freilich ist es objektiv schwer und zum Teil unmöglich zu antizipieren, welche Anforderungen eine Aufgabe an einzelne Schülerinnen und Schüler stellt, solange man nicht weiß, wie sie diese verstehen, an sie herangehen und welches Vorwissen sie zu ihrer Lösung mitbringen bzw. in der Lage sind zu aktivieren. Diese Situation entbindet die Lehrkraft aber nicht davon, sich vorab Gedanken z. B. darüber zu machen, welche Teilleistungen die Bearbeitung einer Aufgabe fordert, welche Lernhandlungen sie anregen, welchen Zielen sie dienen soll und wie sie so gestaltet werden kann, dass die Schülerinnen und Schüler sie im gegebenen Kontext verstehen und mit Aussicht auf Erfolg bearbeiten können. Daran wird im Zusammenhang mit der Konstruktion eigener und der Analyse fremder Aufgaben intensiv gearbeitet.

Wichtige methodische Arbeitsweisen des Seminars sind die folgenden, wobei einige Details dazu dem Seminarablauf in Anhang II entnommen werden können:

- Die Studierenden analysieren vorliegende Aufgabenbeispiele auf formale Merkmale und Anforderungen hin.
- Die Studierenden kritisieren Aufgabenbeispiele und machen Vorschläge für deren Verbesserung.
- Die Studierenden lernen Aufgabenportale kennen, erkunden und nutzen.
- Die Studierenden erstellen und überarbeiten eine eigene Lernaufgabe und eine Aufgabensystematik, die für ihr Unterrichtsfach relevant ist.
- Der Dozent hält Vorträge, die oftmals mit einer anschließenden Übung verbunden sind.
- Die Studierenden tauschen sich im Seminar zu ihren Arbeiten aus – oftmals in Form von Partnerarbeit oder in fachhomogenen Gruppen; sie reflektieren und verbessern diese.
- Der Dozent zieht einige der vorläufigen Arbeiten der Studierenden ein, kommentiert sie und macht ggf. Vorschläge zur Verbesserung. Allgemeine Fragen dazu werden im Plenum besprochen.
- Die Studierenden stellen Bezüge zwischen Aufgaben und Kompetenzbeschreibungen her.
- Die Studierenden vertiefen die theoretisch-konzeptionelle Beschäftigung mit dem Seminarthema anhand von Literatur, die in einem Reader zusammengestellt ist. Zum Teil führen sie dabei ein Lesetagebuch. Diese Literatur dient auch zur Vorbereitung von Sitzungen.
- Die Studierenden legen die geforderten Arbeiten in ihrem Portfolio ab und reflektieren diese noch einmal gesondert.

Anhand der im Portfolio dokumentierten Belege entscheidet der Dozent über das Bestehen oder Nichtbestehen des Seminars. Außerdem ist die regelmäßige Teilnahme eine Voraussetzung der Testierung. Im nun folgenden Abschnitt wird gesondert erläutert, wie die Arbeit mit Aufgabenportalen angelegt ist und welche Ziele dabei akzentuiert werden.

## 4. Die Suche nach Aufgaben im Internet

Ein besonderes Ziel des hier beschriebenen Seminars ist die Befähigung der Studierenden, Aufgaben aus Portalen herauszusuchen und zu nutzen. Es geht darum, ihnen einerseits Kenntnisse zu solchen Portalen und ihrem Gebrauch zu vermitteln und andererseits ein Bewusstsein der Probleme und Verführungen dieser Angebote zu schaffen. Dies ist eine wichtige Voraussetzung dafür, Aufgaben, die auf diversen Portalen für Lehrkräfte angeboten werden, zu beurteilen und sie auf eine sinnvolle Art und Weise im eigenen Unterricht verwenden zu können. Es darf nicht der Eindruck entstehen, dass bei der Übernahme solcher Aufgaben die Vorbereitungsarbeit der Lehrkräfte wegfällt. Ausdrücke auf Gästebüchern von Aufgabenportalen wie „Vielen Dank, du hast mir die Stunde gerettet!" sind zwar schmeichelhaft für den Autor der Aufgabe, müssen aber auch kritisch betrachtet werden. Aufgabenportale sollten eine ergänzende, den Unterricht bereichernde Funktion haben, wobei sie selbstverständlich auch entlastend wirken können, da sich Material im Netz findet, welches bereits nach Themen aufbereitet und mit sinnvollen Hintergrundinformationen ergänzt ist. In jedem Fall muss die einzelne Lehrkraft aber eine „Übersetzungsleistung" für ihren eigenen Unterricht erbringen und dabei darauf achten, dass das Ziel, die Funktion und das Lernverständnis, die der Aufgabe zugrunde liegen, mit dem Lernverständnis der Lehrkraft und der Funktion, welche die Aufgabe haben soll, übereinstimmen.

Ein erstes diesbezügliches Ziel des Seminars besteht darin, den Studierenden Gesichtspunkte und Kategorien zu vermitteln, die ihnen helfen, die Portale einschätzen und bei ihrer Suche nach Aufgaben effektiv nutzen zu können (siehe hierzu Anhang I).

Wenn man keinerlei Anhaltspunkte hat, gestaltet sich die Suche nach Aufgaben im Internet sehr aufwendig und zeitraubend. Nationale Bildungsserver[4] geben eine gute Übersicht über das Angebot an Aufgabenportalen im In- und Ausland; deshalb ist es sinnvoll, die Aufgabensuche auf diesen Seiten zu beginnen. Über Links, die auf jedem Portal zu finden sind, gelangt man schnell zu noch mehr Aufgabenportalen. Generell ist kein Portal zu finden, welches Aufgaben zu allen Fächern der Sekundarstufe II anbietet, trotzdem gibt es einige Webseiten, die den Anspruch haben, eine möglichst große Breite an fachbezogenen Aufgaben zu bieten. Viele Portale sind fachspezifisch und bieten eine enorme Fülle an Aufgaben zu verschiedensten Aspekten des Fachs an. Andere Websei-

---

4 Für die Schweiz: http://unterricht.educa.ch/de/, für Deutschland: http://dbs.schule.de/db/ und für Österreich: http://www.schule.at/index.php?url=kategorien&kthid=398, recherchiert am 08.06.2011.

ten sind themenspezifisch aufgebaut und enthalten beispielsweise nur Aufgaben zur politischen Bildung durch die Auseinandersetzung mit Geschichte (siehe Anhang I). Die Zielvorstellungen und Intentionen der Aufgabenportale sind zum Teil nicht sofort zu erkennen. Manchmal können sie anhand der Informationen zur Zielgruppe oder zum Betreiber des Portals herausgelesen werden, andernfalls sind sie implizit in den angebotenen Aufgaben enthalten. Anhand des Angebots und der Aufgabentypen lassen sich außerdem didaktische und methodische Vorlieben der Betreiber identifizieren. Einige Portale bieten den Lehrkräften in erster Linie Anregungen zur Gestaltung ihres Unterrichts, weshalb ihr Angebot eher aus offenen, projektorientierten Aufgabenstellungen zu verschiedensten Themen besteht.[5] Andere bieten auch „Fertigprodukte" für ein bestimmtes Fach und Thema an, die vom perfekt gestalteten Arbeitsblatt bis zur vollständigen Unterrichtseinheit, die sich über mehrere Lektionen erstreckt, reichen können. Angebote dieser Art sind verführerisch, denn sie laden dazu ein, sie eins zu eins im eigenen Unterricht umzusetzen.[6] Angesichts dieser scheinbar vollständigen Unterrichtseinheiten inklusive Powerpointpräsentationen, Literaturtipps und Diskussionsvorschlägen kann einem der ketzerische Gedanke kommen, dass mithilfe solcher Materialien ja jede Lehrerin und jeder Lehrer sein kann. Zumindest während einer Unterrichtseinheit. Der Umgang mit solchen „Fertigprodukten" erfordert aber bei genauerem Hinsehen eine hohe Kompetenz der Lehrkraft in der Unterrichtsgestaltung und Aufgabenentwicklung. Nicht nur, weil die Anforderungen verstanden und das Arrangement, die Aufgaben und die Materialien an die Voraussetzungen und Bedingungen der Klasse angepasst werden müssen, sondern auch, weil die Lehrkraft das den Aufgaben zugrunde liegende Lernverständnis mit ihrem eigenen abgleichen können muss.

Im Gegensatz zu einem Lehrmittel, das vor der Publikation und Zulassung in mehreren Verläufen geprüft wird und erst nach eingehender Qualitätssicherung im Unterricht zum Einsatz kommt, bieten Aufgaben aus dem Internet keine sichere „Qualitätsgarantie". Diese Ungewissheit führt zurück zur Frage, was Lehrkräfte oder Lehramtsstudierende wissen und können müssen, um möglichst viel vom Angebot von Aufgabenportalen zu profitieren und davon sinnvoll Gebrauch zu machen.

Mit dieser Problematik hängt das zweite, auf die Portale bezogene Ziel des Seminars zusammen: Die Studierenden sollen befähigt werden, vorgefundene Aufgaben zu prüfen, vertieft zu analysieren und zu „didaktisieren", damit sie diese für ihren eigenen Gebrauch abwandeln können. Eine zentrale Rolle spielen dabei wiederum die „Fragen an Aufgaben" (siehe Anhang III). Als erster Schritt muss nach den Zielen der Aufgabe und ihrer Funktion im Unterricht gefragt wer-

---

5  Vgl. dazu aus Anhang I www.teachsam.de und http://lernen-aus-der-geschichte.de, recherchiert am 08.06.2011.
6  Vgl. dazu aus Anhang I z.B. www.educ.ethz.ch, recherchiert am 08.06.2011.

den. Dazu sind Kenntnisse der Didaktischen Analyse nach Klafki (1958 und 1996, S. 251 ff.) unerlässlich, da es auch darum geht, zu bestimmen, inwiefern die Aufgabe exemplarische Bedeutung für die Lernenden hat oder welche Kompetenzen anhand der Aufgabe weiterentwickelt werden können. Ebenso wichtig ist die Frage, welche Tätigkeiten der Lernenden durch die Aufgabe in Gang gesetzt werden sollen. Hierbei ist die Fähigkeit der Lehrkraft gefragt, sich bei der Analyse der Aufgabe in die Schülerrolle hineinversetzen zu können. Neben der Frage, welche Rollen den Lernenden zugewiesen werden, ist auch die Frage danach wichtig, was nach der Bearbeitung der Aufgabe geschieht.

Als Einführung in den Umgang mit Aufgabenportalen wurden den Studierenden einige Portale vorgestellt und eine Auswahl an Aufgabenportalen in kategorisierter Form ausgehändigt (siehe Anhang I). Außerdem erhielten sie den Auftrag, sich selbstständig mit Aufgabenportalen auseinanderzusetzen und eigene Kategorisierungen vorzunehmen. Es kann davon ausgegangen werden, dass die Studierenden nun wissen, wie sie eine gute – oder genauer gesagt – eine zu ihren Zielen passende Aufgabe erkennen und wie sie diese gegebenenfalls verändern können, um bei den Schülerinnen und Schülern Lernprozesse anzuregen.

## 5. Einige Erfahrungen mit den Inhalten und Arbeitsweisen des Seminars

Die im Folgenden mitgeteilten Erfahrungen stützen sich auf die Auswertung der Unterlagen zweier Seminare mit insgesamt 74 Studierenden. Von ihnen lagen sowohl die Portfolios vor, in denen unter anderem ihre selbst entwickelten Aufgaben dokumentiert und begründet sind, als auch Reflexionen zu ihrem Lernprozess. Zudem wurden die Antworten aus einem Evaluationsbogen zum Seminar mit offenen und skalierten Fragen ausgewertet.

Das vermutlich bedeutsamste Ergebnis des geschilderten Seminars ist, dass bei den Studierenden durchgängig ein Bewusstsein dafür entsteht, wie wichtig es ist, Aufgaben genau zu betrachten und zu analysieren, dass es auch auf Feinheiten ankommt und diese überlegt sowie gestaltet werden müssen. Die allermeisten Studierenden hatten Aufgaben bislang so genau noch nicht betrachtet und durchdacht. Bei ihren ersten selbst erstellten Aufgaben zeigt sich, dass sie vor allem an Übungs- und Prüfungscharakter denken, wenn es um deren Konstruktion geht. Schon die kleinen Ziele des Seminars (s. o.) haben eine hohe Relevanz für die Ausbildung von Aufgabenbewusstsein. Es ist offenbar nützlich, sich klar zu machen, welche Teile eine Aufgabe hat und welchem Typus sie zugeordnet werden kann. Nach ihrer zentralen Einsicht in diesem Seminar gefragt, äußern sich Studierende zum Beispiel so:

> „Die Vielfalt wurde mir bewusst, die vielen Aspekte einer Aufgabe und wie lohnenswert es ist, sich gründlich damit auseinanderzusetzen."

Ein anderer Studierender schreibt:

> „Dank diesem Seminar habe ich einen neuen Zugang zu den Aufgaben allgemein gefunden. Empfand ich sie früher als Fragen, die als Test dienen, weiß ich heute, dass sie auch eine grundlegendere Funktion haben: Lernprozesse bei Schülerinnen und Schülern anzuregen!"

Eine dritte Äußerung dazu:

> „Es wurde mir durch dieses Seminar erst bewusst, wie viele Teile eine Aufgabe eigentlich hat. Auch die impliziten und expliziten Anforderungen, die eine Aufgabe beinhaltet, gilt es kritisch zu prüfen."

Diese Anforderungen zu analysieren, fällt den meisten Studierenden zunächst recht schwer. Ein geeigneter Weg dazu, diese Fähigkeit zu fördern, ist es, Aufgaben selbst zu lösen und sich dabei in die Position der Schülerinnen und Schüler zu versetzen. Die Analyse fremder Aufgabenbeispiele eignet sich dazu als Übungsfeld. Insbesondere, wenn damit die Aufforderung verbunden war, die jeweilige Aufgabe kritisch zu betrachten und so umzuformen, dass sie als Lernaufgabe tragfähiger wird, entwickelten die Studierenden Engagement.

Die Entwicklung eigener Lernaufgaben war – wie erwartet – jeweils eine hohe Anforderung. Hier zeigte sich besonders deutlich der Einfluss herkömmlicher Schulaufgaben, die eher auf ein Abfragen von Wissen hinauslaufen denn auf eine Anleitung eines selbsttätigen Erkenntnis- und Lernprozesses. Es zeigte sich auf diesem Gebiet auch ein interessanter und vielleicht charakteristischer Widerspruch, dass nämlich die meisten Studierenden sich heute theoretisch einem konstruktivistischen Lernverständnis zuordnen, aber häufig einem instruktionistischen Vorgehen folgen, wenn es darum geht, praktisch Unterricht zu gestalten (vgl. Hess 2003). Zum Teil äußert sich das so, dass sie eine anscheinend offene Aufgabe stellen, bei der die Schülerinnen und Schüler zunächst sich selbst zu einem Thema oder Lerngegenstand befragen sollen, dann aber recht spezifische Fragen stellen, welche nicht ohne Weiteres aus dem Material herausgelesen werden können und daher besser von der Lehrkraft dargestellt würden. Diesem Problem musste in der Beratung der Aufgabenkonstruktion immer wieder Aufmerksamkeit geschenkt werden: Dass die Schülerinnen und Schüler nicht „vorgeführt" werden, indem man eine Eigenbemühung von ihnen verlangt, diese aber hauptsächlich zum Anlass nimmt, nachher aufzuzeigen, wie es richtig ist. Tatsächlich erweist es sich als schwierig, gute offene Einstiegsaufgaben zu formulieren, zu denen die Schülerinnen und Schüler bereits an und mit dem Lerngegenstand fachlich so handeln können, dass sie Erkenntnisse gewinnen, die weiterführend sind (vgl. Ruf 2003; Pfau/Winter 2008). Noch schwieriger aber scheint es zu sein, dafür zu sorgen, dass die Erkenntnisse und Gedanken der Lernenden dann auch in der Klasse beachtet sowie ausgewertet werden und mit ihnen weitergearbeitet wird.

Im Zusammenhang mit Lernaufgaben denken die Studierenden zu Recht daran, eine selbstständige Erarbeitung von Themen in Gang zu setzen. Sie neigen aber dazu, die Aufgaben einerseits zu unterdefinieren, obwohl selbstständiges Arbeiten immer auch eine gute Anleitung braucht, und andererseits planen sie den Unterricht und zum Teil auch die Aufgaben wiederum zu eng geführt (s. o.). Mit diesem Problem hatten viele der Fragen und Vorschläge zu tun, die von Seiten des Dozenten zu den selbst entworfenen Aufgaben formuliert wurden. Eine typische Frage war auch die nach der Bedeutung, dem Sinn und der Motivationskraft der Aufgabe: „Warum denken Sie, dass Schülerinnen und Schüler sich gern mit dieser Aufgabe beschäftigen werden?" Weitere häufige Interventionen betrafen die Erhöhung der Anforderungen der Lernaufgaben, das Weiterdenken der Aufgaben auf mögliche Anschlussaufgaben hin und das Einbauen von mehr und auch praktischen Handlungsanteilen.

Bei der Evaluation zeigte sich, dass das Seminar von den Studierenden – trotz oder wegen der hohen Arbeitsbelastung – geschätzt wird. Die Einsichten, welche die Studierenden angaben, gewonnen zu haben, deckten sich sehr gut mit den Zielen des Seminars. Als besonders gewinnbringend wurde die aufgabenbezogene Zusammenarbeit mit Kolleginnen und Kollegen im Seminar eingeschätzt.

## 6. Wo sind geeignete Orte im Rahmen der Lehrerbildung, um etwas über das Stellen von Aufgaben zu lernen?

Die Erfahrungen mit dem hier beschriebenen Seminar belegen, dass es notwendig und sinnvoll ist, Studierende spezifisch auf das Stellen von Aufgaben vorzubereiten und sie diesbezüglich praktisch wie auch theoretisch zu qualifizieren. Insbesondere, wenn die Unterrichtsform selbstständiges Lernen und eine schüleraktive Lernkultur an den Schulen etabliert werden soll, braucht es Lehrkräfte, die in der Lage sind, Aufgaben zu konstruieren und sachgerecht einzusetzen, welche zu solchen Lehr-Lern-Arrangements passen. Die Tatsache, dass heute sehr viele Aufgaben für den Schulgebrauch recht einfach im Internet zu finden und daraus zu übernehmen sind, spricht für das Ausbildungsziel, dass Studierende in die Lage versetzt werden, solche Aufgaben differenziert zu beurteilen und mit einer weitergehenden didaktischen Analyse des geplanten Unterrichts zu verknüpfen. Es ist allerdings die Frage, ob ein allgemeindidaktisches Seminar dazu der beste Ort ist. Einen größeren Ernstfallcharakter hätte es, wenn die Aufgaben für ein Praktikum bzw. in dessen Kontext erarbeitet würden. Dann könnten auch die Wirkungen der Aufgaben mit den Schülerinnen und Schülern studiert werden. Andererseits bleibt in den Praktika wenig Zeit, sich grundlegendes Wissen über Aufgaben anzueignen. Sicherlich sind Fachdidaktikveranstaltungen ein weiterer sinnvoller Ort, an dem das Thema Aufgaben behandelt werden kann und soll; solange allerdings die Arbeit mit Lernaufgaben und vor allem in einem kompetenzorientierten Unterricht (Drieschner 2008) für die meisten Lehramtsstudierenden noch recht neu ist und nicht ihren mitgebrachten Erfahrungen entspricht, scheint es durchaus berechtigt, auch in einer allgemeindidaktisch angelegten Veranstaltung das Thema Aufgaben gesondert und vertieft zu behandeln.

**Verwendete Literatur**
Astleitner, Hermann 2008: Die lernrelevante Ordnung von Aufgaben nach der Aufgabenschwierigkeit. In: Josef Thonhauser (Hg.): Aufgaben als Katalysatoren von Lernprozessen. Münster. S. 65–80.
Ball, Helga/Becker, Gerold/Bruder, Regina/Girmes, Renate/Stäudel, Lutz/Winter, Felix (Hg.) 2003: Aufgaben. Lernen fördern – Selbständigkeit entwickeln. Seelze.
Baumann, Jürgen/Feilke, Helmuth 2004 (Hg.): Schreibaufgaben. In: Praxis Deutsch. Sonderheft. Seelze.
Blömeke, Sigrid/Risse, Jana/Müller, Christiane/Eichler, Dana/Schulz, Wolfgang 2006: Analyse der Qualität von Aufgaben aus didaktischer und fachlicher Sicht. Ein allgemeines Modell und seine exemplarische Umsetzung im Unterrichtsfach Mathematik. In: Unterrichtswissenschaft 34. H. 4. S. 330–357.
Drieschner, Elmar 2008: Bildungsstandards und Kompetenzauslegung. Zum Problem der praktischen Umsetzung. In: Pädagogische Rundschau 62. H. 5. S. 557–572.
Hess, Kurt 2003: Lehren – zwischen Belehrung und Lernbegleitung: Einstellungen, Umsetzungen und Wirkungen im mathematischen Anfangsunterricht. Bern.
Gerdsmeier, Gerhard/Köller, Charlotte (o. J.): Lernaufgaben – Vielfalt und Typisierung. Anregung zur Konstruktion von Lernaufgaben. In: http://www.blk-luna.de/box_download.phs?nr=219&sid=, recherchiert am 03.01.2012.
Girmes, Renate 2003: Die Welt als Aufgabe?! In: Helga Ball/Gerold Becker/Regina Bruder/Renate Girmes/Lutz Stäudel/Felix Winter (Hg.): Aufgaben. Lernen fördern – Selbstständigkeit entwickeln. Seelze. S. 6–11.
Gropengießer, Harald 2006: Mit Aufgaben lernen. In: Harald Gropengießer/Dietmar Höttecke/Telsche Nielsen/Lutz Stäudel (Hg.): Mit Aufgaben lernen. Unterricht und Material 5–10. Seelze. S. 4–11.
Jank, Werner/Meier, Hilbert 2008: Didaktische Modelle. Berlin.
Klafki, Wolfgang 1958: Didaktische Analyse als Kern der Unterrichtsvorbereitung. In: Die Deutsche Schule, S. 450–471.
Klafki, Wolfgang 1996: Neue Studien zur Bildungstheorie und Didaktik. Zeitgemäße Allgemeinbildung und kritisch-konstruktive Didaktik. Weinheim.
Maier, Uwe/Kleinknecht, Marc/Metz, Kerstin 2010: Ein fächerübergreifendes Kategoriensystem zur Analyse und Konstruktion von Aufgaben. In: Hanna Kiper/Waltraud Meints/Sebastian Peters/Stephanie Schlump/Stefan Schmit (Hg.): Lernaufgaben und Lernmaterialien im kompetenzorientierten Unterricht. Stuttgart. S. 28–43.
Oser, Fritz/Oelkers, Jürgen 2001: Standards: Kompetenzen von Lehrkräfte. In: Dies. (Hg.): Die Wirksamkeit der Lehrerbildungssysteme. Zürich. S. 215–342.
Ruf, Urs 2003: Metakompetenz. Über das Verhältnis von Person und Sache. In: Friedrich Jahresheft 21. Seelze. S. 56–60.
Pfau, Anita/Winter, Felix 2008: Von offenen Aufträgen und anderem mehr. In: Urs Ruf/Stefan Keller/Felix Winter (Hg.): Besser lernen im Dialog. Dialogisches Lernen in der Unterrichtspraxis. Seelze. S. 214–229 (Auszug).
Tulodziecki, Gerhard/Herzig, Bardo/Blömeke, Sigrid 2009: Gestaltung von Unterricht: Eine Einführung in die Didaktik. Bad Heilbrunn. S. 87–109.
Winter, Felix/Schwarz, Johanna/Volkwein, Karin 2008: Unterricht mit Portfolio. Überlegungen zur Didaktik der Portfolioarbeit. In: Dies. (Hg.): Portfolio im Unterricht. 13 Unterrichtseinheiten mit Portfolio. Seelze. S. 21–54.

## Anhang I: Aufgabenportale – eine Auswahl

| Adresse und Betreiber | Beschreibung und Zielgruppe | Angebot |
|---|---|---|
| www.swisseduc.ch:<br><br>Gemeinnütziger Verein, gegründet von Lehrkräften (vorwiegend aus Kantonsschulen) | Unterrichtsmaterialien im Umfeld der Sekundarstufe<br><br>Lehrkräfte der Sekundarstufe II (Gymnasien, Berufsschulen, Technikerschulen u.a.) | Erprobtes Unterrichtsmaterial, teilweise mit Schülerbeispielen, Hintergrundinformationen, Links zu fachspezifischen Seiten, Hinweise zu Veranstaltungen und Literatur.<br>Die Aufgaben sind einerseits nach Fach oder Themengebiet strukturiert und innerhalb des Faches nach Methode und/oder Fachbereichen |
| www.lehrer-online.de:<br><br>Plattform der Lo-net GmbH, initiiert u. entwickelt durch die „Schulen ans Netz e. V.", unterstützt durch das Bundesministerium für Bildung und Forschung | Unterrichten mit digitalen Medien<br><br>Lehrkräfte der Primarschule bis Sekundarstufe II | Unterrichtsmaterial für fast alle Fächer und Stufen. Der Zugang zum Material erfolgt entweder über Fächer (Unterricht) oder Theme (Dossiers). Innerhalb der Fächer sind Unterrichtseinheiten, Fachmedien, Links und manchmal didaktische Hinweise zu finden. Außerdem: Informationen zu verschiedenen Medien u. Möglichkeiten ihres Einsatzes im Unterricht, Newsletter. |
| http://btmdx1.mat.uni-bayreuth.de/smart/wp/:<br><br>Zentrum zur Förderung des mathematisch-naturwissenschaftlichen Unterrichts (Z-MNU) der Uni Bayreuth | SMART Aufgabensammlung für Mathematik- und Physikunterricht<br><br>für Lehrkräfte (z. B. zur Erstellung von Arbeitsblättern), für Schülerinnen und Schüler zum Üben | Mehr als 5500 Aufgaben inkl. Lösungen, mit Funktion zum Erstellen von interaktiven Arbeitsblättern und einer Suchfunktion (Stichwortsuche). Strukturierung nach Schulform oder SINUS-Aufgaben[1], dann nach Jahrgangsstufen und Fachgebieten. |
| www.teachsam.de:<br><br>Aus privater Initiative entstanden, verantwortlich für die Inhalte ist Gert Egle (Konstanz). | Lehren und Lernen online<br><br>v.a. für Lehrkräfte der Sekundarstufen I und II geeignet | Material für „schulisches und außerschulische Lernen", gegliedert in (fachübergreifende) Projekte, Didaktik & Methodik, Arbeitstechnike einzelne Fächer, „Brainpool" (Anregungen zur Unterrichtsgestaltung nach Themen) und Prüfungsinformationen (Abitur) |

---

[1] Aufgaben, die im Rahmen des Modellversuchs SINUS-Transfer entwickelt wurden (SINUS= Steigerung der Effizienz des mathematisch-naturwissenschaftlichen Unterrichts). Mehr Informationen zum Modellversuch: http://www.sinus-transfer.de, recherchiert am 12.01.2012.

| Aufgabentypen | Kommentar |
|---|---|
| as Spektrum reicht von Projekt- und Recherchearbeiten, ِer Übungsaufgaben zu bestimmten Lehrmitteln zu ːrnaufgaben und ganzen Lernumgebungen, die im Netz ⵀr Verfügung stehen. | Jeder Bereich ist anders aufgebaut, da jeweils eigene Fachredaktoren dafür zuständig sind. Kein Unterrichtsmaterial zu modernen Fremdsprachen (Franz., Span., Ital.), Kunst, Musik, Religion oder Pädagogik/ Psychologie/Philosophie. |
| le Aufgaben fördern den Einsatz digitaler Medien im ⵁterricht. Es sind viele (auch unkonventionelle) Ideen für ⵜjekte und Recherchearbeiten im Internet (u. a. ːbquests) vorhanden. | Sehr umfangreiches Angebot mit guter Strukturierung. Den Aufgaben sind Kompetenzanforderungen zugeordnet. Der didaktisch-methodische Kommentar zu jeder Unterrichtseinheit ist auch sehr praktisch. |
| e SINUS-Aufgaben sind meist relativ gute Lernaufgaːn, ansonsten v. a. Übungs- und Prüfungsaufgaben und ⵀr vereinzelte Lernaufgaben. | Die Möglichkeit des Erstellens von Arbeitsblättern ist sehr praktisch. Es werden sinnvolle Aufgaben angeboten, v. a. die Aufgaben aus dem SINUS-Transfer-Projekt. |
| ⵉne „fixfertigen" Aufgaben, sondern eher Text- und ⵜormationsangebote mit Arbeits- und Reflexionsanreːngen (in Richtung Lern- oder Prüfungsaufgaben), ⵉene Aufgaben. | Der Fokus liegt auf den Geisteswissenschaften, auch Material zu Pädagogik u. Psychologie. Es sind sehr viele Texte aus verlässlichen Quellen zugänglich. Leider sehr viel Werbung! |

| Adresse und Betreiber | Beschreibung und Zielgruppe | Angebot |
|---|---|---|
| http://www.educ.ethz.ch: Zusammenschluss verschiedener Professuren der ETH Zürich. | Das ETH Kompetenzzentrum für Lehren und Lernen  Lehrkräfte und Schüler-/innen von Gymnasien, Berufsschulen und Fachhochschulen | Übersicht über diverse laufende Projekte, u. a. Sammlung von „fertigen" Unterrichtsmaterialie (erprobt und nicht erprobt) und Unterrichtsmethoden, die an der ETH gelehrt werden. Suche der Aufgaben über „Fachgebiete" oder „Lehrmethoden". |
| http://lernen-aus-der-geschichte.de/: Verein „Lernen aus der Geschichte e. V.", gefördert durch die Stiftung EVZ und das Institut für Gesellschaftswissenschaften u. historisch-politische Bildung der Technischen Universität Berlin | Bildungsportal zur historisch-politischen Bildung  Lehrkräfte der historisch-politischen Bildung u. alle weiteren Interessierten an zeitgemäßem Lernen über die Geschichte | 5000 Beiträge bestehend aus 4 Bereichen: Lernen & Lehren (kostenloses Unterrichtsmaterial) Teilnehmen u. Vernetzen, Online lernen (Web-Seminare u. Podcasts) und International diskutieren. Es gibt ein monatlich erscheinende Magazin zur hist.-polit. Bildung. Aufgabensuche: nach Themen oder Didaktik (Methoden, did. Ansätze). |

| Aufgabentypen | Kommentar |
|---|---|
| ngeboten werden v. a. Unterrichtseinheiten für mehrere ektionen. Neben Lern-, Prüfungs- und Übungsaufgaben, nd auch Gruppenarbeiten, Lehrervorträge und äsentationen enthalten. | Es gibt leider sehr wenig neues Material (vieles ist schon 5–10 Jahre alt), was wahrscheinlich mit der strengen, aber sehr sinnvollen Qualitätssicherung der ETH zusammenhängt. |
| ie Materialien bauen v. a. auf der Projektmethode auf. as verfügbare Material ist sehr umfassend (Bilder, Links, deo- und Diskussionsvorschläge, empfohlene chbücher...). | Eine sehr moderne und gut gestaltete Seite. Durch die verschiedenen Suchfunktionen ist auch „stöbern" möglich. Das Material ist nicht immer „gebrauchsfertig", was den Vorteil hat, dass eine kritische Auseinandersetzung damit nötig wird. |

## Anhang II: Semesterplan des Seminars

| Sitzung | Thema |
|---|---|
| 1 | Analyse einer Aufgabe zum Einstieg<br>Erläuterungen zum Seminarkonzept<br>▸ Auftrag für nächste Woche: Finden Sie eine fachtypische Aufgabe. |
| 2 | In Dreiergruppen werden anhand der mitgebrachten Aufgabenbeispiele Ordnungsgesichtspunkte zu Aufgaben erstellt.<br>Vortrag: Die gewachsene Bedeutung von Aufgaben für den Unterricht<br>Einzug: Erste Aufgabenbeispiele<br>▸ Auftrag für nächste Woche: Ausarbeiten einer eigenen Aufgabensystematik |
| 3 | Wechselseitiges Vorstellen der Systematiken<br>Erstellen eines exemplarischen Portfoliobelegs mit Deck- und Reflexionsblatt<br>Einzug: vorläufige Systematiken<br>Ausgabe des Readers<br>▸ Auftrag für nächste Woche: Lektüre Lehtinen (1994): Institutionelle und motivationale Rahmenbedingungen und Prozesse des Verstehens im Unterricht. In: Reusser, K.; Reusser-Weyeneth, M. (Hg.): Verstehen. Psychologischer Prozess und didaktische Aufgabe. Bern: Huber, S. 143–162. |
| 4 | Lektürearbeit: Kontextbedingungen der Aufgabenbearbeitung<br>Rückmeldungen zu den ersten Aufgaben und Systematisierungen<br>▸ Auftrag zur übernächsten Sitzung. Individuelle Planung der Leistungsnachweise entsprechend den gewählten Kreditpunkten |
| 5 | Vortrag: Fragen an Aufgaben Teil I<br>Übung: Anwendung des Rasters (Blömeke et al. 2006) auf die Geschichtsaufgaben<br>▸ Auftrag zur nächsten Sitzung: Analyse, Kritik und Umformung von Aufgaben |
| 6 | Besprechung einzelner umgeformter Aufgaben<br>Vortrag: Fragen an Aufgaben Teil II: Tätigkeitstheorie, Anforderungsanalyse von Aufgaben und das Zurückgehen in der Ebene der Handlung<br>Einzug: Individuelle Planung der Leistungsnachweise |
| 7 | Vortrag: Fragen an Aufgaben Teil III: Motivation und Ethik<br>Vorstellung einiger Aufgabenportale (Carla Canonica)<br>▸ Aufträge zur übernächsten Sitzung: Aufgabenportal oder Aufgabensammlung für das eigene Fach erkunden. Ausarbeitung und Analyse einer Lernaufgabe aus dem je eigenen Fach. |
| 8 | Heimarbeit: Erstellen einer ersten Fassung der eigenen Lernaufgabe |

| | |
|---|---|
| 9 | Vortrag: Pädagogische Diagnostik im Dienst des Lernens – prüfen, beurteilen und fördern – Kompetenz der Lehrkräfte<br>Übung: Qualitätensuche und Konstruktion von Anschlussaufgaben<br>Einzug: erste Fassung der eigenen Lernaufgabe |
| | Osterpause |
| 10 | Rückgabe: erste Fassung der Aufgaben mit Kommentar<br>Besprechung von Aufgaben in Partnerarbeit<br>Ergänzende Kommentare des Dozenten zur Aufgabenkonstruktion und zur Überarbeitung der Aufgaben<br>▸ Auftrag nächste Sitzung: Lektüre Drieschner (2008, siehe Literaturverzeichnis) und Ambühl (2009): Die Harmonisierung des Schweizer Schulsystems. Das HarmoS-Konkordat: Bildungsstandards für die Kantone. In: Pädagogische Führung, 20 (4), S. 171–173. |
| 11 | Vortrag: Bildungsstandards und kompetenzorientiertes Unterrichten<br>Diskussion des kompetenzorientierten Unterrichtens<br>▸ Auftrag nächste Sitzung: Lektüre Keller/Winter (2009): Wie Lehrkräfte mit Kompetenzbeschreibungen unterrichten können. In: Die Deutsche Schule, 101 (3), S. 285–296. |
| 12 | Übung: Kompetenzen und Aufgaben – Exegese und Schlussfolgerungen<br>Beratung zu eigenen Lernaufgaben<br>▸ Auftrag nächste Sitzung: Lektüre Sacher (2011): Durchführung der Leistungsüberprüfung und Leistungsbeurteilung. In: Sacher, W.; Winter, F. (Hg.): Diagnose und Beurteilung von Schülerleistungen. Professionswissen für Lehrerinnen und Lehrer, Bd. 4, Baltmannsweiler: Schneider, S. 27–48. |
| 13 | Vortrag: Prüfungsaufgaben<br>Übung: Überlegungen zur Prüfung der mit den Lernaufgaben angezielten Wissensgebiete und Kompetenzen<br>▸ Auftrag nächste Sitzung: Erstellen des vorläufigen Portfolios |
| 14 | Ausstellung und Vorstellung der vorläufigen Portfolios<br>Zu diesem Termin bitte alle Portfolios – soweit bis dahin fertig – in das Seminar mitbringen! |

## Anhang III: Fragen zur Analyse und Konstruktion von Aufgaben
(leicht gekürzte Version aus dem Seminar)

Diese Fragen sind bei der Planung, Gestaltung und Begründung der eigenen Aufgaben zu beachten und zu beantworten.

1. **Wozu soll die Aufgabe dienen – welche Ziele sind mit ihr verbunden?** *Formal / Stellung und Funktion im Unterricht:* **Lernaufgabe** (lernprozessanregende Aufgabe); ***Übungsaufgabe; Prüfungsaufgabe; Präsentationsaufgabe; Aufgabe mit diagnostischem Anspruch*** (siehe Material 2).
*Didaktisch* (für Lernaufgaben): Hat die Aufgabe exemplarische Bedeutung für einen gesellschaftlich relevanten Inhalt? Welche Gegenwarts- oder Zukunftsbedeutung hat sie für die Schülerinnen und Schüler (SuS)? Spricht sie ein Bedürfnis der Schülerinnen und Schüler an? Welche Kenntnisse und Einsichten sollen vermittelt werden? Welches Können, welche Kompetenzen sollen sich an der Aufgabe zeigen und weiterentwickelt werden?
Was soll bei dieser Aufgabe in den Mittelpunkt der Aufmerksamkeit rücken?
2. **In welchem Kontext steht die Aufgabe – welchen Kontext spricht sie an?** Ist die Aufgabe „eingekleidet" in einen lebensweltlichen Kontext? Und kritisch: Unterstützt der Kontext die Erschließung der Sache oder kann er auch davon ablenken, hemmen und die Bearbeitung der Aufgabe verkomplizieren? Ist sie ohne Lebensweltbezug, hat sie einen konstruierten Lebensweltbezug oder einen konstruierten aber authentisch wirkenden Lebensweltbezug, hat sie einen realen Lebensweltbezug (vgl. Maier et al. 2010, S. 35).
3. **Welche Teile hat die Aufgabe – welche Teile sollte sie haben?** (siehe die Ausführungen in Mat. 1)
4. **Welche Komplexität, welche Offenheit, welches Potenzial hat die Aufgabe?** Die Aufgaben nach ihrer **Komplexität** einzuschätzen, ist nicht einfach. Hierzu gibt es viele Gesichtspunkte. In den Artikeln von Gerdsmeier; Tulodziecki et al.; Maier et al.; Blömeke et al. ist jeweils eine Reihe Gesichtspunkte genannt, welche die Komplexität von Aufgaben beeinflussen (siehe auch Anhang II). **Offenheit** besitzen Aufgaben vor allem dann, wenn unterschiedliche Lösungen möglich sind und wenn die Schülerinnen und Schüler viele eigene Gedanken (z. T. auch Probehandlungen und Gefühle) dabei entwickeln können.
Anhand einer Lernaufgabe können potenziell meist recht unterschiedliche Inhalte gelernt werden (in geringerem Ausmaß kann das auch für die Übung und Prüfung gelten). Meist denkt die Lehrkraft aber an bestimmte Lösungs- und Lernmöglichkeiten und schränkt dadurch das **Potenzial** einer Aufgabe ein. Das ist oft sinnvoll oder sogar notwendig, es kann aber zu Irritationen führen, wenn die Einschränkung nur gedacht und nicht explizit gemacht ist (vgl. von Blömeke et al. 2006).
5. **Welche Tätigkeiten und Handlungen sollen durch die Aufgabe in Gang gesetzt werden?** Der Frage der Komplexität und Schwierigkeit von Aufgaben kann man sich nähern, wenn man die Tätigkeiten und Handlungen analysiert, welche die Schülerinnen und Schüler vollziehen müssen oder wahrscheinlich vollziehen werden, wenn sie die Aufgabe lösen. Die Lehrkraft versucht sich genau vorzustellen oder auszuprobieren, was die Schülerinnen und Schüler tun werden bei der Beschäftigung mit der Aufgabe. Es geht dabei einerseits um *äußere Handlungen* (z. B. mit einem Lineal eine Verbindung zwischen zwei Punkten zeichnen; etwas beobachten, Notizen machen und Merkmale auszählen, Passagen aus einem Text herausschreiben). Schwieriger ist es, *innere (geistige) Hand-*

*lungen* zu antizipieren (etwa: eine Anweisung im Gedächtnis behalten und Wissen über den Gegenstand gedanklich hervorkramen, Sinnbezüge innerhalb eines gelesenen Textes herstellen u. a. m.). Unter dem Gesichtspunkt der Hilfe und Förderung kann bei der Planung einer Aufgabe überlegt werden, ob innere Handlungen veräußerlicht und entworfen werden können, indem sie in Schritte zerlegt werden und man in die Ebene der Handlung zurückgeht. Weitere nützliche Fragen der Tätigkeitsanalyse sind folgende: Wie werden die Tätigkeiten angestoßen? Wie, wie weit und wodurch werden diese Tätigkeiten gesteuert? Wann und wie wird die Tätigkeit abgeschlossen?

6. **Was wird vorausgesetzt, welche Erfahrung, welches Wissen muss man haben, damit die Aufgabe gelöst werden kann?** Je nachdem, welches Vorwissen und welche Vorerfahrung die Schülerinnen und Schüler mitbringen, ändert sich die Schwierigkeit einer Aufgabe meist deutlich. Es ist wichtig, dies vorab zu bedenken und ggf. fehlendes Wissen zu vermitteln oder im Hilfeteil anzubieten.

7. **Welches Lernverständnis drückt sich in der – so gestalteten – Lernaufgabe aus?** Liegt ihr eher ein konstruktivistisches Lernverständnis zugrunde oder ein instruktionistisches oder vielleicht sogar ein behavioristisches. Darüber hinausgehend ist zu fragen, ob dieses Lernverständnis zur Aufgabe passt oder nicht.

8. **Welche ethischen und motivationspsychologischen Überlegungen gehen in die Gestaltung der Aufgaben und die Rückmeldung ein?** Welche Rolle weist die Aufgabe den Schülerinnen und Schülern zu? Wie stehen sie da, wenn sie die Aufgabe bearbeiten, welche Zuschreibung erfolgt damit (Statisten, Dummköpfe, Hilfsbedürftige oder Wissende, Erfahrene, Handlungsfähige). Das betrifft u. U. auch die Frage, ob die Aufgabe so gestellt ist, dass die Lehrkraft etwas von dem Wissen, Denken und Können der Schülerinnen und Schüler in den Blick bekommen und sich dafür interessieren kann oder nur für Schnipselchen von deren Wissen und ihr angepasstes Lernen. Solche Überlegungen führen notwendig zu offeneren und anspruchsvollen Aufgaben. Bei der Auswertung von Aufgabenlösungen und der Ergebnisrückmeldung muss darauf geachtet werden, dass kein Schüler und keine Schülerin beschämt wird. Angemessen sind vor allem interessierte Stellungnahmen und sachlich-inhaltliche Hinweise zu den Lösungen. Fähigkeitsattributionen sollen bei der Rückmeldung vermieden werden. Stattdessen soll das Ergebnis mit dem Handeln in Zusammenhang gebracht werden.

9. **Welche Rahmenbedingungen sollen die Aufgabenbearbeitung (zusätzlich) steuern oder begrenzen?** Hier ist z. B. an Zeitvorgaben, Angaben zur Sozialform, Beschränkung oder Bereitstellung von Materialien und Hilfsmitteln zu denken. Dabei ist zu bedenken, dass dies Aufgaben leichter oder auch schwieriger machen kann (vgl. Astleitner 2008, S. 67).

10. **Was folgt auf die Bearbeitung der Aufgabe?** Bei der Konstruktion von Aufgaben soll jeweils überlegt und begründet werden, was mit den Aufgabenlösungen, den Schülerarbeiten hernach passiert, wie sie genutzt und ausgewertet werden sollen und wer das macht. Die Schülerarbeiten sollen jeweils beachtet und anerkannt werden – was aber nicht ausschließt, sie auch zu kritisieren. Gut ist es, wenn Schülerarbeiten wieder im Unterricht genutzt werden können. Das kann schon bei der Planung der Aufgaben bedacht werden. Aufbauend auf den Lösungen zu einer Aufgabe können und sollen Anschlussaufgaben gestellt werden, welche die Beschäftigung mit dem Lerngegenstand vertiefen und festigen.

Marlise Küng, Antonia Scholkmann und Daniel Ingrisani

# „Problem-based Learning":
# Normative Ansprüche und empirische Ergebnisse

## 1. Einleitung

Unser Beitrag beschäftigt sich damit, welches lernpsychologische Potenzial das hochschuldidaktische Arrangement *problem-based learning* (PBL) als operationalisierte Aufgabenkultur in sich birgt. Dabei konzentriert sich der Fokus unseres Beitrages auch auf die normativen Ansprüche, dass angehende Lehrerinnen und Lehrer fachliche und überfachliche Kompetenzen erwerben sollen. Aktuelle empirische Ergebnisse aus einer länderübergreifenden Vergleichsstudie (N = 118) und einer Erhebung an Studierenden der Pädagogischen Hochschule der Fachhochschule Nordwestschweiz (PH FHNW) (N = 95) belegen abschließend die hohe Zufriedenheit der Studierenden mit problem-based learning.

## 2. Lehren und Lernen sind Operationen verschiedener Systeme

Lernen und Lehren sind zwei grundlegend unterschiedliche Prozesse: Diese Prozesse als Einheit zu betrachten und jene mit der beliebten Bindestrich-Bezeichnung (z. B. Lehr-Lernprozesse, Lehr-Lernumgebungen) zu etikettieren, ist für Herzog (2002) unzulässig, weil zwischen einem Lehrprozess und den zahlreichen Lernprozessen, die während Unterrichtssituationen geschehen, „schlechterdings keine Kongruenz angenommen werden kann" (ebd., S. 279). Bei Lernenden wie auch bei Lehrenden handelt es sich um autopoietische (sich selbst schaffende) Systeme. „Lehren und Lernen bilden Operationen verschiedener Systeme, die sich gegenseitig Umwelt sind. Die Autopoiese des einen (lehrenden) Systems kann nicht mit derjenigen des anderen (lernenden) verbunden werden" (ebd., S. 278). Es ist das Verdienst u. a. von Maturana (1985), dass wir die Biologie der Kognitionen und die basale Zirkularität lebender Systeme erkennen. Als lebende Systeme sind wir „geschlossene Systeme, moduliert durch Interaktionen, durch welche wir selbstständige Gegenstände definieren, deren Realität einzig und allein in den Interaktionen liegt" (ebd., S. 65). Innerhalb einer Institution können Lehrende nicht anders, als Lernenden Interaktionsbereiche anzubieten, wobei es den Gesprächspartnern kognitiv immer überlassen bleibt, in welche Richtung sich die am Interaktionsprozess Beteiligten orientieren, wie Maturana schreibt (ebd., S. 58). Es ist zudem ein Muss, dass Lehrende Bedingungen schaffen, mit denen sie sich erhoffen dürfen, dass Individuen ihre Lernbereitschaft zeigen oder diese entwickeln (vgl. Herzog 2002, S. 278). Eine entscheidende Lernbedingung ist nach Deci und Ryan (1993) das Schaffen von autonomieunterstützenden Lernbedingungen; diese zu gestalten, fällt in den Aufgabenbereich der Lehrenden.

Autonomieunterstützende Lernbedingungen kommen grundlegenden psychologischen Bedürfnissen entgegen: dem Bedürfnis nach Kompetenz oder Wirksamkeit, nach Autonomie oder Selbstbestimmung sowie dem Bedürfnis nach sozialem Eingebundensein oder sozialer Zugehörigkeit (ebd., S. 229). Auf dem Hintergrund einer radikal konstruktivistischen Sichtweise trifft die Aussage von Herzog zu, dass Lehrprozesse und Lernprozesse nicht kongruent verlaufen. Aber welche Lernumgebungen Individuen benötigen, ist – wenn es pragmatisch betrachtet wird – nicht nur eine Streitfrage über die Relevanz von lernpsychologischen Paradigmen, sondern eine Frage der Voraussetzungen, welche die Lernenden mitbringen. Die Voraussetzungen der Lernenden legen Lehrenden nämlich auf einer praktischen Ebene nahe, sich des Primats der Instruktion und/oder Konstruktion zu bedienen (vgl. Küng 2007, S. 25), und unter expliziter Bezugnahme der Seite der Lernenden argumentieren wir deshalb in unserem Beitrag gemäßigt konstruktivistisch (vgl. Reinmann-Rothmeier/Mandl 1997, S. 362; vgl. Klöckner 2002, S. 137).

## 3. Die Fallperspektive ist bedeutungsvoll für eine Profession

Das hochschuldidaktische Setting des *problem-based learning* ist seit den 1970er-Jahren im europäischen Raum bekannt. Ursprünglich in der Ausbildung angehender Medizinerinnen und Mediziner entwickelt, hat es schnell Eingang in sehr unterschiedliche Fachrichtungen gefunden; es wird im geistes- und sozialwissenschaftlichen Bereich, in den Ingenieurwissenschaften (Rijksuniversiteit Limburg 1990; Foster 1990) und im Gesundheitsbereich (Saarinen-Rahiika/Binkley 1998; Barrows/Tamblyn 1980) eingesetzt. Aufgrund unserer Erfahrungen eignet sich das *problem-based learning* für die Ausbildung angehender Lehrerinnen und Lehrer in besonderem Maße: Beim *problem-based learning* erarbeiten Studierende Wissen nicht alleine, sondern in Kleingruppen unter Anleitung eines Tutors bzw. einer Tutorin. Der Kern des Lernprozesses ist die Bearbeitung einer alltagsnahen Problemstellung, des sogenannten „Falls", in dem mit einfachen Worten ein für das Fach oder das behandelte Thema paradigmatisches Problem beschrieben wird.

Maiwald (2008) vertritt die These, „dass die Ausbildung einer spezifischen Fallperspektive für eine Profession von entscheidender Bedeutung ist, da erst dadurch die berufliche Praxis und die Reflexion auf die (je eigene) berufliche Praxis strukturiert wird" (ebd., S. 1). Wenn sich Professionen mit Fällen auseinandersetzen, so handelt es sich erstens um Personen oder Personengruppen, die „ein lebenspraktisches Problem haben" (ebd., S. 2) und bestimmte Merkmale verkörpern. Zweitens ist für einen Fall konstitutiv, dass die Lebensäußerungen einer Person „nur von einem bestimmten thematischen und/oder interventionspraktischen Hintergrund für einen beobachtenden Dritten zum Fall werden" (ebd., S. 3). Und schließlich beinhalten Fälle ein drittes Element: Nicht die Person als solche ist ein Fall, „sondern sie ist es nur im Hinblick auf bestimmte, für den Zusammenhang X relevante Lebensäußerungen". Unsere Studierenden besuchen ergänzend und alternierend zur Vorlesung in Entwicklungspsychologie und Pädagogik des Kindesalters ein Proseminar und innerhalb dieser Makrostruktur haben wir den Studierenden den folgenden Fall übergeben[1]:

> **Nunzio Müller (22;3) unterrichtet seit drei viertel Jahren in W. eine 5. Klasse.** Er hat seine Ausbildung an der Pädagogischen Hochschule (Fachhochschule Nordwestschweiz) seit kurzem abgeschlossen, ist ein begabter Sportkletterer und verfügt über eine Zusatzausbildung in Erlebnispädagogik. Gegen Ende der Primarschulzeit seiner ersten Klasse führt er im Mai eine dreitägige erlebnispädagogische Reise durch, die bei seinen Schülerinnen und Schülern große Begeisterung ausgelöst hat. Kurz nach diesem Event erhält er von Julia (12;4), einem Mädchen seiner Klasse, eine Freundschaftsanfrage auf Facebook. Jetzt auf „bestätigen" oder „ignorieren" klicken?

## 4. Fälle sind ein „Motor" des Lernens

Der Titel unseres Beitrages erwähnt die Problematik der normativen Ansprüche, die unterschwellig mitschwingt, wenn über Lernprozesse gesprochen wird: Lernende sollten aktiv, situativ, selbstgesteuert und sozial eingebunden lernen - also vorrangig aktiv und wenn möglich wenig rezeptiv. Eine weitere normative Anforderung heißt „Lebenslanges Lernen", die Gieseke (2010, S. 275) explizit als „eine individuell einzulösende normativ gesetzte Anforderung" bezeichnet und Künzli (2004, S. 632) gar als „epochales Lernziel" postuliert.

Wir gehen davon aus, dass *problem-based learning* eine Möglichkeit bietet, diese hohen normativen Ansprüche auf einer konkreten hochschuldidaktischen Ebene einlösen zu können. Lernen an und mit Fällen kommt Erwachsenen insofern entgegen, weil sie zu einer problemorientierten Sichtweise ihrer Lernprozesse tendieren (vgl. Klöckner 2002, S. 101). Ein Fall muss zwingend ein für die Disziplin paradigmatisches Problem enthalten und er löst auf Seiten der Studierenden Lernprozesse aus, sofern die Fallkonstruktion professionell geschehen ist. Tiet-

---

1   Der Fall „Bestätigen" oder „Ignorieren" weist die Elemente von Maiwald auf: (1) Personen stehen im Zentrum des Falles und sowohl das Mädchen wie auch der junge Lehrer sind von Problemen (Entwicklungsaufgabe der Pubertät bei Julia und Berufsanforderungen in Bezug auf Nähe und Distanz beim Lehrer) betroffen. (2) Der Fall stellt den Studierenden u. a. einige entwicklungspsychologische und pädagogische Probleme, und die abschließende Frage „bestätigen" oder „ignorieren" eröffnet den Studierenden mehrdeutige Interaktionsbereiche und mehrere relevante Bezugsrahmen. (3) Schließlich verweist der Fall bzw. die Freundschaftsanfrage des Mädchens auf eine bestimmte entwicklungspsychologisch höchst sensible Lebensphase. (4) Fallkonstruktion und Copyright: Ingrisani/Küng.

gens (1997, S. 486) beschreibt die Fallorientierung als ein didaktisches Verfahrenskonzept, welches die Widersprüche zwischen Anspruch und Wirklichkeit, Lebensnähe und Lehrveranstaltungen auszugleichen versucht. Das Lernen an Fällen biete den Studierenden die Gelegenheit, einer Sache auf den Grund zu gehen. Einer Sache auf den Grund gehen, ist in der Regel mit perturbierenden (störenden) Prozessen und kognitiven Konflikten verbunden. Lernen ist als Differenzierung und Konstruktion von kognitiven Strukturen aufgrund von Störungen der autopoietischen Organisation zu verstehen, wobei gemäß Herzog (2002, S. 278) die Kausalität der Systemveränderung ausschließlich und vollumfänglich auf Seiten des lernenden Individuums liegt.

Der Fall wird in unseren Proseminaren mit Hilfe des Siebensprungs[2] diskutiert und analysiert und es werden gemeinsame Lernfragen erarbeitet. Die Lernfragen des Falles werden mit Hilfe intensiver Recherchen gelöst und verschriftlicht (vgl. Weber 2007; Ricken et al. 2009). Unsere Dozentinnen und Dozenten lesen und beurteilen die schriftlich vorliegenden Recherche-Ergebnisse, die sich auf Lernfragen beziehen, formativ. Dies soll die Lernprozesse der Studierenden unterstützen und verhindern, dass Studentinnen und Studenten „bei ihren Lernversuchen in die falsche Richtung laufen" (Herzog 2002, S. 278).

## 5. Überfachliche Kompetenzen sind kollektive Ressourcen

Bildungssysteme müssen Heranwachsende in der Art und Weise qualifizieren, „dass sie sich jene Kenntnisse, Fertigkeiten und Arbeitshaltungen aneignen, welche unter den gegebenen gesellschaftlichen Umständen im Beschäftigungssystem verwertbar sind. Eine unzureichende Passung stellt eine unverantwortliche Verschwendung kollektiver Ressourcen dar" (Grob/Maag Merki 2001, S. 48). Mit dem *problem-based learning* intendieren wir, dass Lernende sich entwicklungspsychologisches Wissen, also fachliche und berufsfeldbezogene Kompetenzen, erarbeiten und sie Eigenschaften und Fertigkeiten oder überfachliche Kompetenzen erwerben, „die konsensuell als wünschenswerte Effekte des Bildungswesens betrachtet werden" (ebd., S. 40). Die wichtigsten wünschenswerten Effekte, welche Bildungssysteme hervorbringen *sollen* und *wollen*, sind die Handlungsfähigkeit, die Fähigkeit zur Selbstständigkeit, die Lernkompetenz, die Lernbereitschaft, das differenzierte Denken sowie die Persönlichkeitsentwicklung (vgl., S. 194). Diese zentralen Bildungskategorien – aus verschiedenen schweizerischen Lehrplänen der Sekundarstufe I extrahiert – lassen sich vermutlich mühelos in den Studienführern von Pädagogischen Hochschulen fin-

---

2 Phase 1 mit den Schritten 1–5: 1. Schritt: Begriffe klären. 2. Schritt: Problem bestimmen. 3. Schritt: Problem analysieren. 4. Schritt: Erklärungen ordnen. 5. Schritt: 2–3 Lernfragen formulieren. Phase 2 mit den Schritten 6–7: Schritt 6: Informationen beschaffen und schriftlich festhalten. Schritt 7: Informationen austauschen und Ergebnisprotokoll erstellen (vgl. Weber 2007, S. 34).

den. Grob und Maag Merki (2001) legen ihrer Referenztheorie der überfachlichen Kompetenzen ein reflexiv-interaktionistisches Menschenbild zugrunde. Dieses impliziert die menschliche Entwicklung und das menschliche Verhalten als ein Verhältnis von Wechselwirkungen (vgl. ebd., S. 81). Die menschliche Fähigkeit, Kompetenzen zu entwickeln, die es ihnen ermöglichen, ihr Leben produktiv zu bewältigen (vgl. ebd., S. 82), ist Teil dieses reflexiv-interaktionistischen Menschenbildes.

## 6. „Problem-based Learning" fördert den Erwerb überfachlicher Kompetenzen

Als Lehrende betrachten wir es als unsere Aufgabe, zu überprüfen, ob die Effekte, die wir mit dem *problem-based learning* zu initiieren hoffen, auch Früchte tragen. Durch die spezielle Gestaltung der Lernsituation, in der den Studierenden Fälle zur Bearbeitung übergeben werden, und klar operationalisierten Input-, Prozess- und Outputvariablen (vgl. Schmidt/Moust 2000, S. 27), ist das *problem-based learning* in besonderem Maße für eine empirische Überprüfung geeignet. Unser Beitrag präsentiert dazu Befunde aus zwei neuen Forschungszugängen: Befunde erstens aus einer Querschnittsuntersuchung mit Studierenden aus der Schweiz und Deutschland. Befunde zweitens aus einer Längsschnittuntersuchung mit den schweizerischen Studierenden.

Beide Untersuchungen drehen sich um Outputvariablen, also den Erfolg, den das problem-based learning bei den Studierenden hat. Die zu Grunde liegende Annahme der Untersuchung war, dass der Fall im Zentrum des *problem-based learning*, auch als Aufgabe, als eine „zur Lösung anstehende Angelegenheit" oder auch als „Übergabe" (vgl. etymologisches Lexikon) angesehen werden kann, welche den Lernenden die Verantwortung für den Lernprozess und ihren Kompetenzerwerb überträgt. Eine „zur Lösung anstehende Angelegenheit" stellt *problem-based learning* dabei in doppelter Hinsicht dar, nämlich in den zwei Prozessen der Fallkonstruktion und Falllösung: Bei der Fallkonstruktion entwickeln die Dozierenden zunächst aus dem vorhandenen Themenspektrum eines Studienbereichs oder mehreren Studienbereichen, den intendierten Lehrzielen sowie aufgrund ihres Professionsverständnisses den Fall (Studienaufgabe, Problemaufgabe, Anwendungsaufgabe, Diskussionsaufgabe, Strategieaufgabe, vgl. Weber 2007, S. 74 ff.). Der zweite Prozess bezieht sich auf die Fallbearbeitung und Falllösung durch die Studierenden. Die „Übergabe" der Fallbearbeitung an die Lernenden bedeutet: Das *problem-based learning* ist erstens genuin auf individuelle und kooperative Konstruktionsleistungen ausgelegt und die individuellen Lernprozesse sind zweitens an berufsfeldrelevante Kontexte (vgl. Reinmann-Rothmeier/Mandl 2001) gebunden. Drittens bestehen für die Studierenden Freiheiten, darüber zu entscheiden, welche fachlichen oder überfachlichen Kompetenzen sie für sich erwerben wollen.

Kompetenzen verstehen wir mit Grob und Maag Merki (2001) als latent vorhandene Fähigkeiten (Disposition) bezüglich möglicher Handlungsweisen, die nicht mit der Performanz (d. h. Verhalten in konkreten, singulären Situationen) verwechselt werden dürfen (vgl. ebd., S. 753). Daher war eine Selbsteinschätzung von Lernenden, wie sie in unserer Untersuchung angeführt wird, eine zulässige Operationalisierung des Kompetenzerwerbs: Lernende schätzen ihre Disposition bezüglich möglicher (zukünftiger) Handlungsweisen ein. Durch die autonomieförderlichen Charakteristika des *problem-based learning*, so unsere Annahme, sollten Lernende differenzierter und tiefgehender überfachliche Kompetenzen entwickeln.[3] Vor dem Hintergrund der bis hier dargestellten Überlegungen wollten wir mit unseren Erhebungen die folgenden beiden Fragen beantworten:

▸ Fragestellung 1: Wie schätzen instruktionalistisch lernende Studierende im Vergleich zu *problem-based* lernenden Studierenden ihren Erwerb überfachlicher Kompetenzen ein?
▸ Fragestellung 2: Wie schätzen die *problem-based* lernenden Studierenden ihren Erwerb und Zuwachs überfachlicher Kompetenzen nach einem bzw. zwei Semestern ein?

## 7. Design und Stichproben

Beide Studien verfolgen ein vergleichendes Design. Durch Kontrast des selbst eingeschätzten Kompetenzerwerbs zwischen mit *problem-based* und nicht-*problem-based* lernenden Studierenden (Querschnittsstudie) bzw. von mit *problem-based* lernenden Studierenden am Ende des zweiten und dritten Semesters (Längsschnittstudie) wird nach Effekten des *problem-based learning* gesucht (vgl. Abb. 1).

Die *problem-based* lernende Stichprobe besteht dabei für den Querschnittsvergleich aus der Gesamtheit der Studierenden im Studienbereich Entwicklungspsychologie und Pädagogik des Kindesalters an der PH FHNW, Professur Entwicklungspsychologie und Pädagogik des Kindesalters am Institut Primarstufe (n=156). Dies war auch der Studienbereich, in dem die Studierenden in einem alternierenden Wechsel mit traditionellen Vorlesungen das *problem-based learning* erfahren. Für die Querschnittsstudie wird die Schweizer Gruppe mit deutschen Lehramtsstudierenden in einem traditionellen vermittlungsbasierten Curriculum der Universität Dortmund verglichen (n=118). Der Querschnittsvergleich geschieht dabei ebenfalls im Fach Entwicklungspsychologie (für eine genaue Darstellung dieser Studie vgl. Eder et al. 2011). Der Vergleich erfolgte nach

---
3 Aus pragmatischen Gründen verzichten wir darauf, auf die Kontroverse in der Frage nach der mangelnden theoretischen Fundierung überfachlicher Kompetenzen sowie auf deren Relevanz für die Ausbildung von Lehrerinnen und Lehrern einzugehen.

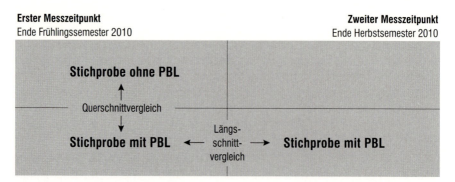

Abb. 1: Design der beiden Vergleichsstudien

einem Semester zwischen *problem-based* angereicherter und vollständig instruktionalistischer Lehre am Ende des Frühlingssemesters 2010.

Für den Längsschnittvergleich werden die Schweizer Studierenden im Studienbereich Entwicklungspsychologie und Pädagogik des Kindesalters (PH FHNW) mit *problem-based learning* am Ende des dritten Semesters (Herbstsemester 2010) ein zweites Mal befragt (vgl. Abb. 1). Die Stichprobe des Längsschnitts umfasst n = 95 Personen, die zu beiden Messzeitpunkten teilgenommen haben.

## 8. Operationalisierungen

Die in beiden Studien eingesetzten Items wurden aus insgesamt drei Quellen herangezogen:

1. Es handelte sich um Items aus dem Berliner Evaluationsinstrument für selbsteingeschätzte studentische Kompetenzen (BEvaKomp) von Braun et al. (2008). Das BEvaKomp ist ein Messinstrument, mit Hilfe dessen Studierende Kompetenzen, die sie durch den Besuch einzelner Lehrveranstaltungen erworben haben, selbst einschätzen können (vgl. ebd. 2008). Das Instrument beinhaltet die vier Skalen Fach-, Methoden-, Sozial- und Personalkompetenz; hierbei enthält die Skala Methodenkompetenz die Facetten Methoden- und Präsentationskompetenz, die Skala Sozialkompetenz enthält die Facetten Kommunikations- und Kooperationskompetenz. Aus der Skala Sozialkompetenz wurde ein Item (Item 1) zur Kooperationskompetenz entnommen, aus dem Bereich Kommunikationskompetenz stammen zwei Items (Item 2 und Item 3). Aus der Skala Fachkompetenz wurde ein Item übernommen (Item 5), ebenso aus der Skala Methodenkompetenz (Item 6). Die Items 7 bis 11 entstammen der Skala Personalkompetenz.
2. Das Item 4 zur Studierendenzufriedenheit stammt aus dem Instrument zur Identifikation und Erfassung von Komponenten der Studienzufriedenheit

(Schiefele/Jacob-Ebbinghaus 2006; Westermann et al. 1996). Darin wird Studienzufriedenheit analog zum Konzept der Arbeitszufriedenheit definiert.

3. Zur Ergänzung wurde ein selbst entwickeltes Item (Item 12) zur Zuversicht im Hinblick auf weitere Lehrveranstaltungen im untersuchten Studienbereich aufgenommen (in Anlehnung an ein Item von Westermanns Kurzskala zur Studierendenzufriedenheit, siehe oben). Da nach dem zweiten Messzeitpunkt keine weiteren Veranstaltungen im betreffenden Studienbereich vorgesehen sind, wurde Item 12 in der Längsschnitterhebung nicht berücksichtigt.

Alle Items konnten auf einer fünfstufigen Ratingskala rangierend von „trifft gar nicht zu" bis „trifft voll und ganz zu" eingeschätzt werden. Da es sich nur um eine Auswahl an Items und nicht um vollständig eingesetzte Skalen handelt, erfolgen alle Auswertungen nur auf Einzelitem-Ebene. Die verwendeten Items wurden in ihrer Formulierung teilweise leicht an die jeweils untersuchte Lehrmethode angepasst.

## 9. Ergebnisse des Querschnittvergleichs: „problem-based" Lernende identifizieren sich mit Lernergebnissen und verbessern ihre Arbeits- und Lerntechniken

Tabelle 1 zeigt Mittelwerte und Standardabweichung der Antworten der Studienteilnehmenden in den Items zum überfachlichen Kompetenzerwerb sowie signifikante Unterschiede zwischen den beiden Untersuchungsgruppen.[4] Insgesamt liegt die Zustimmung zu den zwölf Aussageitems in beiden Untersuchungsgruppen im mittleren bis hohen Bereich; insbesondere bei den Items 4, 5, 7, 9, 10 und 12, die nach Spaß an der Lehrveranstaltung und nach inhaltlicher Auseinandersetzung mit den Themen der Lehrveranstaltung fragen, fallen die Einschätzungen in beiden Gruppen mit Werten von > 3 (Skalenmitte) positiv aus.

Hinsichtlich Gruppenunterschieden zeigt sich ein gemischtes Bild: Sowohl die Gruppe der Studierenden, die mit PBL gelernt haben, als auch die Gruppe der Studierenden, die ohne PBL gelernt haben, zeigt signifikant höhere Einschätzungen bei einigen Items. Interessant ist hier, bei welchen Items die jeweilige Gruppe höhere Einschätzungen vornimmt. Die Studierenden in der PBL-Gruppe stimmen den Aussagen in Item 1, 2, 4 und 6 signifikant stärker zu als die Studierenden in der Nicht-PBL-Gruppe. In ihrer eigenen Einschätzung können die mit PBL lernenden Personen sich besser mit den erarbeiteten Ergebnissen aus den Arbeitsgruppen identifizieren: Es fällt ihnen leichter, ihre eigenen Eindrücke und Meinungen zu äußern, sie haben stärker das Gefühl, viel gelernt zu haben und sie

---

[4] Da die Daten in beiden Stichproben nicht normalverteilt vorliegen, erfolgte die Testung der Gruppenunterschiede mit einem nicht-parametrischen Verfahren. Zur plastischeren Darstellung werden im Folgenden aber für beide Studien Mittelwerte und Standardabweichungen sowie die Differenz (d) zwischen den Mittelwerten dargestellt.

| Nr. | Item | Gruppe | M | SD | d |
|---|---|---|---|---|---|
| 1 | Mit dem Ergebnis der PBL-Gruppe/den Ergebnissen aus Arbeitsgruppen im Rahmen dieser Lehrveranstaltung/ Lehrveranstaltungen kann ich mich voll und ganz identifizieren. | mit PBL | 3,71 | 0,729 | 0,78*** |
| | | ohne PBL | 2,93 | 0,897 | |
| 2 | Aufgrund dieser Lehrveranstaltung/Lehrveranstaltungen fällt es mir leichter, meine eigenen Eindrücke und Meinungen zu äußern. | mit PBL | 2,92 | 1,035 | 0,28[a] |
| | | ohne PBL | 2,64 | 1,166 | |
| 3 | Aufgrund dieser Lehrveranstaltung/Lehrveranstaltungen fällt es mir leichter, nachzufragen, wenn ich etwas nicht verstanden habe. | mit PBL | 2,61 | 1,136 | 0,05 n.s. |
| | | ohne PBL | 2,56 | 1,126 | |
| 4 | Ich habe in dieser Lehrveranstaltung/diesen Lehrveranstaltungen viel gelernt. | mit PBL | 4,06 | 0,87 | 0,35* |
| | | ohne PBL | 3,71 | 0,876 | |
| 5 | Ich kann wichtige Begriffe und Sachverhalte dieser Lehrveranstaltung/ Lehrveranstaltungen wiedergeben. | mit PBL | 3,78 | 0,821 | 0,06 n.s. |
| | | ohne PBL | 3,72 | 0,874 | |
| 6 | Durch den Besuch dieser Lehrveranstaltung/ Lehrveranstaltungen habe ich meine Arbeits- und Lerntechniken verbessert. | mit PBL | 3,27 | 1,166 | 0,79*** |
| | | ohne PBL | 2,48 | 1,05 | |
| 7 | Ich finde das Thema jetzt interessanter als zu Beginn der Lehrveranstaltung/Lehrveranstaltungen. | mit PBL | 3,42 | 1,107 | 0,16 n.s. |
| | | ohne PBL | 3,26 | 1,113 | |
| 8 | Diese Lehrveranstaltung/Lehrveranstaltungen haben mich darin bestärkt, mein Studium fortzusetzen. | mit PBL | 2,41 | 1,133 | -0,67** |
| | | ohne PBL | 3,08 | 1,255 | |
| 9 | In dieser Lehrveranstaltung/diesen Lehrveranstaltungen machte es mir Spaß, die an mich gestellten Aufgaben zu lösen. | mit PBL | 3,27 | 1,086 | 0,06 n.s. |
| | | ohne PBL | 3,21 | 1,083 | |
| 10 | In dieser Lehrveranstaltung/diesen Lehrveranstaltungen habe ich Sachen gelernt, die mich begeistern. | mit PBL | 3,53 | 0,933 | 0,02 n.s. |
| | | ohne PBL | 3,51 | 1,119 | |
| 11 | Ich beschäftige mich aus Spaß über die Lehrveranstaltung/Lehrveranstaltungen hinaus mit den Inhalten der Veranstaltungen. | mit PBL | 2,08 | 0,981 | -0,73** |
| | | ohne PBL | 2,81 | 1,22 | |
| 12 | Ich sehe den Lehrveranstaltungen im Fach Entwicklungspsychologie und Pädagogik des Kindesalters des Herbstsemesters/weiteren Lehrveranstaltungen im Fach Entwicklungspsychologie zuversichtlich entgegen. | mit PBL | 3,85 | 1,031 | 0,05 n.s. |
| | | ohne PBL | 3,80 | 0,985 | |

Werteskala: 5 = trifft voll und ganz zu; 4 = trifft überwiegend zu, 3 = mittel, 2 = trifft etwas zu, 1 = trifft gar nicht zu (Skalenmitte = 3.0); mit PBL/ohne PBL= Zugehörigkeit zu einer der beiden Untersuchungsgruppen; $M_{mit\_PBL/ohne\_PBL}$ = Mittelwert in der jeweiligen Untersuchungsgruppe; SD = Standardabweichung; d= Differenz der Mittelwerte in den beiden Untersuchungsgruppen; Signifikanztestung auf Rangunterschiede mittels Man-Whitney-U-Test für unabhängige Stichproben, zweiseitig; ***$p<0.001$; **$p<0.01$, *$p<0.05$, a$p<0.10$; n.s.=nicht signifikant.

Tab. 1: Ergebnisse des Querschnittsvergleichs zwischen ‚mit PBL' und ‚ohne PBL'

haben den Eindruck, dass sie ihre Arbeits- und Lerntechniken verbessern konnten. In der nicht-PBL-Gruppe zeigen sich signifikant höhere Zustimmungen zu den Items 8 und 11: Studierende, die ohne PBL gelernt haben, fühlen sich durch die besuchten Lehrveranstaltungen darin bestärkt, ihr Studium fortzusetzen und beschäftigen sich nach eigener Einschätzung häufiger auch über das Studium hinaus mit den Inhalten der besuchten Lehrveranstaltungen.

## 10. Ergebnisse des Längsschnittvergleichs: Zuwachs bei Begeisterung und Entschluss, das Studium fortzusetzen

In Tabelle 2 sind die Einschätzungen der befragten Studierenden zum ersten und zweiten Messzeitpunkt angegeben. Aus den Mittelwertvergleichen geht hervor, dass Veränderungen zwischen den Messzeitpunkten lediglich in zwei Items signifikant, also nicht zufällig, stattgefunden haben. Die Studierenden sind zum zweiten Messzeitpunkt signifikant stärker der Meinung, begeisternde Sachen gelernt zu haben (Item 10). Die Studierenden fühlten sich zudem am Ende des zweiten Messzeitpunkts signifikant mehr darin bestärkt, ihr Studium fortzusetzen (Item 8). Obwohl die Einschätzung dieses Items (2.82) zum zweiten Messzeitpunkt nach wie vor unter dem Skalenmittelwert (3.00) liegt, nähert sich der Wert jenem der nicht *problem-based* Lernenden (3.08) an (vgl. Tab. 1).

Nebst diesen beiden signifikanten, positiven Veränderungen zwischen den beiden Messzeitpunkten, lohnt es sich auch bei den gleich gebliebenen Mittelwerten, einen Blick auf die Stärke der Zustimmungen oder Ablehnungen der einzelnen Items zu werfen. Dabei fällt auf, dass die Studierenden zu beiden Messzeitpunkten überwiegend das Gefühl haben, in den PBL-Veranstaltungen viel gelernt zu haben (Item 4), wichtige Sachverhalte wiedergeben zu können (Item 5), sich mit den Ergebnissen ihrer PBL-Gruppen identifizieren zu können (Item 1), begeisternde Sachen gelernt (Item 10) sowie Spaß an den gestellten Aufgaben zu haben (Item 9). Die Studierenden sind damit vor allem mit ihrem Lernzuwachs und dem PBL-Setting überwiegend zufrieden.

In einigen Items zeigen die Studierenden hingegen eine eher geringe Zustimmung: Sie beschäftigen sich eher weniger über die PBL-Veranstaltung hinaus mit deren Gegenstandsbereich (Item 11) und sie fühlten sich auch eher weniger durch die PBL-Veranstaltung darin bestärkt, ihr Studium fortzusetzen (Item 8). Bemerkenswert ist zudem, dass die Studierenden die Verbesserung der Arbeits- und Lerntechniken (Item 6), die Steigerung der Interessantheit des Themas (Item 7) sowie die Verbesserung der Fähigkeit, eigene Meinungen und Eindrücke äußern zu können (Item 2), in der Skalenmitte um den Wert 3.0 einschätzen.

## Aufgabenkulturen in der Ausbildung von Lehrkräften

| Nr. | Item | t | M | SD | d |
|---|---|---|---|---|---|
| 1 | Mit dem Ergebnis der PBL-Gruppe im Rahmen dieser Lehrveranstaltung kann ich mich voll und ganz identifizieren. | t1 | 3.78 | 0.67 | -0.12 n.s. |
| | | t2 | 3.66 | 0.81 | |
| 2 | Auf Grund dieser Lehrveranstaltung fällt es mir leichter, meine eigenen Eindrücke und Meinungen zu äußern. | t1 | 2.94 | 1.15 | 0.00 n.s. |
| | | t2 | 2.94 | 1.12 | |
| 3 | Auf Grund dieser Lehrveranstaltung fällt es mir leichter, nachzufragen, wenn ich etwas nicht verstanden habe. | t1 | 2.70 | 1.09 | 0.11 n.s. |
| | | t2 | 2.81 | 1.12 | |
| 4 | Ich habe in dieser Lehrveranstaltung viel gelernt. | t1 | 4.06 | 0.87 | 0.08 n.s. |
| | | t2 | 4.14 | 0.78 | |
| 5 | Ich kann wichtige Begriffe und Sachverhalte aus dieser Lehrveranstaltung wiedergeben. | t1 | 3.85 | 0.79 | -0.13 n.s. |
| | | t2 | 3.72 | 0.58 | |
| 6 | Durch den Besuch dieser Lehrveranstaltung habe ich meine Arbeits- und Lerntechniken verbessert. | t1 | 3.35 | 1.13 | 0.12 n.s. |
| | | t2 | 3.47 | 1.05 | |
| 7 | Ich finde das Thema jetzt interessanter als zu Beginn der Lehrveranstaltung. | t1 | 3.35 | 1.09 | -0.15 n.s. |
| | | t2 | 3.20 | 1.06 | |
| 8 | Diese Lehrveranstaltung hat mich darin bestärkt, mein Studium fortzusetzen. | t1 | 2.40 | 1.19 | 0.42** |
| | | t2 | 2.82 | 1.17 | |
| 9 | In dieser Lehrveranstaltung machte es mir Spaß, die an mich gestellten Aufgaben zu lösen. | t1 | 3.38 | 1.02 | 0.18 n.s. |
| | | t2 | 3.56 | 0.91 | |
| 10 | In dieser Lehrveranstaltung habe ich Sachen gelernt, die mich begeistern. | t1 | 3.56 | 0.90 | 0.22* |
| | | t2 | 3.78 | 0.87 | |
| 11 | Ich beschäftige mich aus Spaß über die Lehrveranstaltung hinaus mit dem Gegenstandsbereich dieser Lehrveranstaltung. | t1 | 2.04 | 0.06 | 0.17 n.s. |
| | | t2 | 2.21 | 1.01 | |

Werteskala: 5 = trifft voll und ganz zu; 4 = trifft überwiegend zu, 3 = mittel, 2 = trifft etwas zu, 1 = trifft gar nicht zu (Skalenmitte = 3.0); t1/2=erster bzw. zweiter Erhebungszeitpunkt; Mt 1/2 = Mittelwert zum ersten bzw. zweiten Messzeitpunkt; SD = Standardabweichung; d = Unterschied zwischen Mt1 und Mt2; **$p<0.01$, *$p<0.05$, n.s.=nicht signifikant (Wilcoxon-Tests für abhängige Stichproben, zweiseitig).

Tab. 2: Ergebnisse des Längsschnittvergleichs innerhalb der Gruppe ‚mit PBL'

## 11. Zusammenfassung der Hauptergebnisse

Einleitend erinnern wir daran, dass die vorhandenen Untersuchungsergebnisse selbstbezogene und der Selbstbeschreibung zugängliche Kognitionen darstellen. Diese Bemerkung ist deshalb wichtig, weil es schwierig ist, Performanz in *real-life-situations* zu erfassen.

> „Selbstbezogene Kognitionen erlauben es, der Subjektivität von komplexen Handlungsweisen gerecht zu werden. Sie können, neben anderen Faktoren (z. B. Situationsmerkmale), als relevante Indikatoren zur Erfassung individueller Kompetenzen bezeichnet werden und geben Hinweise auf produktive vs. belastete Entwicklungen." (Grob/Maag Merki 2001, S. 232)

Im Folgenden werden die Hauptergebnisse der beiden Studien nochmals kurz dargestellt und die Schlussbetrachtungen bilden den Abschluss.

1. Studentinnen und Studenten der Institute Vorschule/Unterstufe und Primarstufe der PH FHNW, die im Studienbereich Entwicklungspsychologie und Pädagogik des Kindesalters mit dem hochschuldidaktischen Setting *problem-based learning* konfrontiert werden, identifizieren sich im Querschnittvergleich besser mit den erarbeiteten Ergebnissen, sie äußern ihre Meinungen und Einsichten leichter, sie sehen Verbesserungen in Bezug auf ihre Arbeits- und Lerntechniken und sie haben den Eindruck, viel gelernt zu haben (vgl. Tab. 1).

   Im Querschnittvergleich sind die befragten Studentinnen und Studenten aus der an einer deutschen Universität erhobenen Kontrollgruppe, die in ihrem Studium ohne das hochschuldidaktische Setting *problem-based learning* arbeiten, im Vergleich zur *problem-based* lernenden Gruppe durch den Besuch der Lehrveranstaltung motivierter, ihr Studium fortzusetzen und beschäftigen sich auch über das Studium hinaus mit den Inhalten der Lehrveranstaltungen (vgl. Tab. 1).

2. Die Daten aus dem Längsschnittvergleich zeigen, dass Studierende des Studienbereichs Entwicklungspsychologie und Pädagogik des Kindesalters nach zwei Semestern Erfahrung mit dem *problem-based learning* sich signifikant bestärkter darin fühlen, ihr Studium fortzusetzen (vgl. Tab. 2).

   Ein anderes relevantes Ergebnis bezieht sich auf die selbstbezogene Kognition der Begeisterung und Freude an entwicklungspsychologischen Fragen und Aufgaben, mit welchen die Studierenden aus dem Studienbereich Entwicklungspsychologie und Pädagogik des Kindesalters im PBL-Setting konfrontiert wurden (vgl. Tab. 2).

## 12. Fazit und Schlussbetrachtungen

Es ist für die Leserin, den Leser offenkundig, dass aus der Sicht der Befragten jede Makrostruktur, ob ohne oder mit *problem-based learning*, jeweils andere, doch für jedes Setting positive Effekte aufweist. Dies ist auch durch die heterogenen Voraussetzungen der Lernenden in den beiden untersuchten Stichproben zu erklären.

Bemerkenswert ist der Befund der Schweizer Studierenden, die *problem-based* lernen, in Bezug auf die Identifikation mit den Lernergebnissen: Die Selbsteinschätzungen der Studierenden legen die Interpretation nahe, dass Lernen mit *problem-based learning* sinnstiftend ist, weil die lernenden Subjekte sich den Objektbereichen annähern und sich aufgrund ihrer eigenen Erfahrungen in den Sachverhalten oder Objektbereichen wieder finden. Möglich wird Identifikation vermutlich nur dann, wenn Studierende sich entscheiden, sich auf Lernprozesse einzulassen, was nach Deci und Ryan (1993) mit dem Bedürfnis nach Selbstbestimmung in Zusammenhang gebracht werden darf.

Die Studierenden in der Kontrollgruppe des Querschnittvergleichs, welche Entwicklungspsychologie im Rahmen eines Studiums für die Sekundarstufe II studieren, beschäftigen sich signifikant stärker über das Studium hinaus mit den Inhalten der Lehrveranstaltungen. Aus unserer Sicht stellen sich hier verschiedene Fragen: Unterscheidet sich das Bedürfnis nach (fachlicher) Kompetenz oder Selbstwirksamkeit von Universitäts-Studierenden für die Sekundarstufe II von Studierenden, die Entwicklungspsychologie als einen unter mehreren Studienbereichen für die Ausbildung zum/zur Primarlehrer/in belegen? Sind erstere Studierende interessierter? Oder ist es umgekehrt denkbar, dass die intensiven Recherchearbeiten, welche wir als zur Ergebnissicherung des *problem-based learning* gehörend verlangen, sättigend und ermüdend wirken, so dass eine weitere Beschäftigung mit den Inhalten als vernachlässigbar angesehen wird?

Der Befund, dass Studierende der *problem-based lernenden* Gruppe die Selbstaussage machen, viel gelernt zu haben, ist einerseits erfreulich. Andererseits können wir aufgrund dieses Ergebnisses nicht eruieren, ob sich tieferliegende, oberflächliche Lernstrategien oder Stützstrategien (vgl. Klöckner 2002, S. 51) verstärkt haben. Die Einschätzung der Verbesserung der Arbeits- und Lerntechniken bleibt über die Zeit unverändert auf einem etwas besser als mittlerem Niveau (vgl. Tab. 2). Die partielle Unschärfe unserer Befunde müsste durch eine stringentere Operationalisierung entweder auf der Konstrukt- oder Einzelitem-Ebene mit einer weiteren Erhebung ausgeglichen werden.

Die Ergebnisse unserer Studien zeigen: Überfachlicher Kompetenzerwerb im *problem-based learning* ist vielschichtig und spiegelt sich in überzufälliger Zustimmung zu teilweise heterogenen Aussagen wider – ebenso wie das Lernen ohne problem-based learning. Sind diese Befunde ernüchternd? Nein. Unsere Befunde verweisen darauf, dass die Reflexion über die eigene Vermittlungstätigkeit – Herzog (2002) bezeichnet die Fähigkeit zur Reflexion als das Kernmoment pädagogischer Professionalität – eine Aufgabe ist, der sich Lehrende immer wieder stellen müssen. Der Einsatz von *problem-based learning* und die Auseinandersetzung mit unseren empirischen Ergebnissen leisten hierzu einen Beitrag.

**Verwendete Literatur**
Barrows, Howard S. / Tamblyn, Robin M. 1980: Problem-based Learning. An approach to medical education. New York.
Braun, Edith / Gusy, Burkhard / Leidner, Bernhard / Hannover, Bettina 2008: Das Berliner Evaluationsinstrument für selbsteingeschätzte, studentische Kompetenzen (BEvaKomp). In: Diagnostica 54. H. 1. S. 30–42.
Deci, Edward L. / Ryan, Richard M. 1993: Die Selbstbestimmungstheorie der Motivation und ihre Bedeutung für die Pädagogik. In: Zeitschrift für Pädagogik 39. H. 2. S. 223–238.
Eder, Franziska / Roters, Bianca / Scholkmann, Antonia B. / Valk-Draad, Maria Paula 2011: Wirksamkeit problembasierten Lernens als hochschuldidaktische Methode. Ergebnisbericht einer Pilotstudie mit Studierenden in der Schweiz und Deutschland. Herausgegeben von Hochschuldidaktisches Zentrum (HDZ), Technische Universität Dortmund. Online verfügbar unter http://www.hdz.tu-dortmund.de/fileadmin/Projekte/pbl/Ergebnisbericht Pilotstudie.pdf, recherchiert am 28.06.2011.
Foster, Stephen F. 1990: Problem-based Learning as practiced in faculties other than medicine. In: Cees van der Vleuten / Wynand H. F. W. Wijnen (Hg.): Problem-based learning. Perspectives from the Maastricht experience. Amsterdam. S. 83–93.
Gieseke, Wiltrud 2010: Zur Vielfalt in der erwachsenenpädagogischen Lehr-/Lernforschung. In: Ulla Klingovsky / Peter Krossack / Daniel Wrana (Hg.): Die Sorge um das Lernen. Festschrift für Hermann J. Forneck. Bern. S. 274–282.
Grob, Urs / Maag Merki, Katharina 2001: Überfachliche Kompetenzen: theoretische Grundlegung und empirische Erprobung eines Indikatorensystems. Bern.
Herzog, Walter 2002: Zeitgemässe Erziehung. Die Konstruktion pädagogischer Wirklichkeit. Weilerswist.
Klöckner, Anna-Katharina 2002: Selbst gesteuertes Lernen von Erwachsenen. Bamberg.
Küng, Marlise D. 2007: Lehrer- und Lehrerinnenbildung: selbstständige, kooperative und softwareunterstützte Lernprozesse und überfachliche Kompetenzen. Münster.
Künzli, Rudolf 2004: Lernen. In: Dietrich Benner / Jürgen Oelkers (Hg.): Historisches Wörterbuch der Pädagogik. Weinheim. S. 620–637.
Maiwald, Kai-Olaf 2008: Die Fallperspektive in der professionellen Praxis und ihrer reflexiven Selbstvergewisserung. Allgemeine Überlegungen und ein empirisches Beispiel aus der Familienmediation [30 Absätze]. In: Forum Qualitative Sozialforschung/Forum: Qualitative Social Reserach 9. H. 1. Art. 3, S. 16.
Maturana, Humberto R. 1985: Erkennen: Die Organisation und Verkörperung von Wirklichkeit. Ausgewählte Arbeiten zur biologischen Epistemologie. Braunschweig u. a.
Reinmann-Rothmeier, Gabi / Mandl, Heinz 1997: Lehren im Erwachsenenalter. Auffassungen vom Lehren und Lernen, Prinzipien und Methoden. In: Franz E. Weinert / Heinz Mandl (Hg.): Psychologie der Erwachsenenbildung (Enzyklopädie der Psychologie). Band 4. Göttingen. S. 355–403.
Ricken, Judith / Roters, Bianca / Scholkmann, Antonia 2009: Projekt PBL: Wirksamkeit problembasierten Lernens als hochschuldidaktische Methode. In: Journal Hochschuldidaktik 20. H. 1. S. 7–10.
Rijksuniversiteit Limburg (Hg.) 1990: Problem-based learning. Perspectives from the Maastricht experience. Amsterdam.
Saarinen-Rahiika, Helen / Binkley, Jill M. 1998: Problem-based learning in physical therapy. A review of the literature and overview of the McMaster University experience. In: Physical Therapy 78. H. 2. S. 195–207.

Schiefele, Ulrich/Jacob-Ebbinghaus, Luzia 2006: Lernermerkmale und Lehrqualität als Bedingungen der Studienzufriedenheit. In: Zeitschrift für Pädagogische Psychologie 20. H. 3. S. 199–212.

Schmidt, Henk G./Moust, Jos H. C. 2000: Factors affecting small-group tutorial learning. A review of research. In: Dorothy H. Evensen/Cindy E. Hmelo (Hg.): Problem-based learning. A research perspective on learning interactions. Mahwah, N.J. S. 19–51.

Tietgens, Hans 1997: Allgemeine Bildungsangebote. In: Franz E. Weinert/Heinz Mandl (Hg.): Psychologie der Erwachsenenbildung (Enzyklopädie der Psychologie: Psychologie der Erwachsenenbildung). Band 4. Göttingen. S. 469–505.

Weber, Agnes 2007: Problem-based learning. Ein Handbuch für die Ausbildung auf der Sekundarstufe II und der Tertiärstufe. 2., überarb. Aufl. Bern.

Westermann, Rainer/Heise, Elke/Spies, Kordelia/Trautwein, Ulrich 1996: Identifikation und Erfassung von Komponenten der Studienzufriedenheit. In: Psychologie in Erziehung und Unterricht 43. S. 1–22.

Urban Fraefel

# Welche Aufgaben unterstützen den Aufbau professionellen Handelns?

Sobald Studierende im Berufseinstieg mit realen Aufgaben konfrontiert werden, erweist sich, wie stabil sie auf den Beruf vorbereitet sind. Wenn sie die Aufgaben nicht meistern, kann es daran liegen, dass die Herausforderungen sie unvermittelt und unvorbereitet treffen. Deshalb müssten die Aufgaben im Studium genau auf diese realen Herausforderungen abzielen. Doch die Studienwelt funktioniert anders als die Berufswelt – es wird anders gedacht, gelernt und gehandelt, in zwei unterschiedlichen Lehr-Lernkulturen mit je eigenen Problemstellungen und Lösungsstrategien. Die Differenz von Studium und Beruf erzeugt zwei Handlungslogiken, denen die jeweiligen Akteure unterliegen. Das spüren vor allem jene, die sich in beiden Systemen bewegen, und ganz besonders die Studierenden, die im System Hochschule die Berufsberechtigung für das System Schule erwerben. Der Eintritt in den Beruf ist dann zugleich der Wechsel in eine andere Lehr-Lernkultur, in der sich andere Aufgaben stellen und Lösungen anders bewertet werden als an der Hochschule.

Die Lehrerinnen- und Lehrerbildung anerkennt den Anspruch der Studierenden auf Berufsvorbereitung, und deshalb muss sie berufsnahe Aufgaben und Lernerfahrungen anbieten, die künftige Herausforderungen realistisch antizipieren. Institutionell ist es die berufspraktische Ausbildung[1], die diese Grenzzone zwischen den Systemen besetzt und ein Erfahrungs- und Reflexionsfeld bereitstellt, das primär den Studierenden als Brücke zwischen den Systemen dienen soll und das darüber hinaus allen Akteuren den Zugang zum jeweils anderen Feld eröffnen kann. Mit welchen Mitteln die berufspraktische Ausbildung professionalisierendes Handeln ermöglicht, ist im Folgenden zu klären.

## Berufspraktisches Lernen zwischen zwei Lehr-Lernkulturen

Dem Aufbau berufspraktischer Handlungskompetenz kommt strukturell eine singuläre Stellung *zwischen* zwei Lehr-Lernkulturen zu. Auf der einen Seite ist der physische Ort des berufspraktischen Lernens ein konkretes Schulfeld als zukünftige Arbeitsumgebung. Auf der anderen Seite ist die berufspraktische Ausbildung eingebunden in die Vermittlungspraktiken und Lehr-Lernformen einer Hochschule. Beide Referenzsysteme können das Handlungsfeld der Berufspraktischen Studien als das ihre sehen:

---

[1] Die lokal unterschiedlich verwendeten Bezeichnungen Berufspraktische Ausbildung, Berufspraktische Studien, Berufspraxis und Schulpraxis werden hier synonym verwendet.

*Seitens des Schulfelds* betrachten Behörden, Schulleitungen und Schulteams die Studierenden als zukünftige Lehrpersonen, die bald den Lehrberuf eigenständig und belastbar auszuüben haben; die Handlungserwartungen des Schulfeldes zielen deshalb primär auf den Erwerb der Funktionsfähigkeit unter den komplexen Bedingungen der Schule und auf das stabile Erfüllen des Berufsauftrags innerhalb und außerhalb der Klassenzimmer. *Seitens der Hochschule* streben die Disziplinen einen Kompetenzaufbau in ihren Teilbereichen an, insbesondere das Handeln in Übereinstimmung mit gesichertem Wissen der Disziplin, das Arbeiten mit als gültig anerkannten Konzepten oder das Analysieren von Problemlagen mittels theoretischer Werkzeuge.

Es entsteht eine widersprüchliche Ausbildungssituation: Gerade im Praxisfeld überschneiden sich Divergenzen zwischen beiden institutionellen Kontexten; Studierende und Praxispersonen sehen sich bisweilen mit einem latenten Zielkonflikt konfrontiert, der durch beschränkte Zeitressourcen verschärft wird. Offensichtlich sind die berufspraktischen Studien immer durchzogen von der unterschwelligen Konkurrenzsituation zwischen einerseits den theoretisch begründeten Anforderungen der Hochschulen und andererseits dem Dürsten nach Rezepten, die ein Meistern der konkreten Herausforderungen im Beruf versprechen. Auch wenn Studierende und Praxislehrpersonen im Einzelfall mit dieser Situation gut umgehen können: Solange dieser Zielkonflikt besteht, bleiben die berufspraktischen Studien beschränkt steuerbar und in ihrer Wirkung zufällig.

## Berufspraktische Studien als eigenständiger hybrider Raum

In diesem Spannungsfeld immanenter Interessenskonflikte sind auch die Aufgaben zu sehen, die den Studierenden in der berufspraktischen Ausbildung gestellt werden: Je nach Perspektive fokussieren sie eher die Verknüpfung von Handeln mit theoriegestützten Konzepten oder aber den Erwerb alltagstauglichen Knowhows.

Ein Weg aus dem Dilemma kann sein, dass die berufspraktischen Studien einen eigenständigen „hybriden Raum" (Zeichner 2010) im Grenzbereich von Schulfeld und Hochschule definieren. Ein solcher „Third Space" (Bhabha 1990) lockert die engen Bindungen an die beiden Referenzsysteme und ermöglicht das Entstehen eines eigenen Feldes. Der hybride Raum ist erst dann ein weiterführendes Konzept, wenn er einen *eigenen Diskurs jenseits der konkurrierenden Positionen* etabliert und einen neuen Blick auf die Interessen von Schule und Hochschule erlaubt, mit anderen Worten: wenn er eine eigenständige Dynamik entwickelt und sich von keiner Seite vereinnahmen lässt. Wie kann man sich einen solchen hybriden Raum vorstellen?

- ▶ *Akteure konstituieren den hybriden Raum*: Die Akteure (Hochschule, Schuleinheit, Lehrpersonen, Studierende) organisieren den hybriden Raum in kooperativer Weise, wobei dessen physischer Ort das Schulfeld ist. Sie stellen sich den realen Herausforderungen und nehmen sie zum Anlass für Lern- und Professionalisierungsprozesse. Sie bringen je ihre Ziele ein und haben den berechtigten Anspruch, von der Kooperation im „hybriden Raum" zu profitieren.

- *Idealtypische Modellierung professionellen Handelns*: In diesem hybriden Raum streben die beteiligten Lehrpersonen – ausgebildete und zukünftige – konsequent *die idealtypische Modellierung professionellen Handelns* an. Darin verbinden sich die Zielsetzungen sowohl des Feldes als auch der Lehrerinnen- und Lehrerbildung.
- *Internalisierung von Qualitätsstandards*: Im hybriden Raum ist entscheidend, dass die *Ansprüche zur Sicherung der Qualität zunehmend internalisiert* werden, dass also die Studierenden und selbstverständlich auch die Praxislehrpersonen *von sich aus* eine schrittweise Professionalisierung anstreben und damit „Standards über Expertenhandeln ein Teil des von [den Studierenden] gewollten Curriculums" wird (Oelkers/Oser 2000, S. 59). Gerade dieser Aspekt ist in der Lehrerinnen- und Lehrerbildung bisher vernachlässigt worden; eigenständiges Sichern professioneller Standards wurde nicht eingeübt bzw. es wurden keine Settings geschaffen, in denen diese Haltung gezielt aufgebaut wurde. Üblich sind eher Appelle an die Studierenden oder die externe Überprüfung der Einhaltung von Standards.

## Vom Kompetenzaufbau zum professionellen Handeln

In der gegenwärtigen Lehrerinnen- und Lehrerbildung erweist sich der Erwerb *fragmentierter Kompetenzen* als Problem. Dies sei kurz erläutert. In den letzten Jahren wurde die Professionalität von Lehrpersonen weitgehend unter dem Aspekt der Kompetenz gesehen (Baumert/Kunter 2006). Kompetenz wird im Anschluss an Weinert (1999) mehrdimensional verstanden und als eine *individuelle Fähigkeit und Bereitschaft*, spezifische Probleme zu lösen, beschrieben (Delamare Le Deist/Winterton 2005; Ellstrom 1997). Der geläufige Kompetenzgegriff beschreibt hingegen nur unzureichend die Prozesse in Teams, die Professionalisierung im sozialen Kontext des Arbeitsfeldes sowie Haltungen, die sich erst im Handeln manifestieren. Auch die konsistente Nutzung von Teilkompetenzen unter erschwerten und komplexen Bedingungen wird im gegenwärtigen Kompetenzdiskurs theoretisch ungenügend erfasst: „Across domains and ages, context contributes directly to competence. ... People do not have competences independent of context" (Fischer et al. 1993, S. 113; auch Mulder et al. 2009). Hier sind die Grundausbildungen zumeist defizitär: Klein ist der Beitrag der Lehrerinnen- und Lehrerbildung zur *Integration fragmentierter Teilkompetenzen*, zu deren *Verschmelzung zu internalisiertem und frei verfügbarem Berufswissen* sowie zu professionellem und verantwortungsvollem Handeln.

Das hat Folgen für die Studierenden. Ihr entscheidender berufsbiografischer Schritt ist der Eintritt in die berufliche Tätigkeit; in den seltensten Fällen ist der

Übergang ein Kontinuum, meist eher ein massiver Einschnitt. Liegt während des Studiums der Fokus noch auf der Bewältigung von Studienaufgaben und dem Nachweis eigener Kompetenzen, so muss sich die Perspektive mit dem Berufseintritt gänzlich verschieben: Von nun an steht die Bewältigung der Aufgabe des Ausbildens im Zentrum, oft begleitet von Zeitdruck, hoher Arbeitslast und herausfordernden sozialen Prozessen in der Arbeitswelt (Oser 2000). Erlernte Teilkompetenzen sollten gewissermaßen die Werkzeuge dazu sein, doch es ist eine bekannte Tatsache, dass Lehrpersonen im Berufseinstieg angesichts von Vielschichtigkeit und widersprüchlichen Anforderungen dazu tendieren, elaboriertes Wissen aus dem Studium ungenutzt zu lassen (Allen 2009; „Erfahrungsfalle", Hascher 2005).

Wenn die Lehrerinnen- und Lehrerbildung zu professionellem Handeln befähigen will, müssen die Verschmelzung disparater Teilkompetenzen und die Flexibilisierung beruflichen Wissens unter möglichst realitätsnahen Bedingungen erfolgen und dies *während* des Studiums. In der engen Kooperation von Schule und Hochschule bietet sich ein erweitertes Handlungsfeld zur berufspraktischen Professionalisierung an, das die Studierenden in herausfordernden, situierten Lernumgebungen auch angemessen begleitet, um einen Rückfall in alte, unangemessene Muster zu vermeiden (Allen 2009; Dann et al. 1978, „Konstanzer Wanne") und den professionellen Umgang mit Komplexität einzuüben.

## Ansätze für Aufgabenstellungen in der Berufspraxis

Lernprozesse werden gerne über *Lernaufgaben* angeregt; das gehört heutzutage zum Standardrepertoire auch der Erwachsenenbildung. Die Frage ist, ob intelligente Lernaufgaben auch helfen können, die *professionelle Kompetenz von Lehrpersonen* aufzubauen. Der Begriff der „Aufgabenstellung" unterstellt ja, man könne entscheiden, welche Aufgaben im Lernprozess der Studierenden in der gegebenen Situation angemessen seien. Damit bewegen sich diese Aufgaben in der Logik planbaren und operationalisierbaren Kompetenzaufbaus – ausgehend von der Lernstandsdiagnose und Zielsetzung über die Aufgabenstellung und Lernbegleitung bis zum Überprüfen der Zielerreichung.

In der Tat lassen sich Aufgaben zu propädeutischen Tätigkeiten und zu grundlegenden Routinen des Lehrerhandelns stellen und bearbeiten. Mit einem reduktionistischen Ansatz jedoch ist die Komplexität des Lehrerhandelns nicht einzuüben, im Gegenteil: Nur in *vielschichtigen Lernumgebungen* kann professionelles Handeln erlernt werden. Schon eingangs wurde argumentiert, gerade in einem reichhaltigen Setting mit kooperierenden Partnern aus Schule und Hochschule wäre es möglich, sowohl die grundlegenden Skills des Lehrberufs zu erwerben als auch die anspruchsvolle Integration von partikularen Kompetenzen in Richtung einer hohen Professionalität voranzubringen. Hier ist aber eine Steuerung des Lernprozesses über elaborierte Aufgabenstellungen faktisch unmöglich, denn die Herausforderungen (und damit Aufgaben) ergeben sich direkt aus den situativen Zusammenhängen: „Das Leben" stellt die Aufgaben.

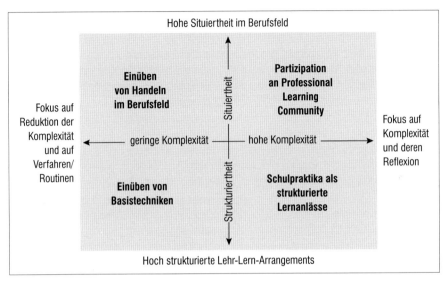

Abb. 1: Zwei Dimensionen im Aufbau professioneller Handlungskompetenzen

Nachfolgend wird eine Bestandsaufnahme von Aufgabentypen der berufspraktischen Studien versucht[2]. Die diskutierten Aufgabenstellungen werden primär nach deren Strukturiertheit geordnet, sekundär nach den fokussierten Kompetenzen, der Form der Aufgabenstellungen und deren Komplexität (Tab. 1 und Abbildung 1).

---

[2] Die hier diskutierten Aufgaben sind nicht im Sinne der bildungsgangtheoretischen Konzeption zu verstehen, die der Berufsbiografie typische sogenannte Entwicklungsaufgaben zuordnen will (Hericks 2006).

|  |  | Ansatz | Ort/ Setting | Fokussierte Kompetenzen | Aufgabenstellung | Komplexität |
|---|---|---|---|---|---|---|
| Eher strukturierte Settings | 1 | Trainings | Campus | Basistechniken | explizite Aufträge | + |
| | 2 | Arbeit mit Unterrichtsvideos | Campus | Analyse, Qualitätssicherung | explizite Aufträge | + + |
| | 3 | Planung von Unterricht | Campus | Planung, Nutzung von Ressourcen | explizite Aufträge | + + + |
| | 4 | Reflexion von Praxiserfahrung | Campus | Analyse, Qualitätssicherung | explizite Aufträge | + + + |
| | 5 | Training in Klassen | Klasse | Basistechniken | explizite Aufträge | + |
| | 6 | Modellhaftes Durchführen guten Unterrichts | Klasse | Steuerungskompetenz, classroom management, Adaptivität | explizite Aufträge | + + + |
| Eher situierte Settings | 7 | Kooperation und co-teaching | Kooperation im Schulfeld | Kooperation, alle unterrichtlichen Kompetenzen | situativ, in Absprache | + + + |
| | 8 | Einbezug der Schülerperspektive | Kooperation im Schulfeld | Diagnostik, scaffolding, Adaptivität, Problemlösen | Einstieg über explizite Aufträge | + + + + |
| | 9 | Erfolgsorientierung unter komplexen Bedingungen | Kooperation im Schulfeld | Kooperation, Umgang mit Komplexität, Problemlösen | situativ, in Absprache | + + + + + |
| | 10 | Praxisforschung | Kooperation im Schulfeld | Analyse, Nutzung von Ressourcen, Problemlösen | situativ, durch Studierende generiert | + + + + + |

Tab. 1: Übersicht über Ansätze von Lernaufgaben in den Berufspraktischen Studien

## Aufgaben in strukturierten Settings (Ansätze 1 bis 6)

Zu den klar strukturierten und teils formalisierten Settings gehören Formen des Trainings, der Analyse, der Planung und der Reflexion sowie elaborierte Lehrproben in der Klasse. Sie dienen weitgehend dem Aufbau eines grundlegenden Handlungsrepertoires sowie analytischer Kompetenzen. Der Steuerungsanteil des Curriculums und der Ausbildenden ist hoch. Es handelt sich durchwegs um gut eingeführte Elemente der Berufspraktischen Studien, was eine ausführlichere Charakterisierung unnötig macht. Stattdessen wird vereinzelt auf Widersprüche und unerwünschte Effekte verwiesen.

### Ansatz 1: Trainings

Die Lehrerinnen- und Lehrerbildung versteht Trainings als laborartige Settings, in denen gut beobachtbare Handlungsabläufe mit geringer Komplexität eingeübt werden, etwa das Herstellen von Aufmerksamkeit, das verständliche Vortragen von Informationen, der Umgang mit Medien, das Erteilen von Aufträgen oder das Moderieren von Gesprächen (Fraefel 2011b). Solche „Basistechniken" bilden das grundlegende „Handwerk" und konstituieren das nach außen sichtbare, stereotypische Erscheinungsbild der Profession. Ein Repertoire an Basistechniken ist die nötige, aber nicht hinreichende Voraussetzung für unterrichtliche Handlungsfähigkeit. Als Beispiele seien Berufspraktische Trainings sowie das *microteaching* genannt (vgl. Hattie 2009; Metcalf et al. 1996).

### Ansatz 2: Arbeit mit Unterrichtsvideos

Die Arbeit mit *Unterrichtsvideos* hat parallel zur Digitalisierung und vereinfachten Handhabung von Videos einen eigentlichen Boom in der Lehrerinnen- und Lehrerbildung erlebt, dies in dreifacher Hinsicht: Erstens stehen große Bestände an videografiertem Unterricht zur Verfügung, die unter bestimmten Aspekten alleine oder in Gruppen analysiert werden können (Krammer/Reusser 2005). Zweitens gibt es, in Anlehnung an das Forschungsverfahren des *stimulated recall*, gute Erfahrungen mit der Analyse von Videos des eigenen Unterrichts (Rosaen et al. 2010; Seidel et al. 2011; Wright 2008). Drittens werden Videos und Video-Portfolios zunehmend als diagnostische Instrumente eingesetzt (Admiraal et al. 2011).

### Ansatz 3: Planung von Unterricht

Unterrichtsplanung hat in der Lehrerinnen- und Lehrerbildung traditionell eine herausragende Stellung und erlaubt eine *Fokussierung auf didaktische Kompetenzen*. Sie sollte zum *Kristallisationspunkt* der disziplinären theoretischen Wissensbestände mit Blick auf die konkrete Gestaltung von Unterricht werden, ist also gewissermaßen das Einfallstor theoretischen und insbesondere didaktischen Wissens in die Unterrichtspraxis. Idealerweise kommt es im Planungsprozess zu einem begründeten und sachlich vertretbaren Abgleich mehrerer möglicher Perspektiven. Planungsarbeit im Sinne einer eigenständigen Aufgabenstellung hat zahlreiche *Vorteile*, wie etwa die Konkretisierung und Adaptation von (fach-)didaktischen und erziehungswissenschaftlichen Konzepten, frei von unmittelbarem Umsetzungsdruck, oder das Vertrautmachen mit fachspezifischen Methoden, Medien und Lehrmitteln.

Es sind aber auch *Fallstricke fehlgeleiteten Planens* auszumachen:
- Zu sehr wird das eigenständige Planen von Studierenden und Lehrpersonen als kreativer Akt der pädagogischen Selbstverwirklichung missverstanden; aber zu wünschen wäre eine nüchterne Anlehnung an funktionierende und empirisch überprüfte Unterrichtsmodellierungen, also an *good practice*.
- Die Planung muss nicht die Transmission von theoretischem Wissen in die Praxis regeln (Korthagen et al. 2006), sondern eigenständige Wissensrekonstruktion der Lernenden ermöglichen (z. B. Duit et al. 2005).
- Planungen fokussieren oft nur das Funktionieren des Lehr-Lern-Arrangements, womit das Planen *als Ermöglichen von Lernen und Entwicklung* aus dem Blickfeld entschwindet. Dieses Problem von Planungsprozessen – die Dominanz der Sichtstruktur über die Tiefenstruktur – ist wohl nur in den Griff zu bekommen, wenn Studierende ihre Planungsideen im Experten- oder Peergespräch ausdiskutieren können, und zwar *vor* der Durchführung der geplanten Stunde (vgl. unten: *co-planning*).

### Ansatz 4: Reflexion von Praxiserfahrung

Spätestens seit Heimann (1976) und Schöns *Reflective Practitioner* (1983) ist das Reflektieren eigenen Handelns im Sinne Deweys zu einem dominierenden Leitmotiv der Berufspraktischen Studien geworden: „Reflection ... is the discernment of the relation between what we try to do and what happens in consequence" (Dewey 1916, S. 169). Die kritische Reflexion eigener Erfahrungen gilt geradezu als Königsweg der Professionalisierung und hat sich dann als erfolgreich erwiesen, wenn tatsächlich *reflection-in-action* stattfindet und nicht allein *reflection-on-action* (Schön 1987, S. 26). Die Reflexionsformen sind vielfältig (Forneck et al. 2009; Jay/Johnson 2002; Le Cornu 2005), bis hin zur reflexiven Arbeit mit konkreten Fällen in *Portfolios* (Brüggen et al. 2009).

Allerdings wurde wiederholt gemahnt, dass eindringliche Reflexionsrhetorik noch keine Professionalisierung auslöse (Kreis 2011; Le Cornu/Ewing 2008; Marcos et al. 2011; Schuepbach 2007; Wyss 2011). Studierende berichten denn auch von Reflexionsritualen und vom Erwartungsdruck, in Reflexionsphasen theoretische Bezüge zu konstruieren, die bei genauerem Hinsehen lediglich sozial erwünschte, aber nicht sachlich zwingende Verweise sind (vgl. auch Neuweg 2011). Wichtig scheinen hier vielmehr ein Konsens über die anzustrebende Qualität sowie ein deutlicher Akzent auf verbesserter Wirksamkeit nachfolgenden Unterrichts.

### Ansatz 5: Training in Klassen

Studierende sollten, ungeachtet des erheblichen Aufwands der Schulpraktika, basale Unterrichtstechniken bisweilen auch in Klassen üben können – nicht zuletzt, um sich der eigenen Kompetenz zu vergewissern. Handlungsvorschläge finden sich in der Lehrerbildungsliteratur (z. B. Mühlhausen/Wegner 2006). Die

Beschränkung auf zeitlich limitierte und dafür wiederholte Vollzüge macht den Trainingseffekt aus und müsste verhindern, dass andere, komplexere Prozesse des Unterrichts das angestrebte Lernen überlagern, etwa herausfordernde Interaktionen, Aspekte des Classroom Managements oder das Einhalten der Zeitplanung. Hilfreich sind klar umrissene Aufgabenfelder im Unterricht sowie Entlastung durch *co-teaching* (vgl. unten).

### Ansatz 6: Modellhaftes Durchführen guten Unterrichts

Modellhaftes Unterrichten gehört seit Generationen zu den hoch ritualisierten und emotionalisierten Tätigkeiten der Lehrerinnen- und Lehrerbildung. Das Inszenieren möglichst guter Einzelstunden ist ein *artifizielles Setting mit latentem Bewährungs- und Bewertungsgehalt*, das bei den Studierenden einen Performanzdruck im Sichtbereich erzeugt und nicht als typisch für den Berufsalltag verstanden werden darf. Trotz Einwänden sind Musterstunden ein zentraler Baustein berufspraktischer Ausbildung und deren Überprüfung geblieben (Fraefel/Huber 2008). Sie werden auch von Studierenden als Ort der Selbstvergewisserung eigener Handlungsfähigkeit und als Standortbestimmung geschätzt.

Wenn Modellunterricht Sinn machen soll, muss er in seiner Funktion klar positioniert sein: Studentische Einzelstunden dienen *nicht* dem Vorführen einer eigenen Planung und sind *nicht* deren Qualitätstest, sondern sie erlauben den Aufbau von *Steuerungskompetenz*. Allein die Konzentration auf die Steuerungsaufgabe ist schon sehr herausfordernd und schließt das Zusammenspiel mehrerer Kompetenzen ein, insbesondere: Classroom Management; gekonntes Anwenden von Basistechniken des Unterrichtens; schnelles Diagnostizieren von Verstehensschwierigkeiten und Störfaktoren; adaptives Verhalten (Mühlhausen 2007). Wir wissen: Für Studierende steht *die Bewältigung des Unterrichts auf der Sichtebene* im Vordergrund – eine durchaus rationale Prioritätensetzung, die jedoch den Aspekt des Classroom Managements überbetont. Eine gute Steuerung zielt aber *ebenso konsequent auf die Tiefenstruktur* des Unterrichts, also auf die angestrebten Lern- und Entwicklungsprozesse.

### Aufgaben in situierten Settings (Ansätze 7 bis 10)

Formal ordnen sich die bisher genannten Settings und Aufgaben in die Vorstellung des steuerbaren Aufbaus einzelner Kompetenzen ein und bewegen sich damit im Mainstream gegenwärtiger Lehrerinnen- und Lehrerbildung; inhaltlich können diese Settings und Aufgaben ausgewählte Kompetenzen, Handlungs- und Denkmuster aufbauen und konsolidieren, also *Grundbausteine* für professionelles Handeln, doch in ihrer Gesamtheit sichern sie keineswegs das Meistern der beruflichen Herausforderungen. Für den Aufbau professioneller Handlungskompetenz unter Realbedingungen sind Settings notwendig, die die herkömmliche Ausbildungslogik sprengen. Oelkers formuliert es so: „Wer etwas über ‚professionelle Kompetenz' wissen will, muss sich in das Berufsfeld begeben und beobachten, wie sich die Persönlichkeit der Lehrpersonen in der Auseinandersetzung mit den Aufgaben formt" (2010, S. 9; auch Neuweg 2011). Die traditionelle Vorstellung von Praxiseinübung kommt an Grenzen, wenn sie wirklich professionelle Handlungsfähigkeit aufbauen will. Eine alternative „Form der Einlassung auf Praxis" (Neuweg 2011), der „Auseinandersetzung mit den [realen] Aufgaben" (Oelkers 2010) ist das eingangs dargestellte Konzept eines „hybriden Raums" der Partnerschaft von Hochschule und Schulfeld. Er ist als Rahmenkonzept mitzudenken für die folgenden weniger strukturierten, offeneren und situierteren Settings und Aufgaben, die dem Anspruch erhöhter Partizipation der Studierenden und realitätsnaher Reichhaltigkeit am Schulfeld gerecht werden können.

### Ansatz 7: „Co-planning", „Co-teaching" und Kooperation

Es ist das Verdienst von West/Staub (2003), das gemeinsame Planen von Unterricht und dessen gemeinsam verantwortete Durchführung mit dem Konzept des *content focused coaching* im deutschsprachigen Raum bekannt gemacht zu haben. Durch *co-planning* und *co-teaching* wird die Rollenverteilung der eher beratenden und beobachtenden Praxislehrpersonen einerseits und der am Unterrichtsstil feilenden Studierenden andererseits aufgeweicht und macht in den Praktika einer professionell-partnerschaftlichen Auffassung von Kooperation Platz (Bacharach et al. 2008; Futter/Staub 2008). Nach heutigem Verständnis sind die *Kooperation und das gemeinsame, fortwährende Lernen* tragende Pfeiler der professionellen Entwicklung (Farrell et al. 2010). In dieser Sicht sind alle Beteiligten Lernende; sie sind daran interessiert, ihr Wissen, ihr Verständnis und ihre Praxis in einer *community of practice* (Wenger 1998) weiterzuentwickeln. In einem hierarchischen Experten-Novizen-Verhältnis hingegen hat der Anspruch gemeinsamen Lernens kaum Platz.

Für Kooperation beim gemeinsamen Planen und Unterrichten sprechen gute Gründe:

▸ *Co-planning:* Planungen können vor dem Unterricht mit Praxislehrpersonen gesichtet und diskutiert werden; sie geben gewissermaßen ihr „Gut zur Durchführung" und tragen so eine Mitverantwortung. Das professionelle Wissen der Praxislehrpersonen fließt zu einem Zeitpunkt in den Lernprozess der Studierenden ein, an dem er am fruchtbarsten ist. Das Vorbesprechen entlastet die Unterrichtsnachbesprechungen, da die meisten Planungsfragen bereits geklärt sind; der Vergleich von Gewolltem und Realisiertem ist einfacher und produktiver.

▸ *Co-teaching*: In einer Atmosphäre der Kooperation und des gemeinsamen Lernens und mit Hilfe vielfältiger Formen des *co-teaching* kommt die *gemeinsame Verantwortung* der Durchführung von Unterricht in Reichweite. Das stete gemeinsame Handeln erlaubt kontinuierlichen informellen Austausch und

verkürzt die Feedback-Schlaufen für Studierende; bereits während des Unterrichts können stockende Prozesse gemeinsam und schneller korrigiert werden; und die Schülerinnen und Schüler profitieren mehr, wenn sich mehrere Lehrpersonen – zumeist zwei Studierende und eine Lehrperson – im Unterricht engagieren (Bullough et al. 2003; Goodnough et al. 2009; Murphy et al. 2004; Nokes et al. 2008). Durch *co-teaching* werden Studierende zudem befähigt und daran gewöhnt, im Schulfeld dauerhaft zu kooperieren (Meirink et al. 2010) und das enorme Potenzial von *Professional Learning Communities* zu nutzen (Vescio et al. 2008). Außerdem bietet das *co-teaching* in der Ausbildung die *Möglichkeit, sich auf schwierige Teilaufgaben des Unterrichtens zu konzentrieren und alles Weitere der Ko-Lehrperson zu überlassen*. Die Fokussierung auf eine herausfordernde Aufgabe wird damit nicht überlagert durch den Druck, eine Unterrichtsstunde vollständig managen zu müssen.
Der Grund für *co-teaching* in der Lehrerinnen- und Lehrerbildung ist also nicht das Eintrainieren dieser Unterrichtsform (auch wenn das *co-teaching* angesichts integrativer Schulungsformen zunehmend Verbreitung findet), sondern es ist das Lernpotenzial beim Aufbau von professioneller Kompetenz, das dessen Attraktivität ausmacht.

### Ansatz 8: Einbezug der Schülerperspektive
Der konsequente Einbezug der Schülerperspektive ist nach modernem Unterrichtsverständnis zentral und unverzichtbar (Helmke 2007). Daher muss es ein Grundanliegen der Lehrerinnen- und Lehrerbildung sein, Studierende damit gewissermaßen zu impfen, selbst wenn sie in ihrer eigenen Bildungsbiografie auch gegenteilige Erfahrungen gemacht haben, und die Studierenden müssen entsprechende Kompetenzen aufbauen. Sie lernen die didaktischen Formen kennen, die das Schülerlernen unterstützen und den Lernfortschritt nicht behindern – also die Planung von „schülergerechtem Unterricht", selbst ohne Ansehen der realen Klassensituation. Das allein reicht aber nicht: Sie müssen die konkreten Bedingungen in die Planung einbeziehen. Dabei haben *gelingende Lernprozesse Vorrang vor dem Abarbeiten geplanten Unterrichts*. So lernen Studierende, mehr zu erfahren über Lernstand und Lernschwierigkeiten der einzelnen Schülerinnen und Schüler: „The teacher has to be a student of the pupil's mind" (Dewey 1933, S. 275).

Es gibt genug didaktisches Material zum Begleiten von Schülerinnen und Schülern im Unterricht auch über eine längere Periode, zum Analysieren von Schülerarbeiten und Lerntagebüchern oder zum Entwickeln von Arbeits- und Förderplänen für einzelne Schülerinnen und Schüler (z. B. Fraefel/Berner 2009; Gasser 2003). Gerade *co-planning* und *co-teaching* erleichtern das Fokussieren dieser professionsrelevanten Kompetenzen.

**Ansatz 9: Erfolgsorientierung unter komplexen Bedingungen**

Das Engagement für Lernen und Entwicklung der Schülerinnen und Schüler ist *die* zentrale und nachweislich wirkungsvolle Aufgabe von Lehrpersonen (Hattie 2009). Diese Hauptziele der Schule – *Lernen und Entwicklung der real existierenden Schülerinnen und Schüler* – sind jedoch selten im Horizont der Studierenden, sondern werden im Gegenteil als hinderlich für die individuelle professionelle Entwicklung angesehen (Arnold et al. 2011, S. 144). Das ist fatal: Studentisches Handeln in Praktika darf folgenlos bleiben, und die Klassenlehrpersonen akzeptieren in der Regel, dass sie Defizite bei Schülerinnen und Schülern nachträglich zu korrigieren haben. Die berufspraktische Ausbildung von Lehrpersonen unterscheidet sich in diesem Punkt auf eklatante Weise von sozialen und medizinischen Berufen, wo in den Praktika das *Wohlergehen der Betreuten eindeutig im Vordergrund* steht (The Holmes Group 1986). Mit anderen Worten: Ironischerweise sollen die Studierenden sich den unterrichtlichen Standards konform verhalten, müssen aber hinsichtlich der Effizienz des Schülerlernens nicht erfolgreich sein.

Die Unterscheidung von gutem und erfolgreichem Unterricht ist wichtig (Fenstermacher/Richardson 2005). Erfolg wird im Beruf zurecht erwartet, auch unter erschwerten Umständen; das ist die reale Situation der Lehrpersonen im komplexen Schulfeld. Und auch von angehenden Lehrpersonen kann erwartet werden, dass sie unter komplexen und belastenden Umständen Resultate erbringen; das muss einschließen, dass *das Lernen seitens der Schülerinnen und Schüler erfolgreich* ist.

Unter welchen Bedingungen können Studierende ihre Erfolgsorientierung entwickeln, ohne dass die Qualität schulischen Handelns leidet? Die Antwort ist naheliegend: Studierende sind bereits während der Ausbildung *mitverantwortlich* in reale schulische Prozesse einzubinden (*legitimate peripheral participation*, Lave/Wenger 1991). Das bedeutet: In einem Praxisteam aus Studierenden und Lehrpersonen bleibt der Fokus nicht auf dem *normativ richtigen Handeln der Studierenden*, sondern verschiebt sich *hin zum gemeinsamen Erfüllen der beruflichen Aufgaben und zum professionellen Gespräch auf Augenhöhe*. Paradoxerweise finden die Studierenden erst zur eigentlichen Praxis, wenn sie den Fokus von ihrer eigenen Praxis entfernen; sie verlassen den Schonraum ich-bezogenen Bestrebens zugunsten korrekten Unterrichtens und stellen sich der realen beruflichen Dynamik. Die *gemeinsame* Bewältigung beruflicher Aufgaben fordert von den Studierenden nur das, was sie gerade noch erbringen können, ohne dass sie aber auf die Reichhaltigkeit des Berufsfeldes verzichten müssten.

Damit rücken Lernen und Entwicklung der Schülerinnen und Schüler wirklich in den Mittelpunkt des Interesses und des Handelns in der Lern- und Arbeitsgemeinschaft des Praktikums. Die beteiligten Lehrpersonen – ausgebildete und zukünftige – übernehmen idealerweise und im Rahmen ihrer Möglichkeiten gemeinsam Verantwortung für unterrichtliches und schulisches Handeln und dessen Effekte für die Lernenden (vgl. Edwards 1998). Was liegt näher, als dass Studierende genau dieses Engagement erlernen und die dazugehörigen Kompetenzen *in situ* aufbauen?

### Ansatz 10: Praxisforschung

Hochschulen der Lehrerbildung können und müssen erwarten, dass professionell handelnde Lehrpersonen ein produktives Verhältnis zu theoretischen Ansätzen entwickeln, z.B. indem sie in beruflichen Herausforderungen und Problemsituationen auf geeignetes Wissen zurückgreifen, nach Modellen, Konzepten und Strategien Ausschau halten, die als Analyse- und Reflexionsinstrumente taugen oder neues Wissen mit vielleicht nur lokaler Gültigkeit generieren, das aber angesichts der konkreten Herausforderungen erhellend und hilfreich ist. Man muss aber eingestehen, dass sich sowohl Studierende in ihren Praktika als auch Lehrpersonen im Feld mit dem professionellen Umgang mit Wissensressourcen schwertun, insbesondere wenn er von einem fragwürdigen Transmissionsverständnis von Theorie in die Praxis geleitet ist.

Als produktiv hat sich der umgekehrte Weg erwiesen, indem Theoriebestände von unten her, also aus Sicht der Praxis, kritisch erschlossen werden, auch unter Einbezug subjektiver Theorien: Konkrete Herausforderungen der Praxis sind Ausgangspunkt für Studien unterschiedlichster Reichweite, um reale Probleme zu bearbeiten, Ressourcen zu nutzen und Lösungen zu entwickeln. Die so verstandene Praxis generiert Fragen sowie Lern- und Entwicklungsbedarf auf der Ebene der Didaktik ebenso wie der individuellen und sozialen Prozesse. Wenn dieser praxisbezogene Problemlöseprozess ein systematischeres Vorgehen erfordert, erlangt er den Charakter von Praxisforschung, die ihrerseits den Rückgriff auf Wissens- und Theoriebestände oder auf Fachpersonen erfordert. Praxisforschung, auch als Kooperation von Lehrpersonen, Studierenden und Dozierenden, gründet hier auf einem gut motivierten Forschungsinteresse, indem sie von konkreten und realen Problem- und Fragestellungen im Feld ausgeht (Altrichter/Posch 1998 und 2008; Cochran-Smith/Lytle 2009; Hedges 2010; Snow-Gerono 2005). Erfahrungen zeigen, dass mit Praxisforschung der Nutzen von Empirie unmittelbar erlebbar wird, das Verhältnis zu sogenannter Theorie rationaler wird sowie der Weg für einen offenen und pragmatischen Umgang mit vielfältigem Theoriewissen geebnet ist (z.B. Spronken-Smith/Walker 2010). Allerdings setzt dies Studierende voraus, die sich ansprechen lassen, Aufgabenstellungen mitentwickeln, Herausforderungen mit Interesse annehmen und sie zu bewältigen imstande sind.

### Folgerungen und nächste Schritte

Die Bestandsaufnahme an berufspraktischen Aufgaben zeigt ein breites Spektrum an herausfordernden Lerngelegenheiten für professionelles Handeln, doch so weit dies zu überblicken ist, orientieren sich schulpraktische Ausbildungen gegenwärtig überwiegend an einer Aufgabenkultur, die im Rahmen begleiteter Praktika bestimmte Handlungs- und Analysekompetenzen fokussiert. Vor diesem Hintergrund wurden folgende Problemfelder herausgearbeitet:

*Heterogenität im Verständnis der Lehr-Lernkultur der Berufspraktischen Studien und damit des Bezugsrahmens für berufspraktischen Kompetenzaufbau.* Es stehen sich der pragmatische Zugang seitens des Schulfelds und der theoriegestützte Zugang seitens der Hochschule gegenüber. Im günstigen Fall erzeugen die beiden Zugänge eine partnerschaftliche und dialektische Dynamik und erweitern die Form des Praktikums in Richtung einer stärkeren Partizipation im Schulfeld („hybrider Raum"); im ungünstigeren Fall stehen die beiden Ansätze in einem rivalisierenden Verhältnis und unterlaufen damit das Hauptanliegen der Berufspraktischen Studien, eine professionelle Handlungsfähigkeit unter Nutzung aller Wissensressourcen aufzubauen und einen soliden Korpus auch impliziten Professionswissens zu generieren. Es zeigt sich deshalb, dass eine *Erweiterung des Begriffs der „Praxis"* unumgänglich ist, indem er sich weniger als Antithese zur Theorie begreift, sondern als ein Feld, in dem alle handlungsleitenden Impulse – einerlei woher sie kommen – einfließen, sich bewähren können und zu neuem Professionswissen beitragen, wie Wenger (1998) ausführt:

> „The term practice ... does not reflect a dichotomy between the practical and the theoretical, ideals and reality, or talking and doing. Communities of practice include all of these. ... We all have our own theories and ways of understanding the world, and our communities of practice are places where we develop, negotiate, and share them." (Wenger 1998, S. 48)

*Problem der Integration fraktionierter Teilkompetenzen und Aufbau von Professionalität.* Es wurde argumentiert, dass in den stark arbeitsteiligen Hochschulen der Schwerpunkt beim Aufbau partikularen disziplinären Berufswissens und entsprechender Teilkompetenzen liegt. Die „Orchestrierung" und Integration dieser verzweigten Wissens- und Kompetenzbestände in rationales und wirkungsvolles professionelles Handeln müsste noch während der Ausbildung eingeleitet und verfestigt werden. Wenn die Berufspraktischen Studien diese Integrations- und Konsolidierungsleistung ermöglichen sollen, bedarf es einer möglichst reichhaltigen und berufsrealitätsnahen Lernumgebung im Schulfeld (*Situated Learning,* Lave et al. 1991), die Studierende mitverantwortlich einbindet.

Die beiden Ansätze – einerseits formalisierter Erwerb von Teilkompetenzen in elaborierten Settings und andererseits Aufbau professionellen Handelns unter Realbedingungen – spiegeln sich in den beschriebenen Aufgabentypen. Während die erste Perspektive mit didaktisierten Lehr-Lern-Arrangements bisher die berufspraktischen Ausbildungen dominiert hat, findet die zweite Perspektive mit dem drängenden Ruf nach stärkerer Situierung in Arbeits- und Lerngemeinschaften des Berufsfeldes zunehmende Beachtung. Ein Überdenken der Aufgabenkultur in den bisherigen Strukturen und Ritualen der berufspraktischen Ausbildung ist nötig, gerade dort, wo sie in der schulfernen Logik der abzuarbeitenden Studienleistungen gefangen ist. Schon vor Langem forderten Oelkers/ Oser (2000) im Umsetzungsbericht zum Projekt *Die Wirksamkeit der Lehrerbildungssysteme in der Schweiz*, dass man

> „dem so vielfältigen Handeln der Lehrkräfte in vielen Emergency-Room-Situationen eine größere Sicherheit und in all den komplexen Situationen eine höhere Stabilität verleiht, ... dass die Studierenden selber in Verantwortung genommen werden [sollen, und dass] die vorhandene Praxis näher an die Ausbildungsstätte gebunden wird und die Praktiker substantiell in die Ausbildung einbezogen werden." (Oelkers/Oser 2000, S. 59)

Diese Forderungen nach Situiertheit im komplexen Berufsfeld sind unerfüllt und bleiben aktuell. Es gibt starke Hinweise, dass reichhaltige, im Feld situierte Ansätze, die die spätere Berufstätigkeit möglichst gut vorwegnehmen, *unverzichtbar sind für das Erlernen professionellen Handelns*.

Erfahrungen im deutschsprachigen Raum sind noch nicht zahlreich. Anknüpfend an die US-amerikanischen Professional Development Schools (z. B. Boyle-Baise/McIntyre 2008; Castle et al. 2006; Darling-Hammond 2005; Fisher et al. 2004; NAPDS 2011; Rodgers/Keil 2007; Shroyer et al. 2007) entstehen auch hierzulande neue, eigenständige Projekte (vgl. Fraefel 2011a). Es dürfte eine der vordringlichen Aufgaben sein, eine gute empirische Basis zu schaffen für weitere Entwicklungen im Bereich der Partnerschaften zwischen Schule und Hochschule.

**Verwendete Literatur**
Admiraal, Wilfried/Hoeksma, Mark/van de Kamp, Marie-Thérèse/van Duin, Gee 2011: Assessment of teacher competence using video portfolios: Reliability, construct validity, and consequential validity. In: Teaching and Teacher Education. H. 27 S. 1019–1028.
Allen, Jeanne M. 2009: Valuing practice over theory: How beginning teachers re-orient their practice in the transition from the university to the workplace. In: Teaching and Teacher Education. H. 25. S. 647–654.
Altrichter, Herbert/Posch, Peter 1998: Lehrer erforschen ihren Unterricht. Bad Heilbrunn.
Altrichter, Herbert 2008: Forschende Entwicklung und Entwicklungsforschung – Argumente für eine Neubewertung von Aktionsforschungsansätzen in der deutschsprachigen Bildungsforschung. In: Franz Hofmann/Claudia Schreiner /Josef Thonhauser (Hg.): Qualitative und quantitative Aspekte: zu ihrer Komplementarität in der erziehungswissenschaftlichen Forschung. Münster. S. 76–97.
Arnold, Karl-Heinz/Hascher, Tina/Messner, Rudolf/Niggli, Alois/Rahm, Sibylle 2011: Empowerment durch Schulpraktika: Perspektiven wechseln in der Lehrerbildung. Bad Heilbrunn.
Bacharach, Nancy L./Washut Heck, Teresa/Dahlberg, Kathryn R. 2008: Reasearching the Use of Coteaching in the Student Teaching Experience. In: Colette Murphy/Kathryn Scantlebury (Hg.): Coteaching in International Contexts: Research and Practice. Dordrecht. S. 35–52.

Baumert, Jürgen/Kunter, Mareike 2006: Stichwort: Professionelle Kompetenz von Lehrkräften. In: Zeitschrift für Erziehungswissenschaft 9. H. 4. S. 469–520.
Bhabha, Homi 1990: The Third Space. Jonathan Rutherford interviewing Homi Bhabha. In: Jonathan Rutherford (Hg.): Identity: Community, Culture, Difference. London. S. 207–221.
Boyle-Baise, Marilynne/McIntyre, John D. 2008: What kind of experience? Preparing teachers in PDS or community settings. In: Marilyn Cochran-Smith/Sharon Feiman-Nemser/John D. McIntyre (Hg.): Handbook of research on teacher education: enduring questions in changing contexts. 3. Aufl. New York. S. 307–329.
Brüggen, Susanne/Brosziewski, Achim/Keller, Kathrin 2009: Portfolio als Medium der Selbststeuerung. In: Journal für Lehrerinnen- und Lehrerbildung 9. H. 2. S. 16–23.
Bullough, Robert V./Young, Janet/Birrell, James R./Clark, Cecil D./Egan, Winston M./Erickson, Lynnette/Frankovich, Marti/Brunetti, Joanne/Welling, Myra 2003: Teaching with a peer: a comparison of two models of student teaching. In: Teaching and Teacher Education 19. H. 1. S. 57–73.
Castle, Sharon/Fox, Rebecca K./O'Hanlan Souder, Kathleen 2006: Do Professional Development Schools (PDSs) make a difference? A comparative study of PDS and Non-PDS teacher candidates. In: Journal of Teacher Education 57. H. 1. S. 65–80.
Cochran-Smith, Marilyn/Lytle, Susan L. 2009: Inquiry as stance: practitioner research for the next generation. New York.
Dann, Hanns-Dietrich/Cloetta, Bernhard/Müller-Fohrbrodt, Gisela/Helmreich, Reinhard 1978: Umweltbedingungen innovativer Kompetenz: eine Längsschnittuntersuchung zur Sozialisation von Lehrern in Ausbildung und Beruf. Stuttgart.
Darling-Hammond, Linda (Hg.) 2005: Professional development schools: schools for developing a profession. New York.
Delamare Le Deist, Françoise/Winterton, Jonathan 2005: What Is Competence? In: Human Resource Development International 8. H. 1. S. 27–46.
Dewey, John 1904/1977: The relation of theory to practice in education. In: Jo Ann Boydston (Hg.): John Dewey: The middle works 1899-1924. Band 3: 1903–1906.
Dewey, John 1916: Democracy and education: an introduction to the philosophy of education. 30. Aufl. 1930. New York.
Duit, Reinders/Gropengießer, Harald/Kattmann, Ulrich 2005: Towards science education research that is relevant for improving practice: The model of educational reconstruction. In: Hans E. Fischer (Hg.): Developing standards in research on science education. London. S. 1–9.
Edwards, Anne 1998: Mentoring Student Teachers in Primary Schools: assisting student teachers to become learners. European Journal of Teacher Education 21. H. 1. S. 47–62.
Ellstrom, Per-Erik 1997: The Many Meanings of Occupational Competence and Qualification. In: Journal of European Industrial Training 21. H. 6–7. S. 266–273.
Farrell, Peter/Alborz, Alison/Howes, Andy/Pearson, Diana 2010: The impact of teaching assistants on improving pupils' academic achievement in mainstream schools: a review of the literature. In: Educational Review 62. H. 4. S. 435–448.
Fenstermacher, Gary D./Richardson, Virginia 2005: On making determinations of quality in teaching. In: Teachers College Record 107. H. 1. S. 186–213.
Fischer, Kurt W./Bullock, Daniel H./Rotenberg, Elaine J./Raya, Pamela 1993: The dynamics of competence: how context contributes directly to skill. In: Robert H. Wozniak/Kurt W. Fischer (Hg.): Development in Context: Acting and Thinking in Specific Environments. Hillsdale, NJ. S. 93–117.
Fisher, Douglas/Frey, Nancy/Farnan, Nancy 2004: Student Teachers Matter: The Impact of Student Teachers on Elementary-Aged Children in a Professional Development School. In: Teacher Education Quarterly 31. H. 1. S. 43–56.
Forneck, Hermann J./Messner, Helmut/Vogt, Frieda 2009: Entwicklung von Professionalität in den berufspraktischen Studien. In: Hermann J. Forneck/Albert Düggeli/Christine Künzli David/Helmut Linneweber-Lammerskitten/Helmut Messner/Peter Metz (Hg.):

Professionalisierung von Lehrerinnen und Lehrern: Orientierungsrahmen für die Pädagogische Hochschule FHNW. Bern. S. 169–186.
Fraefel, Urban/Huber, Ernst 2008: Berufspraktische Kompetenzen zuverlässig prüfen? Beurteilung beruflicher Handlungskompetenzen optimieren. In: Journal für Lehrerinnen- und Lehrerbildung 8. H. 1. S. 51–56.
Fraefel, Urban/Berner, Hans 2009: Didaktisch handeln und denken 1. Zürich.
Fraefel, Urban 2011a: Vom Praktikum zur Arbeits- und Lerngemeinschaft: Partnerschulen für Professionsentwicklung. Journal für Lehrerinnen- und Lehrerbildung 11. H. 3. S. 26–33.
Fraefel, Urban 2011b: Basistechniken. In: Hans Berner/Urban Fraefel/Barbara Zumsteg (Hg.): Didaktisch handeln und denken 1. Zürich. S. 110–114.
Futter, Kathrin/Staub, Fritz C. 2008: Unterrichtsvorbesprechungen als Lerngelegenheiten in der berufspraktischen Ausbildung. In: Beiträge zur Lehrerbildung 26. H. 2. S. 126–139.
Gasser, Peter 2003: Lehrbuch Didaktik. 2. Aufl. Bern.
Goodnough, Karen/Osmond, Pamela/Dibbon, David/Glassman, Marc/Stevens, Ken 2009: Exploring a triad model of student teaching: Pre-service teacher and cooperating teacher perceptions. Teaching and Teacher Education 25. H. 2. S. 285–296.
Hascher, Tina 2005: Die Erfahrungsfalle. Journal für Lehrerinnen- und Lehrerbildung 5. H. 1. S. 40–46.
Hattie, John 2009: Visible learning: a synthesis of over 800 meta-analyses relating to achievement. Oxon.
Hedges, Helen 2010: Blurring the boundaries: connecting research, practice and professional learning. In: Cambridge Journal of Education 40. H. 3. S. 299–314.
Heimann, Paul/Otto, Gunter/Schulz, Wolfgang 1976: Unterricht: Analyse und Planung. 8. unveränd. Aufl. Hannover.
Helmke, Andreas 2007: Unterrichtsqualität erfassen, bewerten, verbessern. 6. Aufl. Seelze.
Hericks, Uwe 2006: Professionalisierung als Entwicklungsaufgabe: Rekonstruktionen zur Berufseingangsphase von Lehrerinnen und Lehrern. Wiesbaden.
Jay, Joelle K./Johnson, Kerri L. 2002: Capturing complexity: a typology of reflective practice for teacher education. In: Teaching and Teacher Education 18. H. 1. S. 73–85.
Korthagen, Fred/Loughran, John/Russell, Tom 2006: Developing fundamental principles for teacher education programs and practices. Teaching and Teacher Education 22. H. 8. S. 1020–1041.
Krammer, Kathrin/Reusser, Kurt 2005: Unterrichtsvideos als Medium der Aus- und Weiterbildung von Lehrpersonen. In: Beiträge zur Lehrerbildung 23. H. 1. S. 35–50.
Kreis, Annelies 2011: Produktive Unterrichtsbesprechungen: Lernen im Dialog zwischen Mentoren und angehenden Lehrpersonen. Bern.
Lave, Jean/Wenger, Etienne 1991: Situated learning: legitimate peripheral participation. Cambridge.
Le Cornu, Rosie 2005: Peer mentoring: engaging pre-service teachers in mentoring one another. Mentoring and Tutoring 13. H. 3. S. 355–266.
Le Cornu, Rosie/Ewing, Robyn 2008: Reconceptualising professional experiences in pre-service teacher education: reconstructing the past to embrace the future. In: Teaching and Teacher Education 24. S. 1799–1812.
Marcos, Juanjo Mena/Sanchez, Emilio/Tillema, Harm H. 2011: Promoting teacher reflection: what is said to be done. In: Journal of Education for Teaching: International research and pedagogy 37. H. 1. S. 21–36.
Meirink, Jacobiene A./Imants, Jeroen/Meijer, Paulien C./Verloop, Nico 2010: Teacher learning and collaboration in innovative teams. In: Cambridge Journal of Education 40. H. 2. S. 161–181.
Metcalf, Kim K./Hammer, Ronen M. A./Kahlich, Pamela A. 1996: Alternatives to field-based experiences: The comparative effects of on-campus laboratories. In: Teaching and Teacher Education 12. H. 3 S. 271–283.

Mühlhausen, Ulf 2007: Abenteuer Unterricht: wie Lehrer/innen mit überraschenden Unterrichtssituationen umgehen. Baltmannsweiler.
Mühlhausen, Ulf / Wegner, Wolfgang 2006: Erfolgreicher unterrichten?! Eine erfahrungsfundierte Einführung in die Schulpädagogik: Begleit-DVD mit Videoszenen und Online-Übungen zur Unterrichtsanalyse. Baltmannsweiler.
Mulder, Regina H. / Messmann, Gerhard / Gruber, Hans 2009: Professionelle Entwicklung von Lehrenden als Verbindung von Professionalität und professionellem Handeln. In: Olga Zlatkin-Troitschanskaia / Klaus Beck / Detlef Sembill/Reinhold Nickolaus / Regina Mulder (Hg.): Lehrprofessionalität Weinheim. S. 401–409.
Murphy, Colette / Beggs, Jim / Carlisle, Karen / Greenwood, Julian 2004: Students as 'catalysts' in the classroom: the impact of co-teaching between science student teachers and primary classroom teachers on children's enjoyment and learning of science. In: International Journal of Science Education 26. H. 8. S. 1023–1035.
NAPDS 2011: Weathering the Storm: Meeting the Challenges of Professional Development Schools (PDS Konferenz 10.–13. März 2011). New Orleans.
Neuweg, Georg Hans 2011: Praxis als Theorieanwendung? Eine Kritik am „Professionsgenerierungs-Ansatz". In: Journal für Lehrerinnen- und Lehrerbildung 11. H. 2. S. 17–25.
Nokes, Jeffery D. / Bullough Jr., Robert V. / Egan, Winston M. / Birrell, James R. / Hansen, J. Merrell 2008: The paired-placement of student teachers: An alternative to traditional placements in secondary schools. In: Teaching and Teacher Education 24. S. 2168–2177.
Oelkers, Jürgen 2010: Die Lehrerbildung im Umbruch? Vortrag zur Auftaktkonferenz des Comenius-Regio-Projekts Kassel, 15. November 2010 In: http://www.ife.uzh.ch/user_downloads/1832/KasselLAB.pdf, recherchiert am 18.07.2011.
Oelkers, Jürgen / Oser, Fritz K. 2000: Die Wirksamkeit der Lehrerbildungssysteme in der Schweiz: Umsetzungsbericht. Aarau.
Oser, Fritz 2000: Emergency Room Schule: Erschwerende Rahmenbedingungen pädagogischer Professionalität. Beiträge zur Lehrerbildung 18. H. 1. S. 82–84.
Rodgers, Adrian / Keil, Virginia L. 2007: Restructuring a traditional student teacher supervision model: Fostering enhanced professional development and mentoring within a professional development school context. Teaching and Teacher Education 23. S. 63–80.
Rosaen, Cheryl L. / Lundeberg, Mary / Terpstra, Marjorie / Cooper, Marjorie / Fu, Jing / Niu, Rui 2010: Seeing Through A Different Lens: What Do Interns Learn When They Make Video Cases Of Their Own Teaching? In: The Teacher Educator 45. H. 1. S. 1–22.
Schön, Donald A. 1987: Educating the reflective practitioner: toward a new design for teaching and learning in the professions (10 th print). San Francisco, CA.
Schuepbach, Jürg 2007: Über das Unterrichten reden: die Unterrichtsnachbesprechung in den Lehrpraktika – eine "Nahtstelle von Theorie und Praxis"? Bern.
Seidel, Tina / Stürmer, Kathleen / Blomberg, Geraldine / Kobarg, Mareike / Schwindt, Katharina 2011: Teacher learning from analysis of videotaped classroom situations: Does it make a difference whether teachers observe their own teaching or that of others? In: Teaching and Teacher Education 27. H. 2. S. 259–267.
Shroyer, Gail / Yahnke, Sally / Bennett, Andrew / Dunn, Cindi 2007: Simultaneous Renewal Through Professional Development School Partnerships. In: The Journal of Educational Research 100. H. 4. S. 211–225.
Snow-Gerono, Jennifer L. 2005: Professional development in a culture of inquiry: PDS teachers identify the benefits of professional learning communities. In: Teaching and Teacher Education 21. S. 241–256.
Spronken-Smith, Rachel / Walker, Rebecca 2010: Can inquiry-based learning strengthen the links between teaching and disciplinary research? In: Studies in Higher Education 35. H. 6. S. 723–740.
The Holmes Group 1986: Tomorrow's teachers. Michigan.

Vescio, Vicki / Ross, Dorene / Adams, Alyson 2008: A review of research on the impact of professional learning communities on teaching practice and student learning. In: Teaching and Teacher Education 24. H. 1. S. 80–91.
Weinert, Franz E. 1999: Concepts of Competence. Neuchâtel.
Wenger, Etienne 1998: Communities of practice: learning, meaning, and identity (Reprint 2003). Cambridge.
West, Lucy / Staub, Fritz C. 2003: Content-Focused Coaching: Transforming mathematics lessons. Portsmouth NH.
Wright, Geoffrey A. 2008: How Does Video Analysis Impact Teacher Reflection-For-Action? (Dissertation). Provo.
Wyss, Corinne 2011: Wenn Lehrpersonen reflektieren: Eine mehrperspektivische Untersuchung der Reflexionsfähigkeit und Reflexionspraxis von Lehrpersonen. SGBF Kongress 22. Juni 2011. Basel.
Zeichner, Ken 2010: Rethinking the Connections Between Campus Courses and Field Experiences in College- and University-Based Teacher Education. Journal of Teacher Education 61. H. 1 – 2. S. 89–99.

Ute Bender und Stefan Keller

## Fazit: Lernen durch Aufgaben

Die vorliegende Publikation hat sich dem Thema „Aufgabenkulturen" aus drei Perspektiven genähert. Beginnend mit überfachlichen „Brennpunkten in der Diskussion" im ersten Teil, stellte sie danach in fachlicher Breite verschiedenste fachdidaktische Beiträge dar, um im dritten und letzten Teil die Implikationen zu reflektieren, die sich mit der Fokussierung auf „Aufgabenkulturen" für die Ausbildung der Lehrkräfte ergeben könnten.

Die Kapitel im Teil B der vorliegenden Publikation spiegeln wider, wie intensiv fachdidaktische Disziplinen sich mit Fragen der Aufgabenkulturen und unterrichtlichen Lernaufgaben befassen. Sie haben dabei auf verschiedene Bezugstheorien referiert.

### 1. Aufgabenkulturen im Viereck von Fachdidaktiken, Fachwissenschaften, Unterrichtsforschung und Erziehungswissenschaft: homogene Referenzen und heterogene Entwicklungen

Selbstverständlich nehmen Fachdidaktiken in der Reflexion und Konzeption von Aufgabenkulturen Bezug auf ihre jeweiligen Fachwissenschaften. Darüber hinaus beziehen sie sich auf Bildungsstandards und aktuelle Anforderungen an Aufgabenkulturen, wie sie in Unterrichtsforschung und Erziehungswissenschaft formuliert werden. Insbesondere referieren die an der Publikation beteiligten Fachdidaktikerinnen und Fachdidaktiker auf den Kompetenzbegriff und größtenteils auch auf das Kompetenzverständnis nach Weinert (2001a und 2001b). Zudem befassen sich nicht wenige Texte beispielsweise mit dem Anspruch, problemlösende Aufgaben im jeweiligen Fachunterricht zu entwickeln – eine Anforderung an „gute fachliche Lernaufgaben", die z. B. durch Oelkers/Reusser (2008, S. 408) formuliert wurde und auch nach Maier et al. (2010, S. 27 und S. 33) oder Blömeke et al. (2006, S. 336 f.) Lernaufgaben kennzeichnen sollte (vgl. oben, Einleitung). So scheint es nur folgerichtig, dass Oelkers in seinem Beitrag „Aufgabenkultur und selbstreguliertes Lernen" im Teil A der vorliegenden Publikation (s. o. S. 81 ff.) die historischen Wurzeln dieses basalen Anspruches erläutert.

Die zahlreichen Abhandlungen zu „fachlichen Aufgabenkulturen" legen aufschlussreiche Ergebnisse überfachlicher und fachspezifischer Forschung dar. Sie zeigen am Beispiel der Aufgabenkulturen, dass Fachdidaktiken Befunde aus überfachlicher und fachbezogener Unterrichtsforschung aufgreifen und domänen- bzw. fachspezifisch weiterentwickeln und konkretisieren. Auf diese Weise kann es gelingen, Unterrichtsforschung und konkretes Handeln im Fachunterricht intensiv zu relationieren (vgl. Bender 2009). Dass empirische Unterrichtsforschung hier auf fachdidaktische Expertise angewiesen ist, wird von Seiten ihrer

Protagonisten vielfach betont (vgl. Baumert et al. 2004, S. 316; Klieme et al. 2006, S. 128 f.; Klieme/Rakoczy 2008, S. 234 f.).

Einige der fachbezogenen Beiträge im Teil B geben einen Einblick darin, wie Fachdidaktiken die Herausforderung aufgreifen, kompetenz- und/oder problemorientierte Aufgabenkulturen in ihren Fächern zu entwickeln, obwohl im jeweiligen Fach oder in einzelnen Lernbereichen des Faches bislang eher andere Tendenzen vorherrschten. *Kompetenzorientierung wird als Chance begriffen, bestehende Aufgabenkulturen zu überdenken oder Anstöße zur Neuentwicklung zu geben.*

So hebt Heuer (s. o. S. 100 ff.) die Möglichkeiten hervor, die sich zur Reform des Geschichtsunterrichts ergeben haben, nachdem sich die Geschichtsdidaktik nach PISA vermehrt mit kompetenzorientierten Aufgaben befasst, überwiegend reproduktive Aufgabenstellungen im Geschichtsunterricht kritisiert und überwunden hat.

Wie Schmellentin (s. o. S. 113 ff.) für das Fach Deutsch darstellt, könnte die Kompetenzorientierung hier dazu beitragen, den in der Sprachdidaktik häufig umstrittenen Grammatikunterricht zu reformieren: Ein kompetenzorientierter Grammatikunterricht vermag u. a. motivierende forschend-entwickelnde Zugänge in diesem Bereich des Deutschunterrichts in Gang zu bringen, Schülerinnen und Schülern vertiefte Einblicke in die Systematik der Sprache zu ermöglichen und gleichzeitig auch sprachrezeptive und produktive Kompetenzen zu fördern.

Ebenso skizziert Manno (s. o. S. 128 ff.), mit welchen umfassenden weitergehenden Innovationen der Fremdsprachendidaktik die Entwicklung von kompetenzorientierten Aufgabenkulturen in den letzten Jahren für den Französischunterricht einherging bzw. einhergeht. Er deutet an, wie zahlreich die Einflüsse hier waren und wie tiefgreifend die Veränderungen sein könnten.

Schaer (s. o. S. 142 ff.) fokussiert *task-based language learning* und zeigt vielfältige überfachliche und fachliche Kompetenzen auf, die dabei erworben werden können. Solche Kompetenzorientierung erweist sich jedoch als Herausforderung an Lehrkräfte, für die damit verbundene didaktische Inszenierungen möglicherweise noch ungewohnt sind.

Noppeney, Imthurn und Cslovjecsek (s. o. S. 157 ff.) nutzen das Konzept der Problemorientierung, um fachdidaktische Reflexionen zu Aufgabenkulturen, die mit Blick auf den Musikunterricht in ihren Worten „… zumindest in schriftlicher Form – bis dato nur in bescheidenem Umfang" vorliegen, zu intensivieren. Sie stellen zwei problemfokussierte Lernaufgaben dar und analysieren diese.

An späterer Stelle erläutert Bender (s. o. S. 191 ff.), wie traditionelle Methoden der Ernährungs- und Konsumbildung zum einen durch fachinterne Reformen und zum anderen durch methodische Konzepte wie Problemorientierung oder Situiertes Lernen Schritt für Schritt reformiert wurden und werden.

Messmer (s. o. S. 202 ff.) befasst sich mit Aufgabenstellungen im Fach Sport und legt dar, welche vielfältigen Kompetenzen Aufgaben im aktuellen Sportunterricht intendieren; der Bezug auf den Kompetenzbegriff kann wenig adäquate, eher beliebige Absichten, wie „sich bewegen", anspruchsvoll überwinden.

Nicht zuletzt zeigt Linneweber (s. o. S. 214 ff.), dass selbst ein traditionell aufgabenorientiertes Fach wie die Mathematik, das auf unzählige einschlägige fachdidaktische Publikationen verweisen kann, von aktuellen Diskursen um „problemlösende Aufgaben" und „Kompetenzorientierung" noch zu profitieren vermag, um althergebrachte reproduktive Aufgabenstellungen im Unterricht zu überwinden und vielfältige Aufgabentypen sowie alltagsnahes handlungsorientiertes Mathematisieren noch mehr als bislang zu realisieren.

Während bei den vorstehenden Beispielen die Kompetenzorientierung von Aufgabenkulturen als Perspektive zur Reform des Fachunterrichts gesehen werden kann, bringen Fachdidaktikerinnen und Fachdidaktiker – häufig gleichzeitig – darüber hinaus zum Ausdruck, dass *fachunspezifische Hinweise für kompetenzorientierte und problemorientierte Aufgabenkulturen fachbezogen zu ergänzen oder zu modifizieren seien, um Aufgabenkulturen im fachbezogenen Sinn wirksam zu modellieren.*

So zeigt Rieder (s. o. S. 168 ff.) auf, dass im Fach Technische Gestaltung, Design und Technik der fachunspezifische Problemlösungsprozess nach Dewey durch eine ganze Reihe fachtypischer Methoden, etwa durch Materialerprobungen oder technische wie gestalterische Experimente, zu differenzieren und fachbezogen zu inszenieren sei.

Bruelhart (s. o. S. 180 ff.) macht anhand eines Aufgabenbeispiels deutlich, in welcher Weise *media literacy* gefördert werden kann. Lernprozesse im Fach Bildnerisches Gestalten betonen den spielerischen, experimentellen, kommunikativen Umgang der Lernenden mit Aufgabenstellungen und weisen eingleisige „Problemlösungen" eher zurück.

Auch in den Naturwissenschaften sind, wie Heitzmann (s. o. S. 226 ff.) darstellt, zusätzliche Anforderungen an gute Lernaufgaben zu stellen. Dazu gehören insbesondere das genaue Beobachten, Dokumentieren und Klassifizieren oder der Erwerb von induktiven und deduktiven Vorgehensweisen in der „Forschung" von Schülerinnen und Schülern.

Fachdidaktische Konzeptionen und Reflexionen von Aufgabenkulturen lassen erkennen, dass der gemeinsame Bezug auf den Kompetenzbegriff, den Anspruch der Problemorientierung oder andere zentrale Begrifflichkeiten Chancen zur interdisziplinären Zusammenarbeit zwischen Fachdidaktiken, Unterrichtsforschung und Erziehungswissenschaft eröffnet. Zugleich macht die Vielfalt fachdidaktischer Aufgabenkulturen deutlich, dass ähnliche oder homogene Referenzen keineswegs dazu führen, eine „Gleichschaltung" der Erforschung und Entwicklung von Aufgabenkulturen zu begünstigen, die fachspezifische Ausprägungen von Lernprozessen vernachlässigen oder sogar negieren würde. Fachdidaktiken nutzen, wie gezeigt, vielgestaltige eigenständige Wege der Relationierung mit der Unterrichtsforschung (vgl. Klieme/Rakoczy 2008, S. 235 f.).

Keineswegs bleiben Fachdidaktiken also in „nachgeordneter Funktion" darauf begrenzt, dominante übergeordnete Modelle aus Unterrichtsforschung und Erziehungswissenschaft lediglich fachbezogen zu adaptieren.

Gemeinsame Bezüge bei gleichzeitig bestehender Vielgestaltigkeit können, wie bereits erwähnt, den interdisziplinären Dialog unterstützen (vgl. Arnold et al. 2007). Allerdings bringt die Vielgestaltigkeit auch unterschiedliche Terminologien mit sich. Im Teil A legt Diesbergen (s. o. S. 46 ff.) zahlreiche Unstimmigkeiten für den Begriff der „konstruktivistischen" Lernaufgabe dar. Aber, wie verschiedene Kapitel verdeutlichen: Auch der Begriff der „Lernaufgabe" wird in Fachdidaktiken keineswegs einheitlich gebraucht (siehe oben), und selbst der Terminus „Kompetenz", auf den ersten Blick eindeutig durch Weinert definiert (vgl. Weinert 2001a und 2001b), erfährt in den fachdidaktischen Texten fachspezifische Interpretationen und Zuspitzungen. Ebenso werden mit „Problemorientierung" von Fachdidaktik zu Fachdidaktik unterschiedliche Konnotationen verbunden. Vielfältige Terminologien entwickeln sich vermutlich nahezu zwangsläufig im Kontext divergenter disziplinärer Reflexionszusammenhänge sowie fachspezifischer Traditionen und Praktiken in Curricula, Schule und Unterricht. Sorgfältige sprachliche Abklärungen im interdisziplinären Dialog sind zwar mühsam, erscheinen aber unvermeidbar, um Missverständnisse und vorschnelle vermeintliche Übereinstimmungen zu meiden.

Im Ganzen zeigen die fachdidaktischen Beiträge zu Aufgabenkulturen, welche vielfältigen anspruchsvollen und originellen Lernprozesse durch Lernaufgaben herausgefordert werden können. Anders als Testaufgaben, die wie Linneweber deutlich macht, auf möglichst eindeutige, leicht messbare Lösungswege abzielen, wollen Lernaufgaben also vieldeutige individuelle fantasievolle Wege des Lernens in Gang setzen (Linneweber s. o. S. 22 ff.; vgl. Klieme et al. 2003, S. 49).

## 2. Forschung zu Aufgabenkulturen auf der Basis präskriptiver, theoretischer und empirisch-deskriptiver Zugänge: Verortung in komplexen Modellen von Unterricht und Schule

Fachdidaktiken nehmen für sich in Anspruch, fachspezifische Zugänge zu Aufgabenkulturen zu generieren und dabei an relevante Befunde maßgeblicher Referenzdisziplinen wie u. a. Fachwissenschaft oder Unterrichtsforschung anzuschließen. Im Unterschied zur empirischen Unterrichtsforschung, die ein überwiegend empirisch-deskriptives Paradigma vertritt, beruhen die fachdidaktischen Ausführungen zu Aufgabenkulturen sowohl auf präskriptiven als auch theoretischen und empirisch-deskriptiven forschungsmethodologischen Zugängen (vgl. Blömeke et al. 2007).

Der spezifisch fachdidaktische Blick im Allgemeinen und auf Aufgabenkulturen im Besonderen setzt voraus, dass die ausschließliche „Beobachterperspektive des nur forschenden Interesses" ebenso wie die „politische […] Orientierung auf Leistungs- und Erfolgsmessung" überwunden und ein integrierendes Paradigma verfolgt wird, das unter anderem individuelle Lernprozesse und Förderungsmöglichkeiten der Schülerinnen und Schüler sowie systematisches fachliches Lernen nicht nur empirisch analysiert, sondern auch normativ konstruiert (Tenorth/Terhart 2004, S. 11 f.). Gerade die Erforschung und Gestaltung von Aufgabenkulturen als zentralem Baustein des Unterrichts scheint aus fachdidaktisch-wissenschaftlicher Perspektive besonders aussichtsreich, um auf das unterrichtliche Handlungsfeld präskriptiv-gestaltend Einfluss zu nehmen und Lehrkräften fundierte Aspekte darzulegen, welche dazu beitragen, fachliche Lernprozesse von Schülerinnen und Schülern zu optimieren.

Dass wissenschaftliche Diskurse zu Aufgabenkulturen allerdings möglicherweise nur begrenzt von sogenannten Praktikerinnen und Praktikern rezipiert werden, deuten die Ergebnisse der Analyse an, die Hoffmann-Ocon, Metz und Oesch im Teil A (s. o. S. 62 ff.) vorlegen: Sie untersuchen anhand zweier Schweizer Lehrerzeitschriften, inwieweit allgemeindidaktische Forschung zu Aufgabenkulturen dort über einen Zeitraum von ca. 50 Jahren Eingang finden konnte und stellen eher marginale Einflüsse fest. Allerdings wäre dieser Befund noch zu prüfen und die Analyse zu wiederholen hinsichtlich fachdidaktischer Forschungen in fachbezogenen Lehrerzeitschriften.

Jenseits der Intention, unterrichtliche Lernprozesse zu modellieren, reflektiert anspruchsvolle fachdidaktische Forschung und Entwicklung zu Aufgabenkulturen die ganze Komplexität schulischen Fachunterrichts. Sie lässt sich folglich nicht auf das Niveau einer unterkomplexen Ratgeberfunktion reduzieren. Im Sinne dieses Selbstverständnisses nimmt sie in Kauf, dass sich zum Teil zwischen fachdidaktischer Forschung und unterrichtlicher Realität des Fachunterrichts gewisse „Lücken" ergeben, wie Reichenbach sie analog mit Blick auf erziehungswissenschaftliche Forschung und pädagogische Praxis im Allgemeinen feststellt. Entgegen verbreiteter Klage hält er dieses *gap* für unabdingbar:

> „The gap between pedagogigal thought and educational research has achieved grand proportions. The ideal of mutual profit between the two realms is now arguably simplistic, naïve and functional."
> (Reichenbach 2010, S. 138)

Auch für die fachdidaktische Forschung wäre das angesprochene Ideal fragwürdig; es beinhaltet u. a. die Gefahr, dass sie zum *tool* der unterrichtlichen Praxis umfunktionalisiert und vielschichtige Zusammenhänge vernachlässigen würde: Forschung und Entwicklung zu fachlichen Aufgabenkulturen, die theoretisch im Kontext komplexer Modelle von Unterricht und Schule verortet sind, haben zahlreiche Faktoren zu berücksichtigen und zu integrieren. Sofern sie sich beispielsweise auf das „Angebots-Nutzungs-Modell der Wirkungsweise des Unterrichts" von Helmke beziehen, wären „Aufgabenkulturen" weder ausschließlich als Aspekt im Feld „Unterricht", noch nur im Kontext der „Lernaktivitäten" oder der „Wirkungen" zu fassen, sondern darüber hinaus insbesondere mit dem „Lernpotenzial" und der „Lehrkraft" theoretisch und eventuell empirisch zu vernetzen (Helmke 2009, S. 73).

Generell wird der Lehrkraft in Forschungen und Konzepten zur Unterrichtsqualität in jüngerer Zeit besondere Bedeutung zugemessen (vgl. Helmke 2004 und 2009; Allemann-Ghionda/Terhart 2006; Lipowsky 2006). Gewisses Aufsehen erregt hat diesbezüglich Hatties Metaanalyse zahlreicher empirischer Studien, nach der, grob verkürzend ausgedrückt, bis zu 30 % des Lernerfolgs von Schülerinnen und Schülern durch die Variable „Lehrkräfte" zu erklären sei, – auch wenn Hattie selbst vor unterkomplexen Folgerungen warnt und kritische Stimmen u. a. die Methode dieser Metaanalyse in Frage stellen (Hattie 2008; Meyer 2010; vgl. Snook et al. 2009).

Gerade dann, wenn Forschung und Entwicklung von Unterricht nicht nur die fachlichen, sondern auch die überfachlichen Kompetenzen in den Blick nimmt, wie dies der Beitrag von Keller im Teil A (s. o. S. 34 ff.) des Buches thematisiert, erweitern sich die Ansprüche an das unterrichtliche Handeln der Lehrkräfte erheblich. Um diese zu bewältigen, benötigen sie einerseits Unterstützung in Form veränderter Aus- und Weiterbildung, andererseits auch gute Beispiele und Vorlagen, welche sie für ihren eigenen Unterricht anpassen und verändern können. Beide Bereiche werden in den Beiträgen dieses Buches stellenweise sichtbar. In diesem Zusammenhang ist es kein Zufall, dass zum einen zahlreiche fachdidaktische Abhandlungen im Teil B die Rolle der Lehrkraft im Kontext „veränderter" Aufgabenkulturen thematisieren. Zum anderen ist unabdingbar, künftige Lehrkräfte im Rahmen ihres Studiums für die komplexe „Aufgabe", Aufgabenkulturen zu entwickeln, adäquat zu qualifizieren. Die Texte bekräftigen die Forderung danach und zeigen Fragen zu dieser Thematik auf.

## 3. Aufgabenkulturen und Lehrkräfte: Veränderungen der Lehrerrolle und Implikationen für die Lehrerinnen- und Lehrerbildung

In den fachdidaktischen Beiträgen dieses Buches zeigt sich sehr anschaulich, wie die Einführung von Lernaufgaben die Rollen von Lehrkräften und Lernenden im Unterricht verändert, und zwar oft auf eine Art und Weise, die für alle nicht einfach zu bewältigen ist. Diese Herausforderungen existieren unabhängig vom zu Grunde liegenden Lernverständnis der einzelnen Fächer und Akteure und hängen mit den Tätigkeiten und geistigen Handlungen zusammen, welche bei der Arbeit mit Lernaufgaben typischerweise entstehen. Erstens werden von den Lehrkräften neue Fähigkeiten didaktischer Planung verlangt, wobei der Anforderungsgehalt der Aufgaben analysiert, Materialien bereitgestellt und Lerngespräche geplant werden müssen. Diese Art der Aufgabenanalyse, bei der fachliches und didaktisches Wissen kombiniert werden müssen, um die didaktischen Implikationen einer bestimmten Aufgabe einschätzen zu können, ist z. B. für Lehramtsstudierende ungewohnt und muss in der Ausbildung erst sorgfältig erlernt werden (vgl. Winter/Canonica, s. o. S. 244 ff.). Für die Aus- und Weiterbildung von Lehrkräften zeigt sich hier ein Schwerpunkt für kommende Jahre, denn gute Lernaufgaben fallen „nicht einfach so vom Unterrichtshimmel, sondern müssen entsprechend von der Lehrkraft inszeniert und methodisiert werden, damit sie ihre Rolle als Beziehungsstifter überhaupt erfüllen können" (vgl. Heuer, s. o. S. 100 ff.).

Bei der Arbeit mit Lernaufgaben lässt sich das Lernen zweitens weit weniger gut planen als in traditionellen Unterrichtskonzepten, in deren Verlauf Wissen schrittweise vermittelt, eingeübt und schließlich geprüft wird. Stattdessen werden von den Lehrkräften die Gelassenheit und das Zutrauen verlangt, die Lernenden einmal „machen zu lassen" und sie dabei zu unterstützen, mit dem jeweils individuell verfügbaren Vorwissen zu Lösungen zu kommen oder weiterführende Fragen und Konzepte zu generieren, an denen sich nachfolgender Unterricht orientieren oder auf die er sich beziehen kann. Eine anspruchsvolle Aufgabenkultur verlangt also von den Lehrkräften, sich auf die singulären Ideen und Konzepte der Lernenden einzulassen und sich auch für diese zu interessieren. Anstatt des traditionellen „Schweigen[s] der Schülerinnen und Schüler im Unterricht" (vgl. Heuer, s. o. S. 100) kommen die Jugendlichen dabei selber zu Wort, sie dürfen interessante Ideen oder Holzwege verfolgen und teilweise auch Arbeitsmethoden selber auswählen. Diese Pluralisierung der didaktischen Interaktion hat allerdings auch eine Kehrseite: Die Befürchtung, dabei die Übersicht oder die Kontrolle über den Unterrichtsverlauf zu verlieren, mag ein Grund dafür sein, warum viele Lehrkräfte traditionellere Übungsaufgaben dem Einsatz anspruchsvoller, offener Lernaufgaben noch immer vorziehen (vgl. Manno, s. o. S. 128 ff.).

Die nächste Herausforderung besteht für die Lehrkräfte darin, das fachliche Potenzial in den Konzepten oder Zwischen-Produkten der Lernenden zu erkennen und ihnen zu helfen, ihre individuellen Wissensbestände in tragfähiges Fachwissen zu übersetzen. Sie müssen neben Wissensvermittlern also auch zu „Perlentauchern" werden, die entwicklungsfähige Ideen und Konzepte der Lernenden ans Licht holen und ihnen zeigen, wie daraus Fachkompetenzen entstehen können. Dabei werden v. a. lerndiagnostische Fähigkeiten verlangt, d. h. sich ein Bild zu machen, wo jemand im Lernprozess steht und welche Unterstützung diese Person jetzt braucht, um weiter zu kommen. Gelingt das, können wunderbare Produkte entstehen, welche von den individuellen Stärken und Interessen der Lernenden genauso Zeugnis ablegen wie von ihren fachlichen Lernfortschritten (vgl. Schaer, S. 142 ff. für Englisch oder Bruelhart, S. 180 ff. für Bildnerisches Gestalten). In diesen Produkten, Texten und Artefakten, die von Fach zu Fach ganz unterschiedlich ausfallen können, kristallisiert sich der sichtbare „Output" einer anspruchsvollen Lern- und Aufgabenkultur jenseits der unsichtbaren Kompetenzen und Fähigkeiten, welche sich die Lernenden beim Erstellen dieser Produkte angeeignet haben, heraus.

Die Lernchancen bei der Bearbeitung einer authentischen, unstrukturierten Fragestellung sind beachtlich, wobei verschiedene Menschen auch auf ganz unterschiedliche Lösungen kommen können, die alle auf ihre Art „gut" sind (vgl. Linneweber, s. o. S. 28). Diese individuell gefärbten Leistungen gilt es zu schätzen und auch in der schulischen Leistungsbeurteilung einzubeziehen. Wie dies konkret geschehen soll, dazu finden sich in diesem Buch allerdings nur wenige Hinweise. Dies ist nicht als Versäumnis der einzelnen Autoren zu sehen, sondern als negative Evidenz dafür, dass die Verbindung zwischen einer anspruchsvollen Lern- und Aufgabenkultur einerseits und einer erweiterten Kultur der Leistungsbeurteilung andererseits erst in Ansätzen erfolgt ist. Es stehen zwar Instrumente zur Verfügung, die zur Arbeit mit offenen Lernaufgaben gut passen, z. B. Portfolios oder mehrdimensionale Beurteilungsraster (vgl. Keller, s. o. S. 34 ff.). Sie scheinen aber bisher noch wenig verwendet zu werden oder kommen bei den Darstellungen der einzelnen Lernsettings zumindest selten in den Blick. Wurde der Einfluss von Bildungsstandards auf die Unterrichtsqualität von fachdidaktischer Seite früher oft skeptisch gesehen, so zeichnet sich in jüngster Zeit auch ein Bewusstsein für die Chancen der Orientierung von Lernprozessen an transparenten Kompetenzbeschreibungen ab (vgl. Linneweber, s. o. S. 22 ff. und Heuer, s. o. S. 100 ff.). Was bisher jedoch noch fehlt, sind weit verbreitete und bildungspolitisch mehrheitsfähige Instrumente der Leistungsbeurteilung, die den standardisierten Tests als komplementäre Entwicklung auf Augenhöhe entgegentreten könnten. Es geht dabei um eine Leistungsbeurteilung, welche die individuellen Interessen, Kompetenzprofile und Stärken der Schülerinnen und Schüler aufscheinen lässt und gerade auch jene Leistungsbereiche zu erfassen vermag, die eben *nicht* vergleichbar sind. Eine Leistungsbeurteilung also, die den Einsatz von anspruchsvollen Lernaufgaben legitimiert und auch aktiv einfordert.

Angesichts der erhöhten Ansprüche an Lehrkräfte durch innovative Aufgabenkulturen und der vielfältigen Implikationen, die individualisierte unterrichtliche Lernprozesse und Leistungsbeurteilungen mit sich bringen, rücken „Aufgabenkulturen" in ganz neuer und unterschiedlicher Weise in den Fokus der Lehrerinnen- und Lehrerbildung:

Die drei Kapitel zu „Aufgabenkulturen in der Ausbildung von Lehrkräften" im Teil C des Buches richten sich auf verschiedene Handlungsfelder. Während die Texte von Winter und Canonica sowie Küng, Scholkmann und Ingrisani das Handlungsfeld „Hochschulseminar" von Küng fokussieren, befasst sich Fraefels Beitrag mit den Berufspraktischen Studien.

Winter und Canonica (s. o. S. 244 ff.) beschreiben und erläutern, wie Studentinnen und Studenten im Zusammenhang eines Hochschulseminars Wissen und Kompetenzen aufbauen können, um selbst lernförderliche Aufgabenstellungen für Schülerinnen und Schüler zu entwickeln, zu reflektieren und bestehende Aufgabenangebote zu analysieren.

Anders bei Küng, Scholkmann und Ingrisani (s.o. S. 266 ff.): Sie thematisieren aus hochschuldidaktischer Perspektive das Potenzial von *problem-based learning*, im Zuge dessen sich Studierende intensiv mit ausgewählten „Fällen" befassen. Hierzu stellen sie eine Vergleichsstudie vor, die die Überlegenheit fallbasierten Lernens in mehrerlei Hinsicht nachweist. Im Unterschied zu dem Vorgehen bei Winter und Canonica werden die Studierenden in den betroffenen Seminaren folglich durch die Lehrenden mit einer bestimmten Form von „Aufgaben" konfrontiert.

Wiederum anders gestaltet sich die Fokussierung auf Aufgabenstellungen in der Ausbildung im Beitrag von Fraefel (s. o. S. 281 ff.): Vorrangig geht es ebenfalls um die Frage, welche „Aufgaben" Studierende im Rahmen der Berufspraktischen Studien bewältigen sollen – wobei der Begriff der Aufgabe nur unzulänglich wiedergibt, welche komplexen Anforderungen eine aktuelle, wissenschaftlich gestützte Berufspraktische Ausbildung hier zu bewältigen hat. Zugleich aber sollen Studierende in deren Verlauf unter anderem selbstverständlich auch lernen, günstige Aufgaben zu entwickeln und zu begleiten.

Die zahlreichen Befunde zu Aufgabenkulturen weisen auf Ansprüche an künftige Forschung hin und eröffnen darüber hinaus lohnende Perspektiven für weitere wissenschaftliche Arbeit. Die vorliegende Publikation bietet einen Einblick in bestehende Forschung und Entwicklung zu Aufgabenkulturen in unterschiedlichen Handlungsfeldern und zeigt, dass damit für sehr verschiedene Disziplinen spannungsreiche Herausforderungen verbunden sind.

**Verwendete Literatur**

Allemann-Ghionda, Christina / Terhart, Ewald (Hg.) 2006: Kompetenzen und Kompetenzentwicklung von Lehrerinnen und Lehrern: Ausbildung und Beruf. In: Zeitschrift für Pädagogik 51. Beiheft. Weinheim.

Arnold, Karl-Heinz / Koch-Priewe, Barbara / Lin-Klitzing, Susanne 2007: Allgemeine Didaktik, Fachdidaktik und Unterrichtsqualität. In: Karl-Heinz Arnold (Hg.): Unterrichtsqualität und Fachdidaktik. Bad Heilbrunn. S. 19–50.

Baumert, Jürgen / Kunter, Mareike / Brunner, Martin / Krauss, Stefan / Blum, Werner / Neubrand, Michael 2004: Mathematikunterricht aus Sicht der PISA-Schülerinnen und -Schüler und ihrer Lehrkräfte. In: PISA-Konsortium Deutschland (Hg.) 2004: PISA 2003. Der Bildungsstand der Jugendlichen in Deutschland – Ergebnisse des zweiten internationalen Vergleichs. Münster u. a. S. 314–350.

Bender, Ute 2009: Fachdidaktik, Allgemeine Didaktik und Lehr-Lern-Forschung – eine aussichtsreiche Dreiecksbeziehung für den haushaltsbezogenen Unterricht. In: Haushalt und Bildung 86. H. 4. S. 18–25.

Blömeke, Sigrid / Herzig, Bodo / Tulodziecki, Gerhard 2007: Zum Stellenwert empirischer Forschung für die Allgemeine Didaktik. In: Unterrichtswissenschaft 35. S. 355–381.

Hattie, John A.C. 2008: Visible Learning: A Synthesis of over 800 Meta-Analyses Relating to Achievement. London.

Helmke, Andreas 2004: Unterrichtsqualität. Erfassen, bewerten, verbessern. 2. Aufl. Seelze-Velber.

Helmke, Andreas 2009: Unterrichtsqualität und Lehrerprofessionalität: Diagnose, Evaluation und Verbesserung des Unterrichts. 2. akt. Aufl. Seelze-Velber.

Klieme, Eckhard/Avenarius, Hermann/Blum, Werner/Döbrich, Peter/Gruber, Hans/Prenzel, Manfred/Reiss, Kristina/Riquarts, Kurt/Rost, Jürgen/Tenorth, Heinz-Elmar/Vollmer, Helmut J. 2003: Zur Entwicklung nationaler Bildungsstandards. Eine Expertise. Bildungsreform Band 1. Hg. v. Bundesministerium für Bildung und Forschung (BMBF). Bonn. http://www.bmbf.de/pub/zur_entwicklung_nationaler_bildungsstandards.pdf, recherchiert am 16.08. 2011.

Klieme, Eckhard/Rakoczy, Karin 2008: Empirische Unterrichtsforschung und Fachdidaktik. Outcome-orientierte Messung und Prozessqualität des Unterrichts. In: Zeitschrift für Pädagogik 54. S. 222–237.

Klieme, Eckhard/Lipowsky, Frank/Rakoczy, Karin/Ratzka, Nadja 2006: Qualitätsdimensionen und Wirksamkeit von Mathematikunterricht. Theoretische Grundlagen und ausgewählte Ergebnisse des Projekts „Pythagoras". In: Manfred Prenzel/Lars Allolio-Näcke (Hg.) 2006: Untersuchungen zur Bildungsqualität von Schule. Abschlussbericht des DFG-Schwerpunktprogramms. Münster. S. 127–146.

Lipowsky, Frank 2006: Auf den Lehrer kommt es an. Empirische Evidenzen für Zusammenhänge zwischen Lehrerkompetenzen, Lehrerhandeln und dem Lernen der Schüler. In: Zeitschrift für Pädagogik 52. H. 51. Beiheft. S. 47–70.

Maier, Uwe/Kleinknecht, Marc/Metz, Kerstin/Schymala, Martin/Bohl, Thorsten 2010: Entwicklung und Erprobung eines Kategoriensystems für die fächerübergreifende Aufgabenanalyse. Schulpädagogische Untersuchungen Nürnberg, Forschungsbericht Nr. 38. Erlangen-Nürnberg.

Meyer, Hilbert (2010): Qualitätsmerkmale guten Unterrichts in der Diskussion. In: Christian Fischer/Reinhard Schilmöller (Hg.): Was ist guter Unterricht? Qualitätskriterien auf dem Prüfstand. Münster. S. 6–39.

Reichenbach, Roland 2010: Two Solitudes: educational research and the pedagogical realm. In: European Educational Research Journal 9. H. 2. S. 138–146.

Snook, Ivan/Clark, John/Harker, Richard/O'Neill, Anne-Marie/O'Neill, John 2009: Invisible Learnings? A commentary on John Hattie's "Visible Learning: A Synthesis of over 800 Meta-Analyses Relating to Achievement". Palmerston North, New Zealand. In: http://www.nzei.org.nz/site/nzeite/files/misc%20documents/Invisible_Learnings.pdf, recherchiert am 16.08.2011.

Tenorth, Heinz Elmar/Terhart, Ewald 2004: Fachdidaktiken. In: Jürgen Oelkers/Heinz-Hermann Krüger (Hg.): Standards für die Lehrerbildung: Bericht der Arbeitsgruppe. S. 10–14. http://www.kmk.org/fileadmin/pdf/Bildung/AllgBildung/Standards_Lehrerbildung-Bericht_der_AG.pdf, recherchiert am 16.08.2011.

Weinert, Franz E. 2001a: Vergleichende Leistungsmessung in Schulen – eine umstrittene Selbstverständlichkeit. In: Ders. (Hg.): Leistungsmessungen in Schulen. Weinheim; Basel. S. 17–31.

Weinert, Franz E. 2001b : Concepts of competence: A Conceptual Clarification. In: Dominique Simone Rychen/Laura Hersh Salganik (Hg.): Defining and Selecting Key Competencies Göttingen u. a. S. 45–66.

## Die Autorinnen und Autoren

**Bender Ute:** Prof. Dr. paed., Leiterin der Professur Gesundheit und Hauswirtschaft an der Pädagogischen Hochschule der Fachhochschule Nordwestschweiz (Institut Sekundarstufe I und II). *Arbeitsschwerpunkte:* Didaktik der Ernährungs- und Konsumbildung, ernährungsbezogene Einstellungen von Jugendlichen, Genderfragen in Geschichte und Gegenwart des Faches. *Kontakt:* ute.bender@fhnw.ch

**Bruelhart, Stephan:** Prof. M.A., Dozent für Medienpädagogik an der Pädagogischen Hochschule der Fachhochschule Nordwestschweiz (Institut Sekundarstufe I und II). *Arbeitsschwerpunkte:* Medienbildung in der (Hoch-)Schule, virtuelle Lehr-/Lernumgebungen, visuelle Kommunikation. *Kontakt:* stephan.bruelhart@fhnw.ch

**Canonica, Carla:** B.A. Assistentin am Institut für Gymnasial- und Berufspädagogik der Universität Zürich und Studentin der Sonderpädagogik. *Arbeitsschwerpunkte:* Alternative Formen der Leistungsbeurteilung, Aufgabenportale, Förderung autistischer Kinder. *Kontakt:* carlapatrizia.canonica@uzh.ch

**Cslovjecsek, Markus:** Leiter der Professur für Musikpädagogik im Jugendalter an der Pädagogischen Hochschule der Fachhochschule Nordwestschweiz (Institut Sekundarstufe I und II). *Arbeitsschwerpunkte:* Integrative Musikdidaktik, Transdisziplinarität, Neue Medien, erweiterter Textbegriff, European Music Portfolio, Lehrerinnen- und Lehrerbildung. *Kontakt:* markus.cslovjecsek@fhnw.ch

**Diesbergen, Clemens:** Prof. Dr. phil., Leiter der Professur für Lernen und Unterricht im Jugendalter an der Pädagogischen Hochschule der Fachhochschule Nordwestschweiz (Institut Sekundarstufe I und II). *Arbeitsschwerpunkte:* Theorien des Lernens und Wissenserwerbs, Konstruktivismus, Allgemeine Didaktik, innovative Lehr-Lern-Kulturen auf der Sekundarstufe. *Kontakt:* clemens.diesbergen@fhnw.ch

**Fraefel, Urban:** Prof., lic. phil., Leiter der Berufspraktischen Studien Sekundarstufe I an der Pädagogischen Hochschule der Fachhochschule Nordwestschweiz (Institut Sekundarstufe I und II). *Arbeitsschwerpunkte:* Diagnose und Aufbau berufspraktischer Kompetenzen, Kooperationen von Hochschule und Berufsfeld, Unterrichtsforschung. *Kontakt:* urban.fraefel@fhnw.ch

**Heitzmann, Anni:** Prof. Dr. phil. nat., Leiterin der Professur für Naturwissenschaftsdidaktik und ihre Disziplinen an der Pädagogischen Hochschule der Fachhochschule Nordwestschweiz (Institut Sekundarstufe I und II). *Arbeitsschwerpunkte:* Fachdidaktik Biologie, Erwerb von Natur- und Technikverständnis, Aufbau von Systemkompetenzen, fächerübergreifender Unterricht, Lehrerinnen- und Lehrerbildung. *Kontakt:* anni.heitzmann@fhnw.ch

**Heuer, Christian:** Dr. des., derzeit Lehrer an der Grundschule Stegen-Eschbach. *Arbeitsschwerpukte:* Historisches Lernen und Geschichtsunterricht, neue Lern- und Aufgabenkultur, Unterrichtsentwicklung. *Kontakt:* post@christian-heuer.com

**Hoffmann-Ocon, Andreas:** Prof. Dr. phil., Leiter der Professur für Allgemeine und Historische Pädagogik an der Pädagogischen Hochschule der Fachhochschule Nordwestschweiz (Institut Sekundarstufe I und II). *Arbeitsschwerpunkte:* Historische Bildungsforschung, Theorie der Bildung und Erziehung, Schulpädagogik. *Kontakt:* andreas.hoffmannocon@fhnw.ch

**Imthurn, Gabriel:** Schulmusiker, Bezirkslehrer, Praxislehrer. Wissenschaftlicher Mitarbeiter der Professur für Musikpädagogik im Jugendalter an der Pädagogischen Hochschule der Fachhochschule Nordwestschweiz (Institut Sekundarstufe I und II). *Arbeitsschwerpunkte:* Webmaster, Kompetenzorientierter Musikunterricht, Lehrerinnen- und Lehrerbildung. *Kontakt:* gabriel.imthurn@fhwn.ch

**Ingrisani, Daniel:** lic. phil., Dozent für Entwicklungspsychologie in der Professur Entwicklungspsychologie und Pädagogik des Kindesalters an der pädagogischen Hochschule der Fachhochschule Nordwestschweiz (Institut Primarstufe). *Arbeitsschwerpunkte:* Hochschuldidaktik (eLearning, Blended Learning, ICT-gestützte und webbasierte Lehre, Einsatz von Learning Management Systemen (LMS), Konzeption und Erstellung von online-Lerneinheiten, PBL) Wissenschaftliche Forschungsmethoden, Lehrerinnen- und Lehrerbildungsforschung. *Kontakt:* daniel.ingrisani@fhnw.ch

**Keller, Stefan:** Prof. Dr. phil., Leiter der Professur für Englischdidaktik an der Pädagogischen Hochschule der Fachhochschule Nordwestschweiz (Institut Sekundarstufe I und II). *Arbeitsschwerpunkte:* Kompetenzorientierter Unterricht, Erwerb komplexer Schreibkompetenzen in der Fremdsprache, Lehrerinnen- und Lehrerbildung. *Kontakt:* stefan.keller@fhnw.ch

**Küng, Marlise:** Prof. Dr. phil., Leiterin der Professur für Entwicklungspsychologie und Pädagogik des Kindesalters an der Pädagogischen Hochschule der Fachhochschule Nordwestschweiz (Institut Primarstufe). *Arbeitsschwerpunkte:* Erwachsenenbildung und Lernprozesse, Problem-based learning, Gender, Entwicklungspsychologie, Lehrerinnen- und Lehrerausbildung. *Kontakt*: marlise.kueng@fhnw.ch

**Linneweber-Lammerskitten, Helmut:** Prof. Dr. phil, Leiter der Professur für Mathematikdidaktik und ihre Disziplinen an der Pädagogischen Hochschule der Fachhochschule Nordwestschweiz (Institut Sekundarstufe I und II) und Privatdozent für Philosophie an der Universität Bern. *Arbeitsschwerpunkte:* Bildungsstandards und Kompetenzmodelle; Mathematik, Sprache und Logik; mathematische Kurzfilme. *Kontakt:* helmut.linneweber@fhnw.ch

**Manno, Giuseppe:** Prof. Dr. phil, Leiter der Professur Didaktik der Romanischen Sprachen und ihre Disziplinen an der Pädagogischen Hochschule der Fachhochschule Nordwestschweiz (Institut Sekundarstufe I und II). *Arbeitsschwerpunkte:* Didaktik des Französischunterrichts, Mehrsprachigkeitsdidaktik, Interkomprehensionsdidaktik, Lehrmittelanalyse, Soziolinguistik und Sprachkontakt, Sprach- und Bildungspolitik. *Kontakt*: giuseppe.manno@fhnw.ch

**Messmer, Roland:** Prof. Dr. phil., Leiter Professur Sport und Sportdidaktik an der Pädagogischen Hochschule der Fachhochschule Nordwestschweiz (Institut Sekundarstufe I und II). *Arbeitsschwerpunkte:* Sportdidaktik und -methodik, Sportunterricht und Bewegter Unterricht, Transitionsprozesse von Jugendlichen im Sport und Sportunterricht, Standards und Kompetenzen im Sportunterricht, Denk- und Handlungsprozesse von Lehrkräften. *Kontakt:* roland.messmer@fhnw.ch

**Metz, Peter:** Prof. Dr. phil., Dozent für Allgemeine Pädagogik und Schulrecht an der Pädagogischen Hochschule der Fachhochschule Nordwestschweiz (Institut Sekundarstufe I und II). *Arbeitsschwerpunkte:* Schulgeschichte, Schulrecht, Lehrerinnen- und Lehrerbildung. *Kontakt:* peter.metz@fhnw.ch

**Noppeney, Gabriele:** Dozentin für Musik und Musikpädagogik, stellvertretende Leitung der Professur für Musikpädagogik im Jugendalter an der Pädagogischen Hochschule der Fachhochschule Nordwestschweiz (Institut Sekundarstufe I und II). *Arbeitsschwerpunkte:* Bilingualer Musikunterricht, Lehrerinnen- und Lehrerbildung. *Kontakt:* gabriele.noppeney@fhnw.ch

**Oelkers, Jürgen:** Prof. Dr. phil., o. Prof. für Allgemeine Pädagogik an der Universität Zürich. *Arbeitsschwerpunkte:* Geschichte der Pädagogik, Reformpädagogik im internationalen Vergleich, Demokratie und Erziehung, Bildungspolitik. *Kontakt:* oelkers@ife.uzh.ch

**Oesch, Dominique:** M.A. (des.), Projektmitarbeiterin der Professur Allgemeine und Historische Pädagogik an der Pädagogischen Hochschule der Fachhochschule Nordwestschweiz (Institut Sekundarstufe I und II). *Arbeitsschwerpunkte:* Lernmotivation, Bildungsgeschichte und computergestützte qualitative Datenanalyse. *Kontakt:* dominique.oesch@fhnw.ch

**Rieder, Christine:** Prof., Leiterin der Professur „Bildnerische Gestaltung und Technische Gestaltung im Jugendalter" an der Pädagogischen Hochschule der Fachhochschule Nordwestschweiz (Institut Sekundarstufe I und II). *Arbeitsschwerpunkte:* Fachdidaktik „Design & Technik", Bildungswerte des Faches, Begleiten von Lern- und Gestaltungsprozessen, Lehrerinnen- und Lehrerbildung. *Kontakt:* christine.rieder@fhnw.ch

**Schaer, Ursula:** M.Ed.ELT, Dozentin für Englischdidaktik an der Pädagogischen Hochschule der Fachhochschule Nordwestschweiz (Institut Sekundarstufe I und II). *Arbeitsschwerpunkte:* Inhalts- und aufgabenorientierter Fremdsprachenunterricht, Aufbau und Beurteilung von fremdsprachlichen Kompetenzen, Aus- und Weiterbildung von Lehrerinnen und Lehrern. *Kontakt:* ursula.schaer@fhnw.ch

**Schmellentin, Claudia:** Prof. Dr. phil. Professur für Deutschdidaktik an der Pädagogischen Hochschule der Fachhochschule Nordwestschweiz (Institut Sekundarstufe I und II). *Arbeitsschwerpunkte:* Forschung, Entwicklung und Lehre in den Bereichen Rechtschreib- und Schreibdidaktik, Grammatikdidaktik, Systemlinguistik, Bildungsstandards, Fachlernen und Sprache, Deutsch als Zweitsprache. *Kontakt:* claudia.schmellentin@fhnw.ch

**Scholkmann, Antonia:** Dr. phil., Dipl.-Psych., wissenschaftliche Mitarbeiterin am Hochschuldidaktischen Zentrum (HDZ), Technische Universität Dortmund. *Arbeitsschwerpunkte:* International-vergleichende Forschung zur Effektivität unterschiedlicher Lehr-/Lernansätze (Projekt PBL), Innovation und Veränderungsbereitschaft in der universitären Lehre, Organisationspsychologie der Hochschule. *Kontakt:* antonia.scholkmann@tu-dortmund.de

**Winter, Felix:** Dr. phil., Wissenschaftlicher Abteilungsleiter am Institut für Gymnasial- und Berufspädagogik der Universität Zürich. *Arbeitsschwerpunkte:* Neue Formen der Leistungsbeurteilung, Portfolio, Lern- und Aufgabenkultur, Feedbackverfahren, Allgemeine Didaktik. *Kontakt:* felix.winter@igb.uzh.ch